# 阎宗临文集

## 卷 二

阎宗临 著

2019年·北京

阎宗临
（1951年摄于太原）

# 目录

## 讲义四种

### 罗马史稿

自　序/5

第一章　罗马史的特点/7

第二章　意大利的地理与罗马史的关系/10

第三章　罗马史的开始/13

第四章　王政时代/17

第五章　罗马初史与外族关系/20

第六章　罗马古代的宗教/25

第七章　罗马的军队/30

第八章　两种动向/33

第九章　布尼战争/36

第十章　东方的侵略与精神的转变/41

第十一章　克拉古兄弟的改革/46

第十二章　马留与苏拉/50

第十三章　贲拜与凯萨/54

第十四章　安东与屋大维/59

第十五章　奥古斯脱时代/62

第十六章　帝国的赓续/66

第十七章　基督教的创立/70

第十八章　后期罗马帝国/74

第十九章　结　论/78

参考书目/81

## 希腊罗马史稿

绪　论/85

### 第一卷/89

第一章　爱琴海历史的开始/91

第二章　亚凯人与推罗战争/95

第三章　古希腊形成与社会演进/98

第四章　希腊向外拓殖/101

第五章　希腊前7、前6两世纪之转变/103

第六章　波斯帝国的建立/107

第七章　波希战争/109

第八章　雅典海上帝国的称霸/112

第九章　希腊内战与国际纠纷/115

第十章　中地中海的发展/118

第十一章　罗马初始/120

第十二章　地中海文化的趋向/123

### 第二卷/125

第一章　马其顿兴起/127

第二章　亚历山大帝国/130

第三章　亚历山大帝国瓦解后的演变/133

第四章　罗马海权的发轫/136

第五章　地中海精神的转变/139

第六章　罗马海权的成功/143

第七章　罗马侵略与社会危机/146

第八章　凯萨独裁/150

**第三卷/155**

第一章　奥古斯脱/157

第二章　罗马帝国的裂痕/162

第三章　罗马开拓西方/166

第四章　安东王朝/168

第五章　后期罗马帝国/170

第六章　基督教的创立/173

第七章　帝国衰落/176

第八章　西罗马灭亡/179

结　论/182

附录一：奥古斯托世系表/185

附录二：关于希腊罗马史主要资料/187

## 欧洲史要义

绪　论/193

**第一编　古代西方帝国/197**

第一章　埃　及/201

第二章　加尔地亚/204

第三章　希忒帝国/206

第四章　亚述帝国/209

第五章　波斯帝国/211

**第二编　东地中海城邦/213**

第一章　克利特古史/217

第二章　腓尼斯/219

第三章　希腊居民之移动/221

第四章　希腊初史/223

第五章　罗马初史/225

**第三编　西方均势建立/227**

第一章　波斯与希腊斗争/229

第二章　拜里克来时代/231

第三章　马其顿：希腊向外的扩张/234

第四章　罗马两种动向/237

第五章　罗马与迦太基/239

**第四编　罗马帝国/243**

第一章　共和政治的没落/245

第二章　罗马帝国/248

第三章　基督教兴起/250

第四章　罗马帝国解体/253

**第五编　欧洲转型时代/255**

第一章　日尔曼民族的迁移/259

第二章　拜占庭帝国/262

第三章　伊斯兰教兴起与亚拉伯帝国建立/264

第四章　基督教教会/267

第五章　查理曼帝国/269

**第六编　基督教统一时代/271**

第一章　封建社会/273

第二章　神圣罗马与日尔曼帝国/275

第三章　欧洲向东发展：十字军/278

第四章　蒙古西侵/281

**第七编　欧洲之自觉/285**

第一章　教会衰落/287

第二章　英法形成与百年战争/289

第三章　拜占庭的灭亡/291

第四章　精神自觉/294

第五章　欧洲国家奠基/297

**第八编　欧洲发轫/301**

第一章　法奥斗争/303

第二章　东北欧兴起/305

第三章　地理发现/307

第四章　资本主义降生/310

第五章　宗教改革与反改革/313

**第九编　欧洲集权：旧制度/317**

第一章　英国改革/321

第二章　路易十四/324

第三章　彼得大帝的改革/327

第四章　中欧局势与普鲁士兴起/330

第五章　殖民地与美国独立/332

**第十编　新欧洲：均势建立/335**

第一章　法国革命/337

第二章　法国与意大利统一/341

第三章　德意志统一/344

第四章　奥托曼与欧洲/346

第五章　产业革命与机械/348

结　论/350

## 世界古代史参考资料

**原始社会/355**

第一　绪　说/357

第二　原始群/359

第三　母系氏族社会/363

第四　父系氏族社会/365

**埃及古代史/369**

第一章　前　言/371

第二章　由埃及统一至希克索斯人的入侵/373

第三章　由新王国时期的复兴到古埃及王国的覆灭/379

**古代两河流域南部的历史/385**

第一章　两河流域最初的国家/387

第二章　古巴比伦王国/392

第三章　新巴比伦王国/396

**古代两河流域西北部的历史/401**

第一章　赫梯与叙利亚/403

第二章　亚述与乌拉尔图/407

**古代腓尼基、巴勒斯坦与爱琴海区域/413**

第一章　腓尼基/415

第二章　巴勒斯坦/418

第三章　爱琴海区域/421

**古代的印度/427**

第一　印度河流域初期的文化/429

第二　雅利安人的入侵/430

第三　恒河流域的发展与佛教兴起/432

第四　孔雀王朝的建立/434

第五　阿育王的统治与印度的分裂/436

第六　印度文化简述/438

**古代的伊朗/441**

第一　伊朗的自然环境/443

第二　米提的建国/444

第三　古马达暴动与大流士即位/446

第四　波斯帝国的扩张与灭亡/448

目录

第五　波斯文化略述/450

**古代希腊/451**

第一章　希腊城邦制的发生与发展/453

第二章　希腊奴隶社会的繁荣及危机/460

第三章　马其顿的形成与希腊的崩溃/466

**公元前后的中亚细亚、印度与埃及/473**

第一章　古代中亚细亚与印度/475

第二章　西亚与埃及/485

**古代罗马/489**

第一章　古代意大利与罗马的形成/491

第二章　罗马的扩张及其共和制的颠覆/498

第三章　罗马帝国/505

第四章　罗马帝国的分裂与西罗马的灭亡/510

**古代中国与各国的接触/515**

罗马史稿

# 自 序

自孟森、锐尔斯、阿茂诸氏刊行罗马史著述后,以后的努力者,大都修补而已。倘欲有所树建,别创一路者,那真是太不量力了。

但是,无论任何完美的历史,他只是某个著者的一种著述,虽然作者力求其真,察其演变的方式,亦只是一种合理的解释。历史的本身,别有其现象,无法说其所以的。

为此,我常想:古今著史者,何止千万,各有其不同的态度,同时亦产生不同的价值。治史者不当泥于某种理论与原则,似应设法说明史实之演变,竭力予以同情的理解。是书之作,即本此旨,妄图一试,其间有残缺与错误,自是当然的。

长衡战起,如货物疏散至荔浦,以家累不能移动;继而湘战波及桂林,形至怆惶,荔浦又在疏散,不得已退蒙山。经此变更,使我了解许多事实,较读数百卷书更为有益。所谓历史亦不过此种事实之积累,不断的演变而已。

一个读书人,到那离乱之时,外面秩序破坏,如度沙漠中迷路的生活;而可求者,只有设法安定内心的纪律,埋头工作。我运用这种愚蠢的认识,试将所授罗马史,整理成书,这并不是一种如何新奇的著述,这只是一个清苦的中国教授,苦守他战时的岗位,养着五个孩子,(他们合起尚不到二十岁,)对他职责的一种解脱,诚如罗马民族的精神,永远在奋斗着。

我是爱读罗马史的,为此我曾去过罗马七次,看地孛河疲倦缓慢的水势,深感到他的回忆太多。在罗马,无处不表现这种丰富,使人感到迷离。丰富是生的别名,每块石头上,都有他不朽的生命,容十万人的斗兽场,二十二万四千平方公尺的澡堂,破瓦颓垣的政议场,无处不表现他的容量,为此,他成了欧洲一切的根源,而今日欧洲的形势,也许从罗马史中发现他们的缺陷。

罗马史告诉我们一个真理:奋斗者生。但是奋斗须以正义为目的,以群众的福利为皈依,倘使一切的行为完全以"自己"为主,恃强凌弱,必然要淘汰的。罗马的伟大,不在他的武力,而在他的法律。

我利用了许多克拉尼(A. Garanier)的资料,特别是关于伊特拉斯的叙述,这是当声谢的。

宗临自识

民国十月二十日,蒙山,文尔塘

# 第一章
# 罗马史的特点

罗马接受古代西方文化的遗产，利用自己的努力，形成一种新文化，具有一种新的形式。这是一座伟大的蓄水池，滋养着未来的欧洲，无论欧洲如何演变，其骨子里含着罗马深厚的彩色。

Rutilius Namatianus 说："各民族将你造成一个国家。"（Patrianc Fecici deversis a gwtibus unaw）罗马帝国的形成，是一种民族的混合，依据自己内在的力量，政治组织，形成一种新的系统。他既不像埃及与亚述，拥有绝对意志的帝王；又不像腓尼斯与雅典，以自己利益为前提，领导政治。罗马帝国与现今英吉利帝国类似，国家最后的主权，属于全体的公民。

罗马史中史事变化至为剧烈，便是较为保守和安定的贵族，到奥古斯脱时代，据孟森计算，仅留下三十多家，这证明罗马同化力强，他自己原有的思想，反为外来者所冲淡了。

罗马史中的动力是历史积累的潜力，不是伟人与天才的创造，因为罗马史中的英雄，受时代的限制最苛刻。罗马史上有许多胜利，而这胜利却由失败取得，Lucilius 说："罗马人常打败仗，可是每次战争的结果，却能够得到胜利。"

集体中不毁灭个性，实利上不忘掉正义，这是罗马史的伟大处。从支配他的宗教思想上研究，更可看出这种特点。也如埃及与中亚一样，罗马人视世界是属于神的，人在神中间活着，神没有思想，没有艺术，但是他却和蔼，与人以善，非常公正的。但是罗马的神有种坚执的要求，他不要人爱他，却要人知道他，予以应得的享受。神不是特殊的，他与人一样，以不使人苦痛为原则。罗马人民渐次明白组织的重要，也要将神组织起来，为着自己的实利，同时也为着永存的正义。因而罗马人对神并无畛域之见，外来的神都可接受，将之罗马化。

神统治而建立的城市，不久便脱离神而独立，这种演变，始于共和时代，亦即罗马民族意识觉醒的时候。十人委员会，十二铜表法都是这种精神的表现。从罗马史演变上，"民为贵"为至高的原则；但是人民须以国家的福利为归依，这是他独特的精神。这种动向是事实训练而成，罗马民族想象原不发达，直至第二次布匿战争时，罗马永远在斗争中，他虽胜利，可是这长期苦痛，使之趋于现实，不敢幻想，一切受贵族指配，提防外人，狭小，偏执，使纪律与组织发生积极的作用，客东便是最好的证例。

城市既为罗马国家的象征，国家便是他们宗教的对象。为此个人的行动，完全以城市为归宿，在某种意义下，所谓阶级斗争者，便是爱国思想不同的表现。一切为了城市，便是文学与艺术，而是表彰城市的伟大。假如"美"客观的存在，即那不是个人的，而是公共的。所以罗马艺术的特点在写实，冷酷，而处处又精确。这种精神反映在历史上，他不是自然的，而是计算的。以应用为目的，理智为方法，此罗马军队与建筑成为最高的代表，一切有力，一切宏大，要有严密的组织，要有丰富的装饰，他的形式，编制，线条都是由外吸收，予以罗马化。

国家是罗马人唯一的思想，但是这种国家思想，不是自私的，有如近代的帝国主义，他能兼容并存，并不作不必要的统治，凯萨征服高卢后，元老院内有高卢代表的位置。这便是为何罗马政治非常稳固，其政府制度，能够利用各种力量。罗马的革命如克拉古兄弟的改革，苏拉与马流士的斗争，并非反对罗马政治与政府，而在夺取较大的政权。也是为此，自奥古斯脱后，承继者大率荒淫残暴，然而政府并不以此衰弱。这在西方历史中是绝无而仅有的。

罗马史是集体意志的实录，每个健全的公民所争取者是应用的知识，重现实，拒绝抽象，不谈原则，只论方法，他能发明了法律与道路，两者都是说明人与人的关系。为此，罗马人视科学为应用的方法，行动的指导，他是伦理与心理的。自希腊科学思想传入后，罗马人热烈地接受，而将之通俗化，他们不愿求真知，却想增强效能，他们不愿做学者，而只想成专家。

代表罗马思想者，无非是禁欲派，这仍然训练自己的意志，使情感与行动受一种限制，不使之趋于个人化；换言之，如果要表现个性，那须由理智指导，加强行为。"你要认识你自己"，这是罗马基本的思想，由是而演变出"你要建设你自己"。

从罗马史开始起，罗马人民没有统一性，他不是一个民族，也不是自然的结合，他是许多民族的混合，完全是人为的，他尊重公正的法律，克制私欲，有人工开辟的坦道，集汇罗马，这是他历史的特点。

# 第二章
# 意大利的地理与罗马史的关系

## 一、意大利的区分

欧洲古代历史的活动，以地中海为中心；意大利半岛伸入其中，将之截分为两半，东西两地中海形成文化悬殊的世界，故就意大利半岛位置论，既便于吸收，又便于传播，形成欧洲文化的策源地。

亚平南（Apennins）山脉，由北向南贯意大利半岛，长约一千六百公里，系石灰质，西南较东北平原为多，就其自然形势言，显然分为三部：

1. 北部意大利系波河流域，分两部即米兰与拉维纳（Ravenna）。极东介乎亚尔普斯山与亚德里亚海，北端为威尼斯，其东为伊斯脱利（Lstrie），都城为Pola。北意大利西部，多山，居民健壮，称利古利（Liguria），其重要城市为杜伦（Augusta Taurinorem）及日纳亚（Genoa），由是与希腊殖民地马赛相接。

2. 中部意大利包括：甲，伊托利（Etrurie），其重要城市为Veies，系罗马劲敌；Pisa与Faesulae建立最早；佛罗郎斯（Florentia）为军事地带，系纪元前1世纪所建。乙，洪宇利（Ombvie）系山地，却非常肥沃，于 1444 年在 Lguvium 发现洪孛利语石刻；而亚瑞斯（Asisium）小部，以圣方济格故乡，后成为基督教圣地之一。丙，比赛纳（Picenum）系肥沃的平原，从纪元前 380 年起，安高纳（Ancona）成为亚得利亚海繁荣的港湾。丁，沙班（Sabine）为山地，气候变化很多，居民强悍，纽玛（Numa Pompilius）王建立 Reate 与 eures 城。戊，拉丁平原（Latium）有四百平方公里，系池沼地带，为罗马史发祥地，其重要城市，有亚尔伯（Albe）毁于纪元前 665 年，罗马建立于前 753 年，其他有 Lannvium，Fidena，Tibur，特别是 Tusculum 为罗马富人避暑地。己，沙莫尼（Samninum）都城为 Malventum，以 mal 意不祥，后更名为 Beneventum。庚，康拔尼（Campaguie）系罗马人殖民地，Capone 为都城，居民多而殷富。希腊殖民地城市，如那波里（Napoli），古姆（Cumes），锁郎脱（Sovrente），沙来纳（Salernum），奔拜伊（Pompei），有维稣夫火山。

3. 南部意大利包括：甲，亚普利（Apaulie）有重要城市，Lucerie，Asculum，Cannae，汉尼拔取得最大的胜利。乙，买沙彼（Messapie）系靴跟，有两个重要城市，一为郎脱（Tarentum），系希腊殖民地，非常繁荣；一为李郎地锐（Brundisium），系希腊至罗马航行的据点。丙，吕加尼（Lucanie）介乎伊瑶尼海与 Tyrrhanien 海之间，有许多希腊殖民地的城市，Palstum 有著名希腊多利式建筑遗迹。丁，普流西姆（Bruttium）为靴尖，有许多希腊殖民地的城市，如 Sybaris，非常繁华，毁于纪元前 510 年；Rhegiune 隔海与 Messine 相对，其他如 Crotou，Locres 城市，亦以商业著称。

## 二、意大利半岛给予罗马史的影响

意大利半岛吸收古代文化，自成为一文化系统，其历史演进，虽非如埃及，腓尼斯，希腊等地，显著地受地理影响，可是他重要的动向，仍然受地理因素支配。

因亚平南山山脉故，形成许多区域，有如希腊一样，形成一种割据的局面。但是，他又与希腊不同，希腊系网状山脉系统，中部突起，放射入海，形成许多良港与岛屿；而意大利虽三面环海，海岸线少曲折，罕有良港。故意大利最初的开发，不向海上而向大陆。不仅如此，在亚得利亚海袋形地带，多暴风，原始船舶难以克服；在 Tyrrhanien 海方面，又非航业幼稚者所可航行。

罗马初期历史，与人最深印象者，乃在与池沼地带、潮湿气候之奋斗，而奋斗最有效的工具，便是要坚固的组织，构成中央政府。他有控制地中海优良的地位，但要在意大利半岛统一后始能实现，这是杜伊利斯（Duilius）执政官建设海军能够成功的原因，取得到前260年米来（Myles）的胜利。

亚尔普斯山横亘在意大利北部，并未构成一种有力的保障，从山谷中及两边甬道，常受外人压迫，其居民须向南移，集聚在罗马周近；而意大利南部，很早便是腓尼斯的市场与希腊殖民地，向北推进，止于拉丁平原，故罗马成为海陆衔接处，构成一个文化的连接线。南方传来艺术，财富与生活的享受；北方不断予以刺激，加添新的血液，罗马人能够控制这种困难的局面，以海为基础的文明，以陆为生生不已的力量，缔造自己的历史。罗马史中重要动向，便在如何控制海陆，形成一种平衡。反之，处于海陆之间，如无实力，即自身必然崩溃，受外力支配。

就意大利自然地理言，他可以防御，却未受保护，有如埃及受沙漠保障似的。因之，罗马人发现两种重大事实：第一，罗马人明白最有效的防御，乃在自强不息的努力，个人并不存在（并不轻视个性），所存在者乃团体的合作。第二，一切有效的工具，完全以节省体力为原则，所以他以组织为一切出发点，集权的政府，公平的法律，联络欧亚的大路，这都是组织具体的说明，而也是意大利地理环境赐予的。

# 第三章
# 罗马史的开始

## 一、拉丁平原

拉丁平原系火山遗迹，土质坚硬与贫瘠，居山者须有坚强意志，与自然斗争，始可生存，所谓人造的土地。从有史起，此地人烟稠密，证据是古代遗留的坟墓很多，亚比亚路（Via Appia）的两旁，随处有古人的遗物。

地理环境，并不如何美好，没有自然的河流，所用的水，大半都是人工引来的，集体的合作，凝成唯一的意志，始可生存。人力战胜一切，将水施与一种纪律化，便是他们团体最好的说明。

在罗马乡间，19世纪考古学者所发现的水道，证明人工的伟大，有一公尺半高，七十生丁公尺宽，深藏在地下有十五公尺深，不在山沟，而在山坡，只要有山泉的地方，便发现这种水道的遗迹，他是一种有系统的组织，宛如人身的脉络。对此，宇郎希（Blanchère）："一切有统一性，有正确的概念，有类蚂蚁共同的作品……"

居于拉丁平原者，须自强不息的努力，以维持其生存，拉丁平原系农民劳力集体的作品，人工劳力使土地生产，而土地也养育成人民的特性。

向东行为亚尔班山（Mts Albains），系拉丁政治与宗教的中心，尤彼得神即居于亚尔伯（Albe）。以故在罗马史开始时，领导拉丁平原者为山民，每年三十家平原居民，须向尤彼得敬礼。亚尔班山非常肥沃，树木丛生，产橄榄与葡萄，景色宜人，火山遗口，形成大湖，其著名者有：Albano 与 Nemi。这里山岳地带与灰色潮湿的平原，正形成一种强烈的对照。

## 二、罗马史的开始

罗马初始的历史，也如其他民族一样，非常残缺，含有许多神奇的传述。就传统所言王政时代（纪元前 753—前 509）言，所有资料多系后人追写的，含有不少的神话，正是为此，我们须在神话中寻其史实，较为可资用者：甲，Cicero 的《共和论》（De Re Publica）第二卷，系最古的记述。乙，Titus Livius 的第一卷，叙述较为完全，然以其生于奥古斯脱时代，许多地方有过度的夸张。丙，Denys d'Halicarnasse 的第一卷，叙述甚详，却缺乏精确性。

Denys d'Halicarnasse 说："最古的回忆罗马为希古洛（Aicules）人所占据，系未开化的土著。继后经过许多战争，亚波里日（Abovigenes）人占领地宰与利利斯（Livis）两河地带，据险防守，外人不能将之摧毁，约在希腊特瓦战争时，亚波里日更名为拉丁，其第十六代后裔为罗穆吕斯（Romulus）建立罗马城，他们始称为罗马人。"

原始罗马史，并非如此单纯的。到前 753 年时，拉丁平原的民族与文化已演变至复杂的阶段，根据以后的史实演变推论，罗马平原艰苦，训练居民的意志，有高度的忍耐性；山民富有侵略性，不时抢劫平原与过往的商人，他们常在斗争中。由斗争的结果，产生一种反省，他们了解互相合作，较诸掠夺为优，所谓拉丁人民者，其特征乃在农民的忍耐与冒险精神的混合，而代表这种精神者为罗穆吕斯。

## 三、城市的建立

古代建立城市为最重要的事实，因为居民一切的活动，便以城市为中心。所谓历史上的古典时代，自某种意义言，便是城市的建立与发展城市的文化。蛮人入侵后，将城市蹂躏，居民须向乡村发展，而古代历史亦因此告一段落。

古代建立城市，不是随便的，也不是一二特出人物的意志，他是一个民族宗教与政治演进到成熟的阶段，具有明确意识的表现。城市的生命便是民族的生命，人民从城市与神的手中，得到生存的权利。Acropole 有墙为界，他是神圣的，同时又是超脱的，因他的公民也有崇高特殊的地位。罗马人强烈爱护他的城市，形成一种狭小的国家思想及含有滑稽的高傲。相传罗马建造加彼多神殿时，工人掘出一颗人头，不知凶吉，求巫人解释，巫人答之："此处当为世界的首领。"

罗马人对城市的观念，究竟如何演变成功？换句话说，罗马人对城市的观念是自己发明，抑受外来的影响？

意大利半岛的南部，早为希腊人经营，而希腊人对城市有明确的了解，我们有种极自然的推论，罗马城市的观念系受希腊的影响。但是，从城市原始发展上看，两者截然不同，希腊的城市系村墟分离的结合，斯巴达与代尔夫（Delphes）永远保存着原始的形式，从未建立城市。惟雅典为整个的城市，有坚固的城墙，但是他 Acropole 的神，不是唯一的，而是各村神的集会；原始的村墟变为城市的街区，大家敬共同的神，守共同的法而已。

约在纪元前 7 世纪时，希腊将这种城市介绍进来，而意大利中部，伊脱拉斯克人，亦利用村庄，择要地而建立城市，按照罗马城市建立的传述，Denys d'Halicarnasse 及 Plutargue 所保存，经古朗士（Fustel de Coulanges）研究，我们看系受伊脱拉斯克的影响。

城的建立者，将人民用火净之，着锦绣衣，立于山顶，手持权杖（Lituns），观察鸟飞，以定吉凶。如吉，即行祭天、地、水及地下诸神，定Acropole，在罗马即加彼多。神的方位，系伊脱拉斯克式，尤彼得居中，两边为雨能（Junon）及米奈夫（Minerve）。

神须俯瞰着全城，于神灵监视下，建城者创其边界，驾牛，首蒙白布，拖锥犁，犁尖化者为界，一切在沉静中，听诵经文。线断处为门，人不得跨逾，亦不能抛弃许微之土。边界定后，按方向定路，中竖一棍，按太阳影以定东西，复以权杖划一垂线，以定南北。这种仪式完全是伊托拉斯克式。献牲后，从脏内寻找存物，以发现神的意志，并与人之忠告。城为神所居者，故城为神的世界。

伊脱拉斯克民族，系来自东方，其太阳与四方的理论，系自巴比伦变出。按希和多德，"四方之王"代表一种直线，罗马军营与殖民地城市，率皆取方形。罗马建立时，别有一种Mundus，系剜一圆洞，投以由亚尔伯带来的土。每个人亲身投土，为着对此新城市可以说："这还是我父母的家乡"（Terra Patrum patria）。这种仪式，不只说明为生的居所，而且是世世相传的坟墓，Mundus实为地狱之口，系生死两个世界关联处，每年有定日启口，使死者与生者相见，死者赐以福祥，期完，死者退走，Mundus口又封闭。

普通Mundus为一种井，口如漏斗倒放，"形如穹窿"（客东语），献牲毕，将血洒在上面，居民绕之以舞，投以财物。建造房屋，墙基埋钱，仍是东方的习惯，如在Khorsabud建Sargon宫时，"民众投之以符"。天地人相会，城以之建立。

在地亨河入海处，土地潮湿，散布着七座小山，而以巴拉丁（Pxlatin）最高，有五十一公尺，这是一处易于防守地带，控制由北向南的道路，于前753年4月21日，罗穆吕斯建立罗马城。到前614年达干（Etrusque Tarquin）系科林Demarate子，将民众组织，罗马意识觉醒，领导意大利半岛。

从此，罗马负着伟大的使命，以发展其天才。

# 第四章
# 王政时代

## 一、王政前的演变

在罗穆吕斯建立罗马城（前753）前，罗马史已至复杂阶段，在奎利那（Quirinal）山，有沙班（Sabius）人居住，系印欧民族之一，与罗马人对峙。其时拉丁人占据巴拉丁，隔政议场（Forum）为界，这是一块池沼地带，便是在此，罗穆吕斯与达西雨斯（Tatius）相斗争，据传述，从此处罗马人抢走沙班的女儿。

沙班人以牧畜为生，爱好秩序，宗教生活很强，对战神（Mars）特别忠实。罗马受其压迫，常思反抗。但是真正使罗马意识觉醒者，乃伊脱斯拉人。

罗马接连南北，自纪元前8世纪起，伊脱斯拉人与意大利南部有密切的关系，水陆两路，输出许多出品，换取希腊的油与酒，陆路较为安全，地孛河上第一座桥Sublicius，系木质，禁用铁修补，以含有神性，这完全系伊脱拉斯习惯，证明商业非常发达。山上居民，渐次发现山下的活动，如果不能团结，无法与外来的影响对抗。罗马意识因而觉醒。

## 二、七王史略

论 Titus Livius 史时，Julian 说："当我们重读李维著作，就原始文化言，起始虽有许多事实使人惊奇，但是就文化发展原则看，不见有何不确的地方。"为此，罗马史上七王史略，固然有许多传述，然而大致上是可靠的。

1. 罗穆吕斯（前753—前716）：系亚尔伯王 Numitor 的外甥，罗马城的创立者。曾发动与沙班人的战争，创立议会，在前716年为人民杀死。罗马人不肯这样承认史实，说天雷作响，罗穆吕斯便失踪影，以其登天，名 Quirinus。

2. 纽玛（Numa Ponpilius）（前715—前672）：系沙班人，爱好和平，非常虔诚，他给予罗马文化一种新的组织，如改革农业，修造日历，建立宗教修院，培植宗教人才。罗马 Janus 庙为其所建，平时庙门深闭，战时即开。

3. 杜洛斯（Tullus Hostillius）（前672—前640）：系罗马人，好勇斗恨，于667年，发动侵略亚尔伯战争，两年后，将之摧毁。建加彼多庙堂，成为罗马宗教的中心。

4. 安古斯（Ancus Martius）（前640—前616）：系纽玛王孙，宗教的保护者，继其先人遗训，与罗马人作战，将罗马城扩大，伸至海边，建奥斯地（Ostia），加强罗马防御工事，如 Janicule 堡垒，建 Mamentine 狱，今犹存。

5. 老达干（Tarquin l'Ancien）（前616—前578）：系科林人寄住在 Etrurie，教安古斯王子弟，乘机为王，建筑剧场，堤岸，水道，介绍伊脱拉克仪式，如帝王着红衣，宝座，戴王冠。结果为人暗杀。

6. 塞维斯（Services Tullius）（前578—前534）：这是一个冒险家，同时又是一个改革者，即位时，罗马人口增多，按住址分为四区；按财产分为七等。他这种改革的目的，为军事组织，前六等须供给士兵与军器，分成百人队（Centuria）；又建立罗马新城墙，包括七山在内，墙为双层，高十五公尺，厚四公尺，继为人暗杀。

7. 小达干（Tarquin le Superbe）（前 534—前 509）：系塞维斯婿，完成加彼多神殿，置西比洛（Sibyle）书，如问卦本，每遇特殊事件，占之以定凶吉，与拉丁人战争，取得胜利，统治拉丁平原。至前 509 年，孛留杜斯（Brutus）领导平民起而推翻帝政，小达干出走，罗马宣布为共和。

## 三、王政时代与伊脱拉斯的传述

罗马王政时代史事，常与伊脱拉斯传述相混合，特别是关于老达干的事迹。在 1857 年，Alexandre François 于 Vulci 发现墓中壁画，题名 Gneve Tarchu Rumach。就其形式论，系纪元前 4 世纪作品，表现老达干与伊脱拉斯英雄的斗争，每个人物的下面有他们自己的名字。自左而右，首先绘 Caile Vipinas 断 Macsterna 铁链，系老达干的俘虏。中间表现双方互相残杀。右边表现 Marce Camithlnas 准备杀达干。

Claudius 赞美高卢人时，在里昂的石刻上说："Servius Tullius 系 Caelius Vibenna 最忠实的伴友，也是许多冒险者的同伴。自 Etrwrie 出，带着 Caelius 的军队，驻扎在山上，随将他领袖之名赐予，而自己亦改其名为塞维斯，（其伊脱拉斯名位 Vastarna）对罗马很好。"

Tacitus 论罗马 Caelius 山时说："此山原名 Querquetulanus，以生许多橡树故，继而更名为 Caelius，系伊脱拉斯领袖，带兵至罗马……"

克拉尼（Granier）解释此种传述与老达干关系时说："大约 Mastarna 为老达干所得，Vibenna 兄弟为其同人复仇，杀死达干，经过许多特殊事实，Mastarna 取 Vibenna 军队，居 Caelius 山，代达干为罗马帝王。"

只 Vulci 史料论，罗马初史至为复杂，须从与其他民族关系上研究，始可有较正确的概念。

# 第五章
# 罗马初史与外族关系

## 一、罗马文化所见伊脱拉斯遗迹

罗马北接伊脱拉斯，故在宗教、文化、政治各方面，所受影响亦深，罗马少年贵族，至伊脱利求学，犹以后到希腊一样，不如是，即其所受教育非常残缺的。

罗马崇奉尤彼得神，所居之庙为伊脱拉斯式，其神职者受伊脱拉斯训练，所遇困难问题，仍以伊脱拉斯惯例解决。自罗马发动侵略战争后，罗马有胜利的游行，亦为伊脱拉斯式，尤彼得所戴金冠，以其过重，须仆人在后抱之，卫队荷负十二棒，分两行随行，十二象征伊脱拉斯十二城市。

从纪元前7—前6世纪起，雕刻面形趋于写实，但是此种写实性与希腊不同，希腊重理想，伊脱拉斯重现实。便是家庭组织，亦受伊脱拉斯影响，如拉丁人不重视女子，客东说："我们祖先视女子为产物，在男子统治下生存。"女系亲属不能够成为法定关系。在伊脱利，母与父平等，许多石刻上，只有母名而无父名；事实上，罗马重视女子，故有 mater familias（主妇）称，而罗马的碑碣亦常提及女子忍受苦痛，协助男子理家，教育子女，如著名的 Cornellia 为证例。一直到帝政时代，罗马婚姻仪式仍受伊脱拉斯的影响，新娘蒙面，嫁时亲友环绕，其谚语："Ubi Tu Gaius, erge Gaia"（何处是你的幸福也便是我的幸福），你我平等，非如拉丁人有等差的。

罗马初期的居民，系拉丁与沙班的混合，所用的语言相近，到罗马史开始时，即渗透入伊脱拉斯的成分，这种现象，系伊脱拉斯经济与政治发展必然的结果。许多名词，系由伊脱拉斯变出，字根多系小亚细亚，经伊脱拉斯介绍，加意大利语属，如：

| 小亚细亚 | 伊脱利 | 罗马 |
| --- | --- | --- |
| Tυλοέ | Tule | Tul-lius |
| Kέlóoέ | Ceise | Caesiius |
| Mαp-loέ | Marie | Marius |
| Poub-élέ | Rur-iias | Rubius |
| Tαt-élέ | Tat-iial | Tatius |

凡语尾为 Enna，必为伊脱拉斯语，变为罗马语中，即-ius，如 Herenna 为 Herennius；Largenna 为 Largennius，凡罗马语尾中有-a，-u，其源亦来自伊脱拉斯，如 Cotta, Helra, Sulla, Volca 等，不只罗马人的姓，而且有许多名，亦系伊脱拉斯变成，如 Agrippa, Galba, Pansa, Nasica, Aeneca, Capito, Frouto, Naso, Strabo, Labeo, eato。许多罗马固有名词，系受伊脱拉斯影响，证明各民族的混合。

## 二、拉丁与沙班

伊脱拉斯在罗马与拉丁平原，终于失败了。究其原因，系受沙班的阻力，沙班虽亦受伊脱拉斯文化，但是独立的，不能毁其山民的特性，自纪元前 5 世纪起，便从伊脱拉斯手中，夺回罗马领导权。当前

509 年推翻小达干后，据传述言，Atta Clausus 与五千食客来攻罗马，虽不能定为史实，就其代表的意义，却可看出沙班的发展，自前 460 年后，其领袖 Appius Herdonius 占加彼多庙堂。这是一种民族意识的觉醒，他与拉丁合作，对南北两种压力的一种反抗，一直到客东时代，罗马为沙班化的城。

拉丁为农民，沙班为山民，两者合作，形成罗马史的大动脉，故罗马的贵族，多系乡村的，土地是他们唯一的财富，每九日，由乡间至罗马城中处理公事，同时叫卖大葱，罗马贵族并不以此为煞风景。拉丁在沙班协助之下，形成一种基本的观念，即土地重于精神，乡村超过城市，农业胜于商业，罗马人变为乡人，由地主来统治。

继伊脱拉斯文化之后，有两世纪之久，罗马人过着乡村生活，因为生活，须积极奋斗，训练成坚强的意志，形成一种狭义的乡土观念，亦即罗马人自称的爱国思想。所谓农人与士兵，其目的即在侵占土地，爱传统，喜过去，憎恶新奇的思想，拉丁文中 Hostis 一字，意为"可憎的"，同时又为"非罗马的"。

好农人，好士兵是古代罗马的理想，一手放下耕犁，一手便执枪矛，Cineinnatus，Manius Curius 便是最好的代表。他们很简朴，视奢华为外来的，他们不了解想象与智慧，好像蛮野便是他们的实力。

但是，这是一种动向，沙班协助罗马夺回政权，并未根绝伊脱拉斯的实力，即是说伊脱拉斯的工商业，仍然很发达，握有经济权，对罗马的繁荣是必须的。罗马城的平民，追悔伊脱拉斯时代，圣山（Mt Sacré）的故事，即是这种心理的表现。当保塞纳（Porsenna）围攻罗马时，政府领袖恐城市平民开门迎接，这证明伊脱拉斯余力的强大。

## 三、罗马与希腊

自纪元前 8 世纪后，意大利南部逐渐成为希腊的殖民地，故有大希腊之称。希腊与罗马往还，由于水陆两路，奥斯地亚与凯来

（Caeré）成为海上交通的中心，而罗马与 Eques 及 Volsques 的斗争，便是为争夺此交通的据点。

起初罗马与西西里岛的关系，系经济的。李维记载着于前 486 年，前 435 年，前 411 年，罗马人由西西里购买麦。也是从这里购买酒与油，而罗马人明白种葡萄与橄榄，又是从希腊人学习过来的。

在纪元前 5 世纪，建酒神（Bacchus）庙，形式仍为伊脱拉斯式，而装饰却完全是希腊的。希腊所崇奉的神，如亚波罗，直接与间接介绍进来，而伦理，政治与社会等思想，亦侵入罗马。当拉丁与沙班取得罗马后，他们自己文化落后，唯一的方法，只有模仿希腊。因为罗马与西西里接近，而纪元前 5 世纪的西西里便是等于希腊的亚地克（Attica），其文化是非常发达的。柏拉图住在叙古拉，希和多德住在杜里姆（Thurium），比达高住在达郎脱，给罗马留下很深的影响。据传述，纽玛王为比达高的学生，其对于宗教与政治的改革，系受哲人的指示而建立的。

十人委员会成立，曾去雅典考察，于前 454 年罗马创立的十二铜表法，其内容与梭伦者类似，将之于公共场所公布，与宗教脱离，这完全是希腊的精神。在罗马政治组织中，平民要求参政，在前 471 年（一说在前 466 年），有正式机构确立，亦系受希腊的影响，证据是叙古拉官员曾来参加。罗马于纪元前 4 世纪取得意大利半岛南部，学其文化，这无疑的是希腊文化。

## 四、罗马与沙莫尼脱

沙莫尼脱（Samnites）居亚平南山中部，气候恶劣，不宜定居，培植农业，其居民仍保持牧畜的生活，牛羊满布在山中。东界亚普尼，西临康拔尼，自山顶瞭望，两边平原富丽的村庄，给予强烈的诱惑。当冬天来到时，退至山谷，正像过那冬眠。

到纪元前 6 世纪末，沙莫尼脱与伊脱拉斯相连，侵占 Vullturmt 山谷，继经百年，纳尔（Nole）与开普（Caroue）地带以及希腊的殖民地，悉为侵入，构成一种强大的力量。亚普尼与康拔尼系拉丁的同盟者，而自纪元前4世纪起，沙莫尼脱模仿希腊文化，启发其智慧，遂构成一种对立的局面，产生罗马与沙莫尼脱的战争，自前343年起，至前290年止，罗马控制意大利南部。

罗马史学家李维记沙莫尼脱军队，服装非常富丽，在开普所发现的画，即其骑兵类似希腊，罗马人与之对抗，并非易事，罗马模仿他们，经三次战争，始将之败于 Aguilonie。

罗马受各民族的刺激，发动一种侵略，就其实质言，这是以罗马为中心，各民族的混合，趋于同化。证据是在纪元前300年左右，罗马民族特殊作风告一段落，城邦消灭，产生一种新政治，便是说：许多城市与广阔的平原，悉受命于中央，这种政治动向与亚历山大所设施者相配合，即城邦政治终了。

假如取李维的解释，罗马所以胜利，系武力的成功，而意大利南部渡着萎靡的生活，罗马摧毁希腊文化。但是，这种说法不确实际，罗马毁意大利南部的城市，并未毁其工业，开普、杜里姆、加诺莎（Canosa）仍保持着他的繁荣，并非处在对敌地位。所谓武力战胜文化，并非罗马如何强，乃是意大利南部希腊文化本身有弱点。

# 第六章
# 罗马古代的宗教

## 一、罗马对神的观念

古朗士论罗马宗教时说:"罗马人视其居所等于我们视庙堂一样的,每处居所有他的神灵,形成一种宗教,门、墙、阈(音yu,门槛)都是神,围墙也是神,坟墓为祭台,祖先是神灵,每天日常的动作,都是仪式。……出生,启蒙,行冠礼,结婚,生日都是宗教正式的表现。……在罗马神比人还多。"怀疑派的哲人拜脱洛纳(Petrone)说:"我们的神如此多,在街上比碰一个人还容易。"

古朗士举罗马英雄加米尔(Camille)为例,他说:"孩子的时候,着长衣以示家族的身份,佩符以避凶恶,既长参加宗教仪式,学习宗教礼节,有战争便为战士。……有一日,罗马官员要他成为独裁,在月夜问神意,低声呼加米尔名,凝视着天空,寻觅有何形迹,神意同,加米尔成为独裁,军队的领袖……统领着许多官员。"加米尔也许不存在的,但是,这段叙述,实代表罗马古代宗教的精神。

古代不分精神与物质,每个人的周围,环有神秘的力量统治着深心。自然界的山岩、水泉、树林都是神,与人混合,有少数特殊人,天赋与一种资质与神相近，他有方法，运用藏力，这种方式便是仪礼，每个罗马人对他有绝对的信任，帝王便是一个大魔术家，只有用武力克服自然的盲力，便是两城相斗，不是武器，武器是附属的，而是领袖代表的力。

罗马与希腊相较，其宗教是原始的，他的地方神没有形式，没有意志，按其职司与所在地，始渐次有了名称，他们敬重神，并不需要表现，尤彼得不过是一块石头，而战神（Mars）仅只是一把宝剑而已。

也如罗马人民一样，古代罗马的宗教是混合的。他随着政治演变，到政治组织成功时，宗教随着也组织成功了。

家庭便是宗教的中心，一个生来的举动，都与神有关联，Cunina神看管婴孩的摇篮，Rumina神教他吃奶，Educa与Potina教他吃饭与喝水，Statulinus教他站稳，Fabulinus教他说话……凡与人有关的一切，无不有神管理。

罗马宗教观念非常单纯，可是他的运用却很复杂，他们不追求神的本体，也无教义与教理，他们只要相信，便完全满足了。因之，虽然宇宙间存有一种超自然的力量，并不像希腊的宇斯（Zeus）处理自然，罗马人最讲求的是实用，自然与人生是无足轻重的。他们最关心的是：家庭，房屋，田产，牧畜，收割，城市，人民，各有所需，而这种需要又时时变更，可是宇宙间没有一个神可以满足罗马人的，因而以量代质，事事物物都有神的存在。然而这并不是图腾制，因无法定关系，动物与人亦无肉体的关系。

在家中，家长便是神的象征，必须遵守先人的遗训，崇拜祖先，即便是罗马精神的寄托，人死后，生活力减弱，生命却仍存在，只是形态不同而已。亲友须特别敬重死者，如不祭便加以报复。他们不重视天堂与地狱，他们所重视者只是现实。有一个墓上的题铭："Ereptam Viro et matri, Water meterra Lecipit"（死从我丈夫与母亲手中夺去，为着要交还地母），但是，这是文学，而不是宗教。

## 二、罗马宗教的特点

罗马宗教特别处，首在法律化，他们处理神也等于处理人事一样，民法（Jus eivile）演变为神法（Jus divinum）。介乎人与神之间，有应尽的义务，亦有应享的权利，这等于立契约，双方有必负的责任。因此祈祷文便是契约的条文，非常精确，没有许微混乱的义意。每个祷祝者须说："这是你应得的"（nt tibi jus est），神亦因此赐以福。

罗马宗教的基础不是情感与思想，而是理性与意志，因为罗马的神可以"商讨"，并不如何拘泥的。味吉尔说："所用献神之物，可用代替品，如果献牲难找，用面与蜡所制者亦可代替，神亦喜欢"，他们所着重的是形式。关于此，尤彼得与纽玛王的对话，更可看出这种精神：

尤："你须献给我一颗头。"

纽："很好，我已给你园中的一颗蒜头。"

尤："不，我是要人的。"

纽："那么，给你点头发好了。"

尤："我要动的。"

纽："那么再加一条小鱼好了。"

尤彼得无法，只好接受纽玛王之所请。

祈祷文可以唱，有音乐伴之。祷词不能改变，否则失其效用。祈祷的目的在安神（Pacem deszum），为了生效，须加许多允诺，客东曾载祷文的公式：

首提神名：Mars, te pzecor guqesogue……

次要说出何人求他：Quojus zei ergo, agzum……

再次，要求神作何事，将之提出。

第四，双方订好，提出结论：Sic uti dixi……

最后献牲，复说一次所求之事，使神不要忘掉。倘使神不履行契约，又享受人之献礼，即人可以责难他。当 Germanicus 死后，所有受祷之神，一律受虐待，这不是渎神，乃是神不践约应得的惩罚。

人使神喜欢，外形的清净较内心更为重要。人须正，然后神始正。Justus（正义）与 Pius（虔诚）同为罗马人宗教上习用者，含有深厚伦理的成分。罗马的宗教是应用的，神各司一职，选择神是最难亦最重要的。瓦宏（Varro）说："明白那位神于我们有用是最重要的，等于知道何处有木匠与面包铺一样。"次之，神的节日便是快乐的象征，他是公共的，不是秘密的。如 6 月 7 日至 15 日为 vestu（圣火）节，以庆祝收获。

法律性与应用性是罗马宗教的特点。以故罗马的神系人所创造，只是仪式由国家规定耳。

## 三、仪式与组织

神有尊卑之分，按其品位，献以不同的牲品，如敬尤彼得者须白色动物，地下神 Orcus 即为黑色动物，其他即杂色亦可。献牲时，洒盐水于牲头，念祷文，不得有错误。西塞豪说："若祷文中变更一字，吹笛者须停止；唱者有错误，则不合礼，须重新举行之。"

献祭以悦神，须知神意，始能特殊有效，此为一种专门知识，有专家施行，称之为术士（Augure）。手持杖，在众人前叩问天意，其方式视鸟飞与鸟叫，察闪光与天空形迹，以定凶吉。故神职者，位极尊荣，亦系国家官吏，其种类有下列之组织：

甲，大主教（Poutilex Maximus）：制历书以定黄黑日，管理国家大典，系人与神的裁判者，主教院初只有三所，继增为五，最后增至九处，至纪元前 300 年，为贵族专有，后平民与外人亦可参加，如 Tiberius Corum Canius 为例。

乙，燃火者（Plamines）：系罗马大神之司祭者，如尤彼得，战争神 Mars 的司祭，生活很严肃，不得乘马，不得出罗马城。

丙，管火者（Vestales）：系女神职者，出自名家大族，自六岁后，即进庙堂内，守贞操，剪发，衣白衣，不使圣火熄灭，受人敬重，共六位。

除这三种重要者外，尚有专司田禾的 Arvales 及战争的 Feciaux，前者所唱之古歌，至奥古斯脱时代，已不可了解了。到前 423 年，沙漠尼脱取古姆（Cumes），建立西比尔（Sibylle）神的问答，希腊宗教侵入，使罗马宗教理想化。

# 第七章
# 罗马的军队

原始时代，罗马无所谓军队的，他不是国家独立的组织，他是"寓兵于民"，所谓罗马正统的理想，乃在做一个好公民，做一个好士兵。

罗马史上有层出不穷的侵略战争，许多人以为罗马立国便在武力，但是若就人数而论，便是亚德良（Hadriem）极盛的时代，其维持治安与保卫边疆人数，亦只不过五十万而已，却要保卫长约四千里的边界。

罗马军队的组织，分军团与补充队，两者的不同处，前者由公民组织而成，后者由征募而得。

甲，罗马军团：罗马初创立军团时，完全为适应环境，每个公民有保卫家乡职责，放下锄头，踊跃从军。战事结束，又解甲归农，从事田间工作。继后，军事行动扩大，战区超过意大利领域以外，而战期亦延长，势必征募新兵，完全职业化，与农事无关，形成一种特殊组织，自成一系统，有他们自己的长官。但是流弊甚多，在政府权力衰弱时，常为野心家所利用，如马留（Marius），苏拉（Sylla），贲拜（Pompeius）等，借军事地位，常发生内战。到奥古斯脱时代，始将军权统一，总揽于帝王之手。

到亚德良时代，全部约有三十军团，每团有其自身的人数与番号，如 Victorius，Valerius 等。每团分为十大队，称大队长（cohorte），每队又分百人队，约等于我们的连长，构成罗马军队的干部。

每团有一百二十马队，余即为重械的步兵。士兵所着者为护甲、皮衣裤、钉靴、铁盔、木盾、两刃短刀、佩于右股、长矛。最高长官为军团长，由帝王任命，有军需官与护民官随之。队长为军队骨干，须罗马公民充任。有经验而非常勇敢，但是不大为士兵爱护。

军团驻扎地，多在帝国边界，如来因河、多脑河、幼发拉底河、北非洲、西班牙，他们驻扎期甚久，有达一世纪以上者，构筑许多坚实的工事，如碉堡、城墙、信号台、桥梁、道路。

乙，补充队：补充队有地方性，系帝国属民及边省冒险者所组织成。到一世纪后，亦出外作战，包括有步兵及骑兵。每个补充大队，其人数由五百至一千不等，最高指挥官，悉由罗马人充任，有类今之殖民地军。他们的服装与器械，各地不同，他们防卫重过攻击，协助军队作战。

继后，罗马受蛮人侵入，边患四起，罗马需要大量军队，将补充队加以训练，利用他们守卫与放哨，不再有地方的分别。到奥古斯脱时代，军制改革，军团与补充队的界限，不再划分了。

罗马军制中，最使人注意者为锄头的应用，他们以退为进，以守为攻，训练成一种耐劳苦，有恒心，克服任何困难的环境。所以军队至前线时，前进队即建营房，充夜宿；建防御的工事。继后军队占领后，即刻开辟道路，多马池维斯基（Domazewiski）在罗马帝王史中，叙述叙利亚南境时说："在荒野的平原中，建设许多堡垒，以保护贸易的路线，坚固如帝城，每个人以伟大为目的，尽其职责，表现出图拉真（Trajan）时代的伟大与尊严，而后人以黄金时代誉之"，这完全不是过分的夸张。

罗马军队与罗马文化的传播，关系甚为密切，他们驻扎在一地，为时甚久，如驻稣格兰的罗马军队，常在两世纪以上，退伍军人，不肯他移，与士兵驻扎在一起，协助军队，教化土人，而罗马的习俗，法律，建筑等都传播开了，这种发展文化的力量远较武力更为重要。

# 第八章
## 两种动向
### ——平民与贵族的斗争及意大利半岛的统一

从罗马城建立后到纪元前 266 年，罗马史上有两种动向；在内部即平民与贵族的斗争，他是政治的；对外，罗马侵略意大利半岛，奠立帝国的基础，他是军事的。这两种动向，平行进展，经有五世纪之久，系罗马史上最独特的一页。

### 一、平民与贵族的斗争

罗马的制度是家族为基础的贵族制度，所谓贵族（Populus）是按照他出身的家庭，探其源，总是由 Enneas 所传下的。长子权重，系宗教，政治与军事的领袖，占有土地，管理国家的一切，所以罗马的 Patriciens 与希腊的 Eupatrides 相等。

至于平民系穷苦阶级，他们系战时的俘虏，流浪漂泊者，或主保死去无人收养的食客。他们没有自己的宗教，也没有公民的资格，社会界限很严，不能与贵族通婚。但是他们人数很多。自塞维斯起，需要较多的军队，开始利用他们作战，但是造成了平民意识的觉醒，遂产生同贵族的斗争。

平民参加军队，功至伟大，但是他们得不到平等的待遇，国家事更不能过问，而战时家中的给养，又须借债维持，所付重大利息，不能偿还便失掉身体的自由。到前498年，平民组织反抗，实行军事罢工，元老院举Titus Lartius为独裁，允平民改善待遇，却不能实行。到前494年，平民自动离开罗马，退至圣山（Mont Sacré），另建一新城，与罗马对抗。不得已，贵族惧，差Menenius Agrippa去调和，将债务取消，设两个护民官，保障平民利益，这是在前493年。

平民虽解除债务，但是仍无方法维持生活，既有的土地为贵族把持，便是新侵略所占的土地，亦不肯让与，Spuricus Cassius第一次提出"土地法"（Lex agris），结果无效，而Spurius投Tarpeinne崖死。然这些事件，只促成平民反抗的情绪，所要求范围更广，要求具体的法律保障，经十年的奋斗，始成立"十人委员会"（Decemvirs），产生文化史上著名的"十二铜表法"（前451），这些条文说明犯罪，科罪，私有权与法律手续等。

虽然制定法律，对平民仍甚苛刻，遂有二次退圣山之举，前449年，取消十人委员会，平民要求结婚，政治的自由，贵族们不肯让步。至前390年，高卢人入寇，需要平民卫护，深知不合作即两败皆伤，到前366年，他们始得到胜利，又过半世纪，平民亦可举为宗教领袖了。

## 二、意大利半岛的统一

罗马是海陆衔接地，面积甚小，因为交通要道及善于防守，故能成为罗马帝国的灵魂，而有"永城"之称。自杜洛斯起，向外发展；到塞维斯时已统一拉丁平原，有三十余城市。

到纪元前508年，共和方始开创，内政波动，启伊脱拉斯野心。克洛西姆（Clausium）王包尔塞纳（Porscenna）率兵进攻罗马，罗马臣属，接受苛刻的条件：禁止有联合政府，并不准制造金属武器。希腊殖民地感到有唇亡齿寒的危机，罗马人与之联合，败伊脱拉斯军于阿利西（Aricie），将罗马救出，时在纪元前 506 年。

罗马为粉饰其失败，造出许多神话，如 Horatius Cocles 在桥头堵击，断桥泗水而脱；Mucius Scaevola 誓杀包尔塞纳，夜入营，误杀包之秘书，痛自己错误，立烛前焚手，包尔塞纳醒，感其英雄与牺牲的精神，遂与之讲和。这种传述自无历史价值，但是却能说罗马人个性强硬而为团体牺牲。

罗马击溃伊脱拉斯后，在前 405 年后又发生与危伊斯（Veies）战争，经十年，在加米尔领导下，始破其城，因为战事扩大，兵员不足，罗马兼采用募兵制。四年后（前 391），高卢人南移，侵入波河流域，伊脱拉斯人求罗马援救，于前 390 年 7 月，罗马军败于阿利亚（Allia）河畔，兵溃，罗马城陷落，执政官死难，加彼多庙堂，被围攻者七月，结果与重金求和，虽有曼利雨斯（Manlius），亦无可如何。罗马人虽败，却具有自信，结果高卢人以无组织而退。

罗马北部威袭解除后，即向南发展，发生与沙莫尼脱战争（前 343—前 290），共五十三年，经三次战争（第一次：前 343—前 341；第二次：前 327—前 304；第三次：前 299—前 290）。也如其他战争一样，最初罗马失利，沙莫尼脱缔结强大同盟，然而罗马人利用离间策略，分散他们团结力量，于古利雨斯（Curius Dentatus）领导下，将之败于亚桂洛尼（Aguilonie）。

沙莫尼脱失败后，除达朗脱外，意大利半岛南部悉入罗马掌握。达朗脱为希腊殖民地，富强雄厚，时与罗马冲突。至纪元前 282 年，罗马借船受侮辱事件，与之宣战，达朗脱求比洛斯（Pyrrlcus）助，率兵两万五千人，象二十只，自 Epire 渡海攻罗马。罗马人不明白象战，接连败于 Heraclée（前 280）与 Asculum（前 279）。罗马人竭力自卫，不肯屈服，采避重就轻之策，于前 275 年，率将比洛斯败于 Benevntum。自是而后，罗马掩有全部意大利半岛，统一告成。

# 第九章
# 布尼战争

## 一、布尼战争（前264—前146）的发端

布尼战争，系罗马统一意大利半岛后必然的结果。加太基系地尔城建立，地形优良，握东西地中海，他商店的分布，经济的雄厚，继腓尼斯掌握海上的霸权。但是深究加太基的内部，即发现这是一个色厉内荏的国家，他缺乏两种立国的力量：团结的精神与国防的武力。加太基的政府是商人化的贵族政治，他们政治的设施完全为自己着想，抛开民众，而人民也没有参加政治的权利，所以国家观念薄弱，而团结的力量根本谈不到了。次之，加太基的军队，向各处租借，分子极为复杂，有高卢人，希腊人，西班牙人及纽米（Numidia）人，没有统一性。他们以金钱为目的，无所谓国家思想，他们只认识将领，而各将领利害不等，常有互相攻击与割据的情形。

罗马为新兴的国家，控制意大利半岛后，即窥伺西西里岛，便与加太基发生冲突。证据是在比洛斯战争时，加太基曾出兵助罗马，并且有通商务约。继后比洛斯退出西西里岛时，预言将必因此战争，他说："我们给罗马与加太基留下多么好的战场！"

罗马为自卫计，须争取西西里岛，故协助麦西纳（Messina）与叙古拉（Syracus）对抗，加太基助之，因而两城争雄的斗争，演成布尼战争，而罗马没有海军，不得前进。罗马向南发展，使之了解海上天然的使命，杜伊利斯执政官，模仿加太基的战船，建一百三十艘，施以两月的训练，在前260年，败加太基海军于米来（Myles），这是加太基意想不到的。罗马胜利后，进逼加太基。加太基得希腊桑地朴（Xantippe）之助，败罗马执政官雷古洛斯（Regulus）于杜尼斯（前255），处以极刑。加太基复从海上进攻，纵使有亚米加（Amilcar-Barca）抵抗，取得胜利，终为吕达西（Q. Lutatius Catulus）败于埃加（Egates）岛（前241）。加太基倦于战争，恐毁其商业，愿割让西西里岛求和，罗马宣布为行省之一，据有地中海最重要的军事与经济根据地。

## 二、汉尼拔（Hannibal）

加太基并未得到真正的和平，因军饷无着，士兵叛乱，亚米加经三年奋斗，始将叛军消灭。残杀与饿死者约四万人。亚米加有远大的认识，其部下发生一种爱国运动，他们竭力推动民主政治，建立国家军队，以抵抗罗马的侵略。但是这种政策为贵族所忌，托言怕刺激罗马敌视的情绪，而骨子内却怕战争再起，毁灭自己商业的利益，结果逐放亚米加至西班牙，扑灭他所代表的新势力。亚米加至西班牙后，着手组织军队，拓地自给，准备与罗马对抗，不幸于前228年，中道崩殂，将其伟业留给其子汉尼拔。

汉尼拔生于纪元前247年，幼时受很好的教育，养成坚强的民族意识，波利字（Polybius）叙述汉尼拔的谈话："当我父亲去西班牙时，我始七岁，站在他旁，看他向神献祭。当他奠酒毕，礼成后，请与祭者退开，要我走近身旁，很慈和地问我：是否愿随他从军去？我快乐极了，并以种孩子气，请他把我带去。他挽着我的左手，走至祭台前，要我设誓：永远不做罗马人的朋友！"汉尼拔受着这种教育的训练，罗马遭到空前的劲敌，使加太基精神为之一振。

汉尼拔有独特的军事天才，使拿破仑敬服，而高傲的罗马史学家李维，亦加以赞美："汉尼拔是士兵们最信任的领袖，在攻击时非常勇敢，危险时又很谨慎，不惮劳苦，不计寒热，饮食起居只取所需，不顾享受，日夜一样，工作完结后，始开始休息。常见他穿着士兵的衣服，同步哨共同工作。他是很好的骑士，又是很强的士兵，战时居前，退时殿后。"在李维的著作中，从未有如是的褒奖。

当汉尼拔准备就绪，在前219年攻击罗马保护地沙供脱（Sagonte），罗马与加太基的关系破裂，遣使团到迦太基，要求解释攻击的理由，赔偿损失，否则武力便以解决。加太基回答罗马代表说："你们自己决定吧！"罗马取决战争。

### 三、第二次战争（前219—前201）

汉尼拔非常幸福，他对罗马的仇恨，现在到清算的时候。他很大胆，决定由陆路攻击罗马，但是路途艰难险，越亚尔普斯山，并非易事。究其采取陆路的原因，第一，较海上安全，他带的马队与象易于运输；第二，他对加太基政府，始终无坚确的信心，取陆路较为行动自由；第三，所经高卢地带，以仇视罗马故，容易得到补充与给养。自比利牛斯山至波河，经五月，完成战争史上一大奇迹。

罗马执政官西皮云（Scipio）带兵截击，于前218年，先后败于代桑（Tessia）及脱来比（Trebie）。次年春，汉尼拔率兵南下，败佛洛米尼（Flaminius）军于脱拉西曼（Trasimene）湖畔，损失约三万人。发比雨斯（Fabius Cunetator）建议，罗马须采取游击战术，避实就轻，以困汉尼拔，惜当时无人了解，执政官瓦宏率八万军，战于甘纳（Cannes），罗马损失七万，退守罗马。

罗马士兵虽勇敢，却未参加大规模的战争，其配备笨重，行动迟缓，又无骑兵做掩护，进行侦察与破坏工作，又统帅部，除法比雨斯外，余皆昏庸，而汉尼拔明白地理实况，善作迂回，故能取得胜利。

罗马失败后，却并不失望，反省自己失败的原因，又回到法比雨斯战术上，即是说不与汉尼拔作战，而将之包围，不能有补充的机会。同时罗马遣将攻击西西里岛，西班牙，北非洲，构成一种牵制作用。

这种策略甚为有效，汉尼拔恐为罗马所包围，向加普撒退，向加太基请求增援，政府忌其功，不肯发兵，于前211年取达朗脱，转而进攻罗马城，罗马闭门不战。加普继为罗马所陷，西班牙增援军队，于前207年又败于麦杜（metaure），哈斯洛巴（Hasdrubal）死，汉尼拔逃向加拉孛（Calabre）山岳地带，罗马在外围监视。罗马虽免于难，封锁西班牙政策未成功，政府官吏在失望中，将国家重任，交付给二十四岁小西皮云（P. Cornelius Scipio）。

小西皮云的登台，像一幕戏，他首先完成他父亲与叔父的遗志，封锁西班牙，摧毁汉尼拔的补充。士兵们很爱护他，李维说："我（小西皮云自称）的士兵们喜给我 imperator（意为胜的大将）头衔，这是很光荣的。假如你们以为帝王尊称更高，那么赐予我好了……"这种态度，已树后日苏拉与凯萨的模型，可是他能做战，渡海攻加太基，并用外交策略，取纽米人的同情。加太基急，招汉尼拔，而在意大利半岛十五年的奋斗，旧部属已不存在了。在前202年，罗马取得池玛（Zema）的胜利，加太基接受屈辱的条件：第一，加太基交出战舰，象，所有的军器；第二，不得罗马的同意，加太基不得与第三国做战；第三，于五十年内，加太基须赔偿五十四万万金佛郎，加太基城变成一不设防的城市；第四，纽米宣布为独立国。加太基政府征求汉尼拔的意见，他回答说："你们只祷祝苍天，罗马人民批准所提出的条件。"

池玛失败后，汉尼拔逃往叙利亚，策其王安地古（Antiochus）反抗罗马，结果失败，逃往彼地尼（Bithynie），罗马惧汉尼拔，逐步回击与围困，也如垓下项羽，汉尼拔惧落敌人手中，服毒自杀，时前183年。

### 四、加太基的毁灭（前146）

加太基失败后觉醒了，重思整理国土，但是罗马不肯放松，监视加太基的行动。纽米王马西尼沙（Massinisa）借故抢劫加太基货物，时起纠纷，检察官客东去调查，结果得一结论：应当毁灭加太基（Delenda est Carthago）。

前149年，纽米人又劫夺加太基货物，加太基自卫，罗马即借此机会，不遵守前201年条约，兴兵问罪，加太基急，求和，接受最苛刻的条件：交出所有的军队，船舶与武器。罗马人做进一步压迫，要加太基将城向内地移十五里，加太基人明白罗马的目的了。

加太基全城忿恨，知委曲求全，绝不能满足罗马的要求，只有实行抵抗，或可救于万一。居民团结，拆居屋制造船舶与武器，妇女剪发以作弓弦，有两年之久，罗马不能进入加太基城。西皮云（Scipio Emilienus）改封锁政策，断绝加太基任何接济，粮绝，无法抗拒，有六昼夜巷战，退守彼尔沙（Byrsa），守将亚斯洛巴（Asdrubal）及其夫人殉难。加太基被铲平，被罗马咒骂，语为不祥之地，宣布为罗马行省之一。

#第十章
# 东方的侵略与精神的转变

## 一、东方的侵略

当布尼战争演进时,罗马精神的转变,并不亚于土地的发展,由于大希腊文物的传播,由于拉丁作家 Livius Andronicus,Ennius 及 Plautus 等作品,对于世界与社会的观念,起一种质的变化,如对英雄的赞美,介乎人神之间,所遭遇的事迹,给罗马人一种刺激,表彰人的光荣。

对自己的认识,形成一种特殊的自信,过度发展自己的能力与情感,将人生戏剧化,大胆,姿态,超人,一切向未知中发展,于是野心成为一种道德,个人超过团体,他们的行动虽是为了家乡,而且也是为了他自己。即是说个人意识觉醒,新精神的动向,不是牺牲与服从,乃是行动与创造。

罗马侵略加太基,突然扩大版图,在精神上又有如是剧烈的变化,发动对东方的战争,自是罗马必然的道路。自池玛战争后,亚历山大所遗的帝国,过富不能合作,利用分裂的局面,施以分化统制的策略。当马其顿王非里朴第五(Philippe V)与汉尼拔缔结同盟,欲恢复旧日势力，罗马以敏捷手段，宣布希腊与埃及为其属地，佛洛米尼执政官又败之于 Cynocephales（前197），马其顿沦为罗马的保护国。非里朴子碧舍（Persee）想恢复主权，于前168年复为保罗爱弥（Paulus Emilienus）所败。

因为要分化希腊的团结，罗马曾一度还给希腊自由，但是这种行动，并非出自真诚，而希腊人内部，仍是平民与贵族斗争，虽有爱国青年，欲求希腊独立，姆米雨斯（Mummius）协助贵族，毁科林城，改希腊为罗马的行省。而叙利亚王安地古，亦无法抵抗，沦为保护国。

罗马势力，深入欧亚非三洲，地中海变成一个内海，罗马人称："我们的海"（mare nostrum），他取得西方主人的地位。

## 二、精神转变中的反抗者：客东

罗马爱过去，引为一种高傲。爱土地与家庭，有意志而不退让，这种农民奋斗的精神，使罗马胜利，同时也做了牺牲品。罗马领土扩大，旧日罗马的小地主，不能抵抗罗马外来的压力，客东便是新旧斗争最好的代表。

客东的血管内是混合的，含有拉丁与沙班的成分，他的故乡杜士古姆（Tusculum）又为伊脱拉斯文化地带，而他所生的时代（生在前234年），又为希腊化剧烈的时候。自幼客东爱耕地，有纪律，有健壮的身体。Plutargue说："像苏格拉底，外表很粗陋，讽刺与无礼，而内部却有理性与慈和"，他有雄辩的天才，西塞豪（Cicero）说："谁能像他那样善于褒奖与讽刺呢？他有何等精细的思想，何等巧妙的言辞？"如他反对例外津贴米，他说："对没有耳朵的肚子是很难讲话的。"

客东理想人物有二：一为质朴的 Manius Curius；一为讲行动的发比雨斯，因而他反对奢侈与希腊的风尚，他与西皮云作对，因为西皮云破坏了罗马的传统。客东为监察官，指谪西皮云不精确，西皮云回答："我只将结果通知元老院，不需要你这样正确的会计官！"他与之对敌者有二十年。

Plutargue 描写客东的简朴说："客东继承朋友的遗物中，有巴比伦的地毯，他即刻便卖了。他乡间许多房子，从未粉饰过，他的奴隶与马老了，即刻卖掉。……不动心好像是他的光荣，他常夸耀将马留在西班牙，为不要增加国家海上的运费。"

这样吝啬与刻苦的人，自然反对希腊的思想，他不了解美，也不了解真，他看希腊的哲学与艺术是一种智慧的游戏，如果接受他，将必破坏罗马人的行动。客东是一个行为主义者，他讲求伦理的力量，一切要求现实。他向他儿子马尔古（Marcus）说："……我相信，有一天如果希腊人传过他们的文学，我们一切都完了，这是绝对的。"为着他儿子不受希腊的影响，他将先人的遗教，自己的经验，著为《探源》（*De Originibus*）七卷，不肯提及希腊任何名字，除过比洛斯的象。

可是时代不同了，他这种守旧的精神，禁不住环境的袭击，他知道希腊的重要，也知道希腊科学的价值，在最后的辩论中，他说："要使别个时代的人了解现在生活的意义是最困难的。"他与时代决斗，结果他失败了，希腊的思想与风尚，靡满罗马，客东焦急，却无法补救，到他晚年，自己开始学希腊文，这是如何凄惨！

在罗马精神转变中，希腊思想的输入，加增罗马文化的价值，其错误的地方，不在希腊的柔靡，而在罗马突然致富，社会起了剧烈的变化，再加上不断的内战，将罗马中产阶级摧毁了。这是罗马人取得世界的金子将之自毁，并不是希腊文化的错误，有如客东所设想者。

## 三、宗教精神的转变

罗马向外发动战争，增加许多复杂的因素，李维说："战事延长，胜败影响到精神的动向，外来的宗教热，侵入城内，而人与神的关系即刻都改变了，不在家庭中举行仪式，而在政议场，加彼多，成群集队的男女祷祝，与原有的习俗相违……"

元老院利用政治力量，以武力压迫，要求人民在 4 月前，须将书籍、祷文全部交出，不得在公共场所用外礼以祭神。纵使元老院压迫新宗教，他们内心却感到不安，原有的神不能保护意大利，他太抽象，形式化，不能满足人们复杂的要求，对人的基本观念无法解决。

甘纳战争后，罗马政府以为两位"守火者"不忠实所致，处以死刑。继后请彼克多（Fabius Pictor）指导接受亚波罗神，在前 212 年为亚波罗的戏建立起来。李维写着说："罗马人，如果想赶走敌人，使瘟疫远去，须向亚波罗建立游戏，个人与国家须同样尽力，十人委员会须完全按照希腊的方式，如果能这样做，你们永远幸福，事事随意，因为这些神，可以毁灭你们的敌人……"罗马为着国家，也须采用新的宗教。

在前 205 年，汉尼拔仍然胜利，罗马从 Sibyle 书中得到这句话："当外敌在意大利作战时，要想胜利，将之赶走，只有将伊德（Ide）神请到罗马"，伊德系克利脱与小亚细亚所奉之神，尊为万物之母。次年 4 月，伊德神由 Pessinonte 请来，元老院以重礼接迎，置于巴拉丁的胜利庙中，举行隆重典礼，罗马沉入迷信中。当危机过后，又送伊德神回去，仿佛是请来一个医生。

古罗马宗教的主教都是政治家，在宗教精神的急变中，要设法保其地位，一方面给新宗教一种宽容的态度，将之同化，如希腊的爱神 Aphrodite 与罗马的花园神 Venus 相混；他方面借政治力量，加以扑灭，加酒神（Bacchus）事件，执行扑灭任务者，系执政官 Postlumius，Postlumius 说："我们的祖先，曾多少次禁止外来的宗教，除过原有者外，其他皆在禁止之列，他们明白外来的宗教，可以毁灭了国家的传统！"

罗马政府要统制宗教，宗教须是公共的，不是个人的，更不是秘密的，这便是说宗教也要受法的规定。可是，由于希腊思想的发展，特别是禁欲派的伦理思想，他们要从传统中将自己解放出来。Plautus

的 Rudens 中说："每天尽他责任的人，一定可以得到代价的。" P. Roussel 引两句石刻的诗，很可说出宗教精神的新动向：

救神，你们要不断保佑善人，
他们只有一片纯洁的思想。

所谓救神，系指 Serapis 与 Isis，这不是宗教，而是伦理，这不是信仰，而是理智，即是说古典的人文主义。

罗马有种希腊热，但是他所认识的希腊，并非真正的希腊的精华。雅典已衰落，科林亦被毁，希腊的艺术已到凋零的地步；雄辩只有形式而无内容；哲学是诡辩，没有真理的信念，只有伦理思想对罗马影响较大，由是转向到心理方面。

# 第十一章
# 克拉古兄弟的改革

## 一、罗马社会变更

经一世纪的奋斗，罗马统治地中海，臣属希腊，马其顿及埃及等地，罗马突然变富，将旧社会完全摧毁了。即是说社会与个人生活起了剧烈的变更。

罗马将侵略地带，划为行省，设总督管理，这是最好的位置，转瞬便可致富。总督须由高官充任，而高官又为人民所选举，因之，凡对政治有野心者，无不设法贿赂人民，施以小利，造成自己的群众。这些高级行政官，垄断税务，贩卖奴隶，每一次战争，便是增加财富的机会，产生更多的贪污的官吏。他们当然度着金迷纸醉的生活，自然不知什么是国家与民族了。

对此，吕克来斯（Lucrece）说："为着增加他们的财产，不惜流国民的血；他们残杀别人，以增加自己的财产，兄弟父子，都成了仇敌……"他憎恶当时的人，他说："长官与司令，一切国家的官吏，在此时都觉着不可爱的"，这个四十四岁服毒自杀的诗人，并不是悲观，而是厌倦。

从别一方向看，罗马质朴的中产阶级，渐次消灭了。每次战争必征用公民，自前509年后，战争扩大，死亡率增高，罗马感到壮丁的缺乏。这些中产者应征后，田园须交给奴隶耕种，可是奴隶不懂农事，恶习成性，几年间将很好的田地，完全荒芜了，真有"田园将芜，胡不归"之慨！

既然战事无停息，士兵不能复原，而家中生活费用，须借债维持，但是这种方式，并不能久永，那些付重利的农民，只有将田园廉价出售，逃至罗马，变为贵族的"食客"，便是少数本分者，所产的谷物，亦不能与外来者竞争，这样贫富悬殊，农村破产。罗马旧社会发展到畸形地步，中产阶级消灭，内乱无法避免，为政者只知这是一种危机，却想用高压的政策敷衍。

## 二、地孛克拉古（Tiberius Sempronius Gracchus）的改革

希腊文化与罗马精神并非绝对不相容的，而禁欲派的思想与罗马精神相符合，自罗马社会问题剧烈化后，此种思想发展更快，完全系对环境的反抗。池农（Zenon）认为伦理的美，价值最高，由理智出发，可以达到正义的境界，而正义是普遍的，没有区域与时代的分别，将罗马狭小的精神为之扩大，这对罗马是非常宝贵的。但是，禁欲派的思想，运用到此时罗马的政治上，必然要遭遇失败，而克拉古想利用这种思想，解决社会问题，虽不成功，却真是空谷绝音。

地孛系罗马优秀的贵族，他父亲 Sempronius 系客东的朋友，母亲 Cornelia 系西皮云的女儿，他爱好希腊文化，与禁欲派哲人 Blossius 友善。地孛克拉古有这样环境，真是以天下为己任，他善于言辞，Plutargue 记载一段演说，如何刺激人民的情绪："意大利住的野兽，尚有一块藏身的地方，而为意大利奋斗与牺牲的人民，除过空气与日光外，别的一无所有，他们须带着妻子，到各处去流浪。当战争发动后，那么长官们迫他来当兵，说是为着保护神灵的庙堂与祖先的坟墓，

可是在多少罗马人内，曾有一所庙堂与祖坟，他们作战，他们牺牲，完全是为了别人的奢侈与资产。人们称他们是世界的主人，可是这个主人没有一块立锥地方。"在前134年被举为护民官，次年便提土地法（lex Agris），解决这个棘手的问题。

自表面上看，土地问题似乎容易解决，因为罗马从失败者手中，掠夺到许多田地，称之为"公田"（Ager Publicus）。但是事实上却非常困难，这些辽阔的公田，为贵族占据，利用奴隶耕种，虽承认国家的主权，却不肯付租金与退还，因为他们是高官贵宦，国家也不能干涉。因而如有人过问，变成了贵族的公敌。

地宰克拉古身为贵族，自然明了这种情形，他为护民官，知道问题的严重，亦不敢彻底去解决，他提出很温和的办法：多部分公田，便算做贵族的私产；另一少部分，国家出钱购买，分给贫民，使每家有七亩。这样既可解除人民的苦痛；又可给国家解除革命的危险；使人各有业，对国家系一种新的力量，客东说："农家子弟，身体最健壮，战争时亦最勇敢，务农者都是良善的公民。"

贵族们只自私与自利，不了解地宰政策的重要，他们要破坏这种计划，贿赂别个护民官屋大维（Octavius）与之对立。同时散布谣言，以克拉古剥夺民权，要做皇帝，但是地宰并不退让，又提到公民大会表决。开会时，贵族们布置了许多奴隶与浪人，由Scipio Nasica领导，地宰登台说话时，下面骚动，宣称地宰伸手要王冠，为了共和，举凳而将之击死（133年），从此开始了流血的内乱。

## 三、凯雨克拉古（Caius Sempronius Gracchus）改革

地宰死了十年后，其弟凯雨承其志，试解决这个社会问题，使罗马走上光荣的道路。凯雨是个谨慎的实行者，虽不及地宰善于言辞，但是行动非常稳健，他提出有利平民的法令：甲，土地法，将已毁的城市，如加太基，科林，加普与达朗脱，划为殖民地区，任人民去开

垦。乙，津贴律（Lex Flumentaria），即寄居城内平民，以 80 生丁购买五斗麦。丙，扩大公民权，将拉丁城市与罗马享有同等权利，如是即与各处解放者，构成一种均势，不能反客为主。丁，裁判律（Lex Judieiaria），即是说新兴骑士阶级判断，取消元老院审决。这些法令，非常实际，凯雨类似希腊的拜里克来斯，但是罗马人不了解他的重要，仍为自身利益着想，将护民官杜里舒（Drusus）买通，处处与之对立，如关于津贴律，杜里舒主张政府不收分文，用手段争取民众。至提出扩大公民权时，杜里舒说："如果与拉丁人公民权，你们（指罗马人）在议会与剧场内，还会有同样多的位置吗？"

凯雨深感到困难，撤销他的提案，去加太基，不为人民所欢迎。退居亚望丁（Aventin）山，但贵族不放心，执政官（L. Opimius）主持，使人杀之于树林中（前 123 年），凯雨同党三千多遇难。

凯雨死后，物质为支配政治唯一的因素，以后的斗争，亦只是物质的角逐，并无高深的理想，战事一直到奥古斯脱。

# 第十二章
# 马留与苏拉

## 一、贵族的统治

克拉古为民众牺牲，民众却不了解他们牺牲的意义，但是人民苦困的问题，仍无具体的解决，法律是具文，共和政治亦只是一种形式，从此后，罗马史是野心家的记录，一切由武力取决。

事实上，平民与贵族的斗争是无法避免的。贵族们利用政治地位，对法律一齐取消了。为了收买平民，还保存津贴律，但是这只是一种敷衍，没有任何诚意的。元老院收拾革命残局，解决《公田》问题，方法非常简单，将公田宣布为私有，贵族都成为大地主，一个护民官说："在所有的罗马公民中，没有两千人是有土地的。"贵族们这样富有，结果只是荒淫与腐化，客东曾慨叹地说："罗马之亡，将亡于奢侈与悭吝。"

贵族们疯狂的浪费，无尽的贪图，他们用暗杀与暴动的手段，诈取资财，各地乘机而起，朱古达（Jugurtha）的叛乱，便是好的证例。朱古达用贿赂方式，买通大部分官吏，他讥笑地说："罗马正在拍卖，可惜只有我这样一个主顾"，这可看出贵族政治腐败到何等地步了。

从第二次布尼战争起，纽米一向为罗马的同盟与保护国。朱古达系米西扑沙（Micirsa）的侄儿，即位后便向外扩张，在前112年，罗马决定干涉。可是所派去的代表，如执政官贾布尼（Calpurnius），悉为收买，承认朱古达的合法，而罗马政府的威信完全失掉了。罗马政府渐次觉悟，以为长此下去，将必无法收拾，前109年，决定派麦德乐（Q. Cacilius Metellus）前去，因为他是最清廉的。

## 二、马留（Marius）

马留受贵族保护，随麦德乐至非洲作战，节节胜利，政治野心也便扩大起来，不得麦德乐的允许，潜回罗马，投身平民方面，于前107年，被举为执政官，同时负解决朱古达事件的任务。

马留首先着手处，即在改编军队，他容纳普罗阶级，素质降低，数量却增加。从此后，军队非国家所有，只成了野心家的工具，而武人的意志变成了国家的法令。马留带着军队，用围困方式，将朱古达困于加彼利（Kabylie）山中，Bocchus交出，带至罗马（前106），两年后死于狱中。

当马留胜利时，波罗得海居民辛布（Cciubus）与德东（Tendons）南下，至高卢地带，威胁意大利，元老院急将马留调回，于前102年败德东于Aix；次年又败辛布于危尔沙（Verceil），马留功高，连任第六次执政官，被推为民党的领袖。

马留将非洲所得土地，分给退伍的士兵，每人约得六亩，至于罗马平民，可以开发意大利北部高卢区域，以廉价购麦，用二十生丁购四斗。平民为上，议会须接受这种原则，否则处以死刑。但是马留并不是一个政治家，而是一个粗野的武人，他的言论，常使人起一种反感，如沙留斯脱（Salluste）于朱古达战争中说："如果需要，……我（马留自称）特别揭示胸脯的创伤，那便是我的象征，我的名贵，不像

他们由世袭而得,我是由我的工作与危险换来的!"

贵族痛恨他,他的夸大使民众失掉信任,于是急转直下,贵族们维护苏拉(Sylla)与之对抗。在前90年至前89年,意大利人民因待遇不平,起而叛乱时,元老院任命苏拉剿灭,这使马留非常不愉快的。

## 三、苏拉(Sylla)(前136—前78)

苏拉为马留的部属,在非洲与危尔沙作战时,他曾参加,有过特殊的功绩。他是一个没有资产的贵族,有政治家的风度,爱护他的士兵,而元老院憎恶马留的独断,便利用苏拉与之对抗。

纪元前88年,本脱(Pontus)王米脱达(Mithvidates VI Eurator)侵入希腊,残杀许多罗马人,元老院授命苏拉远征,这是最好的差事,一方面可以致富,他方面可以增加实力,贵族们又给马留一次不愉快的刺激。

马留性粗鲁,不能忍耐,收买民党领袖,激起暴动,乘机推翻元老院的命令,自任为远征的领袖。苏拉率军返罗马,陈兵演武场,不顾禁令,将军队开入罗马城内,马留逃亡非洲。苏拉恢复元老院职权,于前87年,率兵至希腊,围攻雅典,节节胜利,于前85年缔结达旦纳(Dardauos)和约。

苏拉远离罗马后,马留与执政官西纳(Cinna)相勾结,渡海围攻罗马,图谋恢复民党政权,罗马又沦陷,五昼夜残杀贵族与苏拉党羽,罗马沉入恐怖时代,马留又做第七次执政官,宣布苏拉为国民公敌。便在此时(前86),马留死了。罗马政权落在西纳手中者有三年。

苏拉败米脱达后,由小亚细亚返回(前83),真是满载而归,士兵们个个有钱,人人对他忠实,西纳虽带军人截击,结果失败了。于前82年,苏拉入罗马,元老院封之为总独裁,这是一个变相的皇帝。

将仇敌列为一表，有六月之久，每日在清算中。为着免除未来的政变，苏拉将政府完全贵族化，元老院有最高的权利。人民结会仍然存在，只是一种形式，取消护民官的否决权（Veto），执政官不得带兵，这些法令，没有异议一致通过，奉为国家政变的大典。他不愿破坏国家纪纲，于前 79 年自请退位，次年他也寿终正寝了，葬于城外演武场，苏拉是第一个享受这种戏剧化的光荣者。这是新时代的人物，启凯萨与奥古斯脱的先声。

# 第十三章
# 贲拜与凯萨

## 一、贲拜（Pompey）：Gnaeus Pomeius

苏拉死时，以为革命永远终止了。因为它利用武力创立法律，结果只产生许多野心者，利用军队窃取政权。民党领袖雷比达（Lepidus），便是利用军队，要求恢复护民官的否决权，废除苏拉法令，元老院不能接受，发兵至演武场，被执政官加杜洛（Catulus）阻之于弥维桥（Milvius），而贲拜又败之于可沙（Cosa）。

贲拜生于前106年，系有钱的贵族，勇敢，与苏拉友好，曾带着三军与苏拉共同奋斗。他有政治的野心，却没有军事的天才，然而他却领导着四次大的战事，每次胜利，这是他无尽资产的成功，也是他有种运气，坐享其功。他有一种缺点，在政治上没有定见，常时反复，贵族利用他扑灭叛乱，使他加强实力，可是他不能持久，而又倒在平民方面。

前78年，马留部将塞托利（Sertolius）在西班牙叛乱，组织议会，元老院任命贲拜远征，败之于沙贡（Sagont），于前72年，塞托利部将拜培纳（Pelrenna）亦为俘虏。贲拜在西班牙时，意大利南部奴隶叛乱，系斯巴达古（Srartacus）所领导，客拉苏（Classus）前往扑灭，趋之于加拉宰（Calabze），贲拜东还，道过意大利南，顺手而取其功（前71）。

贲拜与客拉苏因战功问题冲突，元老院又无定见，欲利用矛盾的情势，加以控制，贲拜脱离贵族，私与客拉苏和解，于前70年，两人共为执政官，废弃苏拉法令，恢复护民官制，陈兵城外，以武力压迫元老院。当罗马内战时，地中海成为匪区，罗马由外运来的食品与货物，时为劫掠。护民官为褒奖贲拜，即加比尼律（Lex Gabinia），绥靖地中海，政府予全力支持，经三月，贲拜完成使命，政府又付以征米脱达的责任。

米脱达侵占比地尼（Bithynie）后，残杀许多罗马人，并组织大规模的同盟，由克里米，取道多瑙河攻罗马。吕古洛（Lucullus）前去，败米脱达婿于Tigranocete，向Artaxata进发，军变，米脱达反攻，罗马退兵。由马尼利亚律（Lex Manilia），贲拜第四次受命远征，毁其同盟，米脱达逃亡，于前63年自杀，贲拜建立叙利亚省，亚美尼亚成罗马同盟国。

当贲拜在亚洲时，罗马贵族与失意政客，拥护加地利纳（L. Sergius Cathilina）叛乱（前63），其阴谋为西塞豪发现，向议会公开，其词意严正，宛为政治家："元老院明白一切阴谋，执政官看得明白，加地利纳活着吗？他活着，他还来至议会，……他以凶残眼睛选择应当死的人们。"结果加地利纳逃去，于前62年死于彼斯岛亚（Pistoria）。

是年贲拜返意大利，心意扬扬，将所率军队解散，及至登陆后，元老院欺其分散实力，恨其反复无定，以冷眼遇之，不承认在亚洲功绩，贲拜满腔不快，觉悟解散军队的错误，图谋如何恢复政治的地位。凯萨看到这种演变，利用客拉苏的财富，贲拜的失意，居间合作，形成第一次三头政治（Triumrat）。

## 二、凯萨（前 100—前 44）：Gaius Julius Caesar

凯萨系罗马的贵族，自言系安古斯的后裔，从小受一种复杂的教育，爱好文艺，善修辞，有力而洁净。他的姑母嫁与马留，从小便熟习罗马政治的暗潮，与民党接近，有野心，善荣誉，自与西纳女儿结婚后，更同情民党，借债做施舍，他有好义的声誉。

从希腊返至罗马后，他期待着一个机会，但是他没有实力，到前 60 年，他利用客拉苏的钱、贡拜的兵，建立他自己的事业，举为执政官，继任为高卢的总督。

凯萨意志很坚强，判断很敏捷，精于组织，有时不择手段，从不肯徘徊与游疑。拿破仑的通讯说："战术的原则，系历史上伟大军事家所运用者：亚历山大、汉尼拔、凯萨……"所谓战术的原则，拿破仑又说："凯萨战术的原则，与亚历山大及汉尼拔相同：集中力量，不使有隙可乘，迅速攻其要点，利用心理力量，镇伏敌人，与同盟者忠实，使失败者服从，要把握战场的胜利，为要取胜，不能分散自己的力量。"凯萨是一个奇突的军事家。

在前 59 年成为高卢总督后，从前 58 年到前 51 年，带着十个军团，侵略高卢。其动机有二：一为增自己的实力，借以致富；一为宣传自己的声誉，借以成名。前 58 年，高卢人受日尔曼民族的威胁，求凯萨援助，借机会将军队开入高卢，发动侵略：首先侵略高卢东南地带，即与哈外脱（Helvetes）与阿利维托（Arioviste）战争（前 58）；继向高卢东北侵略，即比利斯人战争（前 57）；再次向高卢西部侵略，即与维奈脱（Venetes）与亚奎东（Aquitaines）战争（前 56）；他完成特殊的勋业，元老院又延长总督任期五年。自前 55 年至前 53 年，为解除外来压力，他发动侵略日尔曼地带，渡海征不列颠。时高卢不堪罗马压迫，在维桑多利（Vercingetorix）领导下，做解放战争，凯萨始遇劲敌，用围困方式，于前 52 年始屈服，维桑多利被俘虏，六年后，凯萨举行庆祝胜利大典时，将之绞死狱中。

## 三、凯萨与贲拜的斗争

当第一次三头政治组织成功后，客拉苏奉命出征帕提（Parthes），结果为帕提骑兵所败，被金液毒死（前53）。贲拜在亚洲功绩，经政府承认名义上负责西班牙的军事，却不肯离罗马一步，组织意大利军队与地中海舰队。他的行动又接近元老院，深忌凯萨的声誉，他利用元老院的力量，剥夺凯萨高卢的总督，任命他为唯一的执政官，借此以解除凯萨的兵权。

凯萨兵屯在卢比贡河（Rubico），知危机已迫，不屈服便须反抗，经考虑后，于前49年1月7日，渡河南下，凯萨与贲拜的斗争，从此开始了。贲拜军在西班牙，不及调回，因大多数议员向希腊逃走，凯萨入罗马，两月时间，便统一意大利。前48年，凯萨率军至希腊，败贲拜于法沙洛（Pharsale），贲拜向埃及逃亡，到拜鲁斯（Peluse）上岸时，埃及王遣人将他刺死。凯萨被任为总独裁，任期一年（前48）。

前47年，凯萨平埃及，败法那斯（Pharnace）于池拉（Zéla），向元老院寄其名信："Veni, Vidi, Vici"（我回来，我看了，我胜利）。前46年，凯萨败贲拜党羽（Sciris 与 Cato）于达朴稣（Thapsus）与乌地克（Utigue），任命为十年总独裁。前45年，结束西班牙战争，败贲拜子于孟达（Munda），任命为终身独裁。

## 四、凯萨的政绩与死

从前48年到前44年，凯萨为罗马唯一至尊的人物，名义上共和制度犹存，事实上握着大权，宛如一专制的帝王。这是希腊精神与罗马民族特性（自由与组织）的产物。他走上这条路，系个人超越结团的表现，同时他又利用结团的组织，构成自己的实力。为此，他的军士忠于他超过法律的规定，他拥护平民，结连失意政客，所以时人论到凯萨说："没有人更会像他得人心的，……对于失败者很宽容，不加计较。"

对内政，凯萨颇多有益的建树，将元老院席位增至九百，执政仍二，凯萨任其一，护民官存在，却无实权，所征服地带，与罗马公民享受平等待遇，高卢皆可参加元老院。又将意大利各市府组织统一，规定亚洲与高卢税则，免除掠索事件。凡不能作战的军人及贫民，分送至各省，建立殖民地，使帝国内部经济稳定。改定日历，得希腊天文学者助，定每年为365日，每四年闰一次，凡奇月为31日，偶月为30，唯二月为29日，以July月纪念自己。

凯萨有无上的权威，将雕像与古代七王像并列，流言四起，如前46年遇埃及王后克娄巴（Cleopatra），揣测凯萨内心，欲尊之为后，这并不正确，可是形成一种忌妒的空气。于是有六十多议员，形成反对凯萨的集团，为孛留杜（Brutus）与客西雨（Cassius）所领导。

Plutargue在凯萨传中说："当凯萨握有大权，至无可怕的地步，他将自己的禁卫军取消了。有人警告他，他说：'宁愿死去，也不愿每天怕死。'到前44年3月15日，凯萨照例至会场，非常详静，各议员起立，向他请安，那些反凯萨的同盟者，绕之随行，正像要帮助桑伯（Tillius Cimber）求情，因为桑伯的兄弟被驱逐出境，恳求凯萨撤销禁令。凯萨坐在议会主席位，拒绝请求；而求之者围之愈紧，求之愈急，使凯萨不得转动，须一一推向后，桑伯提凯萨衣，突然覆其面，这是谋刺动手的信号，贾士家（Casca）即以剑刺凯萨肩，伤未重，凯萨夺其剑，回首向他说：'贾士家，你干什么？'贾士家呼其弟：'快动手！'时与谋者各出其剑，凯萨举目四望，所见皆剑光，默而无言，举衣覆面，……同谋者各以剑乱刺之，有互伤者。"凯萨身受二十七处伤痕。

## 第十四章
## 安东与屋大维

### 一、凯萨死后的罗马

凯萨死后，罗马沉沦在混乱中。那些暗杀者，想号召民众，争取自由，恢复当年的共和制度；但是多年内战，托言拯救人民于水火之中，并未见实现，而只追悔凯萨的恩惠。元老院的议员们，大半受凯萨提携，追念他们的领袖，即与凯萨无关者，亦不愿再受新主人的支配，落的袖手旁观，所谓推翻专制的革命，在罗马人民看，也只是内战的一幕，并无任何深意的。

执政官安东（Marcus Antonius），系凯萨部将，利用这个机会，想夺取政权。这是一个勇敢而粗野的武人，善用手腕，随便，落落不羁，深得人民的信心。他为了造成自己的政治地位，首先料理凯萨的丧事，赞扬凯萨的伟大。他将凯萨的遗体，陈设在阴暗的礼堂内，任群众自由凭吊，群众非常感动，思念凯萨英勇宽厚的事迹，无不痛恨字留杜等的罪行，这样群众们企待安东报复，安东成为罗马政治上唯一的人物，而索留杜与他的朋友们逃走了。

安东非常幸福，但是这种幸福是不会长久的。屋大维（Julius

Caesar Octavianus）系凯萨养子（凯萨姊之孙），由希腊归来，要求继承凯萨的遗位。这是一个十九岁的青年，长得很低，多病，又胆怯，怕雷声与夜间的树影。外形虽如此，而内心却有勇气，很冷静，贪荣誉，竟至讲目的而不择手段。西塞豪憎恶安东，刊其 Ln M. Antonium Orationium Philirrica XIV（44-43），屋大维称西塞豪为"父"，献媚元老院。元老院利用屋大维与安东对抗，认安东非法，与屋大维军队，使之讨伐孛留杜。

屋大维利用他的地位，向元老院要求执政官职，元老院拒绝，屋大维非常不痛快。安东围攻孟登（Modeine）返，知元老院与之对峙，这两个野心家，明白元老院意趣，不为利用，须团结互助，此时凯萨的骑兵指挥雷比达（Lepidus），尚拥有实力，屋大维欲利用其力量，在前43年，组织第二次三头政治。第一件工作，铲除他们的政敌，利用密报与悬赏的方法，有三百多议员，两千多骑士被牺牲，而西塞豪为屋大维抛弃，被安东部属残杀，将其首与手陈设在政议边。第二件工作，即屋大维与安东渡海征孛留杜及其党羽，两日围攻，败于非里朴（Philippi），孛留杜知大势已去，自杀，他最后的一句话："神啊，你只是一个空名而已！"

## 二、安东与屋大维的裂痕

三人缔结孛朗德（Brundusium）和平（前40）：他们私自将帝国分裂，安东取东方与高卢；屋大维取意大利与西班牙；雷比达势力薄弱，只得非洲。这种局面与罗马的趋势相违，因为政治制度不能确立，构成割据的局面：西方需要和平，屋大维首先扑灭贲拜的儿子：塞斯杜（Sextus Pomeius）。屋大维任命亚克利巴发动战争，经两年时间（前38—前36），将之败于麦西纳（Messina）附近，屋大维控制中地中海。同年，欺雷比达无实力，将之废弃，而罗马领袖人物，只留下安东与屋大维，但是两者不得并存的。

安东住在东方，托辞埃及曾协助宰留杜，要发动征埃及的战争。但是埃及女皇克娄巴对凯萨没有成功，而对安东却有把握。她不过二十八岁，美丽又善于装饰，Plutargue 叙述她与安东在达尔斯（Tazse）的会见，那真是历史上不可遗忘的一幕：

> 她乘的船像是放光的宝座，海面上波浪摇着金影，船首镀金，红色的帆染着奇突的香味，不断有海风狂烈的吹来。海波与笛声相协和，有情的形成一种节奏。克娄巴横卧在金丝织绣的船中，她比爱神的像更美，不可想象，超过自然。她身旁环绕着许多肥胖的孩子，持着各种颜色的宫扇，照耀着皇后的颜面。那些随她的妇女，个个像海神，秀外慧中，都能够目听眉语，装饰这只帆船。在船尾，一个女神守着，素手把舵，其动作宛似一朵艳花。岸上渐次闻到散出的香味，全城都空了，安东独坐在宝座上，停在市场的中心……

安东被克娄巴迷惑了，他狂烈的爱她，要求同她结婚，埃及免于灾难，安东大有此间乐不思蜀之慨。

到前 32 年，安东休前妻屋大维亚（Octavia），系屋大维的姐姐，屋大维利用这种事实，刺激罗马人的情绪，诬陷克娄巴要做罗马的皇后。元老院任命屋大维远征这个"谋国的女子"，这便是要打击安东。

安东沉于女色，只是幻想与做梦。他梦想做亚历山大第二，封克娄巴为"皇后的皇后"，他要求屋大维出兵相助，东行征埃及，结果被拒绝，他不知道屋大维正准备向他攻击，而他带着埃及船队反来攻意大利。

在前 31 年 9 月 2 日，两军相遇于亚德里亚海出口处：阿克西姆（Actium），克娄巴突将埃及船队撤走，安东败，向亚历山大港逃，安东觉着一切完了，随即自杀。克娄巴欲以色迷屋大维，未成功，以毒蛇（Aspic）自杀（前 30）。埃及变为罗马的行省。

前 29 年，罗马庆贺屋大维的成功，元老院颁以"终身胜利大将"（imperator）衔，他才三十三岁，在别人还是学习的时候，而他已做"万物之主"（他自己的话），他是凯萨第二，所谓共和时代也便中止了。

# 第十五章
# 奥古斯脱时代

## 一、帝国的形成

自前29年后，屋大维一人统治，亦即罗马帝国形成的时代。从表面上看，旧有的组织，元老院，执政官，议会等仍然存在，而将"国父"，"终身总独裁"等尊称，一律取消，而只接受奥古斯脱（Augustus）称呼；骨子内，却并非如此纯洁，他有绝对的权力，自兼护民官，有指挥军队的全权。他是凯萨思想彻底的实行者，他任命官吏，监察人民的行动，又是宗教的领袖，拥有无上的权威。

经过内战混乱的时候，奥古斯脱时代是详静与休息的时候，他的生活非常质朴，住在巴拉丁的小屋内，要他夫人与女儿纺织，而他穿的衣服，须由家中制出。他自己永不忘掉是一个公务员，亲身去投票，参加议会；元老院所制的法令，由民众议会通过，官吏去执行。军团的旌旗上，仍然写着：S. P. Q. R.（Senatus Populusque Romanus），但是他有全权，为了城内的治安，他组织禁卫军九营。继后将执政官取消，代以"使节"（legatus），各省臣服，有权直接集会，他亲身出巡，访察各地实情，到处平安。诗人奥哈斯（Horatius）赞之：

因为你，牛可安心在草地，

田野万物丛生，

船可在海上平安游行，

信任吹散了疑云。

为了帝国的安全，奥古斯脱组织二十三个军团，约四十万人，分住在莱茵河、多瑙河、幼发拉底河、小亚细亚、亚非利加，以维持帝国的和平。

## 二、帝国宗教的开始

古朗士说："基督教的降生，便是古代文化的结束。"因为古代一切以宗教为基础，罗马自然也不能例外的。

自第二次布尼战争发动后，罗马宗教精神为之一变，可是这种变更，并不能摧毁罗马传统的精神，即是说："神须为国家服务。"圣奥古斯丁（St Augustin）评斯开乌拉（Mucius Scaevola）说："世间有三种宗教：诗人的宗教，哲人的宗教及政府的宗教。前两种是有害的，应当排除，后一种是可以保存的。"为什么？

诗人的宗教含有想象的成分，不能实行，他是艺术的。至于哲人的宗教，虽有行动为基础，却完全从理智出发，他是怀疑的。怀疑与信仰相矛盾，客西雨同孛留杜的对话，证明他们的神并没有信仰的成分："我希望有神的存在，不只可以保护我们的军队，而且可以证明我们的行动是合乎正义的。"但是政府的宗教，完全为着保存权力，他与国家永存，从前58年到前48年间，政府四次禁止伊锐斯（Isis）神，瓦宏宣布理由，怕罗马神失落，人民将他遗忘了。

事实上，政府利用宗教统治人民，人民按照自己的需要，接受祖先信仰的遗产，奥古斯脱，便利用民众建立自己，他是一个宗教家，非常敏感，竟至有点迷信。他看自然现象，便是代表天意，因为宗教是传统力量的代表，他是国家的，有他历史的背景。奥古斯脱对宗教有个基本的观念：即宗教与政治不能分离的。他装饰罗马城，使之变为大理石，但是在修理的建筑物中，庙堂有八十二所，这个数目也够惊人了。在纪元前 17 年，奥古斯脱将罗马分为十四区，每区有他的拉海（Lares），国家是一个大家庭，帝王便是神，民众对帝王的敬重，等于对神的信仰，诚如维斯巴西（Vespasien）说："我自己感觉着变成神了。"如帝王行为经人民认可，其死后，元老院升之为神，建专祠，特派僧侣以祭之，罗马全国皆建有奥古斯脱祠，故从奥古斯脱起，帝王含有特殊的宗教性。

### 三、奥古斯脱的隐痛

奥古斯脱时代（前 29—14），经四十三年，成罗马史上的代表。其民族天才的结晶，形成古典的文学，如 Tibulle（54—18 B.C.），Pzorezce（50—15 B.C.）；Ovide（B.C. 43—17 A.D.），Horace（65—8 B.C.），Sereca（4 B.C.—65A.D.）；味吉尔（70—19 B.C.），李维（59B.C.—17 A.D.）。虽然文物如此发达，而奥古斯脱却有隐痛，这种苦痛是由家庭造成的。

奥古斯脱幼年与斯克利包尼亚（Scribonia）结婚，并无特殊的幸福，生尤利亚（Julia），这是一个活泼，爱漂亮的女子，马洛孛（Macrobe）说："柔和的人，反抗严厉，她接受了许多的不幸。"因为她母亲不得宠，尤利亚须与姑母屋大维亚在一起，生活如坐牢。奥古斯脱别求所欢，与李维亚（Livia）结婚。为此，尤利亚草率与她的表兄马赛洛（Marcellus）结婚（是屋大维亚子），不幸得很，结婚一年，她的丈夫便死了。

李维亚再嫁奥古斯脱后，未生一子，这是最不痛快的。从国家着想，亚克利巴协助奥古斯脱，完成大业，当使之继承，因此奥古斯脱想以女妻之，纵使亚克利巴已四十岁了，亦须离婚。亚克利巴是一个战将，个性很强，讲行动而没有风趣，不合尤利亚的个性；但是她能忍，随其夫至帝国各处，生五个孩子：Gaius，Lucius Caesar，Julia，Agrippine，Agrippa Postumus。可是不幸得很，亚克利巴到 52 岁便死了。

尤利亚为罗马最美的女子，许多人追逐她，但是她的孩子很小，须从速再嫁李维亚的儿子地宰。地宰出自克洛地（Claudius）族，性情幽暗，须与维沙尼亚（Vinsania）离婚，以完成政治的要求，但是他俩的性情分外冲突，尤利亚感到乏味，做了政治的牺牲品。她随她的新夫去亚奎来（Aguilee），深感到不适，而又有许多人追逐她，他们夫妇间的裂痕更深。地宰无可如何，大病，退到 Rhodes 岛，尤利亚返罗马，宛如北辰。

利维亚爱她前夫的儿子，恨尤利亚对地宰的行为，暗中收集资料，在奥古斯脱前进言，诽谤尤利亚，她很成功。Sempronius Gracchus 须到非洲，安东的儿子雨力（Jules）须自杀，尤利亚女友 Phoebe 自缢，而尤利亚同她生母谪居在岛上，所生的两个大孩子：Gaius 与 Lucius Caesar 十八月后死了。稣伊东（Suetone）说："奥古斯脱宁愿绝嗣，也不愿她女儿侮辱家庭。"

地宰返罗马，人民要求释放尤利亚，奥古斯脱说："我希望你们有这样的女儿与夫人，为着明白我的情感与行为！"他的这种家庭的隐痛是无可告人的。

奥古斯脱活了七十六岁，他死后全帝国尊之为天神，地宰为正式继承者，李维亚是最有实力者。

# 第十六章
# 帝国的赓续

## 一、奥古斯脱的继承者（14—68）

奥古斯脱死后，帝国和平与繁荣，直接传位于地孛（Tiberius，14—37年在位），元老院本身腐溃，亦未反抗。地孛已五十六岁，胆怯，非常谨慎，特别信任赛让（Séjanus）。其时日尔曼与班纳尼（Panonie）叛乱，赖Germanicus（屋大维的外甥）及杜里舒（Dzasus，地孛子）扑灭，未酿成大患，然两者相继死亡，与地孛刺激，心理为之一变，随即疯狂，死在37年。

帝位传位于加里古（Caligula，37—41年在位），系Germanicus子，按徐栋（Suetone）所记："加里古面色苍白，身体粗笨，腿细而短，发少脑光，最怕人说'山羊'，因为山羊的头是秃的。他把珍珠放在醋内，溶化后再吃，他专做不可能的事，如将山地变为平原，海内要筑堤……他爱所骑的马，特建一大理石居处，制象牙糟，以许多人侍奉，用马的名义请客，并任命马为执政官……"这样疯狂的行为，被禁卫席来亚（Chaerea）刺死（41）。

席来亚欲恢复共和制，却为士兵所反抗，因克洛底（Claudius，

41—54年在位），系 Germanicus 弟，贿赂士兵，从中阻碍，用钱取得帝位。这是一个蠢人，好吃酒，不关心政事，受奴隶与女子的愚弄，结果受奴隶巴拉斯（Pallas）怂恿，与其侄女亚克利比纳（Agrippina）结婚。Agrappina 是一个阴谋而野心很大的女子，在 54 年，用香菌将克洛底毒死，帝位传给她十七岁的儿子奈宏（Nero，54—68 年在位）。

奈宏个性很强倔，残酷，桀骜不驯，虽有哲人赛奈加（Seneca）为其师，亦无法训导，他只受奴隶们的摆布，特别是纳西斯（Narcisse）。亚克利比纳知其子有异图，深感不安，将其次子字列丹尼古斯（Britannicus）提出，与之对抗，奈宏察觉，佯欲和好，请其弟便餐，将之毒死，母子斗争更剧烈。然而四年的斗争，终奈宏胜利了，不放过他母亲的行动，诬以阴谋，将他母亲绞死，其师塞奈加须赞其罪行。

奈宏爱听恭维的话，喜作诗，他看不起希腊的诗人，游希腊一周，带回一千八百个桂冠。在 64 年，因欲与荷马争雄，其奴隶放火烧罗马城，叛乱起，将责任推到基督教徒身上，散粮，演剧，以平息民众的忿怒。结果自杀，他最后一句话："世上失掉何等重要的艺术家！"（68）

## 二、伏洛维安王朝（Flaviens，69—96）

奈宏死后，军团势力扩大，金钱成为竞选帝王的工具，西班牙军团举加尔巴（Galba）为帝王。这是一位七十五岁的老人，吝啬，不肯与罗马禁卫长钱，罗马举奈宏的朋友奥东（Othion）与之对抗，加尔巴败。是时高卢军团举魏德里（Vitellius），败奥东于拜德里亚（Bedria），在位八月，终为伊利利（Dllyria）军团领袖维斯巴西代替（69），开伏洛维安王朝。

维斯巴西（Vespasien，69—79 年在位）有军事才干，反对奈宏政策，毁其像代之以亚波罗，他能在武人跋扈时建立军纪，充实元老院权力，叛乱减少。年老，得其子帝岛（Titus，79—81年在位）协助，于70年毁耶露撒冷城。帝岛即位时（79）危稣夫（Vésave）火山暴发，毁奔拜伊（Pompei）与哈拉纳姆（Herculaneum）。帝岛死（81），多米西安（Domitian）即位（81—96），非常专制与残酷，其将亚克利拉（Agricola）侵占大不列颠，继与达斯（Daces）战，罗马失败，买得和平。自93年后，多米西安沉入荒淫之中，学者与哲人受其摧毁，结果为他女人与秘书所暗杀。这种新政治，造成专制与紊乱的局面。

## 三、安东尼王朝（Antonins）（96—192）

安东尼王朝是罗马历史上升平时代，所有战争，皆沿帝国边境，一改阴谋与残杀的风气。他们不是皇家亲族，生而为统治者，乃是由官吏中选拔贤能，立为子嗣，故多能克尽厥职，他们的政策：一方面限制军人实力，减其跋扈；他方面组织民法会议，判决是非，这对十二凯萨的流弊为之刷新。

多米西安死后，元老院与禁卫军举奈尔瓦（Nerva，96—98年在位）为帝，为人公正，得元老院信任，而禁卫军以其年老可欺，视之无足轻重。奈尔瓦即位，虽只两年，却能使民间和平，特别是将王位不传子，而传于图拉真（Trajan）。

图拉真（98—117年在位）系西班牙人，为奈尔瓦养子，开外人做罗马皇帝的滥觞，建帝国最大的版图。侵多瑙河，征服达斯，改为罗马行省（101—107）；继侵亚拉伯，亚美尼亚，发展到两河流域（107）；最后用两年时间（114—116）征帕提亚，不幸于117年死于西来锐（Cilicia）。图拉真政治修明，后之即位者，常用此语祝之："比奥古斯脱更幸福，较图拉真更好。"

图拉真死后，一本安东尼王朝作风，传位于养子哈德良（Hadrien，117—138），在位二十一年，罗马帝国享受和平与繁荣的幸福。他改善行政人员，排绝解放的奴隶而起用自由人。他不爱禁欲派的伦理思想，传位于他的养子安东（Antonin，138—161）。安东生在高卢的尼姆（Nimes），系一位哲学家，富有责任心，虽然有边疆的战争，却没有什么重要性。

安东传位马古奥略（Marcus Aurelius Antoninus），这是一位知行合一的哲人，爱读书，手不释卷，但是命运要他作战。即位时已四十岁了，时而到幼发拉底河，时而至多瑙河，他死在战争进行中：维也纳。著有《沉思集》，表现禁欲派的思想，力求精神的安定。他常说："不可以怨报怨，而要学上帝以德报怨。"哲人死后，不幸传位于其子共莫杜斯（Commodus，178—192），这是一位昏君，残酷，结果为人暗杀，帝国沉入混乱之中。

安东尼王朝扩大罗马帝国，若以今日地方言，实包括：英国，西班牙，意大利，比利斯，瑞士，法国，奥国，匈牙利，巴尔干，希腊，摩洛哥，阿尔及里，突尼斯，埃及，巴力斯坦，叙利亚，土耳其等。全境分四十八省。内乱平息后，各省互相合作，构成一种和平，希腊作家形容这时的景象说："随意登临眺望，恐惧意念全消，全境悉已停止斗争，深感到荷马的话：地球为人民所共有的。"

# 第十七章
# 基督教的创立

## 一、帝国时代伦理思想的转变

　　罗马到帝国时代，繁荣与和平破坏旧日的社会生活，使好公民与好士兵的理想，逐渐消失。他们只顾享受，追逐外形的快乐，帝王们利用人类的惰性，予以食物与游艺，借以阻止叛乱，当时流行的标语，外省需要和平，罗马却要面包与游戏（Panem of Circenses），罗马变为一所乞丐城。

　　塞奈加（Seneca）与雨维那尔（Yuvenel）叙述当时的生活，好像每个人都是疯狂地享受，富者房屋如宫殿，每晨食客请安，宛如市廛，单就罗马城内寄食的穷人，有三十万之多，构成一种淫糜之风，那种滑稽剧受人欢迎的理由，因为表演淫猥的事实故。

　　但是人不完全是动物，那些不甘于醉生梦死者，他们感到一种新的需要，充实内心的生活，对于宇宙，人生，命运等问题，他们想求一解答。罗马的宗教，是一种商业行为，无法解决这种问题，他只顾外形，并不重视内心，到帝国时代的宗教，亦只是增加帝王的神性，较易统治而已。

希腊的哲人如比达高、苏格拉底、柏拉图等推到上帝（即真理）的存在，每个人用良心可辨善恶，当希腊成为罗马属地后，罗马的青年子弟，负笈远游，而罗马的精神与思想为之一变。西塞豪努力介绍希腊的思想，译为拉丁文，人人可读，成为公开的法则，形成普遍的伦理思想，每个人须遵守。但是，这并不能解决，因为法律与警察所能约束者，仅只外形，重要处仍在解决内心的问题，塞奈加便是好的证例。

这位哲人教人忍受苦痛，藐视财富，培养人的尊严，发挥禁欲派的思想，自视如神，他犯了自私与高傲的病，却与精神一种新的估价，提高了良心作用，这在罗马思想上是重要的转变，将当时流行的决斗的恶习，奴隶的制度，从此判为死刑。塞奈加仅只是一种理论，他的行为常是矛盾的，这种严肃与高不可及的思想，由奈宏的奴隶埃比克脱（Erictete）去实行，他生活清苦，却说："如果不赞美上帝，老而且拐的我，能够有什么用处呢？假使我是一只黄莺，我做黄莺所能做的事，既然我是一个理性动物，我当赞美上帝。"他的弟子马古奥略奉为正宗，与之同样躬行实践。

但是，这种理论，只能为少数知识阶级所了解，因为他的出发点是理智，不是情感；他讲求意志而不重视信仰，普通人非特不能接近，且视为不可能的。就在这烦闷的时候，从巴力斯坦来些人宣道，他们说：不要高深的学问便可接近真理，因为上帝是公有的，愈是穷困乐善者，愈可接近，这便是推翻旧时代的基督教。

## 二、基督教的创立

在奥古斯脱统治的时候，于巴力斯坦的百冷（Bethleem）木匠的家中，生耶稣，意为"救世主"。幼年很安静，到地孛十五年，他二十九岁，外出宣道，约三年半，为犹太人所憎恶，钉死在十字架上。

他的言行，记载于新约内，理论非常显明，爱上帝在一切以上，爱人如己。"告你说，你要爱你的敌人，恨你者你要善待他，害你者你当为之祈祷……"因之，凡人都是兄弟，在上帝前面一律平等，圣保罗发挥平等意义说："无所谓希腊人或犹太人，清净与不清净，野蛮或文明，自由或奴隶。"为此，人应爱而不应当恨，人固不当有仇恨的行为，便是仇恨的意念亦不当有。他教人安贫，淡泊，谦和，博爱，那时普遍的思想，承认富有与权贵为幸福，穷困是不幸的，失败者并当受胜利者的惩罚，人统治人是应该的，报复是正当的，于是神也是有国籍与城市的分别。耶稣带来许多新观念：精神重于物质，幸福者是贫困流泪的人，完善者乃是爱人嗜义者，他要人解脱世俗的束缚，他说："勿为未来的衣食担忧，试看天空飞鸟，不耕种，不收割而上帝饲之也。"

这并不是要委诸命运，乃是要人集聚全力，追逐真理，争取精神的价值，因为耶稣说："我的国家不在这个世界"，而在天国，耶稣常告人："须要像汝在天之父那样完美。"他将时间观念扩大，这是古人从未论过的。第三世纪的哲人 Tertullieu 说："这是整个人类的共和国。"

## 三、基督教的传播

耶稣死时，诏示他的门徒说："你们到各国宣布我的理论，我同你们在一起，一直到世界的末日"，他的门徒们秉着遗训，十二年后罗马已有基督教团体的组织。

探究这种迅速传播的原因：第一，基督教系犹太教改革而成，犹太教分布很广，无论同情与反对，其协助基督教的传播，至为有功。第二，罗马政治取消种族界限，而基督教没有种族观念，故能在帝国迅速宣传。第三，基督教的信友中，希腊人最多，因为他受当时哲学思想的训练，较易接近这种观念。自圣保罗出，焦唇干舌，往返于罗马与小亚细亚间，其功至伟。

罗马为政治的中心，故基督教视为重要地方，但是他的开创，却非常艰辛。罗马帝王为宗教领袖，而自视为神，人民敬重他，便是敬重国家，反对他，便是反对罗马，但是基督教的理论，将上帝与帝王划分，不能相混，"是凯萨的还给凯萨，是上帝的还给上帝，"不能拿祀上帝之礼以敬凯萨，因为凯萨也是人，他和其他人没有分别的。不只如此，基督教看不起世俗的荣誉，耶稣说："你们中最伟大者为你们的仆人"，自视太高者应抑之，谦逊不遑者应扬之，这样，基督教将宗教与政治划分，评论人的价值，不在他的地位，权威，知识，富贵，而在他的内心的动机，忍受苦痛的程度，爱人及物的方式，于是罗马政治不能容纳这种新宗教，自是当然的。自奈宏起至君士但丁（Constantiu）止，大规模残杀基督教徒者有十次，便是那些贤明的帝王，如图拉真，马古奥理亦反对基督教，予以摧残。马古奥理写给彼地尼总督卜利纳（Pline）说："不要搜寻那些基督教徒，如果有人带他们来，证明是渎神者，应当惩罚他们。"

基督教徒所遭受的迫害，至为残酷，男女老幼，鞭打，枭首，磔死，火烧，解往剧场饲兽，但是受之者非常详静，认殉道为一种光荣，至今教会中保存着这些虔诚的回忆。这种摧残，结果正相反。尤斯定说："人家愈使我们苦痛，我们的人愈多。"当时自动而皈依者，日有所见，Tertullieu 说："我们还在冬天，可是已经充满了你们的城市，军营，岛屿，会场。"到 313 年，君士但丁发表米兰谕，基督教始得到法律的保障。

# 第十八章
# 后期罗马帝国

## 一、武人的专横

共莫杜斯死后（192），罗马帝国有一世纪多的紊乱，唯一重要的原因，即军人干预政治，内乱时生，最后胜利者，便为罗马帝王。在九十三年期间内，便有二十五个正式即位的帝王，这说明帝国到了衰弱的地步，国家的纪纲荡然无存了。

所以造成这种局面的原因，因罗马禁卫军长及边疆军事领袖，他们握有实力，凡为帝王者，事前须给予巨款，成为"馈礼"（Donatium），钱愈多，帝王的位置愈稳固，同时罗马帝王中也产生了许多不可思议的人物。

于共莫杜斯死后，禁卫军举碧地纳（Pertinax）为帝，他是卖炭者的儿子，有钱却非常苛刻，只做八十七日的帝王，便被人暗杀了。是时Didius Julianus出重价购买王位，以不能付款（每个士兵须付六千佛朗），结果只做了六十六日，又被人暗杀了。

193年，伊利利军团举史地姆（Septime Sévère）为帝（193—211），这是一位忠于职守，最能作战者，他将王位传其子加赫加拉（Caracalla,

211—217年在位），并说："我的孩子，只要你使士兵们喜欢，其余便可不管了。"这真说明当时的实况。

加赫加拉使人怀念者，在213年谕中对公民的规定："凡居留在罗马帝国境内者，便是罗马的公民。"罗马的公民，不问种族与语言，至是完全平等。218年，埃拉加巴（Elagabal）即位，系叙利亚司祭，喜着女子衣服，为人暗杀。继位者为塞吾（Alexandre Sévèze，222—235年在位），系哲人，但是纪纲已失，于235年为马西曼（Maximin）杀死，自254至268年间，有二十九位皇帝。

## 二、伊利利帝王

武人专横，使帝国沦于不幸中，其时边患四起，蛮人侵入，尤以269年，三十二万哥德人入寇巴尔干，罗马人自觉不能内战，伊利利军团举奥害理（Aurelien，270—275年在位）为帝。这是一个粗野的武人，他常说："以金赠友，以铁赠敌"，故有"铁人"之称。他恢复帝国的统一，建罗马城墙，长十九公里。死后，朴洛彼（Probus，276—282年在位）为帝，生活简朴严肃，有类古罗马大将，波斯使者至，见一秃发老翁，身披麻衣，席地而食蚕豆，他向使者说："你们如不服从，要将波斯铲除像我的头一样光。"固太严谨，士兵不能忍受，终为暗杀。

伊利利军团举地克里先（Dioclétien，284—305年在位）为帝，久在军中服务，长于政治斗争，却无战斗能力，帝国版图扩大，蛮人侵入，创四人制（Tetrarchie）以应付困难。四人制即两个奥古斯脱，两个凯萨，分治东西罗马，同进退。地克里先为东方奥古斯脱，住尼共麦地（Nicomedie），长于政治；其凯萨加来（Galeie），住西尔米姆（Sirmium）长于军事。马克西米（Maximien）为西方奥古斯脱，住米兰，长于军事；其凯萨君士但士克洛（Constance Chlore）住脱洛夫（Trreves），长于政治。这样帝国分为四区：东方，高卢，意大利，伊利利，帝国构成一种均势，为加强关系，两个凯萨成为两个奥古斯脱的义子，保证将来可以继位。

但是四人制是一种幻想，地克里先无法统治加来，同时又戒惧西方，他们在风雨飘摇中，大规模残杀基督教徒，外患内怨，交相压迫，给予君士但丁大帝创立帝国的机会。

## 三、君士但丁（Constantin I，306—337年在位）

君士但丁系君士但士克洛的儿子，加来破坏四人制，没有与君士但丁一位置，他的军队便举他为奥古斯脱。其母海仑（Helena）笃信基督教，他明白基督教在西方的潜势力，同时帝国中心东移，西方人追念昔日的繁荣，于是他利用这种力量，与当时割据的势力斗争，在312年，击溃割据罗马的马克散斯（Maxence），辗转作战，在324年，复将罗马帝国统一。

对于君士但丁，时评颇不一致。基督教徒们视他为圣人，而非基督教徒们又视之为暴君，他的私生活并不纯洁，残杀许多亲属，坚执而不受任何批评。他的政治手腕很高，他利用基督教为政府压迫的环境，思以解放，于是在313年，发表米兰谕："……我们决定还给基督教徒们自由，为着使上帝保护他们同我们一样。"他的胜利完全由基督教徒们取得。继后在325年，君士但丁在尼塞（Nice）召集宗教会议，定基督教为国家，经过三百年的奋斗，基督教完全胜利了。就君士但丁内心而言，他看宗教是政治斗争的工具，信仰是无足轻重的。他建设了许多教堂，同时也建设了许多寺庙。

因为哥德人与波斯人常侵略帝国，思找一新的据点以反抗；又因基督教为国教，旧城市潜力太大，阻碍发展，决定建立新城。于是于欧亚两洲交界处，遍地满植葡萄，易于防守的拜占庭，君士但丁加以改建，城之四周有厚墙，有广场，宫殿，剧场，水道，浴场，图书馆，一仿罗马城，移希腊艺术作品于此，强迫罗马贵族迁来，有至亚历山大城定期航线，于326年11月4日开始建立起，至330年5月11日止，形成一种西方最富丽与坚固的城市，支持外敌侵入者，有十一世纪之久，赐名为君士但丁堡（Constantinople）。

君士但丁别一种建树为专制政府的确立。当他取得政权后，取消元老院，推翻四人制，建立专制政权，帝王有绝对的权力，臣民与言须跪，他是含有神性的。从发现的《礼簿》(Notitia Dignitatum)看，有大臣五，组织成内阁，总管军事与内政，两位重臣为秘书，下属小秘书者有一百四十八人。这些人以接近皇帝故，悉有贵族衔，时人讥笑贵族："其数目之多，多于夏日的苍蝇。"

君士但丁死后，没有突出者继承，帝国分裂，次子君士但斯(Constance，337—361年在位)在位较久，继后雨里昂(Julien l'Apostat，361—363年在位)立，异教复兴，以其受希腊文化影响故。他征波斯时死在军中。帝国复分为东西两部，名义虽统一，而实质却分裂了。

## 四、德奥多西（Theodose，379—395年在位）

378年，东方皇帝瓦郎斯(Valens)战死，西方皇帝克拉西(Gratien)举西班牙贵族狄奥西多为东方奥古斯脱，他采用消耗战术，得保元气，东方复见和平。在狄奥西多统治时，基督教胜利，于380年，大病，皈依基督教，他宣布："所有的臣民，须信奉圣彼得传给罗马的宗教。"禁止异教宣传，在萨洛尼加的宗教惨案发生，狄奥西多杀死七千多异教人。米兰主教安碧斯(Ambroise)禁其入教堂，须公开认罪，狄奥西多服从，这是武力向正义第一次的屈服。而基督教也提高地位了。

狄奥西多死（395）后，将帝国分给他的两个儿子，亚加地(Arcadius，395—408年在位)据东方，以君士但丁堡为首都，次子奥纳留士(Honorius，395—423年在位)据西方，以米兰为首都，西罗马在风烛摇动中，时受蛮人威胁，从456年至476年间，帝王变更者有八位。最后一帝为小奥古斯脱(Romulus Augustule)，幼小无能，奥多亚克(Odoacer)系害留洛(Hérules)王，侵入罗马，废幼君，将帝王衣冠寄与东罗马皇帝说："西方不需要一个特殊的帝王，一个皇帝统治两地便够了。"

西罗马便从此灭亡。

# 第十九章
# 结　论

　　罗马给予人类贡献者有三：政治，法律与道路。

　　罗马民族的天才，在他伟大组织的力量，他是欧洲文物典章制度的根源，欧洲今日一切的活动，完全受他们的历史潜力所支配。

　　罗马起于地中海滨，他原始的政治，亦是一种城邦政治，无论他是民主的或君主的，一切须由自己决定，不受外力的干涉。

　　因为有自治的特质，所以政权操在"议会"的手中，议会的构成，或由贵族，或由公民，要皆以城邦利益为前提。继后交通发展，各城邦互相联络，构成一种联邦制度，共同负责保卫国土。罗马领导着这种任务，于纪元前第二世纪末，渐次形成帝国，可是他的政权，仍操在罗马公民会议中。

　　但是这种旧式的共和政治，不能配合新的局面，凯萨便是第一个反抗这种旧制度者，他企图将政权集中，然而他太露骨了，结果死于非命。奥古斯脱立，鉴于凯萨致死的原因，创立混合政体，即独裁的实质上，披着共和的外衣，代表旧阶级的元老院，仍然存在，而帝王利用骑士阶级与之对抗，实即大权揽于帝王一人之手。

　　此种庞大的政权，使人民失其生机，不能与外力拒抗，所以能维持其位置，实固人民仍保存着地方的情感，有其自治团体。政权操于帝王，个人的特权，却借城邦以保存，所以罗马帝国，实为自由市府的联合，中央与地方构成一种平衡，即是集体中不得毁灭个体，这是罗马史对人类的第一种贡献。

罗马发展组织能力，维持人与人的关系，产生了法律，介乎公民与国家之间，阶级与阶级之间，都有明确的规定。罗马史便是一部法律史，符野解释罗马心理说："对于罗马人，法律是合乎理，诉诸武力的应用……"

罗马法的特点，首在与宗教分离，以应大众的需要，从449年起，编纂十二铜表法，一半将原有的习惯法，著为成文；一半采取其他社团的规章，从这些残缺的条文内，要犯罪者自新，顾到动机与行为。

法官职权的规定，亦是罗马法的特点。法官是独立的，法官的职权：提出新讼令，指定陪审官，参与有关案件的证明，依据法律叙述案情，凭陪审官判决，然后执行。

法律的创立，在卫护集体的意志，而集体意志的寄托在卫护公民的尊严，为此罗马法律是一种教育，非常普遍的。西塞豪说："儿时所学唯一的诗，是十二铜表法。"罗马法没有种族的界限，凡罗马帝国境内的居民，一律受罗马法的约制。

到查士丁尼（Justinian）时，他将所有的罗马法，由教授与律师加以整理：（1）会典（Pandects）共五十卷，摘录二千多卷之著述；（2）令典（Codes）共十卷，收集帝王的旨谕；（3）法学入门（Institutes）一卷，使青年研读，为法学必备的知识；（4）查帝令典（Novels）系查帝所颁布者。书成后，查士丁尼说："这像一座堡垒，那里中包含着所有古代的法律，经十四个世纪是杂乱无章的。"（534）这是罗马对人类的第二种贡献。

罗马组织能力的别一种表现，在对人与物之间必备的道路，使远地与市府，泽地与森林，河流与山岳间，都成了平坦的大道，构成了"人的对流"（孟德斯鸠语）。亚彼亚（Appius Claudius Caecus）便是这

种伟大的发明者。一方面借此以利军事，他方面联络各地，以树和平。

以罗马为中心，向南经亚彼亚，到亚得里亚海之孛林得西（Brindisi）。渡海至都拉曹（Duzazzo），跨马其顿，至君士但丁堡。自罗马向南走，至麦西纳海峡，达西西里岛，渡海至加太基，与亚历山大港相连。向北走，至爱米里安（Amilian）可至杜灵（Turin）与米兰。过亚尔普斯山，渡洪河（Rhône），一至里昂，通伦敦；一越比利牛斯山至加地斯（Cadiz）。自瑞士出，取道碧桑松（Besançon），到马因兹（Mayence），科伦。

这种公路建立，多用石灰沙，路分四层：第一层为路底（Statumen），用石平铺之；第二层为三合土（Rudus）；第三层为碎石（Sum mum Dorsum）；第四层铺石板。这种路以亚彼亚路（Via Appia）为代表，斯太斯（Stace）称之为皇后路（Regina Viarum）。在这路之两旁，各有石碑，载明地名与里数，驿站与旅馆林立，交通非常便利。这是罗马对于人类的第三种贡献。

罗马的天才在组织，他实践与公平的精神形成伟大。"罗马是一个文化之海，上下人类历史，纵横全地球，一切美术，哲学，宗教的巨流，都汇集在这里……"（蒋百里语）为此，西方人说："一切道路聚集于罗马。"

# 参考书目

Mommsen（Th.）: Histoire Romaine. Trad. C. Alexandre, R. Cagnat, J. Tautain, 11 Vol. Paris, Frank. 1863-1889.

Duruy（V.）: Histoire des Romains, 7 Vol. Paris, Hachette, 1875-1885.

Rostovtzeff（M.）: A history of the ancient World, Rome, Oxford, Clarendon Press, 1927.

Piganiol（A.）: Esquisse d'histoire romaine, Paris, Alcan, 1931.

Piganiol（A.）: La conguete romaine, Paris, Alcan, 1930.

Homo（L.）: L'Italie primitive et les debuts de l'imperialisme romain. Paris, Renaissance du livre, 1925.

Chabot（V.）: Le monde romain, Paris, Renaissance, 1927.

Goyau（G.）: Chronologie de l'Empire romain, Paris, Klincksieck 1891.

Champagny（C. de）: Etudes sur l'Empire Romain, 12 Vol. Paris, Bray et Retaux, 1875-1878.

Grevier（A.）: Le Genie romain. Collect. de l'Evolution de l'humanite.

Giles（A. F.）: The Roman Civilization.

Montesquieu: De la gandeur et de la decadence des Romains, 1734.

《罗马史稿》为作者未刊讲义。据作者自识，成稿于1944年。

# 希腊罗马史稿

# 绪　论

古代西方历史的发展，有两种不同的类型，由其地理环境与社会结构观察，其区别至为显明。一种以陆地为主，他的特性是封锁的，从自身取与，一切任自然演变，种族观念至为强烈，与土地结合，成为含有侵略性的动力。此种社会组织扩大凝结成一种国家观念异常狭隘，如亚述与波斯。别一种以河流海洋为主，他是开放的，着重财富与思想的流动，竞相自由，逞私意，喜冒险，有浓厚的个人主义，积久演为国际观念，至为宝贵，却异常空泛，如希腊与罗马。以故西方古代历史首次两种类型限制，亦即地中海与其边缘的关系，互相交错，受海陆支配，分裂成许多单位。因社会环境结构的不同，相因相成，有时兼利，超于平衡；有时交攻，互相对峙，又有时偏执，不能相容，以趋衰落。各民族所提出之问题，所遭遇之困难，亦随时随地不同。此埃及、亚述、波斯、希腊、罗马等国，交相争夺，盛衰更替不已，促进西方古代的发展，形成辉煌的进步。然此种进步，非连续不断，有时是停滞的，而且经长久的期间。

希腊罗马史中所提出主要的问题有二：第一，地中海政权如何趋于统一？第二，希腊罗马文化，特别是伦理思想，与经济结构如何趋于协调？此两大问题，实希腊罗马史之骨干，他们有局部的成就，至为惊人，但是他的结果却是失败的。希腊不能统一，由于经济结构受岛屿限制，形成城邦式，其伦理思想，却撮取古埃及与东方的精英，致使个体与社会不能配合，虽有波希战后的典范时代光耀西方，却不能持久，沦于蛮横马其顿之手，终于分裂，为罗马所灭亡。罗马貌似统一，其困难亦复如是，因罗马统一的久暂不系于民族文化内在的力量，而系于地中海的统一，能否为其掌握？迦太基亡后，罗马开拓地中海，渐次取得海上霸权，跨入富强时代。然以个人与社会失调，启无限制的野心，集权产生，个人毁灭；社会系个体的结合，罗马社会破毁，实利统于掌握政权特殊阶级之手，由是内战不息，荼毒生灵，迨至三世纪，城市凋落，经济割裂，罗马统一亦破毁，为蛮人开一坦途，西方沦为群主争霸的时代，而地中海生命的活力亦由此萎缩。

希腊罗马史之动向，纯受地中海之种种活动支配，对她须有一种概括的理解，始能明白希腊罗马史之发展。约在冰河时期，地中海仍系两个死海，与大西洋并不相通。直布罗陀海峡，当时仍为一个陆桥。此两大海赖尼罗河及欧洲河流灌汇，而亚德里亚海与红海，其时亦系巨大的河流。地中海为蒸发海，河流灌注之量不敷蒸发，须借大西洋及黑海之水调济，始能维持其水位。怀特（Wright）指出："地中海有二湖，其一为淡水湖，当水消海水灌入时，其景有趣。方其流入，初甚细，水道被蚀，海面高涨，其面积亦扩大。峡口若非坚石，必然溃裂，缘注入时长，溃裂为必然的结果。形似空论，实有根据，试取直布罗陀海峡图证之，即见有极大之谷，由地中海深处，经海峡，入大西洋沙滩，此谷即水灌入时而成也。"[1] 海水侵入，淹没此盆地，为西方大事件。当安定后，地中海人移此，文化亦随而发生。

希腊罗马古史受东地中海支配，岛屿满布，港湾交错，与亚非两洲浑然为一，不能分离，其历史发展，虽有个别的特性，却错综复杂，并不能孤立的。

---

[1] Wright, *The Quartenary Ice Age*.

希腊半岛，形似枫叶，伸入"紫罗兰色的海"内，呈显一种幻变的神态。全境山势崎岖，系石灰岩，少树木花草，拥有一副强倔的风格。般德山横贯中部，沟涧错综，溪水曲折入海，沿流多丛树与野花。名山特多①，富于神话与传述，各地有他独特的品质。往昔池沼地带，今变为肥沃的平原②，景物秀丽，满植松柏、橄榄、桂花、葡萄。海风自南吹来，动响有如波涛。

希腊环以许多岛屿，有若繁星，赖伊瑶尼海与西西里岛，与意大利半岛相连，其南部称为"大希腊"，意即希腊之拓殖，启发罗马人的心智，控制地中海的桥梁。

意大利半岛，三面环海，伸入地中海内，截为两半，亚平南山，横贯南北，有如希腊，形成许多区域，成割据的局面。但是，希腊山脉为网状，中部突起，放射四方，构成港湾与岛屿。而意大利半岛，海岸少曲折，亚德里亚海为袋形，多暴风，非初民航海者所宜。北部亚尔普斯山，割绝大陆，却非有力的保障。自山谷及两边甬道，外人向半岛侵入，压迫地方居民南移，集于罗马周近；南部希腊实力，向北推进，亦至于拉丁平原。以故罗马为海陆衔接地带，居民复杂，潮湿，土质坚硬，居是土者必有不拔的意志，始能创造土地；由人与自然的奋斗，环境亦训练居民：他们了解自强不息的真理，重个性而不重个人；他们明白有组织的合作为克服一切困难，节省能力最高的原则，一切以组织为出发点，要统治世界。

希腊罗马的古人并不知他们历史正确的由来，其先人藏于森林，"不值以砖建屋，运用木料，所居如蚁穴，只有阳光进去"③，但是地中海对这些质朴的居民，有种奇妙作用，永恒的不安促使前进，形成一种普遍的理想，活泼健壮凑至一种形的完美，不允许残缺，不允许模糊，构成地中海文化的特点。

---

① 名山著者：Olympia；Oeta；Oeta；Parnasse；Hymette，Pentélique；Taygette。
② 平原著者：Thessalie；Theles；Athene；Argos；Sparte。
③ Eschyle, *Prom*, 452-453.

地中海历史，经舍利曼（Scheliemann），米克贺夫（Milchhoefer）[①]及爱文思（Arthur Evans）地下的开发，证明克利脱及希腊有古远的历史，那些神话及传述仍含有史事，他不是孤立的。爱琴海文化以克利脱为中心；希腊初期与埃及及小亚细亚关系至切；迨至罗马向南进展，地中海中心亦向西移，地中海的作用亦达到顶点。凯萨征高卢，轴心移动，古希腊罗马史亦渐凋零，欧洲进入混乱与蛮野的时代，亦即欧洲大陆史发展的开始。

---

① *Anfänge der Kunst in Griechenland*（1883），pp.122-137. 米氏指出爱琴海有独特的文化，并以克利脱为中心。

第一卷

# 第一章
# 爱琴海历史的开始

希和多德以为远古之时，希腊半岛有土著存在，其祖始为Pelasgos。此种传述，曾视为不经，但就地名、典籍与传述等言，即知含有局部史实，而非完全幻想的[①]。

倘Pelasgos为历史实用的氏族，即此氏族原居何地，从何处移至希腊半岛，此问题至难解答，最合理的假设，Pelasgos系亚洲民族，由大陆移动，首先居代沙利，经亚地克，入亚加地，然后取道海路——克利脱，入小亚细亚。此种移植与发展，由语言学上的成就，可说明此种趋向。安那托里（Anatolie）地名语尾：-ssos；-nda 与希腊地名有同者，如：

安：Ariassos, Iassos, Sagalassos, Pedasos, Ephsos……

希：Ilissos, Kephissos, Parnassos, Brilettos, Hymettos, Gargettos, Ardetos……

安：Alinda, Calynda, Isionda, Oenoanda, Labranda……

---

① Thessalie 有地名 Pelasgiotide；荷马的 Iliade 中，有"神圣的 Pélasges"语；雅典因 Pélasges，建立 Acropole；Achaie 的 Ion 人，认为有 Pélasges 族的存在；Argolide 的传述，以 Pélasges 居于 Larissa，而 Herodotus 即认为在 Lemnos, Samothrace, Chaleidique, Pzoroutiole。

希：Tyrinthos, Probalinthos, Trikorynthos, Corinthos……克利脱岛，保存-sos语尾：或为由海上移植时，所留的残迹，如：Cnossos,Tylissos,Praesos……此种名称，即非希腊语，亦非闪种语，必为西亚与东地中海古代普遍习用者。如布为Byssos，金为Chrysos。而意大利半岛南部，亦习用之。迨至亚凯人侵入，局势始变更。

中亚与埃及民族移动的结果，爱琴海起重大的变化，特别自铜器输入后，使克利脱霸权稳固。

克利脱位置优良，系希腊与罗德岛间之桥梁。船自北来者须停泊于此，加添淡水；船自南来者，风向北吹便于航行。物产不丰，却成为亚非欧货物聚散的中心。

纪元前3000年前，克利脱似孤立。随即为海民开拓，似来自红海，奥脱朗（Charles Autran）断定此民族来自印度西岸、德拉维底族（Dravidiens），苏玛尔王朝，沙尔恭海上发展的结果。适于此时，埃及古帝国衰落，红海开放，侵入爱琴海。

爱文思分克利脱古史为三朝[1]，其演进历程，至为显明。到纪元前25世纪倾，已成经济中心。Zacro, Palaicastro, Mcochlos已为重要商港，而工业及金属提炼，如Gournia已使封建社会崩溃。锡已发现，克利脱人由萨克斯，波希米亚，伊托吕利，即向西北发展。此复杂致新民族，配合新经济已奠立地中海文化的基础。

希和多德等赞美米纳斯（Minos），语之为"海洋帝国的建立者"。米纳斯半为神话，半为史实。拉告尼、麦加利德、科孚、西西里、叙利亚等处，由城市名Minoa，一如亚历山大赐名于所建之城。而Cnossos, Phaistos发现之资料，证明米纳斯之存在。米纳斯为实有人物，约于前1750年即位，建Cnossos宫。但亦代表克利脱强盛时期，

---

[1] 爱文思分克利脱古史为三期：
　　M. A. I：前3000—前2800；M. A. II：前2800—前2400；M. A. III：前2400—前2100。
　　M. M. I：前2100—前1900；M. M. II：前1900—前1750；M. M. III：前1750—前1580。
　　M. R. I：前1580—前1450；M. R. II：前1450—前1400；M. R. III：前1400—前1200。

缘米纳亚的普遍性，证明范围广阔，此希和多德死于推罗战前九十年，系指［这一］时期。

米纳斯传述与希腊传述有许多符合处，即以米纳斯神话言，亦知与雅典的关系，初臣属雅典，使之纳贡，继而反抗，由代塞（These）解放①。克利脱富于文化侵略，所谓米塞纳文化，实克利脱的一种混合。证诸希腊传述：

前1533年Cecrops开拓亚地克；前1466年，Danaos开拓亚吉利德；前1400年Mégaride de Car与Lebex à Amyclées开拓拉告尼、麦加洛、洛克利德及亚加纳尼；前1360年，Cadmos开拓碧奥西；前1266年，Tantale与Pelops开发伯罗奔奈斯。

克利脱建立海上霸权，宗教与政治混而为一。相传每九年，米纳斯与宇斯会见，地在Cnossos南Iouktas山中，因此克利脱的艺术，亦含有人神混合的特点。

纪元前17世纪，克利脱强大，有百五十年之久，登峰造极，完全在繁荣时代。此后国势仍强，却有甚多宫殿被毁，如Phaistos, Tylissos, Haghia-Tviada，独Cnossos宫殿巍然独存，于是发生内战的假设，以为纪元前15世纪后半期，各城市相互战争，Cnossos为

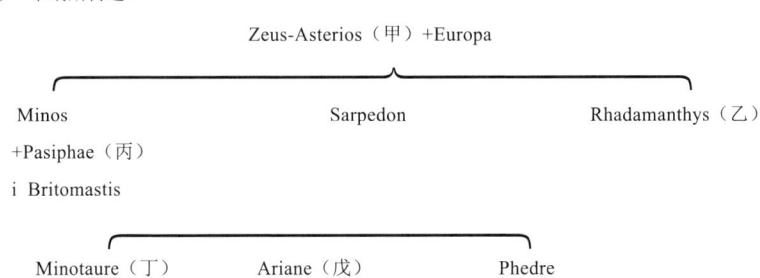

---

① 米纳斯传述：

Zeus-Asterios（甲）+Europa
├ Minos　　　　　　Sarpedon　　　　　　Rhadamanthys（乙）
+Pasiphae（丙）
ⅰ Britomastis

Minotaure（丁）　　Ariane（戊）　　Phedre

甲，考古学家主张有Asterios时代。乙，Rhadamanthys为法学家，助其兄米纳斯为政，仇视雅典，取Cyclades。丙，异常美丽，象征月亮。Dedale建迷宫，是最优秀建筑家，造一牛，与Pasiphae爱，生Minotaure，事发，制蜡翼，飞向西西里岛，过高近日，蜡溶，坠海而死。丁，Minotaure为人身牛头怪物，每年要吃雅典的七男七女，雅典人苦。戊，Ariane爱雅典的英雄Thesée，将线与之，入迷宫，杀Minotaure，终于不能相合，被其弃于Naxos岛。

胜利者，摧毁其他城市。但是，分析所遗留之古迹，严密考究，如 Haghia-Triada 宫殿毁后补修者，已脱离地方风味，多系麦加洛式。而麦加洛系亚凯人活动的中心，领导希腊陆上的动向。便是前 15 世纪后半期，Cnossos 所建宫殿，如 Keratos 河畔与 Isopata 坟墓，亦受希腊大陆的影响。因此，克利脱衰落的原因，乃由于亚凯人兴起的结果。

亚凯人以和平方式，侵入希腊为时已久。自纪元前 15 世纪后，侵占岛屿，向海上扩张，波及克利脱岛，毁 Gournia, Pseira, Zacro, Palaicastro 诸城市。克利脱于外患中奋斗，维持至前 1180 年，米纳斯王朝最后代表须向西西里岛逃走，而克利脱政权落于伊多麦奈（Idomenée）手中。相传伊氏参加推罗战争，此说明克利脱转为希腊附庸，亚凯人为希腊统治者。

# 第二章
# 亚凯人与推罗战争

希和多德言希腊居民，继 Pélasges 之后者，一来埃及，名 Danaos 为 Persee 之后裔；一来自 Phrygie，是 Atrée 系统，即习惯所称亚凯人。"Ach"拉丁文为 Aqua，意为水，指新民族沿江河而来者。

约纪元前 2500 年至前 2000 年前后，铜为生活必需品。社会起重大变化，形成一种新贵族，以经济为其背景。印欧民族由游牧变为农业演进中，遂起一种分裂，向印度、伊朗、两河流域、希腊等移动，而亚凯人即停于希腊北部与小亚细亚边岸，其方式为和平的。

迨至亚述兴起，毁埃及与希忒均势（前 1278），亚凯人不能固守，向希腊伯罗奔奈斯半岛移动，有良好港湾，如 Nauphie 及 Asine；有险要的山区，如 Argos 及 Tyrinthe，易于防守，米塞纳遂成为中心。

米塞纳受克利脱影响，前 16 世纪后，已少地方色彩，1876 年施利曼考古工作可为证明。希腊传述，约前 1266 年，Pelops（系 Tantale 之子）为推罗王 Ilos 所逐，居亚告利德。Boghar Keui 发现希忒文献，证明 Pelops（非神话中人，乃指代表亚凯民族者）来自伏利锐，并非虚构的。

自纪元前 13 世纪后，亚凯人发展，昔为克利脱统治之米塞纳，今主客易位，一方面科林雅典归附，米塞纳充如盟主；他方面推罗战争发动，克利脱王 Idomenée 遣二十四艘战船参加，于是史学家称此时为米塞纳时期。

所谓米塞纳文化，实克利脱与希腊大陆的混合，以实用为目的，失掉克利脱轻盈的理想，非常僵直（如狮门）笨重（巨墓），多几何形。

当克利脱武力衰弱，须维持强国地位，借助殖民地实力。亚凯人始而与之合作。继而意识觉醒，渐次团结，终于发动攻势，米塞纳代替 Cnossos，克利脱变为附属。海上途路大开，希腊与小亚细亚浑然为一，而亚凯人生活亦起变化，"江民"变为"海民"。

Boghar Keui 史料证明前 14 世纪，亚凯人于小亚细亚发展颇速，如 Lycie，Pamphylie，Mylyas 拥有强大海军。据 Erathosthène 及 Denys d'Halicarnasse 所记，于公元前 1193 至前 1184 年间，希腊亚凯人取 Lesbos 岛，与小亚细亚同种人衔接，造成包围推罗形势，以故战争发生。

亚凯人向爱琴海北部发展，已与推罗冲突，今取 Lesbos 岛，形成一种包围，推罗"多金多铜"[1]，据海峡之固，筑坚厚城墙，邻人信其力，推罗组织小亚细亚集团，以封锁黑海，参与者有 Mysie，Phrygie，Lycie，Carie，希忒支持推罗，惜亚述兴起，毁其实力，埃及取中立，以故十年战争（前 1193—前 1184）[2]，终为亚凯人所败。

诗人荷马叙述战争，言推罗王普利安（Priam）子巴利斯（Paris）报聘斯巴达，遇买奈拉斯（Ménélas）妻海伦，惊其美，夺走，米塞纳王亚加麦农（Agamemnon）集希腊全力，报此奇辱，终于焚毁推罗[3]。彼斯脱拉（Pisistrate）（前 561—前 527）刊行问世，一为伊利亚德（Iiade），一为奥地塞（Odyssée），各二十四章。

---

[1] Iiacle, X. 315-316.
[2] Timée 以始于前 1193 年，Erathosthenes 以始于前 1183 年。
[3] 1874 年，施利曼发现推罗故址及普利安财库。

荷马为人怀疑①，希腊七城争其出生地，生年不一，相距太远②，唯一可靠者，即史诗系伟大诗人作品，那里有传述，有短篇，有短歌无一非天才的创作。希腊传述很多（古史中有传述是普遍的），原始想象丰富，将史事神化，这是一种活档案，虔诚者服膺于心。为了适合时代，歌者伴竖琴以感动群众，必有修改，于是有新的成分。

　　不论荷马如何，亚凯人前已有战争记载。克利脱与米塞纳艺人，确定唱词，须要写出，施以文学的技巧。此种工作必为一天才者，其名为荷马。继后向外说唱，时地不同，为使听众快慰，故杂以各地希腊人的事实，各种方言的结构，经时间淘汰，去粗留精，成为希腊共同统一的作品。

　　这是希腊古代的史料，由铜器进入铁器时代③，由游牧转为定居，氏族观念很强。雨利斯贵为国王，床须自作，其妻织衣，成而复拆，几二十年。国王与家长不分，有绝对权力。这是城邦制开始，雨利斯笑 Cyclops "没有法律，没有议场……"

　　亚凯人控制黑海，叙利亚及利比亚（Lybie）边岸，皆有他们的殖民地。

---

① Aubignac, *Conjectures Académiques*, 1664. 1716 刊行。Wolf, *Prolegomena*, 1775（Halle）.
② Philostrate 以荷马生于前 1159 年；Théopompe 即以生于前 687 年。
③ 《伊利亚德》提及铜三百二十九次，铁二十三次；奥地塞铜一百零三次，铁二十五次；伊利亚德中，铁用唯武器者三次：一箭头（IV.123）；棍（VII.141）；刀（XI.844）。

## 第三章
# 古希腊形成与社会演进

推罗战争系亚凯向外发展的结果，其向外发展的原因，由于争夺经济利益，同时亦因多利安民族的侵入。纪元前13世纪，多利安人已向希腊移动，铁器开始应用，毛织物的衣服，皆为当时生活上重要事件。及至推罗战后六十至八十年间，多利安人如潮涌来，毁米塞纳文化，亚凯人缔造的海上优势，亦渐次转移，史学家称为"希腊史上的中古世纪"。

多利安人挟其军事的优势，自伊利利（Illyrie）侵入代沙利，代沙利近海峡，各民族集会地带，地狭，不能供给居民，多利安人向波罗奔奈斯移植。① 由是，自前12世纪末，多利安人渐取主动地位：控制亚告利德后，即取 Amyclai，更南下占据斯巴达平原②。

斯巴达平原，土地扩大，藏于峻岭之中，不易为外人侵入，由五个村庄：Pitané，Limnai，Konaura，Dyme 集合，形成多利安人实力

---

① 亚凯人与多利安人，就语言文字言，结属广义的 Hellènes，其所不同者，亚凯人接受爱琴海文化，失掉原始的特点。而多利安人，即富于保守，有原始的活力。
② 多利安人夺取亚凯人地位，反映在 Eschyle 与 Euripide 剧本中，如 Clytemnestre 与 Oreste，叙述 Atrides 一家事。

的中心。他们对待土人，不使太强，以防叛乱；不使太弱，以利生产，多利安人用武力维持，保持民族的优势。

斯巴达为组织希腊大陆的因素，其政治开始便是贵族与军事的。由三家统治：Agiades，Euripontide，Aegides。于前 1074 年，Aegides 移居 Thera 岛，政治即由两贵族处理，是为两王制的由来。

经多利安新民族的推动，亚凯人及其他民族向外移植。就希腊言，亚地克成为他们的中心。亚地克有七个小城，雅典为首，以其地偏东南，北方来者很少取道与此。其次山势崎岖，土地贫瘠，不足维持大量居民，每至一定时期，须向外移植。最后此地居民，多系混合者，地方观念较为薄弱。至前 11 世纪，雅典社会有贵族，农民与工匠，趋向平等，三者皆为公民。

贵族虽较少，但是数目颇多，约有三百六十户，家为中心，不能团结，故难维持君主制。自身即位贵族，不愿与人平等，欲维持特权，故有议会组织，代替君主军政权。自前 11 世纪起，贵族握有实力。至前 714 年，凡贵族皆可为王。

古代希腊社会长期演进，将家庭扩大，个体解放，每个人对团体有种独特的责任，他是团体的，并非个人的，形成城市（Polis）。此种演进的动力，由于情感，如宗教与语言，即在原是游牧时代，忘其经历，偶忆及二三要事，创为神话，引为民族自身的光荣，此每个城市有创立者与崇奉的神。为此，希腊不能成为国家，地方性太强，偶然特殊情形的结合，亦非政治的力量，乃是利害相同自然的演进。

无论游牧与定居，氏族（Genos，意为男性习惯）为团体的中心，非常神圣，保证过去与未来，重视血统，不许混杂，禁止独居，女子不生育者即出之。如无子嗣，可以过继，居屋为圆形，中间有火，屋小，墙厚，借此拒抗外敌。此种氏族为集体的，虽人口众多，土地不得分割，亦不得转让，因土地属于团体而不属于个人。家长权力最高，主祭祀，管理产业，传授来者。如族中有绝嗣者，女子科继承，却须与最近者结婚，或最近者继嗣，承受遗产。主妇主持家务，守长明灯，外客来须参加祭祀，始能分享家中生活。以故氏族重荣誉，设受外族侮辱，须加报复，此海伦被劫走而有推罗战争也。

时间演进，人口繁殖，生活亦渐复杂，氏族势必分裂，但囿于传统，有三家合为一组者，有四家合为一组，以信仰为共同基础，不与外人通婚。选择适中与险要地点，作为市场，亦为宗教与政治中心，城市由是而起，上城称 Polis 下城称 Astu，意为住宅区。继后下城富足，取 Pollis 之名，而守城即名为 Acropolis。希腊史开始时，伊奥尼人有四处，多利安人有三处。

王政起于氏族的扩大，帝王为家长的变形①。从史料上看，希腊有两种典型。一为米诺斯式，受埃及影响，含有神性。一为多利安式，系氏族演进结果，人民代表，如 Atrée。帝王如家长，拥有一切全权，他是世袭的。倘如一个人有独特才能，尤其在军事方面，亦可为帝王，Boghar Keui 史料中 Koiranos 一字，意为"酋长"，而在荷马诗中，即作"将军"或"帝王"解，此证明武力重要，借此为王而合理化②。

自前9世纪至前7世纪，王权衰落，究其原因，由于民族混合及经济变化，产生新贵族。少数资产者团结，如雅典的 Alcméonides，科林的 Bacchiades，他们拥有武力与资产，资产阶级系附属于贵族团体中。此将城邦逐渐形成，向外发展，争取殖民地。

---

① 希腊文中 Basileus（王）与 Anax（主）通用。
② Iiade XII："我们帝王有光荣的统治，吃肥肉，饮美酒，他的价值很大，因为他在先头作战。"

## 第四章
# 希腊向外拓殖

亚洲帝国动摇，东地中海由腓尼斯经营，约纪元前千年时，他们达到直布罗陀海峡，建加代斯（Gades）。论到腓尼斯，圣经说："那些城内的商人比帝王还要富足。"前814年，地尔控制整个地中海，建迦太基，由是西方原料，如银，铜，铅，锡，琥珀等悉入其掌握，这是西方古史上重大的事件，给希腊人开创新的路径。

希腊经推罗战争后，他已接受亚洲的思想[1]，而小亚细亚脱离两河流域，不能自止地倾向爱琴海。这是米诺斯时代的复活，只是主人不同，他们充满了健壮的活力。约前9世纪顷，集 Milet，Poriene，Ephèse，Samos，Colophon，Teos，Clazomene，Erythrae，……组成伊奥尼（Ionic）联邦，利用亚述恐怖造成的和平，封锁黑海与爱琴海。

米来海军实力，自前8世纪已独霸黑海，经营高加索铁的贸易。名城林立，如 Sinope，Trébizonde，Cherson，Théodosie，Pantikapé，Olbia，Tanaïs，米来人变为国际商人，与他相近的 Ephése，掌握金融，幕后发动政治的阴谋。如银行家 Melas 族，拥有巨资，吕底亚国王受

---

[1] "希腊神学由各地因素形成，与巴比伦苏马尔接近。"J. Pizenné, Les grands Courants de l'hist. Univ. T. I. p.98. 如 Arhzodite 与 Ishtar 类似。

其惠以稳固政权。尔拜为金属原料市场，Chalcis 与 Erétrie 逐渐繁荣，前者开拓色雷斯，后者与科孚相连，进至意大利。此种向外开拓，激起一种竞争，科林、麦加尔、埃锐纳、西西庸，向西拖殖，大希腊财富入其掌握，前743年①，科林建叙古拉；而希腊争相竞争，建 Sybaris，Crotone，Metaronte。到前7世纪，在地中海部，希腊已成迦太基劲敌。

截至前9世纪，西方有两种动向，亚述以专制与武力，建立帝国。美索不达米亚为中心，然文化不统一，而个人消灭，空有外形。东地中海由割绝进入活动，变为经济的向心力。埃及三角洲已为东地中海的一部，Ramsés II 建 Tanis 城，说明埃及争取海上的雄心。腓尼斯与希腊相继兴起，互争殖民地，终于对峙，而地中海簇起的城市，有共同的理想，推动进一步希腊的历史。前655年，埃及色以斯王朝建立，说明脱离大陆集团，走向海洋的道路。大陆渐次分裂，形成割裂局面；海洋以经济为基础，一种强烈社会性的个人主义，欣然跃进，从此后争取中亚陆路及红海海路的斗争，支配了希腊罗马的历史。此问题由希腊向外开拓提出，由埃及罗马执行，至16世纪始解决。

希腊向外开拓，系宗教行为，其仪式非常隆重。城市欲向外开拓者，首先至代尔夫（Delphes），叩问神意，亚波罗的神职者，积海外知识，悉心研究，向叩问者解答。告其所经道路，地方景物，异常真实，希腊人视为神意。

方向既定，结合同伴，至亚克波罗，取神像与圣火，登舟向外出发，一种庄严与快乐的仪式。至新地，选择一山一港地带，陈列神像与圣火行祭礼，凡参与者，悉为同仁，新殖民告成。

创立殖民地者，大都杰出有为的人士，独树一帜，不受母国政治与法律限制，以故"殖民地"一字，含义与今不同，关系至为密切，却是平等的，有如兄弟，如今日英美两国。希腊不是一个国家，但希腊却是整个的，海水将他组织起来，凡希腊人所至地，语言、文化、宗教、经济将之合而为一，故有泛希腊之称。

---

① 原文为前743年，似为前734年正确。——编者注

## 第五章
## 希腊前7、前6两世纪之转变

东地中海城邦的发展，卷入民主潮流，但此潮流系社会改革的结果，并非倡导政治理论，夺取政权，强社会以就其型也。①

多利安人入侵，形成贵族政治，与民主潮流相违。自纪元前7世纪后，暴君崛起，摧毁巨大资产者，贵族政府渐趋失势。前670年，西西里的Orthagoras驱逐贵族，取消阶级。前657年，科林的Cyrselos夺取贵族资产，强迫劳动，建立公社。前627年，科林发生失业风潮，Périandre以工代赈，建设海港。前640年，麦加尔德Théagène夺取富人资产，分散平民。在大希腊，发展情形不同，前633年，Locres的Zaleucos使政府由少数富者，人民则一律平等。前633年，Catane的Charondas给人民全权，使豪门失势。此种政治的动向，系长期社会与经济变化的结果，故能与文化配合。而雅典的演变，更剧烈与特殊。

雅典为海洋的中心，经济变化剧烈，由是产生政治的不平等，产

---

① 埃及于前715年，Bocchoris倡革命。次之，Gygès统治Sardes，资产阶级拥有政权。米来Néléides皇族，须退位；Éphèse的银行家Mélas握有实力。此种情形，不一而足，实当时社会演进必然的结果。

生革命。前624年，贵族德拉贡（Dnacon）执法，异常严厉；前621年，贵族权利取消，但人民问题并未解决，为了避免内战，产生"梭伦变法"。

梭伦好旅行，热情。前612年，沙洛米岛失陷，梭伦愤慨，作诗激励雅典人，终于麦加洛战，收复失地。迨至前594至前593年时，梭伦被举为督理官，受埃及Bocchoris影响，实行改革，按资产分人民为四等。第一类有500 medimnes麦者；第二类有300 medimnes麦者；第三类有200 medimnes麦者①；第四类无资产者。一二两类，可作高官与将领，并可为骑兵。第三类，只做低级公务员与步兵。第四类不纳税，战时可划船。梭伦反对贵族霸占土地，有组织逐步实现：释放奴隶，取消债务，恢复人体自由。

梭伦改革，摧毁社会秩序，贵族与非贵族混合。以不动产多寡，决定社会地位，有现金者反变为第四种，极不合理；人民亦无参加政治机会，仍是一种不公平。此种改革，势难维持久远，废弃往昔标准，代以现金。第一类有一达朗现金②，第二类有两千杜拉姆，第三类为一千杜拉姆。

梭伦非革命者，而是社会运动者，他深知实况，仍保存旧社会成分，不使太脱节。他握有实力，以土地化为现金，配合人民的需要，他反对暴力，主张和平，每个人有反抗暴动的义务。创立四百人会议，制定法律，由人民大会议决，刻在石上，立于宫门，请人民发誓遵守百年。继民法又创刑法，禁止械斗与报复。梭伦为雅典创立者，他最有实力。

希腊政治纠纷波及殖民地，亚凯同盟③内部不协，Sybaris与Cretone争夺商路，前510年西巴利斯毁，民主势力失败。继而达朗脱取大希腊领导地位，亦即贵族取得优势，但前473年，以波西战争影

---

① 每1medimned=0.5182升。
② 1 Talent=60 mines. 1 mine=100 drachmes. 1 drachme=6 oboles. 1 Talent=5.890金佛郎。
③ 亚凯同盟在大希腊主要者有：Sybaris，Locres，Crotone。

响，民主派又抬头，而西西里岛城市亦战争不绝，社会剧烈转变中。此种政治不宁，以经济转变故，迦太基与伊脱拉斯，悉以地中海为己有，而健壮新生的希腊不放弃他们的利益，雅典与斯巴达的动向，成了地中海一切活动的趋向。

多利安人侵入伯罗奔奈斯后，向西南发展，与麦斯尼冲突。约于前735至前716年间，麦斯尼人退多姆山（Mt Thome），不屈服，组织同盟，拒抗斯巴达。至前645至前628年时，地尔尔（Tyrtée）主持战争，恢复斯巴达勇气，取得胜利。伯岛西北部埃利得（Elide）沃地，系广大牧场，富有神话，与埃利斯（Elis）争霸，前者求Argos之助，后者求斯巴达，于前572年，斯巴达胜利，稍事休息，发动对亚加地（Arcadie）战争，于前554年将之屈服。八年后，Egine，gicqone，Argos不能合作，相继为斯巴达所控制。

斯巴达为大陆集团，以贵族与土地为基础，社会形成种种等级。他的演进与商业城市相反，以故不能统一希腊，然其军事组织严密，保证二百年优越地位，成波罗奔奈斯霸主。

梭伦变法后，雅典资产阶级复兴，平民生活依然未解决。但经此变化，山民、工匠与渔人相率认识政治，逐造成一种革命的氛围。彼斯脱拉（Pisistrate）鉴于此种机会，利用平民冲动的情绪，造成一种改变，形成暴君制①。

梭伦取消债务后，造成两种困难：一种债权者破产，社会突变，失其演进的方向；别一种平民获得自由，却失掉资源，结果生产停顿。时雅典政府，贵族与平民联合组织，各占其半。平民之中，山民占三人，工人占二人，而自己又不合作，造成种种困难。彼斯脱拉为山民代表，于前566至前565年间，以武力取尼塞亚（Nisaia），四年后，托言卫护，以五十人占雅典，除梭伦外，没有任何反抗，雅典民主政治为之一变。

---

① 暴君（Tyran）意为武力夺取政权，不合法定手续，并无恶意，亦非专制，实民主政治的初步。前7世纪诗人Archilogue de Paros首次用此字。

彼斯脱拉执政五十九年（死于前527年），巧于应付环境，压抑贵族，发展自由农民，兴水利，奖励工业，接受雅典的传统与改革的需要，使雅典有安定与休息的机会。彼氏死，其子伊比亚斯继位，遵守父志，但是雅典民主思想勃兴，雅典少年Harmodios与Aristogiton，发动革命，伊比亚斯被逐走，逃往波斯，其弟伊巴克（Hipparque）为暗杀。回光返照，贵族有短时期的胜利。

前508年，民主派克利斯登执政，创贝壳制（Ostracisme），凡有害于城邦，公民以贝壳投票，使之远走，十年不得返雅典。雅地克分为百区，每区独立，有其议会与财政。此百区由十族统治，城市、滨海、乡田混合，不使有阶级与职业之分，每族豢一军，共十督理（Archontes），于四十特等人中，抽签选出。雅典政权渐入公民之手，而城邦式个人主义，逐渐发生积极作用。

# 第六章
# 波斯帝国的建立

中亚波斯帝国的创立，始于西流士（Cyus Ⅱ，前558—前529年在位），合并麦地，侵吕底亚及巴比伦。其子甘比斯（Cambyse）继位，前525年进军攻埃及，败普洒麦地克第三（Psammetique Ⅲ），臣服埃及。甘比斯以内乱，急返波斯，死于中途，帝位传于大流士（Darius Ⅰ，前521—前486年在位），他有特殊组织的能力。

波斯原为封建的组合，大流士将之统一，东起兴都库什山，西至地中海，建立神意说的君主政治，然不泥于教条，波斯以阿和拉马池达（Ahuramazda），巴比伦以马杜克（Mardouk），埃及以阿门神，如是即大流士非暴力的侵略者，有如亚述，乃是各地神灵，授以权以执行神意。以故波斯政治含有普遍性与世界性。

方帝国推进，埃及、巴比伦、希腊等地人悉可参加政府。按照希和多德，分全国为二十省[1]，以巴比伦语为官方语言，创立学校，训练行政人材。稣斯、巴比伦、埃克巴登三地为首都，尊重各地固有的习

---

[1] Lydie, Mysie, Phrygie, Cilicie, Syrie, Egypte, Arachosie, Perse, Babylonie, Médie, Elbourz, Bactriane, Arménie, Sagartie, Scythes, Chorasmie, Gédrosie, Mattiene, Cappadoce, Inde. 此系按照希和多德所指者。

惯与文化，文告悉用官方语言及地方语推行。

各省由帝王任命三位高级官吏，省长处理民政，总督指挥军队，皇家秘书负治安任务，各自独立，直属帝王，地方机构，如埃及与巴比伦完全保留。各省百分之十的产物，折为现金，缴交国库，此种皇家税制，使商人得利，以商业盈余非实物生产。国家有此确定税收，财政免除危机，亚历山大至稣斯，得十六万达朗现银①。东方土地肥沃，每年纳实物三千三百二十达朗，而埃及、叙利亚及小亚细亚，共合仅二千八百一十达朗。两河流域仅一千六百达朗。印度例外，不以实物计，缴交现金，约四千零七十一达朗。当时交通至便，由稣斯至沙德，约二千四百公里，皇家差驿，需时仅八日。

不只如此，大流士铸造货币，全国通行②；按照巴比伦方式，确定度量衡，商业发展，属于资本主义③，而信用贷款，利息落至百分之十二。④自前519至前503年，大流士创立法典，直至罗马时代，埃及仍保其形式。经济重放任，使农业发展，加重生产。使商业繁荣，完成苏夷士运河，由波斯为中心，印度，埃及与地中海经济活动，完整为一，不可分离。

帝国经济政治扩大，首求北部安全。自黑海至土耳其斯坦，由塞脱（Scythes）人占据，沿俄国河流，安居兴游牧，交相更替，尼尼微之亡，即波斯向北推动的结果。

波斯既为中心，新起地中海强力，迦太基与希腊自处于对峙的地位，甘比斯返迦太基，结果失败。大流士取羁縻态度，对腓尼斯城市特别优遇。但是优遇的结果，使希腊城市损失。波斯攻塞脱，希腊取黑海贸易，小麦、锡、琥珀、矿石，希腊发展，波斯愈戒惧，方大流士辟色雷斯为行省，马其顿变为保护地，波斯与希腊的决斗，实无避免了。

---

① 1Talent d'Alexandre=26.196 kg.
② 大流士金币重 8.41gr.
③ 吕底亚商人，拥有两千达朗现银，四亿大流士金币。
④ 约前715年，埃及规［定］利息33%，巴比伦为20%。

# 第七章
# 波希战争

波斯联合腓尼斯，推行西进政策，突然使伊瑶尼海城邦凭于危机，四十年波斯与希腊相安局面趋于破裂。伊瑶尼城邦举行集会，米来暴君阿里斯多吉拉斯（Aristogoras）倡导，筹款造船，北部由拜占庭管制黑海，南部企图夺取塞普鲁士，拒抗腓尼斯人，舍埃发斯与哥洛分外，伊瑶尼悉起叛乱，波斯所支持之暴君悉为推倒，雅典与欧拜亚寄以同情，允出船队援助。

纪元前499年，米来率船队，沿埃姆斯河，焚烧沙德城，继安然返回，鼓动塞普鲁士叛乱。大流士欲和平解决，无效，前494年用武力报复，首从海上着手。波斯组织腓尼斯与埃及混合船队，约六百艘，伊瑶尼仅及其半，失败，米来陷落，居民移至底格里斯河畔。叛乱似为平息。

波斯欲久安善忧，须控制地中海，臣服希腊，大流士前492年，召集伊瑶尼代表大会，争取同情，放弃专制，使各城市独立与自治，惟不能向外宣战，设有纠纷，须受波斯仲裁。伊瑶尼城市欢迎此种开明政策，雅典推进的民主集团深受打击。

波斯转向希腊，利用内部矛盾，使之分裂加深。科林不怕波斯统治，未来毁，消灭其海上劲敌。亚尔告斯受斯巴达凌辱，欲利用波斯与之对抗。埃锐纳与雅典对峙，欲以波斯实力，使雅典毁灭。其他城市，对希腊无关痛痒，只有雅典与斯巴达，海陆强力，反抗波斯侵略。但是，他们内部纠纷，不能团集。斯巴达两王——Démarate 与 Cléomène——政见不同，德玛拉脱失败，逃往波斯。雅典起革命，暴君伊比亚斯为波斯贵宾。二者催促波斯进攻，以谋政权恢复。

波斯派使臣至希腊，宣扬德威，各城市屈服，只有雅典与斯巴达拒绝献"土与水"，战争随起。波斯以兵船六百艘，攻欧拜亚岛，雅典求斯巴达助，以月未圆，不敢出兵，米西亚德（Miltiade）主战，亚里斯帝德（Aristide）建议，变逐日更控制师制，前490年，希腊取马拉松胜利[①]。波斯海军进窥雅典，见有备而退，帝国基础为之动摇。

马拉松的失败，埃及叛乱，巴比伦以经济恐慌，亦起叛乱。薛塞斯继位（Xerxes Ⅰ，前485），以武力扑灭，巴比伦遭受摧毁，经济更趋凋零，印度洋货物咸取海路，经苏夷士入地中海，得利者为埃及与希腊。薛塞斯知希腊强力，不能妥协，反前此神权之说，而倡亚洲种族理论，以所倡导，使战争合理化。

波斯准备由陆路进攻，与迦太基联合，牵制西西里岛。时西西里分裂，Gela 与 Agrigente 团结，拒抗塞利农（Sélinonte）与叙古拉。前482年该拉暴君若隆（Gélon）取叙古拉，倾向希腊，拒抗迦太基。

雅典知波斯必卷土重来，经几番争执，德米斯托克（Thémistocle）[②]取得政权，逐放其友亚里斯帝德。集资建造军船，联合各邦，组织泛希腊同盟，开会科林，使斯巴达统率陆军，任大会主席。

前480年，薛塞斯率大军进攻希腊[③]，斯巴达王里庸尼大（Léonidas）

---

① 希和多德说："波斯人见敌人冲来，必然失败，因人数少，又系跑着作战，这是一种疯狂战术，转眼便要覆没。但是雅典人很勇敢，值得纪念，在我的知识中，这是第一次跑着攻击，也是第一次没有恐惧，大胆的攻击波斯。"

② Plutarque 叙述德米斯托克："其人不谙古琴，不善吹笛，假如给他一个渺小城市，他可使之光荣与伟大。"

③ 波斯军队难确定数目，但是希和多德言：波斯最精锐的队伍，有两万四千人，船一千二百艘。

坚守德尔莫彼山隘，以埃非亚脱（Ephialte）叛国，三百人死难。波斯大军南下，雅典危在旦夕，和战不决，遵亚波罗指示[①]，退守沙洛米岛。

德米斯太克利用地形，决战于沙洛米海湾，海而狭，中有普西达利（Psyttalie）岛，波斯船队密集，互相自撞"如落网之鱼，以桨与棍击之，碎波斯人如裂帛。时海波助其悲鸣，夜神展其阴暗面孔，将之隐藏"。而迦太基海上实力，亦为若隆败于伊麦尔（Himère）。

薛塞斯知无法挽救失败，退返波斯，使马多尼斯屯军于索拉代。马氏欲和平解决，遣使修好，雅典拒绝。前479年斯巴达遣甲兵五千，败波斯军队于索拉代；时雅典海军追击，又败波斯船队于米加尔。从此波斯退出东地中海，世界帝国的幻梦消灭了。[②]

两种不同的政治，专制与民主；两种不同的经济，土地与财富；互相矛盾，形成集体与个体的决斗，薛塞斯于前465年被刺死于宫中，继位者为亚达薛塞斯第一（Artaxerxès Ⅰ，前464—前424年在位），无法阻止宫廷叛乱（和）封建势力的扩张。前449年，缔结西门（Cimon）条约：（一）放弃报复及小亚细亚的统治；（二）海军所至地仅于边岸目力范围内。

---

[①] 德氏以雅典不决，叩问亚波罗神，神答"雅典毁灭无余"，问者急，苦求之，神又答："宇斯赐雅狄纳木墙，不为波斯所破，尔辈可避其中。"德氏解本墙为船，须退沙洛米岛。
[②] 薛塞斯于海峡检阅军队，忽感悲哀，放声痛哭，其叔亚脱巴纳（Arthanus）叩问："大王自称是快乐人，何以忽然悲泣，相去若是呢？"薛塞斯答："是的，我念及人生几何，百年后，此芸芸大众，将无一人存在，以故感慨，悲从中来。"

# 第八章
# 雅典海上帝国的称霸

波希战后,雅典为政治与经济的领袖,建立五里长的城墙,设要塞,划彼来为军港,Zéa 与 Munychie 港亦以坚厚墙垣包围。取消关税,各地自由贸易,雅典为海上盟主。

前 477 年,泛希腊同盟解散,次年,亚里斯帝德为海军司令,召集各城市,组织德洛斯同盟,以防波斯来侵。每个与会者,各自独立,有选举权,维持二百艘战船,约四万人。设各邦有纠纷,执行委员会为仲裁。雅典自然变为同盟的中心,经济政治取得优越地位。自前 490 至前 431 年,雅典现金收入,由二千达朗增至二万五千达朗。土地可为信用贷款的抵押,普通利息降至 12%。

经济繁荣的结果,人口增加,雅典于十八万八千民众中,四万七千为公民,不久便增三万外人,二十万奴隶。雅典政治为之一变。

拜里克来斯出自名门,父为桑地扑(Xanthippe),米加尔海战的胜利者,母属于彼斯脱拉系,神悉雅典政治的内情。他受完善的教育,哲人安那煞哥(Anaxagore)教以崇高的理想,超绝不变,其名为"纳斯"(Nous),爱好文艺,和七弦琴而歌,其第二个夫人亚斯巴锐,协助处理政务,维持着友谊,宛若晨星。

前462年，拜氏主持政务，年仅三十七岁，诚如，他形容雅典人："有战士的战略，有了解义务的聪明，有履行义务时的纪律。"① 此种开明的政治，系海洋系统的时尚。前465年薛塞斯被刺，埃及随即叛乱，求助雅典，拜氏极力支持，前459年雅典舰队驶入尼罗河，驱逐曼腓斯波斯驻军。斯巴达忌雅典繁荣，乘雅典兴军之时，与之对抗，雅典急调军，虽败斯巴达，却损失一半兵力，埃及又为波斯臣服。

拜氏加强同盟，军事、财政、外交悉由雅典主持，而德洛斯财库，移至雅典，会员纠纷，昔日为仲裁，现已变为法庭，即刑事案件，雅典亦可过问。除埃腓斯外，只有雅典可铸货币。前449年与波斯结西门条约。前446年，雅典与斯巴达修好，平分海陆，各自称霸。

波希战后，雅典为文化中心，Callicrates 与 Ictinos 建巴德农；Mnésiclès 建 Propylées；Phidias 饰以浮雕，雅典变为一艺术馆。思想家群起，冲破雅典城邦篱围，由现实而探讨真理，安那煞哥与希和多德，率能扩大思想范围。

雅典群众嗜好戏剧，前493年，Phrynichos 排演"米来陷落"，听者落泪。埃希尔演宗教剧，"波斯人"出，表现普遍情绪。不久索伏克尔，表现命运，《尔地扑王》系悲剧的典型。最后欧利彼地，追求伦理真理，表现一种自由思想，这些都是新世界的基础。

雅典登峰造极，然政治有弱点。政治尚民主，并不自由，偏狭的城邦思想，使公民权受限制。久居雅典的外人，领导工商业，却不没有政治权，而选举者，皆小资产阶级，以故完全注重城邦，不能有远大的思想。雅典如是，科林与斯巴达亦如是。

科林开发亚德里亚海，与雅典东西竞赛，不能合作。斯巴达保守的土地策略，憎恶雅典民主思想，使 Béotie, Locride, Phocide 与斯巴达对峙，由此斯巴达与科林相结，拒抗雅典，希腊统一毁灭。

---

① "民主国家为大众谋福利，法律前一切是平等的；公众自由滋养公民的自由，保护弱者，以功绩提升，国家利益与个人利益协调，保证城市政治，经济，学术艺术的发展，不使个人危害国家，亦不使国家毁个人。" Thucydide II, 35.

雅典不放弃统一的任务，拜里克来斯渐次仇视科林，又无实力使之屈服，前431年，封锁麦加洛市场，战争无法避免，伯罗奔奈斯战争以是起，希腊海上势力遂入崩溃的途程。

# 第九章
# 希腊内战与国际纠纷

希腊分为两个集团，斯巴达趋向分裂，雅典卫护统一，两者经济政治文化不同的对峙，战争遂起，其直接原因，由于科孚岛的叛乱，民主派反科林的统治，是为伯罗奔奈斯战争[①]。

纪元前431年战争起，雅典海军胜利，但是陆上被斯巴达两次侵入，拜里克来斯战而无功，瘟疫起，（伯）氏以之死，暴况至惨[②]。雅典既失安定力量，政治裂为二：主和派多系资产阶级，以尼西亚斯（Nicias）为领袖。主战派为平民，拥护克来庸。主战派胜利，雅典于Sphactérie俘虏三百斯巴达人，似占优势，但是名将Brasidas取Amphipolis，断雅典食物来源。公元前422年，克来庸反攻失败，次年签《尼西亚斯条约》，维持战前现状，交换失地，结五十年和平。

和约无法履行，雅典与科林仇视，斯巴达助科林，取曼德纳胜利（前418）。三年后，亚西彼亚提出征西西里计划，毁叙古拉以打

---
① Xénophon, Helléniques（7 vol），Agésilas 1-2.
② 拜里克来斯初为人攻击其友Phidias，死于狱中。继其帅Anaxagore，逃走，最后其妻Aspasia，为其辩护，声泪俱下。瘟疫起，战事失利，以使褫职。长子死于瘟疫，其妹亦死于瘟疫，亚斯巴锐所生幼子亦死于瘟疫，（他）深感晚景凄凉，至幼子墓上，痛哭，染疾亦卒，享年七十岁。

击科林。叙古拉与 Léontinoi 及 Ségeste 冲突，雅典助后者，任命亚西彼亚统率舰，尼西亚斯及狄摩斯登协助。中途亚氏犯渎神罪，不肯返雅典辩证，被判死刑，逃往波斯[①]。叙古拉得 Gylippe 助，大败雅典军（前 413）。

叙古拉胜利，民主派拒贵族统治，形成一种混乱。斯巴达不能得叙古拉实助，为建造海军，转求波斯，弃仇修好（前 412）。雅典民主派失势，十人委员会组成，亚西彼亚自波斯指导贵族，亦欲借波斯以毁斯巴达。波斯介于两者之间，左右内战，侵略政策复燃，遣军队至伊瑶尼城市，雅典动员海军，其贵族借机夺取政权（前 411）。

雅典民主军据沙莫斯岛，反抗雅典贵族政治，雅典贵族求助斯巴达，但是在海上失败（前 410），斯巴达与波斯更团结，借其经济实力，建造舰队，名将李桑德毁雅典海军于 Aegospotamos，雅典被围困，前 404 年陷落。雅典拆毁军事设备，战舰仅留十二艘，军队只三千，由三十暴君统治，希腊领导权入斯巴达手。

东地中海入混乱时期，希腊内战，波斯复统治爱琴海，惟埃及民主思发达，三角洲叛乱，脱离波斯。大流士第二死（前 404），亚达薛塞斯第二继位（前 404—前 358 年在位），波斯王位争夺起，斯巴达助西流士，有万人的远征，前 401 年，大败于 Cunaxa。此时国际情势，埃及恢复海军，借叙古拉（前 415 年后为斯巴达同盟）实力，联合斯巴达抗拒波斯。波斯不惧雅典，与之相约，雅典结科林与代彼斯与斯巴达对抗。

前 396 年，斯巴达王阿若西拉斯（Agesilas）率军两万，渡海攻陷沙德城，波斯支持雅典等城邦，起而抵抗，前 394 年败斯巴达舰队于克尼德。雅典乘机复兴，追悔城邦理想消逝，倡导国家主义，苏格拉底，尊重自然律，与统一的人的观念，与偏狭城邦思想相违，前 399 年以是牺牲。此时，文化与经济的范围已超脱城邦的范围。

---

① Alcibiade 被判死刑，逃走说："要他们知道我尚在人间。"

雅典眷恋往昔的繁荣，谋重建海上霸权，斯巴达力图压制，前392年，召开会议，使各城邦平等，分化希腊。雅典拒绝，斯巴达转复求波斯，除伊瑶尼外，复许塞普鲁斯及纪瑶斯，波斯支持斯巴达分裂政策，叙古拉恐雅典再起，亦倾向分裂，雅典拒绝，波斯采取封锁政策，控制黑海，于前387年签订《Antalcidas和约》，波斯变为西方最主权者，报复沙洛米耻辱。

斯巴达称霸未及四十年，政治与外交违犯希腊趋向，势已倾衰。雅典未能团结，内部分裂，希腊霸权转入代彼斯。代彼斯战术改进，用骑兵，复有名将Pélopidas，于前379年恢复［代彼斯］独立，前371年取Leuctres胜利，四百斯巴达人死难。次为Ehaminondas，于前370年侵入波罗奔奈斯，解放米塞纳的奴隶。继而又侵入三次①，死于Mantinée战争，然斯巴达军力被毁，代彼斯称霸约十年。

---

① 前368、前367、前362年三次。

# 第十章
# 中地中海的发展

腓尼斯与希腊争夺地中海霸权，迦太基建立系腓尼斯的胜利。波斯兴起，向西发展，臣服腓尼斯，地尔航业衰落，西班牙南部银矿与锡矿，转入迦太基手。自前7世纪后，希腊控制麦西纳海峡；前6世纪，其殖民地马赛，开发底哈尼海，迦太基方兴，与伊脱拉斯克联合，与之拒抗，即东西的连横，施以南北的合纵。

伊脱拉斯并非航海民族，他们自小亚细亚移殖，定居意大利中部，建设了许多城市，Populonia 为岸，由于海上运输方便，工业很发达，西巴利斯为货物交换地，Paestum 为出口货的堆栈。前6世纪，伊脱拉斯发展迅速，北至保河流域，南至加普亚与沙来纳，跨越罗马，虽为无足轻重城市，然以地形优越故，伊脱拉斯有时建立统治权。

伊脱拉斯文化受克利脱影响，与迦太基联合，形成一种强力，五世纪波斯西进，便与之汇合，抵抗希腊，但是伊麦尔失败，迦太基于波斯遭受同样命运，前474年，叙古拉败其伊迦混合纵队于古姆（Cúmes）。然西地中海沿岸，仍属迦太基掌握。

迦太基由 Magon 族统治，推行王政，约前450年，政体转为贵族共和，地中海共同趋势，迦太基无法例外。金钱支配选举权，议会为资产阶级，平民不与焉。由议员中举百人为裁判，政权操纵于贵族富人之手，时在斗争。是时，迦太基富，向外开拓，摩洛桑与塞纳加（Sénégal）有其堆栈，而英国亦是其踪迹。

迦太基与雅典不同，采取统制政策，如运输，非洲沿岸的航权，小迦太基的贸易，沙丁，科尔西加，马尔太等贸易，排绝外人，以故财富特多。希腊内争不已，而迦太基和衷共济，获得特殊的发展。

前413年雅典征西西里的失败，结束希腊海上霸权，叙古拉民主流乘机而起，方此紊乱之时，迦太基托言救助Ségeste，公元前406年兴军，取Agrigente，雅典为波斯统治，西西里有被迦太基侵略的危险。

叙古拉人民举东尼斯（Denys）为统帅（前406年），树独裁制，建二百艘战舰，雇五万兵，增税抽捐，取百分之二十，一切以抗迦太基。西西里借此统一，盛极一时，柏拉图为中心，亦有团结倾向（前392年），斯巴达联合叙古拉，称霸大陆，以其时潮相违，仅以昙花一现，而叙古拉自信坚强，前379年，兼并克洛东，又向北发展，而为达朗脱阻止。

达朗脱为哲人亚克建斯（Archytas）统治，（亚氏）系柏拉图之友，利用数学，组织海陆军，建石炮队。内政修明，与叙古拉分中地中海。前371年雅典力图复兴，控制海峡，叙古拉与之接近。达朗脱联合北非西合纳（Cyrène），轴心建立，希腊海上强力，又似恢复。惟东尼斯死，团结瓦解，罗马初次参预，联合沙莫尼脱，攻击达朗脱，而迦太基即伸手西西里岛。战争又起，叙古拉求助科林，帝莫来庸（Timoléon）至西西里，取中层阶级的同情，呼号团结，前341年败迦太基，救出希腊的文化［与地位］。

西西里实行开明政治，人人平等，四方来者日众。前339年与迦太基和，经济繁荣，中产阶级执政，形成地中海政治的特色。此时西方实力，埃及复为波斯统治，拥有大陆；海上内西西里与迦太基领导，重心西移，准备罗马的降生。

## 第十一章
## 罗马初始

地中海周岸活动时，意大利中部仍在孤立状态，以自然环境使然故。

拉丁平原为火山遗迹，坚硬与贫瘠，居此者须有强崛意志，与自然斗争，始能生存，人创造了土地，土地亦创造了人的性格。此地缺少自然河流，以人工引水，生活被施以一种纪律，合作成为生存必须的条件。[①] 亚尔班山为政治与宗教中心，树木丛生，产橄榄与葡萄。又有火山遗口形成的湖，著名者有亚班纳（Albano）及奈米（Nemi），景色宜人。山地与平原形成强烈的对照。

从纪元前10世纪起，拉丁人居于这个平原，积久与亚尔班人、沙班人形成一种小同盟，虽然宗教、种族与语言不同，以自然环境故，合作互助，成立了七山同盟（Septimontium）。他们以土地为基础，重父权，形成贵族，所谓古里[②]，集古里组织议会，产生国王。

---

① 19世纪考古学者所发现的水道，证明其工作伟大，高一公尺半，宽七十生丁，藏于地下有十五公尺深，Blanchère材料说："一切有统一性，正确的概念，有类蚂蚁共同的作品。"
② "古里"（Curia）系同信仰家族的结合，罗马初期 Comitia Curiata 包括三十古里。

罗马初史，非常残缺，含有许多传述①。到前753年，拉丁平原民族与文化已至复杂阶段。罗马居于希腊及伊脱拉斯两集团之间，随两者势力消涨，罗马逐渐成长。罗马城的起源，受伊脱拉斯的影响②，始建一木桥，达尔干系科林 Démarate 之子，夺取政权，前此已有许多传述。

奎利纳山（Quirinal）居沙班人，拉丁人据巴拉丁，两者隔政议场，原系一池沼地带，即使在此，罗穆吕斯与达西雨斯（Tatius）争，拉丁人夺走沙班的女儿。罗马商业发达，伊脱拉斯侵略，创立城市，其仪式首立方向③，取方形，划圆坑（Mundus），投以亚尔伯乡土，是"父母的家乡。"（Terra patrum patria）原始崇奉 Cérès，今塑尤彼得居中，两边为继维斯及雨农。

达尔干时，商业已发达，输出盐鱼，继为塞维斯（Servius Tullcis）夺取政权，1857年发现吴尔其（Vulci）壁画④，系最好的证明。

约纪元前6世纪末，贵族推翻王权，由十七族组合，推举两位执政官。罗马社会遂分为贵族与平民，而争执亦剧烈。平民并非无产阶

---

① 关于初期资料，甲，Cicéro, *De Repubica*, Liv.II；乙，Titus-Livius, Liv.I；丙，Denys d'Halicarnasse, Liv.I.
② 按 Deuys d'Halicarnasse 与 Plutarque 所言传述，经 Fustel de Coulanges 研究，罗马城市建立的仪式，系伊脱拉斯的。
③ 四方理论，出自巴比伦，而"圆坑"系生死两世界关系处，每年定日启口，使死者与生者相见，普通为井，如漏斗倒置，客东语"形似穹隆"，献牲畜，血洒其上，居民绕舞，投以财物，再 Khorsabad 建 Sargon 宫时，"民众投之以符"。
④ 1857年，Alexandre Francois 于吴尔其发现墓中壁画，题名为"Cneve Tarchu Rumach"，是纪元前作品，老达尔干与伊脱拉斯英雄的斗争，每个人物下有署名，自左而右，首绘：Caile Vipinas 断 Macstrna 铁链，Macstrna 是老达尔干俘虏。中间表现双方杀杀。右边表现 Marce Camitlnas 谋杀达尔干。里昂石刻，Clanudius 赞高卢人说："Servius Tullius 是 Caelius Vibenna 最忠实伴友，亦许多冒险者同伴，自伊脱里出，率领 Caeluis 的军队，驻扎在山上，将他领袖的名赐为山名，而自己亦更名为 Servius，其伊脱拉斯名为 Uvastarna，对罗马很好。"史学家 Tacitus 论罗马城 Caelius 山时说："此山原名 Querquetulanus，以生许多橡树故；继更名为 Caelius，是伊脱拉斯领袖名，带兵至罗马……"根据克拉尼解释此传述：老达尔干俘获 Mastarna，Vibenna 兄弟为朋友复仇，杀死老达尔干，经许多波折 Mastarna 率 Vibenna 队伍，居 Caelius 山，自己更名为 Servius tullius，为罗马王。Le Genie Romain, pp.39-41.

级[①]，敢于政治不平等，借霸业与退居圣山，前494年设护民官，保障利益。前486年，卡西乌斯（Suprius Cassius）第一次提出土地法（*Lex Agris*），将侵略所得的土地，分与平民。反动者阻止，不能执行。平民不退让，促成十人委员会，制定十二铜表法（前450）。此乃罗马法制基础，贵族与平民在法律面前是平等的。贵族特权取消，而政治与军事基础，以资产为准则，此种演进与雅典相同，只迟二百年。地中海文化的基调系城市的，每个公民，必须（受）法的保障，自由发展，前390年，高卢入寇，其影响罗马史者至重，一为高卢人占据保河流域，伊脱拉斯受限制，罗马免除威胁。一为李锡尼变法，为平民争取执政官，前366年达到目的[②]。此种成就，由于外族压迫，需要军队，贵族有国家思想，与平民让步，控制第亭河入海处，事难细微，实罗马史上重要事实，与海相连渐次觉醒自然的使命。

罗马踏进地中海国际的圈内，前384年与迦太基签订友好条约，迦太基放弃拉丁平原，罗马任其边疆外自由的发展。罗马开始成为一国家，其演进与希腊不同。斯巴达有种观念，其公民只限于多利安人，形成贵族军人，目的在城邦。罗马即返是，公民权普遍，外人或解放的奴隶皆改为公民，百人会议，以资产为准，为数一九三单位[③]，政权标于人民，立法选举，悉由人民决定，这不是城邦，这是国家。前337年，平民组成"Concilia plebis"，拥有公民全权，前326年取消债务束缚，其民主思想已超过希腊任何城市。罗马成为一国家，公民即军队，不分种族，肩负西方世界的使命。

---

① 平民（Protariat）需要注册，结婚有子女，资产约二千五百元。
② Licinius 制法，（一）平民任一执政官。（二）所付子息，由母金扣除，余者分三年清还。按土地法，李氏主张，贵族不得超过五百 Jugera。
③ 一九三百（人）团，骑士占十八个，富者占八十个，中产者占九十个，工匠占四个，有子女而资产者共一个。

## 第十二章
## 地中海文化的趋向

　　自荷马时代后，东地中海经济发展，形成一种新文化，亚洲边岸希腊的殖民地构成新文化的中心，诗歌领导着这种动向。由于蛮族入寇造成的灾祸，激动乡土的情绪，产生了一种政治性的诗歌，如 Callinos（埃弗斯人）、Mimnerme（高洛峰人）。由于生活的舒适，经济繁荣，产生一种抒情诗歌，如 Archiloque（巴洛斯人）。

　　此种诗歌质朴，美妙，却是浮浅的，而真正代表时代者，当推思想的发展。太来斯创立伊瑶尼派，吸收埃及思潮，中亚的成就，建立心物合一的理论。Anaximandre 倡导无穷的观念，永久的运动。Anaximène 以气为宇宙的原则①。Pythagore 倡导神秘，Xénophon 推崇精神，到 Héraclite 诚不愧为独特思想家，视有无相同，一切在变。

　　希腊吸收古代文化，而不为所物，创立了逻辑，奠定哲学与科学方法的基础，希腊走向逻辑途路，倡导纯理性，逐渐与埃及神秘思想分庭抗礼，地中海文化即在此两者之溶化，冲突以推进。

　　波希战争后，希腊文化主潮，在个人主义的发展，此个人主义并

---

① Anaximéne 说："notreâme, parce qu'elle est de l'air, est en chacun de nous un principe d'union; de même le souffle, du l'air, contient le monde dans son ensemble."

非自私，乃是个体意识觉醒，脱离埃及神秘彩色的羁绊，自己处理自己的问题。从此后，社会中心不是城市，也不是家族，而是独立神圣的个体，由理智作为保障，在法律上推进自然法，在经济上趋向自由贸易，在思想上尊重批评，在艺术上为半身像。一切集聚在你要认识你自己。苏格拉底不愿放弃他的主张，以身殉道。

继 Héraclite 之后，Empédocle 亦倡导理想，然以人生苦闷，理想转为烦恼，形成一种悲观，此与埃及背道而驰，Parménide 主张变化为实有的表面，一切是停顿的。Anaxagore 视运动，秩序为宇宙大道，智慧为道之开创者[①]。Leucippe 与 Démocrite 逐渐放弃埃及理想，以原子为宇宙起源，归结至唯物论上。由唯物趋向怀疑，怀疑生说辩，此 Protagoras 耸动一时，而苏格拉底不能与之并存也。

事已至此，希腊与埃及分离。埃及视真理实有，不容置疑，希腊要探讨，结果绝望，否认真理的存在。于是希腊思潮怒放之时，价值问题提出，苏格拉底倡思想自由，以人类整体为准则，结果不为偏狭者所容，Euripide 的悲剧，Thucydide 的历史，都能超脱狭小范围，这是一种进步。

苏格拉底死，柏拉图去埃及，他缜密考察后，综合两个极端，建立"思想的理论"。信阳与理智不能分，此柏拉图为乐观者，自人言为无穷，自社会言为正义，他综合古代，去糟存精，建立起希腊正统的文化。

---

① 按照 Anaxagore, "A l'origine toutes choses étaient ensemble, infinies en nombre et en petitess".

# 第二卷

# 第一章
# 马其顿兴起

亚凯人侵入希腊后，马其顿社会发生变化，脱离原始封建状态，进入地方的组合。纪元前8世纪起，科孚商人入Epire，此山岳地带与海洋接触，至公元前7世纪，科林于Leucade及Apollonia设立市场，更由Épidamne（Durazzo）推进商务至伊利利。至Chalcidique地带，科林亦建立Potidée，地形重要，马其顿不能孤立，受希腊的包围。前5世纪时，波斯西进，臣属马其顿，然波希巨战之后，马其顿确定了方向，走上希腊的道路。

前5世纪，马其顿树立王政，Perdiccas Ⅱ于万山中建都城亚加（Aigai）。图由斯脱里蒙山谷，达到海上，前436年，雅典登峰造极之时，开发Pangée矿产，缘此与希腊最高文化接触，王室变为世袭，移都至拜拉，其王Archélaos利用希腊人建立集权组织，筑路造币，增设市墟，声誉日著，宛若暴君，Zeuxis与Euripide咸表依附。以故政治趋向反封建，走希腊道路，图谋控制代沙利及加西地克。

腓里扑第二（前359—前336年在位）继位，消灭封建残力，既非贵族的分割，亦非城市的独立，而是以帝王为核心，扶植中产阶级，稳定军事与政治。开发 Dysoron 山的银矿，Pangée 的金矿，装备军队，积极推动侵略，分化希腊的团结。雅典政见分歧，私重于公，腓里扑取 Amphipolis，继夺 Potidée，雅典在色雷斯资源，悉入马其顿手，自是马其顿成为强国，加强拜拉，延亚里斯多德为太子师，控制希腊大陆，希腊统一的命运已注定了。

马其顿变为希腊有力的王国，希腊自身仍在分裂，为政治逐放的两类希腊人，分散在西亚，保守派领袖向马其顿，民主派却对抗，狄摩斯登（Demosthènes）[①]为领袖。因为时代已变，无法跳出城邦以外，其失败已注定了。雅典集战舰三百艘，却无力维持。

Thessalie，Béotie，Phocide，Thèbes 悉为大陆区，往昔封建特权，不能存在，因海洋激起的个人思想；城邦培植的文化，都促其转变，中产阶级变为撑持社会的重心，土地推动，趋于团结，马其顿便利用时机，对雅典发动战争。前 338 年，败雅典于 Chéronée，马其顿取绝对的优势[②]。

马其顿倡导泛希腊同盟，每个城市独立，可参加议会，但是决定权却操纵于腓里扑。他要做各城邦争夺的仲裁；干预各城邦内政，不能以政治判死刑，要扶助中产阶级。斯巴达拒绝，可是光荣已逝，变为无实力的城邦。

马其顿演进中，大希腊以达朗脱为中心，与罗马一种威胁，罗马与大希腊的关系，不只是文化的，而且是经济的[③]。雅典既败，达朗脱知希腊不可恃，转求埃比尔（Alexandre d'Epire）之助，以其为腓里扑

---

① 狄摩斯登于前 352 年说："雅典何日始尽你们的责任？是否你们还在街上徘徊？互相问有什么消息？唉！最新的消息，无过看见马其顿人战败雅典，统治希腊……"
② 狄摩斯登对阵亡将士说："不，雅典的青年，不，你们不要找寻死者，你们要找寻独立与自由……"
③ Titus-livius 记载：罗马人于前 486、前 436、前 411 年由西西里购买，酒与油也是从西西里取得。

臣属。达朗脱既强，与罗马裂痕愈深，战争不可免。

前337年，腓里扑召开泛希腊大会于科林，自任为盟主，反抗波斯，前336年却为保沙尼亚（Pausanias）暗杀，功业由其子亚历山大完成。

# 第二章
# 亚历山大帝国

亚历山大即位（前336）时，古代西方历史入转变阶段，希腊城邦制障碍统一，致其死命。波斯Achéménides朝，争夺王位，自相残杀，大流士第三（Darius Ⅲ Codoman）虽安定内政，然帝国东西相矛盾，不能确定海路动向，失其统一，所幸财政稳固，赋税悉遵先人遗则，尚能维持一时。至埃及于前341年，复入波斯之手，时倾向独立，自身脆弱，难以实现。

雅典为狄摩斯登领导，囿于偏狭城邦观念，欲联斯以抗马其顿，昔日柏罗奔奈斯战争似又重演，方亚历山大率军北上，临多瑙河，希腊流言四起，以亚历山大遇险，起而叛乱。亚历山大星夜撤兵迫希腊，严惩代彼斯，除Cademee及Pindare故居外，悉皆焚毁，前335年召开科林大会，决定征波斯，其目的很难确定，断非英雄的冒险①，柴纳芬万人冒险的故事，与他一种强烈的刺激，正确的消息。

亚历山大自拜拉出发②率有限军旅，渡海峡，祭推罗战时的英雄

---

① 当希腊叛乱平定后，亚历山大决定征波斯，相传亚历山大将财物分散给诸友，朋友们问他："那么你留下什么？""希望！"他回答。
② 亚氏出兵时，率步兵三万，骑兵四千五百，军饷仅够四十日，约七十达朗，此数目字见诸Seiqnobos《古代文化史》，陈译，第143页。

亚奇尔，南进，接连取克拉尼（前334）与伊苏斯（前333）胜利，埃及国家主义者，信其必胜，遣使求盟。叙利亚不战而下，地尔拒抗，以其恨希腊，毁其城，奴其民，长驱入埃及，尊重埃及传统，顶礼亚彼（Apis）神，埃及与希腊合而为一，亚历山大自认埃及法究，建亚历山大城，这是地中海的新生命，希腊与埃及的文化，将由他担负。

亚历山大拒绝讲和，率军征波斯。前331年，败波斯大军于亚尔伯来，焚波斯城，至稣珊，大流士第三遁走，为臣属暗杀。亚历山大以五年时间，北至药杀水（Iaxarte），东至印度河，南渡恒河入印度，败Porus于Hydaspe，士卒不肯前进，分三路撤军，于前324年迫稣珊，两年后，移跸至巴比伦，得发热病逝世。①

帝国组织，悉以前辙为范，只溃海区，脱离波斯加入科林同盟，小亚细亚化为七省，叙利亚使之独立，埃及复为君主国家，塞普鲁斯仍保其传统世袭，印度与迦湿弥为附属的王国。此空前大帝国，系联邦制，各保其传统制度，而亚历山大为联邦主脑的象征。倘如论其影响，海路对峙的局面，从此破裂，稣珊不能控制地中海，今以亚历山大城代之，西方以海为中心，渐倾独立。

政治演变，必然以经济为基础，此希腊联邦帝国，开始发展国际经济轴心，南北为红海，爱琴海及黑海；东西为印度，波斯及叙利亚，此交点势必向西延长，罗马开拓高卢，即此种动向的结果。向东发展，游牧民族西进受阻，倒流塞北，此秦必采主动态度，做长城以示决心，不使南下，奠汉向西推进的政策，这是人类历史上最重大的史实。

---

① Arrieu与Plutarque叙述亚历山大之死甚详，6月3日，经遇第二次宴会后，早晨回来，发热，洗澡，睡在床上，他休息，接见将领，确定22日大军起程，23日海军起程。晚上为凉快一点，移在船上［病床］到皇家花园别墅，19（日）觉好一点，议场风生与Mèdios掷骰，晚上又加重，后两日，温度增高，却仍希望确立时期起篷，奈尔克与其他大将报告一切的准备，21日晚觉着很严重，病至第六日，仍有任命缺额，指示机宜，第七天，参加最后圣礼，睡着，知病状严重，命将领留在宫廷，守在门边。到第八天，知不可挽救，移至宫内，他认识将领，却不能言语，断气开始仍经遇四天。第十天，士兵与水手，当已动身四五日，知危机，要看他们的大王，冲进宫内，沉默地要他检阅，病者的动作便是敬礼，次夜，五位将领，两位神职者讨论是否要移在庙堂内，神答不要移动，28晚，亚历山大断气（即前323年6月13日）。

建立新城市使经济发展，短短十年间创七十亚历山大城：埃及亚历山大，将为地中海希腊的中心。叙利亚北与幼发拉底河相接处，有小亚历山大城（Alexandrette）。波斯海湾近，地格里斯河上，建亚山大城。印度河三角洲上，有亚历山大口岸。在俾路支，由稣珊到印度的路上，有亚历山大城。印度河上于巨流交汇处，又有亚历山大城。帝国东部，控制兴都库什要险处，有亚历山大城。药煞水上，别犍亚历山大城，为入中国的起点。在中亚内，尚有许多名城，如键陀罗（Qandahar）、Hérat（Alexandrie d'Arie）、Khojend 等。此等城市并非独立，形成一种直属的特区。

经济繁荣，提高农产物产量，埃及、巴比伦、波斯皆倡导水利，使土地无法入于贵族者手，结果旧社会破裂，这是海洋的成功。

帝国不愿囿于种族国家观念，倡导混合，亚历山大与波斯两公主结婚：一为大流士第三女公主 Statire，一为亚达薛塞斯女 Parysatis（公主），如是波斯世系保存。希腊语逐渐扩张，通行帝国境内，帝王为"神"，同时每个城市执政者，由公民选出，海陆体系政治，亦起一种混合，而希腊城邦制为之破裂。

希腊思想在亚洲发展，给中亚有力的推动，其原因亚洲产生了希腊的思想。希腊毁灭了古代的束缚，铲其障碍，使智慧再生，哲学与科学趋向新方向，执炬火而导入前进者为亚里士多德。

亚里士多德断绝怀疑与理想，树立逻辑的原则，确立智慧的不朽，唯一的对象为永恒，智慧达到永恒，不由于信仰，而由于理智，由逻辑所确立的科学，他分为知与为用的智识，求真、求美求善的类型，一切在和谐，这是时代的产物，人类思想开始了一个丰富的时代。

# 第三章
# 亚历山大帝国瓦解后的演变

亚历山大死,其帝国即行瓦解,以无统一基础故。将领组织一摄政机构,由 Perdiccas 主持,扶助 Roxane 所生幼子,此乃唯一的希望,脆弱异常。

埃及由扑多来米负责,葬大王于亚历山大城,埃及倾向海洋,往日中断的传统,现渐次恢复。前 321 年内战起,一切以埃及实力为准则,不肯卷入,加山德杀亚历山大后裔及亲属后(约前 310—前 308),扑多来米以埃及帝王自任,前 305 年加冕为"法老"。而 Lagides 正统世系,将埃及独立恢复,这是当时唯一的实例。

马其顿与希腊局面更混乱,经五十年战争与纠纷,无法统一,雅典变为文化城,已失经济与政治作用,而乡间久经战乱,建有国家情感,以同盟形式,构成埃多利与亚加以两集团。埃多利趋向民主,约前 275 年成立,政权操于公民。亚加以集六十余城市,趋向独立,以后拒抗罗马,英勇牺牲者以此。马其顿受希腊牵制,无法扩张,埃比尔于前 289 年脱离独立,马其顿成为次等国家。

埃及与希腊如是,波斯亦欲复国,塞琉古第一(Seleucus Ⅰ)遭遇困难与前相同,即向海向陆难以决定。初塞琉古以巴比伦为都,重现东方省份，以大陆为主，结果滨海区离散，彼地尼独立（前315），自举国王（前297），定都尼高麦地。前3世纪中，加巴多斯独立，般特（Pont）起效之，建树自主权，环绕黑海，经济与文化，悉入希腊范围，旧日城邦制又复活，Olbia，Cherson（Sebastopol），Theodosie，Panticapée（Kertch）等城为长久的实例。

腓尼斯与伊瑶尼城市，入埃及范围，浩德岛为转运站，塞琉古帝国为海陆动向分解，而陆地发展，宗教、语言、种族分歧，不能构成共同基础，塞琉古又与旧世系无因缘，无法建树以帝王为中心，因而大陆亦趋分裂，亚美尼亚在波斯时已独立；麦地由Atropates领导，渐恢复旧日传统。希腊影响虽不能根绝，却渐次降低。印度亦趋离心，印度河与恒河流域为Tchandragoupta控制，俾路友的甬路亦由印度控制，塞琉古有自知明，即刻于印王结盟，他知道放弃海上，只有加速陆上的分裂。

前305年塞琉古败于印度，决定转变策略，向西推进，前301年，得印度五百象之助，败Antigonus于Ipsus，叙利亚重入掌握，大流士政策复活，进取地中海，首先舍弃巴比伦，移都于安都。为使经济繁荣，移民于塞琉西（Seleucie），位于地格里斯河上，五十年内，拥有六十万居民。

往昔波斯以沙德，巴比伦，稣珊为大动脉，与印度为对象，今以塞琉西安都代之，东进已终止，西进为必然趋势，安都代替巴比伦，形成中心。但是爱琴海与希腊已为埃及支配，西进已受阻力，安都与亚历山大之争为必然的，战争为解决必然的路径。海陆对峙，两不相容，胜利将属于控制叙利亚握有海上霸权者。

前3世纪，达朗脱与叙古拉为地中海经济中心，两者冲突，罗马利用时机扩大。叙古拉自Timoleon后，陷入混乱，造成Agathoclès专制，以革命方式，取消债务，平均地权，武力统一西西里，前306年为王，但是人亡政息，其统一随即瓦解。达朗脱为意南首城，罗马向南发展，自兴其利益冲突，达朗特与那不里联合，罗马与迦太基修好，签订条约（前306），意南与西西里为两国势力范围。罗马造舰队，向海上发展。

罗马政治演进，含义至深，政权渐入政党之手，贵族政权开放，前296年，平民亦可为宗教领袖，平民在城市虽弱，仅四族，然乡间势力大，如是在政府中构成一种平衡，与之对抗，中产者举足轻重。自平民有土地，渐次转为小资产者，殖民地建立，国税确立，罗马已不是农屯的共和，而成了向外开拓的国家。

前304年，罗马取那不里，康拔尼与亚普里又为罗马统治，达朗脱知战不克免，求助斯巴达，然斯巴达不可信，转求埃彼王彼洛斯，前282年战争起，彼洛斯率军两万五千，象二十只，渡海进攻，罗马人不知象战之术，前280年败于 Heraclée，次年又败于 Asculum，彼洛斯幻想建立帝国，至西西里岛，此举异常错误，使罗马与迦太基反抗，前275年，罗马败之于 Beneventum。

自是而后，罗马侵入希腊，卷入国际间，迦太基戒惧罗马，与 Locres 相联，罗马攻陷 Locres，继取达朗脱（前272），统一意大利的工作，亦完成，即是说确立海上基础，与迦太基海上决战渐成必然的途径。

# 第四章
# 罗马海权的发轫

短短五十年间,西方历史起剧烈的变化,西方经济政治的重心,移至地中海中部,亚历山大、安都、迦太基、罗马,代替了曼腓斯、岱彼斯、巴比伦、尼尼微及稣珊的地位,由黑海与红海,汇入西方财富与思想,此巴比伦消逝而罗马所以登台的理由。此种转变,世界历史轴心形成一新局面,海陆对峙扩至两个极端,秦汉奠定中土,树立大陆国家完善的模型;西方开拓地中海,罗马有三百年的称霸,昔年文物昌明的中亚,成为一甬道,虽说重要,已失主动的作用,东方以印度为基点与中国相通,西方以埃及为踏石,培植了罗马,以历史上之大事,吾人当特别注视的。

由红海取得印度与远东的财富,由黑海输入俄南的产物;由直布罗陀与不列颠及斯干地纳接触[①],由马赛向高卢发展,罗马成为新生命,他配合这种新环境,摧毁了海上的城邦,埃及与罗马控制地中海,纪元前3世纪的大战争是无法避免的。

埃及采取传统政策:联合希腊以抗塞琉西王国,扑多来米第一据

---

① Pytheas de marseille 初次以斯干地纳边岸。

西顿与地尔，进占塞普洛斯及代洛斯，马其顿与叙古拉为其盟友。塞琉西王国大陆政策失败，八年战争（前279—前271），埃及取得胜利①，希腊入其掌握。是时，罗马败彼洛斯，取达朗脱，前272年遣使至埃及，埃及罗马的同盟已成一雏形。

塞琉西王国放弃海上，转向旧路，势衰力弱，前262年贝加曼（Pergame）独立，北部爱琴海脱离，其反使帝国更趋于分裂，前250年，里海南Arsacès建帕提亚世系，大夏与康居随即与之脱节。

安地古第二（前261—前246）知西进的重要，乘埃及兵乱，向西推进，埃及让步，前253年签订友好条约，安地古取扑多来米女碧来尼斯（Bérénice），伊瑶尼海为嫁妆，以维持现状。然政变起，安地古夫妇被暗杀。扑多来米第三（前246—前221）与塞琉古第二（前246—前223）决战，埃及又胜利，取叙利亚，控制黑海，贝加曼战埃及的与国，埃及成为海上的帝国，而亚历山大城为西方文化的中心。

罗马据达朗脱后，买西纳海峡为必争之地，叙古拉由伊耶洪第二（Hievon Ⅱ）统治，欲侵其地，而迦太基以地哈尼海区利益，侵买西纳城。罗马向南扩张，第一次布匿战争（前264—前241）遂起。原初叙古拉与迦太基联合，现即中立，且有时供给罗马军需。罗马利用薄弱的海军，前260年获米来胜利，增加海上信心。由是进迫迦太基，迦军受桑地扑指挥；前255年，罗马陆军败于杜尼斯，执政官雷古洛斯受控制。罗马坚忍推进，对迦太基压迫，前241年，加杜洛斯（C. Lutatius Catulus）获埃加脱（Egates）胜利。

迦太基惧毁其商业，与罗马结和，割西西里岛，叙古拉为罗马与国，馀则为罗马属地。迦太基由军事失利，引起内战，前237年以沙丁与科西嘉两岛易罗马中立。迦太基和平恢复，不放弃海上，开发西班牙，前223年亚斯德洛巴立小迦太基（Carthagene）为海上基础。

---

① 埃及取得：Cilicie，Pamphylie，Lycie，Cnide，Halicarnasse，Millet，Samos，Cyclades，Itanos，Arvad，Samothrace 等区，雅典与科林受其影响。

马赛深（感）威胁，求罗马援助，结约以埃白河为界，西班牙造成南北对峙的局面。

地中海为埃及、罗马、迦太基所统制，又以埃及、意大利、西班牙陆地辅助，对希腊罗马态度积极，渐次渗透实力，又因罗马与埃及友好，贝加曼亦在其列，东方海陆均势又建立，而马其顿无法南下，东西为海军排挤，自走向塞琉西的途路，为此马其顿与迦太基相联，自是必然的。此种复杂局面，罗马举足轻重，西方国际裂痕，以之更深。

## 第五章
## 地中海精神的转变

　　城市发展,农民解放,这是纪元前3世纪社会特别的现象,只有埃及是例外①。私人资产增加,财富集骤,中产者消灭,奴隶增多,许多人以债度日,如何平均土地,如何取消债务,这又是经济发展形成的重要问题。商业国际化、专业化②,交通工具与路线成为争夺的对象,战争以此产生,各地有特殊的背景,形成了特殊的问题。

　　塞琉西步亚历山大后尘,创立城市,扶助中产阶级,他给予城市独立,国王居于监视地位,市长由公民选出,宛如今日英国的自治领。沿着交通大路,新城市簇生,地格里斯河上塞琉西城替代了巴比伦,安都控制叙利亚及腓尼斯,贝加曼乃小亚细亚的中心,兼有推罗及沙德的优点。

　　新城市有新气象,市政厅、剧院、几层居屋,都拥有舒适的设备,往昔寺院的大资产,转入国家手中,乡林奴隶渐次解放,这不是

---

① 由贷款利息比较,即知埃及特别:亚历山大时,利息为12%,前250年为10%,前200年落至6%,而埃及却保持24%。
② 亚历山大城输出麦,犹太为麻,本都为核桃,巴比伦为枣,安都为无花果,叙利亚为鬃,贝鲁特为葡萄,多马斯(为)李子,亚述的棉花,Cos为丝织物,地尔与Arrad(为)红颜料。

武力推行计划改革,这是自然演进,法的权力提高,这也是因为塞琉西了解时代的动向,不与之做滥费的斗争。

马其顿趋向塞琉西,以故沙洛尼加等城,亦有同样的发展,而古希腊城市,经济失其重要,文化却有新动向,米来创立学校,确立女子教育,各种学会组织构成一种个体的解放。哲学观念,如柴农所代表者,各个平等,没有国家分别,奴隶不是"活的工具",其价值与自由人相等,每个人应有极低生活的费用,法必立,立必行,社会问题日趋严重。斯巴达七百家族专利,叛乱随起,亚托斯第四(Agis IV)须取消债务,分散一万九千五百田区,贵族反对,判处死刑。前237年克来曼纳(Clcomène)又倡导改革,解放六千奴隶,分散四千田区,结果又遭反对,须逃走,这只促进革命的途路。

希腊海上城市,不愿卷入旋涡,日趋中立,前245年米来取得"非战城市",洛德变为国际市场,与拜占庭相连合,与亚历山大城对抗,其竞争方式,由经济实力决斗,埃及利息在百分之二十四时,洛德资本家只取百分之八。他的文化——特别是法学,亦很发达,重自由,并与迦太基帝国的方式相冲突。

贝加曼成为都城后(前262),与埃及联合,发展工商业,他与洛德不同,洛德只是一大输送站,而贝加曼有其经济结构,一方面利用优越的地位,控制黑海及爱琴海贸易;他方面实行商业保护政策,国营事业发达,如羊皮纸,抵抗埃及制纸草。他的文化很高,其图书馆仅次于亚历山大城。

埃及以三角洲为中心,自沙以王朝后,与希腊关系密切,而希腊文成为通用的语言。埃及有其特点,不以奴隶生产为中心,虽然自由,却采取保护政策[1],求生产与消费的平衡,利息特别高,便是不重视金融特殊。

至于罗马已形成一庞大的国家,大希腊商业城市,意大利中部陆

---

[1] 前3世纪,入口货的关税,按值抽税,酒为33.3%至60%,蜜为25%,盐肉为25%,油为50%。

地城市悉在其掌握。罗马公民有三十五族,凝为核心。其他半岛地区,系"拉丁殖民",组织与罗马相佛仿。西西里及沙丁、科西嘉成为两省,由罗马任命官吏统治,任期一年。此种情形,民主与君主混合,以地置宜,不囿于偏狭的理论。罗马公民权甚易取得,竭力推引自由政策。

自西西里兼并后,希腊人大批流入罗马,经济与文化趋向海上发展,中产阶级迅速形成,以故罗马人与外人关系,必有法的保障,法的运动迅速,亦趋于个体的解放,前2世纪离婚已为法律所许可,结婚成为民法事件,父权受限制。罗马保守精神已为希腊击破。东方宗教伦理,渐次侵入罗马。

希腊思想的传播,加强对个人的自信,将人戏剧化,大胆与姿态,野心成为光荣,小西皮云(P. Cornelius Scipio)便是好的代表。与之相反者为客东(Cato),出自农家,家乡观念很深,爱纪律,有健壮的身体。他反对希腊奢侈的风向,以西皮云破坏罗马优良的传统,这是一个行为主义者,重现实以求伦理价值①。他著"探源"七卷,不肯提及希腊任何名字,除遇彼洛斯的象。

客东保守,却不能与时代对抗,他明白希腊的重要,科学的价值,在最后辩论中,他说:"要使别个时代人了解现在生活的意义是最困难的。"他与时代决斗,他失败了,希腊风吹满罗马,心虽焦急,却无法辅政,到晚年开始学希腊文,这也够凄惨了。

前3世纪希腊文化传播最快的时代,亚历山大图书馆,拥有七十万卷,安都、贝加曼、洛德等地,皆有图书馆的设备,雅典成为哲学的中心,柏拉图、亚里士多德派之外,又有禁欲派与享乐派,达儿士(Tarse)为大城,各地竞尚知识,欧克利讲述几何,西巴尔(Kidinnu de Sippar)计算一年有365日5时41分16秒,其差仅7分16秒,亚里士达克(Aristarque de Samos)发现地球与是绕日而行,

---

① 客东写给其子马尔古(Marcus)说:"……我相信,有一天如果希腊人传入他们的文学,我们一切都完了,这是绝对的。"

曲高和寡，至哥白尼时始成定论。爱哈斯登（Eratosthene de Cyrène）计算地球面积为 39.688 万平方公里，主张自西班牙之西可至印度；亚西麦德创机械学，亚波罗（Apollonius de Perga）创三角学。

希腊文学成为国际的，喜剧变为时尚，罗马初有作，模仿希腊，却有独特作用，如 Livius Andronicus，Ennius 及 Plautus，研究个人性格，分析个人心绪，此 Theophraste 的"性格"成功。

# 第六章
# 罗马海权的成功

罗马既取地中海，势不能止，以故为海权斗争。

当安地古第三乘埃及内乱，取叙利亚，率兵南下，被阻于拉斐亚（前217），放弃海上计划，转向大陆，自前212至前204，组织步兵十万，骑兵两万，复取亚美尼亚、帕提亚及大夏。前206年与印度结约，取其经济与象，动海上雄心，此与马其顿相结，企图控制爱琴海，使妨水输入货物，得以畅销西欧也。

腓里扑第五，西方受罗马压迫，南方为埃及与贝加曼排挤，自图生存，须赖塞琉西于东，迦太基于西，借此与罗马埃及对抗。马其顿不惜任何牺牲，建设海军，而拜占庭与洛德有决定性的重要。

迦太基以军饷故，雇兵叛乱，亚米加三年努力始戡定，建立国家军队，抗拒罗马。贵族忌其政策，逐放亚米加，使之开拓西班牙，不幸死于前228年，遗志由其子汉尼拔承继[①]，布匿战争又起。

前225年高卢叛于北，罗马安定保河流域，借亚尔普斯山固其

---

① Titus Livius 说："汉尼拔是士兵最信任的领袖，攻击时非常勇敢，危机时很谨慎，不怕劳苦，不计寒热，饮食起居只取所需，不顾享受，日夜一样工作，完结后始休息，常见他穿着士兵衣服，同哨兵工作，他是很好的骑士，又是很强的步兵，战时居先，退时居后。"

边防。继羡西班牙矿产，扩大海权，而又与汉尼拔雄心相违，借沙共持争端，前219年，汉尼拔率军五万，象三十七头，起亚尔普斯山，于前218年，执政官西皮云（Scipio Sempronius）先后败于代桑河及脱来彼。次年春，伏洛米尼（Flaminius）截击，又败于脱拉西曼湖畔。前216年执政官瓦宏（Varro）不改战术，又败于甘纳。罗马失利，叙古拉倾向迦太基，汉尼拔腓里扑第五相结，罗马处于危难之中。

罗马放弃党争，向人民征集财务，采用游击战术，授大权于发彼雨斯（Fabius Maximus），埃多利同盟，实力虽小，却能牵制腓里扑第五。罗马不与汉尼拔决战，向外出击，前211年，取叙古拉，前209年陷小迦太基，前206年取加代斯。汉尼拔急，向政府求助，忌功不与；攻罗马，罗马闭门不战。

腓里扑第五谋日前利益，与罗马结和（前205），借此统治亚德里亚海，但是此种行动，使汉尼拔失败，罗马新人小西皮云（P. Cornelcius Scipio）渡海功迦太基，迦政府急招汉尼拔，前202年败于池玛，迦太基接受屈辱的条约①。

前203年，扑多来米第五即位，年幼，启马其顿与塞留西野心，马其顿夺取海峡北部地带，拜占庭与贝加曼受威袭，洛德惧海峡封锁断其商业，转求罗马，罗马海军直趋海峡，使腓里扑第五屈服，此时亚凯同盟与罗马合作，前197年取Cynocephale胜利。罗马政策修明，来取希腊［寸土］，马其顿海军毁，塞琉西亦以之挫败。

安地古第三建立大陆帝国，拥有西亚边岸，罗马与马其顿战争，未能即时攻罗马，坐失良机，然国策所趋，必与罗马作对，公元前197年取埃弗斯，次年占领海峡，汉尼拔知战争必起，逃至塞琉西宫廷，协助安地古作战，希腊为战场，以其不能团结，亚凯同盟倾向罗

---

① 《池玛条约》内容：迦太基交出战舰与兵器；不得罗马同意不能与他国作战；割西班牙；纽米地亚为独立国；五十年内赔一万达朗（每达朗合关银一千五百两）。

马，而埃多利依附安地古。此次战争，实波西战争的重演，而又杂以内战，结果罗马胜利，前188年，结《安巴麦（Apamée）和约》①。罗马成为海上的主人，埃及与希腊受其支配。

---

① 《安巴麦和约》内容：安地古交海军；贝加曼获小亚细亚海岸地；洛德取利西（Lycie），赔偿一万五千达朗，十二年本利付清。

# 第七章
# 罗马侵略与社会危机

地中海海权渐趋于统一，倾向罗马，往昔城邦形式已破裂，建立帝国，领土扩大，迦太基，马其顿与塞琉西的赔款，迅速地完成了金融统制。约在前180年，罗马第一次有交易所，投机者蜂拥而来；改良海港，以亚历山大港为模型（前179）；西班牙银矿，国家侵占的产业，悉变为公卖，自由与统制两种政策，交相运用，金融家成为政治的动力，而战争变成金融发展的方法。

腓里扑第五欲统治爱琴海，转向希腊，希腊社会危机四伏，亚凯同盟保守，禁欲派趋向民众，阶级斗争起，腓里扑倾向民众，而罗马却偏向资产阶级。当安地古第三失败时，马其顿侵占色雷斯，保卫海峡，贝加曼不肯放弃，求罗马协助，前188年，腓里扑须退出。当碧尔塞（Persée，前178—前168年在位）立，仇视罗马，战争遂起，前168年马其顿军队毁于彼地纳（Pydna），马其顿从是消灭，希腊东方地带变为罗马保护地。

罗马并吞马其顿系领导国际决定的胜利，亦奴隶者主持国政的开始，罗马太富有，战争变为掠获财富的方法。但是罗马向外开拓，掠取财富，必须借重金融家；加重被征服民族的税务，对内放松，结果失掉统治内部的工具,与野心家与资产者对政权的觊觎,罗马银行到处设立,银行至处,危机随起,希腊便是一例。

罗马经济侵略,希腊国家思想(政治的)与失业的平民(社会的),相率抵抗,科林工商业地带,革命起要求财富平均,取消债务,亚凯同盟实力消逝,无法拒抗革命,罗马遣姆米雨斯(Mummius),前146年毁科林城,其横蛮行动,激起全希腊的反感。

别一件类似事件为迦太基毁灭。纽米底亚为罗马盟邦,其王马西尼沙(Massinisa)劫掠加太基货物,困于条约,不敢抵抗,监察官客东,即以"毁灭迦太基"为口语,注意迦太基行动,托辞侵入。

前149年,迦太基与纽米底亚冲突,罗马借《池玛条约》兴兵,迦太基求和,罗马迫其城向内地移十五公里,居民知罗马意向,剪发为弦,拆屋为舟,抗拒两军,西皮云(Scipio Emilienus)用封锁政策,断绝食源,战六昼夜,前146年,陷彼尔沙,罗马铲其城,咒为不祥之地。

罗马毁灭迦太基与希腊,招致怨憎,政府虽改革,确立各省的赋税,但是社会危机已伏,有钱者骑士[阶级],变为支配政治的实力,与贵族及平民相竞争。中产阶级渐次消逝,平民生存已成问题,土地与粮食须有合理的解决。

前146年时,政权操于贵族与骑士之手,互相合作,拒绝平民的要求。贵族不肯牺牲,贿置选票,收容食客,骑士转向平民,与贵族分裂,以致革拉古兄弟的改革。

罗马接受希腊的思想,已有成就,迨至社会危机扩大,禁欲派在罗马发展更速,环境使然,口农的伦理思想,由理智以到正义,破除了罗马狭小的见解,地宇里·革拉古便是此种思想的实行者。这是一位优秀的贵族[①],爱好希腊文化,与禁欲派哲人孛洛雨斯(Blossius)友善,前134年被举为护民官,提出土地法。公田已成问题,贵族利

---

① 地宇里·革拉古之父Sempronius系客东之友;母Cornellia为西皮云女儿。

用奴隶耕种，据为己有，地索里亦知困难，要以温和方法，要贵族让一部，国家付价，使贫民每家有七亩①，既可免除社会的危机，又可培植国家的元气，客东说："农家子弟身体健壮，战争时亦最勇敢……"适前133年，贝加曼王亚达尔第三（Attale Ⅲ）死，国土遗给罗马，地宰里主张交付人民，贵族反抗，贿护民官吴大维（Octavius），播散留言。提至公民大会，地宰里宣说时，纳西加（Scipio Nasica）率浪人将之击毙。

前123年，罗马宣布贝加加曼为行省，地宰里之弟凯雨斯（Caius）承其遗志，倡导改革：已毁城市，如迦太基、科林、加普亚及达朗脱等地，划为垦殖区，任人民开拓。其次，国家以平价售食物，推行配给制，并扩大公民权，使成一均势。最后取消元老院审判权，授予骑士阶级，这些改革，确合实际，然豪斗自私，贿护民官杜里舒（Drusus）与之对抗②凯雨斯知难而退，居亚望山，执政官比奥比雨斯（Opimius）忌之，使人刺死于树林，流血不能避免矣。

内正如是混乱，对外又卷入战争，前125年，马赛受高卢压迫，求罗马扶助，经四年战争（前125—前121），始平定，推行移民政策，亚克斯（Aix）及纳尔本（Narbonne）为对象，与西班牙相连，迅速地创成一行省。

前112年，非洲发生朱古达（Jugurtha）叛乱，朱古达是纽米底亚王米西扑沙（Micipsa）侄儿，劫掠罗马财物，深知罗马贪污，如贿执政官加尔布尼（Calpurnius），肆行无忌，罗马信威已失。前108年，马留员剿匪实责，得金融界与平民之助，被举为执政官，改编军队，容纳无产阶级，质低量增，从此军队非国家所有，成为野心家的工具。朱古达被困于加彼利（Kabylie）山中，俘虏，前106年解赴罗马，两年后死于狱中。

---

① 前376年，Licinius法令规定不得超过500 jugera。
② 杜里舒关于配给法（lex Alumentaria）主张政府不取分文，至扩大公民权，他挑剔说："如果扩大公民权，你们（指罗马人）在议会与剧场内还有同样多的位置吗？"

方胜利之后，辛孛（Cimbre）与条顿（Teutos）自丹麦南移，定居多瑙河，前109年越来因，渐次侵入虹河流域，前105年败罗马军，北部意大利震动，元老院急遣马留，前102年败条顿于亚凯斯，次年败辛孛于维塞伊（Verceil），马留功高，连任第六次执政官，被推为民党领袖[①]。骑士与贵族震惊。

贝加曼亡后，本都王米脱达德第六（Mithridate Ⅵ）控制黑海，夺取希腊城市，高加索矿产入其掌握，与亚美尼亚相连，深入两河流域，由塞琉西城与印度及东方相连，但是，国力虽强大，不愿与罗马起纠纷，罗马实力派，忌其势，迫彼地尼封锁海峡，使本都战争。

希腊痛罗马掠索，悉趋赴本都，到处残杀罗马人，为数约八万，米脱达德入雅典，解放奴隶，取消债务，由战争演为社会革命，罗马深受其影响。前92年，本都与罗马对峙之时，罗马社会亦发生改革，意大利叛乱，马留扑灭叛乱，苏拉率兵征本都，意人失败，却取得公民权，从政治上论，却形成一民主国家。

---

① 马留提法令"De majestate"，凡违反罗马人民尊严者，悉处以死刑。按此律，马留握有生杀予夺全权。

# 第八章
# 凯萨独裁

前87年，意大利战争结束，马留为民党领袖，获取政权，虽残杀敌党，却做了不少事业，如分配土地，提倡教育，稳定币值。是时，贵族苏拉，远征米脱达德，掠获巨款两万达朗，洗劫希腊，满载而归，前82年入罗马，元老院尊之为总独裁，半年中日日在清除异党，政权又入贵族掌握。

苏拉为彻底贵族化，取消护民官及否决权，执政官不得有军权，人民会议虽存，仅只一种形式，一切无异议通过，前79年（苏拉）自请退位，次年逝世，以为内乱永远消逝。但是事实却不如此！

苏拉死后，斯巴达古斯（Spartacus）领导奴隶叛乱，罗马动员十个军团，客拉苏领导去剿灭，客为罗马首富，又为民党首领，前71年始完结。东方米脱达德战事又起，吕古洛斯（Lucullus）欲政治与军事并进，摧毁敌人，首在清除罗马腐化公务人员，但是公务员恨，内部叛乱，不使成功。罗马金融界与民党合作，客拉苏握时机为自身着想，元老院惧，前70年举彭培为执政官，谁知彭培已脱离贵族，与客拉苏合作。

彭培为贵族，勇敢有政治野心，却没有定见；不长于军略，却能取得胜利。前67年，骑士阶级努力，与彭培绥靖地中海重任，扑灭本都煽动的海盗。继而发兵征米脱达德，毁其同盟塞琉西，宣布为叙利亚行省（前64），亚美尼亚变为罗马与国，彭培此次收入，约一万达朗左右。

当彭培在亚洲时，贵族与政客相结，前63年，有加地里纳（L. Sergius Catilina）叛乱，西塞豪（M. Tullius Cicero）揭其阴谋①，辞严意正，将之平息，然内政不安，正说明时代的危机，而在剧变之中。前62年，彭培返希腊，解散军队，元老院欺其力弱，恨其无定，不承认亚洲功绩，凯萨知时机成熟，居间合作，形成三头政治。凯萨为民党②，客拉苏为骑士领袖，彭培为实力派，三者同不满意现状的。他们从埃及掠取钱财，维持扑多来米第十三政权，而三人平分军权：凯萨得高卢，客拉苏叙利亚，彭培西班牙，每个人为自己着想，共和组织寿终正寝了。

凯萨为民党领袖，其政策如何社会化，同时又建立帝国组织，他毕生事业即向此演进。

高卢经长期演进，已创立一种大陆典型，取来因河为界，与地中海经济活动为轴心，至日尔曼几次压迫，却仍处于原始状态，前58年，凯萨利用高卢与日尔曼冲突，乘机出兵，与赫尔维特（Helvetes）及阿利维特（Arioviste）战争。继向东北部，与比利斯人战（前57），转向西部，臣服维奈特（Vénètes）与亚桂登。凯萨声誉日增，又延长五十年任期。为解除外压力，自前55至前53年，深入日尔曼地带，渡海至不列颠。是高卢民族意识觉醒，维桑多利（Vercingétorix）倡导抵抗，凯萨遇强敌，用围困方式，始将之平定。

前50年，勘定高卢为罗马史上重大事实，其权力遍及西欧，开拓欧洲大陆。客拉苏在东方，异常不幸，帕提亚王奥哈德（Orode）对

---

① Cicero, *De Calilina* 内，"元老院明白一切阴谋，执政官看得清楚，加地里纳活着吗？他活着，还来至议会，……他以凶残的眼睛，选择应当死的人们"。
② 凯萨为贵族，却与民党接近，其姑母嫁与马留，自己取民党领袖西纳（Cinna）女儿。

抗，前53年，客拉苏战死。帕提亚建（泰西封）Ctesiphon，两河流域定于其位，不图向西发展。时中国东汉中兴，袭两汉遗策，控制西域道路，中亚受其吸引，割断西向的趋势。

客拉苏的失败与凯萨的成功有同等的重要，西方大陆由凯萨开放，而东方大陆却由客拉苏封闭了。叙利亚及小亚细亚与两河流域脱离，罗马帝国此后无法控制甬路，仅保持地中海边缘，其对亚洲只是海的，而在西方，却需要大陆的发展，经济、政治与文化的中心，移至地索河畔，罗马成为西方首都（以地中海为中心），自是当然的。

罗马社会不靖，元老院任命彭培为唯一执政官，以期秩序恢复，然议员们疑其利用军权，树立君主政体。事实上，元老院惧凯萨，以故设法限制其权力，前49年1月7日，凯萨渡卢比贡河，率军南下，入罗马，内战又起。彭培大军屯西班牙，不及调回，皆议员逃往希腊，凯萨尾追，前48年，败彭培于法尔沙洛（Pharsale），彭培逃向埃及，至拜鲁斯登岸时，埃及王扑多来米十四，遣人刺死。

凯萨定居亚历山大城，是年娶克娄巴，袭阿门神子衔，如亚历山大所为，由此结合，生子凯萨里庸（Caesarion），象征地中海两大国家的团结，埃及帝国将与罗马共和混而为一。

凯萨迁就埃及传统，元老院中以西方人为限，似说明欲建立王政，而为其子着想，他首先解决社会问题，三十二万失业者，取贵族土地，使两万人有地可耕，构成中产阶级，余八万使之他去，配以土地，贫者所负债务，停止付息，政府严格管理银行，对税务直接受国家管理。为了对付贵族，使西班牙与高卢参加元老院，扩充数至九百，护民官虽存，无实权，财政管理形成一种特殊机构，统一各省征税，罗马从此不是一个剥削者，而是一个统治者。

意大利各地仍保持立独，任命行政与司法官，但是推行法律与制度与罗马相同，西西里与纳尔本入罗马版图，各地自由发展，造币却属于罗马，改革日历，奇月31日，偶月30日，唯2月29日，四年闰一次，每年为365日，以 July 月纪念自己，凯萨有无上的威权，一切倾向帝国。

此时埃及王室，形虽柔弱，却有久远深厚背景。凯萨与克娄巴结婚，随即变为法宏及亚历山大合法继承者。由于政治思想的不同，埃及与希腊无条件接受，视凯萨为和平的救星，但是，凯萨所作所为，与罗马精神相违，共和思想、法的概念深入到实利者心中，凯萨欲尊克娄巴为后，自视为神，六十多议员，形成反凯萨结团，孛留杜斯（M. J. Brutus）及加西雨斯（Cassius）所领导①，前44年3月15日，凯萨被刺死，孛留达克有不朽的叙述②。

---

① 孛留杜斯代表实利派，方出席议会，别人以纸条掷之："孛留杜斯，你睡着，罗马却在铁链中。"
② Plutarque 叙述凯萨死如次："当凯萨握有大权后，到无可怕的地步，取消禁卫军，有人警告他，他说：宁愿死去，亦不愿每天怕死。四十四年三月十五日，凯萨照例到议场，非常详静，各议员起立，向他请安。那些反对凯萨同谋者，绕之随行，像是帮助桑伯尔（Tullius Cimber）求情，因为桑氏兄弟被逐出境，恳求撤销禁令。凯萨坐在主席地位，拒绝请求，而求之者图之愈紧，迫之愈急，凯萨不得转动，须一一推之向后，时桑伯尔提凯萨衣，突然覆其面，此为谋刺信号，加斯加即以剑劈其肩，伤未重，凯萨夺其剑，回首说：'你干什么？'加斯加呼其弟：'快动手！'时与谋者各出其剑，凯萨举目四望，所睹皆剑光，默而无言，举衣覆面……同谋者各以剑乱刺之，有互伤者。"

# 第三卷

# 第一章
# 奥古斯脱

凯萨为帝国思想牺牲,西赛豪所倡导的共和亦无法存在。时变境迁,罗马亦非往日的城邦,而是帝国的首都。集有各地居民,金融汇集,如罗马推行共和,帝国各省必为一城将牺牲自由。凯萨去世,并非暴君消逝,时人民感到恐惧,贵族与资产者剥削政策,又将开始!内战必起,克娄巴携子逃往埃及。安东虽粗野,却理解局势,一方面为凯萨善后,一方面建树实力,熟知凯萨养子屋大维,自希腊归来,要求遗位。

屋大维身依多病,怕雷声与树影,年仅十九,却沉静有决心。深知西赛豪憎恶安东,屋大维尊之为"义父"结媚元老院[①],而得军权,以抗安东,以讨索留比斯。借此进一步求执政官职,元老院不与,复与安东和好,更约凯萨骑兵指挥雷比达,形成第二次三头政治。清理政敌,议员死难者三百余,骑士两千多,西塞豪亦不得幸免。次之,屋大维与安东出军,围剿孛留比斯,攻于腓里朴斯(Philippes),索氏见大势已去,前42年自杀[②]。

---

① 西塞豪刊其:*In M. Antonium Orationum philippinarum libri*[(44-43)]。
② 孛留杜斯最后留名言:"神呵,你只是一个空名而已!"

前40年，新三头结索兰德（Brindes）和平。将帝国分裂：安东取东方与高卢，雷比达取北非，屋大维据意大利与西班牙。此种鼎立局势与时代趋势相违，安东定居埃弗斯，顷刻为克娄巴所迷，埃及与罗马的决斗，从此开始了。

克娄巴拥有希腊精神，首先开放经济，与西方国际相配合，武力感不足，求之安东，以高贵的姿态，她会安东于达尔斯（Tarse）[①]。前41年，两人同居于亚历山大城。此时安东心志甚明，他要接受希腊的遗产建立王室。屋大维不惜东方沃土，诱帕提亚王奥哈德攻击安东，取安都、耶露撒冷及叙利亚，安东急，集海上实力，驱逐帕提亚，自黑海至巴力斯坦，建立一串小王国，有若卫星，克娄巴胜利，埃及又统治东方。

是时，雷比达反抗屋大维，失其政治地位。安东步亚历山大后尘，欲建海陆帝国，征帕提亚，结果大败，转向海上扩张，恢复朴多来米帝国。前34年，叙利亚、腓尼斯、塞普鲁斯悉入其掌握。

屋大维统一西方，却不能建立王政。安东所为，罗马人不能容忍，于是罗马向埃及宣战。前31年两军相遇于亚克西姆（Actium），安东败，与克娄巴相继自杀。埃及变为罗马的行省。

前29年，屋大维庆贺武功，元老院颁以终身"胜利大将"衔。年始三十三岁，已做"万物之主"（他自己语），这便是奥古斯脱。

凯萨欲以希腊为基础，创造"世界帝国"，罗马成为帝国的一部分。奥古斯脱与之相反，要以罗马为主体，与元老院合作，化武力的独裁为合法的统治。现在掌握政权，争利互济，取消债务，保存古有的共和制。元老院授予十年政权，继及终身。自法理言，共和保存，

---

① Plutarque 叙述他们的会见："她坐的般如放光的宝座，海波摇着金影，船首镀金，红帆染着奇香，海风猛烈不断的吹来。波声与笛声相合，形成一种有情的节奏。克娄巴横卧在织绣的舱中，比爱神像更美，不可想象，乃至超过自然。环绕着许多肥胖的孩子，持各色金扇，照耀着皇后的颜面。随她的侍女如海神，秀外慧中，都能目听眉语，装饰了这艘帆船。船尾，又一位女神守着，素手把舵，其动作宛如一朵鲜花。岸上渐开散出香味，全城皆空，按动作在宝座上，在市场中心……"

奥古斯脱仅人民代表的执行者，保护他们自己的利益而已。

罗马扩张与内乱，毁减了共和。社会阶层渐次确立，加以法律化。首先为议员，拥有百万塞斯得斯（sesterces）①。高级行政官吏，悉由充任，（只有禁卫军军长，须由帝王直接任命）；次为骑士，资产为四十万塞斯得斯，可充上级军官。公民分两类：意大利人可任中下级军官，非意大利人，仅服兵役而已。较之外人，仍属上乘。外人亦（有）阶级（地位），西方人协助获取政权，享受优越；东方人即歧视。希腊与叙利亚仅享有居住城市权。埃及成为皇家属地，任意开拓，而奴隶生活，愈为凄惨，人道观念泯灭，此乃希腊思想之反动。

奥古斯脱不信人为平等，罗马人系统治者。奖励生育，女子没三个孩子就没有社会崇高地位。独身无承继权。这样措施，无非承袭罗马古思想，然此并为激起任何反动。究其原因，内战经百余年，人民渴望秩序与和平。奥古斯脱安定社会②，罗马成文化与政治的领导者。

当内战进行中，戏剧、角斗已成人民生活的必需品，罗马居民有种变态心理，需要刺激。便是孛洛脱的喜剧，亦难引人入胜；人民爱依级的哑剧，将凯萨风流韵事，亦放在舞台上。此所以讽刺诗成为流行的新品。那些趣味较高者，倾向希腊文化：法理、唯美，理性等概念，逐渐为探讨的对象。保守的瓦宏③亦总重视希腊，凯萨征高卢表现侵略者民主的思想。近代史成为一种科学，沙流斯脱研究民主革命的原因。西塞豪代表时（代）精神，他爱罗马，更爱世界，"共和论"与"法律论"述明法学哲学的基础。罗马政治结构，须要君主，贵族与民主混合。事实与他的理论相违。奥古斯脱以利益为先，结果西塞豪牺牲了。吕克来斯为反宗教的思想家，加杜尔有唯美的完美诗歌。

---

① 约合金佛郎 275000。
② 奥哈斯诗："因你，牛可安心在草地，田野万物从生，船可在海上平安游行，信任吹散了疑云。"
③ Varron 主要作品为：*De lingna Latina, Rerum Rusticarum Libri* Ⅲ。

罗马文化踏上先明的途程。

奥古斯脱时代重视文人，如文艺大臣买塞纳（Mécène），保护作家。奥哈斯系解放者子，味吉尔出自农家，悉以平等待遇。国家思想与忠君情绪，相混为一，李维的史学，味吉尔的诗歌，反映这种时代的趋向。奥哈斯取法希腊，着重普遍；奥维德，地布尔却仿照埃及，享受，轻盈，充满了肉的刺激。地奥多尔（Diodore de Sicile）及东尼斯（Denys d'Halicarnasse）定居罗马，刊行他们的历史。且西里斯（Caecilius）变为希腊文学的批评者，斯托拉本（Strabon）发表地理的名著。罗马文化实希腊文化的扩大。

自凯萨后，罗马执行一种经济政策，限制资本家的发展，并统制银行，免除对国家的限制，但是，资本家投资于矿产，如西班牙与马其顿等处，实力仍大。奥古斯脱返埃及旧路，收矿产为国有，解除资本家的武器，然以地中海统一，鼓励向外发展，供各地恢复正常的状态。于是，奥古斯脱时代经济生活，形成两种类型：西方虽有城市开拓，商业繁荣，但是土地为主，高卢、西班牙以及意大利北部形成大资产者。而东方却仍注重流动的财富，注重国际贸易，亦如希腊埃及时代。由是，语言，社会与经济的不同，其历史发展亦受影响：西方贵族，多趋保守，拒绝希腊自然法的观念，以罗马为中心，拉丁文为工具。别一种，即以希腊为基础，向海上发展。地中海团集两者，凝结与奥古斯脱自身，又是构成奥古斯脱时代的伟大。

奥古斯脱在位四十三年，盛极一时，亘古未有。此就外而言，若求诸内心而言，家庭所造成的不幸，形成剧烈的苦痛。幼年与斯克利保尼亚（Scribonia）结婚[①]，并不幸福，生雨利亚，活泼而美丽[②]，因母亲不得幸宠，与姑母住在一起，生活如监狱。奥古斯脱恋李维亚，仇视前女，（让她）草率地与表兄马赛洛结婚，不幸一年后丈夫便逝世了。

---

① 见附录：奥古斯脱世系表。
② Macrobe 说："柔丝的人，反抗严厉，她接受了许多不幸。"

李维亚未生一子，亚克利巴（Agrippa）助奥古斯脱完成大业，故而欲以即成大业，以女妻之，此时亚氏年以四十，离婚，俯受此幸宠。但是亚氏为一战将，冷酷枯涩，雨利亚随夫至各地，生五子[1]，可是亚克利巴五十二岁便去世。雨利亚受政治限制，须再嫁地孛留（Tiberius）——系李维亚与（前夫）克洛地所生，沉闷，克洛地亦须与维普沙民亚离婚。两人性格不合，同为政治牺牲者，夫妇日趋分裂，李维亚恨之，日向奥古斯脱进言，诽谤雨利亚。奥古斯脱家庭不宁，囚妻女[2]，隐痛不能与人言[3]，七十六岁去世，帝国尊之为天神，李维亚胜利，地孛留为正式继承人。

---

[1]　五子（为）：Caius，Lucius Caesar，Julia，Agrippine，Agrippa posthume。
[2]　雨利亚有许多情人，囚居后，Sempronius Gracchus 逃往非洲；安东子 Jules 须自杀，雨利亚女友 Phoebé 亦自缢。Suétone 说："奥古斯脱宁愿绝嗣，亦不愿她女儿污辱家庭。"
[3]　奥古斯脱不愿释放雨利亚母女，他说："我希望你们有如新的女儿与夫人，为着明白我的情感与行为。"

# 第二章
# 罗马帝国的裂痕

奥古斯脱死，以其余影庞大，如李维亚所期，地孛留即位，年已五十六岁，身为贵族，却领导民主实力，握有军权，取向集权制，组织皇家议会，排绝大资产家，以保护中产阶级，于是与金融家冲突，退居加普利，死于 37 年。

加里古继位，以其受埃及影响，帝王神意说深入其心，逐渐复活凯萨的政治思想。元老院与之对抗，提出代表贵族的罗马为统治帝国的中心。加里古却以中心在皇帝，帝国各地皆平等，于是各省繁荣与和平，独罗马城在波动，皇帝与议会决斗。加里古欲遣居埃及，精神已不正常[1]，结果为禁卫军长席来亚（Chéréas）暗杀（41 年）。

元老院与席来亚相结，欲恢复共和，但是罗马人民与士兵，相率反抗。克洛底贿赂禁卫军[2]，开此恶例，获取王位，一万禁卫军便可决定皇帝去留，法纪已丧。但是在位十三年，帝国组织确立，开君主政治，财政与交通，悉有进步。克洛底憎罗马贵族，起用释放者，如波

---

[1] Sueton 记述："……加里古爱所骑之马，特为他建一所大理石居处，置象牙槽，用许多人侍奉，并以马的名义请客，继任命马为执政官。"
[2] 给每个禁卫兵一万五千塞斯得斯。

利孛（Polybe）、纳尔西（Narcisse）、加利斯脱（Calliste）。然最重要者为巴拉斯（Pallas），他从中鼓动，建立世袭世系，为此与其侄女亚克利比纳（Agrippina）结婚，因为她是奥古斯脱的后裔。自48年后，各省平等，有法的保障，他曾说："罗马伟大的原因，乃在他的自由主义。"他尊重自然法，保障奴隶，大赦天下，他这种动向，却为其妻终止了。

亚克利比纳为阴谋者，54年毒死其夫，由禁卫军长巴路斯（Barrus）支持，奈宏即位。奈宏年十七，性强倔残酷，前此树立君主政治，已走向专横与独裁。母子初尚相安，受奴隶摆布，猜疑互起。亚克利比纳欲举其次子对抗，奈宏佯欲友好，将其弟毒死，母子冲突愈深，绞其母，其师塞纳加须赞其罪行。

奈宏如加里古，欲神化帝王，67年幸希腊，宣布希腊自由。但是帝王与元老院脱节，使政治不安。68年禁卫军长沙比纳斯（Nymffilius Sabinus）助加尔巴，奈宏逃至罗马城外自杀。

加尔巴为西班牙军团长，他与议员相结，取得妄为，既不能入奥古斯脱世系，以正其名；又不能有法权的根据，以强其位，只树军人干政的恶风，他为少数贵族利用。罗马平民起而拒抗，与奈宏至友奥东（Othon）对抗，加尔巴败，69年即位。军事政变已成普遍方式，高庐军团举魏德里（Vitellius）伊利利举维斯巴绥（Vespalienus），内战又起，结果维斯巴绥胜利，有一时的安宁。

维斯巴绥反奈宏政策，举贤任能，充实元老院，以拉丁语为帝国基础，偏重西方。他对罗马贵族，不敌视，设法转化为帝国，将公民权普及到西班牙，使之忠于皇室。他重视神权思想，欲建立世系，任其子为凯萨，整理财政。年老，其子地杜斯（Titus）协助，70年毁劫耶露撒冷，继返罗马，帝国升平。79年即位，继苏夫火山爆发，毁奔拜伊城，两年后，（提图斯）逝世，其弟多米西安继位，自尊为天神[①]。

---

① 自称 Dominus et Deus（主与神）。

罗马变为帝国，模拟埃及与希腊，尊伊锐斯神，建音乐院，中产阶级渗入高级行政人员，此与罗马传统思想相违。通缉议员，残杀基督教徒，94年驱逐哲人们出境。禁欲派哲人埃比克脱，出身为奴隶，穷苦生活，倡导伦理价值，其思想影响甚大。96年，多米西安为人暗杀，史称伏洛维安王朝，由此终结，但是议会仍为合法的代表，而罗马往昔共和体制不存在了。罗马城为帝国首都，各省贵族群起，拉丁成为统一中心。此与东方希腊的实力，形成两种对峙，如何保持团结，如何维持平衡，成了支配西方历史主要的问题。

此时罗马社会与经济，达到繁荣地步。纪元后 26 年，Pandya 派遣使臣至罗马，锡兰随之，自 7 月至 11 月，乘信风，百二十艘船出红海，驶至印度河出口处，贩卖酒、铜、铅、锡以及奴隶，换取宝石、香料、珍珠以及中国丝绸，莫地里斯（Mauziris）有罗马商人集团。但是，罗马资本家，不肯经营商业，投资与土地，退出地中海经济集团，而西方小地主，逐渐消逝，构成社会危机。证诸奈宏时代，六个罗马资本家，拥有西非利加省之一半，自耕农降为奴隶，地主转为地主行政长官，几如独立区域，社会趋于不安，生产减低，此克老地统治海运的理由。奈宏干预财政危机，须置罗马六大资本家死刑，政府有人民拥护，却招致资产贵族的劲敌，奈宏趋向专制，斗争愈烈，结局火烧罗马（64 年），其过程至今仍暧昧，基督教免负其责，彼得与保罗即以次牺牲。

便是宗教亦起变化，往昔罗马的神，"须为国家服务"[①]，以保护权力，国家安危与之关系至切，希腊思想传入，破坏旧日传统。李洛脱的 *Rudeus* 中说："每天尽责任的人，一定可以得到代价"，当时所崇奉的东方神，如：Serafis 与 Isis，都已经趋向伦理。纪元前 58 年至 [前] 48 年间，政府四次禁止 Isis 神，瓦宏宣说理由：怕罗马神失落，人民

---

① Cassius 与 Brutus 对话："我希望有神的存在，不知可以保护我们的军队，而且可以证明我们的行动是合乎正义的。"

164

将他遗忘了。

　　事实上，政府利用宗教统治人民。奥古斯脱是一个宗教家，非常敏感，竟至有点迷信，一切自然现象，代表天意，宗教与政治仍是不可分割的。将罗马变为大理石城，神庙便有八十二所，其数可观。前7年，分罗马为十四区，每区有他的Lares（家庭之神），国家是一大家庭，帝王便是神，人民须敬仰他，维斯巴绥说："我自己感觉着变成神了。"帝王行为受人民爱敬，死后，元老院可尊之为神，建专祠，派僧侣宁护之。罗马帝国境内，遍地有奥古斯脱祠，帝王即神，此与基督教思想相违，以故摧残基督教徒，精神上已起了裂痕。

## 第三章
## 罗马开拓西方

罗马向欧洲大陆开拓，播散地中海文化，成为不朽的工作。纪元前6世纪，马塞为希腊重要城市，凯萨拓殖高卢南部，马塞为经济与文化中心，埃及的希腊人，经营Nimes，倡导内河航行；城市兴起，如Arles，Narrbonne，Orange，Aix，Vienne，Toulouse，在里昂，希腊与叙利亚等地人云集，而日内瓦成为亚尔普斯山山路的终点。

当克洛底占据不列颠后，波尔到为重镇，开大西洋门户，自北海至虹河，簇生次要城市，如Bourges，Clermont，Autun，Sens，Reims，Boulogne，Lutèce据塞纳河上，即将来的巴黎。在高卢北部，Bavai，Arras，Tournai，Tongres为军事据点，特别是克隆与马因斯。自4世纪起，Trènes成为高卢的首都。这些城市中，罗马人与凯尔脱人混合，拉丁文成适用语。剧院、神庙、澡堂，水道，按照罗马建造，工商业随之发达，地方分裂局势，渐次减轻，地方贵族变为统治阶级。每年4月，各地代表集里昂，解决高卢问题，倾向体制化，这是很重要的进步。

西班牙接受东方文化较早，腓民斯开发，希腊继之，居民并不统一。南部为伊拜尔人，北部为凯尔脱人。第二次布匿战争时，罗马侵其地，形成两省：Tarraconais 及 Bétique。地多矿产，被罗马无情的榨取。Cordoue，Carthagène，Valence，Tarragone，Bacelone，Emporia，Saragosse，Ségovie，罗马影响至巨，图拉真及亚德里安是西班牙人。1 世纪后，拉丁文话很高，诗人吕致（Lucain），教育家关地里安（Quintilien，地理家麦拉（Pomponius Mela）都是西班牙人，为世维斯巴绥给予公民权。

自纪元后 43 年，大不列颠的锡为罗马重要的资源，自伦敦辟路，与海上相同，如多勿尔。北边为军事地带，以防伏利森及萨克森的侵略，因而建立新城市，如 Gloucester，York，Lincoln。罗马文化深入到爱尔兰及爱朵斯。

罗马在中欧的影响较浅，奥斯堡为中心，各地有贵族统治，沿多瑙河有罗马的驻军。由匈牙利与西德里海及波罗得海相连，维也纳应运而生，深入巴尔干，便与希腊相接，以故东西分裂的界限。

地中海南岸，迦太基深受罗马影响，凯萨时代变为经济中心，罗马与地主合作，利用佃农，迅速开展，成为帝国仓库，帝国与北非关系，浑然为一，特别是保障地中海上的统制权。

罗马开拓西方采用明智方式，重自由政策，供地方繁荣，以故到处建设城市，由各人民自行处理。他向西方民众传播两种重要的成就：解放个体，保存普遍一统的观念。

# 第四章
# 安东王朝

伏洛维安王朝终结,并非君主思想的消逝,奈尔瓦继位,身为罗马贵族,却仍继袭凯萨所遗的传统,给贫民一种保障。除禁卫军外,意大利人已不服兵役,军队皆外省人民,忠于帝王或将领,如是权力转移,与罗马贵族背道,此为危机。

奈尔瓦取传贤原则,举图拉真为帝,罗马停止地方彩色,元老院仅为咨询机构,罗马变为西方帝国,开拓多瑙河流域,征达斯(Dacie),设为行省。107年,征亚拉伯、亚美尼亚,军至两河流域,最后征帕提亚,费时约两年,不幸于117年,(涅尔瓦)死于西利西亚。

哈德良继位,统治二十一年,帝国繁荣与和平,改革行政,起用自由人,时禁欲派思想发达,以其养子安东继位,富有责任心。选至哲人马古·奥略(Marcus Aurelius)继位,视帝王为神意,人民平等,毁奥古斯脱所建社会阶级,如是帝王既居于人神之间,必然变为世袭,180年,帝位传于其子共莫杜斯(Commodus)①,有如埃及所行者。

共氏实行世袭政策,遭元老院反击,禁卫军长Cléandre施行恐怖,

---

① 帝王神性化,共莫杜斯说:"我生来是皇帝,我的父亲已升天了。"

帝国混乱，共氏为人暗杀。但是安东王朝政治演进，官阶形成，代替社会阶级，个人以能力成为主，帝国既为能者所主持，公法私法皆有进步，以故文化有种特殊的进步。

达瑞脱说："可以自由思想，想到便可说出"①，安东王朝，倾向自由，史学与科学非常发达。亚彼安著罗马史，稣埃东著《凯萨史》，保萨民亚著希腊志，亚里安（Arrien）刊行马古奥里的对话集并著《亚历山大史》，吕希安著《死人的对话》，充满神秘思想。达瑞脱史学作品，普利纳的政论，扑多来米的地理观念，至哥白尼时始推翻，加利安综合医学知识，集古代大全。罗马成为西方文化发酵地。

不能保障中产阶级，国家征税，使农村负担过重，到2世纪，中产阶级消逝，土地与财富集于少数人之手。如是，普遍购买力降低，特别是意大利，工商趋向凋零。92年，多米西安施行统制经济，罗马成了难民收容所，放款者寄生，结果罗马失掉领导的地位。

罗马经济中心，仍在东方。约1世纪末，Marinus de Tyr 叙述新路：自安都，经埃克巴东、木鹿、巴克特（Bactres）[达]到巴米尔，此《汉书》中有"桓帝延熹九年，大秦王安东遣使来朝"事的记载。罗马产金很少，多入超，图拉真与哈德良开拓达西及葡萄牙，意即挽救危机。不只如此，通商水陆大路，须由政府控制。此图拉真进攻两河流域及亚美尼亚，使亚洲西方大陆，与地中海经济混而为一，只是此种东进政策，须有强大军力，萨珊王朝往昔斗争又起，历史受地理支配成为必然的。

哈德良采取和平方式，军队总数约三十五万，而服役者，又对系蛮人，以故军队地方化与静止性超过流动性。图拉真向东方发展，控制道路政策，逐渐放弃，这是明智政策，但是财政困难，自由经济已凭于危境。

国家统制经济，使货币贬值百分之三十，共莫杜斯经济与政治趋于混乱，为使士兵安心，只有提高待遇，但是现金奇缺，只有崩溃。一世纪久之繁荣，突然消逝。192年，共氏疯狂，为人暗杀，内战随之而起。

---

① 小普利纳说："你（指图拉真）要我们自由，因而我们是人和公民。"

# 第五章
# 后期罗马帝国

每次政变，元老院欲夺取政权，193年，举拜地纳克（Pertinax）为帝，以其可为罗马贵族工具，然吝惜异常，仅八十七日便为人暗杀。王位虚悬，出重金者可得，不列颠、叙利亚及伊利利军团，相继叛乱，各举将领为帝，伊利利友持塞扑地姆，罗马疲于内乱，迎之为帝。

塞氏为战将，推行专制，元老院对抗，社会动乱又起，赛氏坚执，其子加哈加拉，亦能继其遗志，罗马贵族与豪门悉被摧毁。两帝大肆屠杀，将产业没收，帝王权力加强，213年制法①，国家以其利益，推行平等，前面安东王朝之自由主义已抛弃了。

地方组织统一，民主思想受限制，法令划一，如税制中继承者，国家部分区域阶级，悉正百分之五。便是家教方面，加哈加拉取埃及为法，欲崇奉埃及 Sarapis 神，罗马伦理思想不统一，自然难以推行，宗教与政治不分，以故社会趋于紊乱。217年，征帕提亚加哈加拉遇刺，禁卫军长马克兰（Marcrin）被举为帝，随亦被刺。按血统关系，叙利亚司祭埃拉加巴（Elagabal）继位，年仅十四岁，喜（着）女子

---

① "凡居留在罗马帝国境内者便为罗马公民。"（Omues qui orbe romane sunt civis nomani efficiantur）

（衣服），四年后为人暗杀，位传其中表塞维尔（Sévère Alexandre），无足重要，仍为一少年。唯禁卫军长乌尔比安（Ulpien）思改革，皇帝掌行政权，七十议员中二十为法学者，余则为元老院议员，掌立法权，如是皇帝与少数议员公治，对宗教采取泛任态度，政府外形改变，社会问题仍然无解决，暂时安定，去演进为形式化。

此时帝国文化已失创造能力，罗马文化国际化的结果，西方用拉丁文，东方为希腊文，雅典、贝加曼、斯米尔纳、埃弗斯仍为文化中心，却没新动向。只有禁欲派思想，虔诚、清贞、自尊，配合着基督教的发展，蔚成大观。但是个体消逝，形成一种普遍的平庸。

226 年萨珊王朝代替帕提亚，战争又起，须调用来茵与多脑两河守军，如是北方边疆空虚，起弗朗与阿拉曼侵入的机会。塞维尔欲采取怀柔政策，与蛮人结和，遭士兵反对，235 年为士兵暗杀。帝国沉沦在混乱中，有五十年之久，社会到无政府状态。

混乱与分裂系罗马帝国今后的整个动向。

自 235 至 268 年间，罗马皇帝失掉权力，元老院只为贵族利益着想，地方失掉作用，继承问题，只借武力取决，此三十三年中，经历二十三帝王，混乱的程度，可谓到极点了。

内乱如是，外患（亦）逐渐加重，中国两汉勘定西北，产生民族的移动，自阿尔泰山西，如波推浪，西方日在劫盗中，日耳曼人自北欧南下；哥德渡多脑河，入希腊，渡海劫埃弗斯；汪达尔人入色雷斯；非洲柏柏人（Berbères）攻击罗马人；波斯人西进夺取安都。

将领们如达斯（Dèce）与瓦来利安（Valérien），先后欲树立国家基础，反国际，残杀基督教徒，加利安（Gallien）继位，又须与基督教缓和，采取信仰自由。便在加利安即位时（260 年），波斯杜姆（Postumus）使高卢、西班牙、不列颠独立；而东方奥德那（Odenath），巴尔米尔（Palmyre）王公，拒抗波斯，据有埃及、叙利亚及小亚细亚。此时罗马军队，失其战斗力，大地主为自己设想，建城墙，筑碉堡，奴隶自行解放，社会在混乱中。

经济情形更难设想。256年后之银币，百分之九十五为夹金，用政治力量推行生活提高到十倍以上。只有伊利利军团，拥有实力。270年举奥害利安（Aurelien）为帝。三年内，安定多脑与莱因两河，收复高卢，夺巴尔米尔现金，他用武力[①]救出帝国，可是表面的。武力只是方法，非正常手段，他是专制者，将帝王神化，有违时代潮流。

奥害利安终为人暗杀，以无确定法律继承，帝国又沉在混乱中。

代克礼先继位（284年），着手改革，分帝国为东西两部。以语言为基础，西方包括亚非利加，东方包括埃及。各方有领袖，代克礼先治东方，马克米安治西方，两帝尊严相等，长者为首席，有立法权。两者哥择继承者，协助处理政务。传贤原则又起，马克米安拒其子而择君斯坦斯克洛。

每部又分两区，东方分：东区包括色雷斯、小亚细亚、叙利亚与埃及，民告麦地为首都，次为伊利利区，包括希腊、塞尔比亚，以希尔米姆为都；西方分意大利区，包括多脑河及非洲拉丁区，米兰为都，次为高卢区，包括西班牙及不列颠，以脱来夫为都。每区又分六省，每省又分若干道[②]。总数为九十六。各有首长负责，帝国统一仍在，立法权操于较长帝王之手，然军事政治划分，不得侵犯。罗马被人放弃，元老院丧失实力，往昔建立共和地方实力，今已荡然无存。代克礼先的改革，使帝国趋于灭亡。

帝国统一集于帝王自身，东方经济繁荣，西方受蛮人压迫，今已语言文化分裂，附加政治基本不同的本质，专制与共和，帝国与城邦，罗马帝国已无法统一了。代氏于305年退位，马克米安随之，加来（Galère）与君斯坦斯克洛承袭，四人致力幻梦又逝，战争又起。

---

① 奥害利安说："以金与友，以铁与敌。"
② 埃及分为三道，意大利分为十二道。

# 第六章
# 基督教的创立

自磨西受十诫后，组织希伯来民族，定居巴力斯坦，希伯来开始长而无尽的痛史：环绕巴力斯坦各帝王，以其地为通道，各欲兼并；而希伯来宗教家，拒绝外来影响，使其人民孤立，虔信耶和华。耶和华为万能之王，初并无永生的观念，迨至锁罗门时，受埃及影响，始有超性之说。前722年，沙尔恭毁撒马利；前586年，那布甲尼散劫耶露撒冷，政治上的失败反映到宗教上：以精神争取胜利。以散伊（Isaïe）破毁民族的界限，使之具有普遍性。亚摩斯（Amos）、若害来（Jérémie）谴责信者不德，提高道德标准。

希伯来人移至巴比伦，火袄教善恶对峙的思想予以影响。前538年，西流士复原逐放者，耶露撒冷成为宗教中心，有两世纪之久，完全为神职者统治。前331年，亚历山大毁其孤立；前320年变为埃及属土，又一次埃及予以不可抵抗的影响。迨至前200年，为安地古第三取得，希腊思想侵入，希伯来人散居四方，而亚历山大城变为希伯来人思想的中心。公元前3世纪时，译《旧约》为希腊文。希伯来自身分裂为两派：一方面是保守的，以民族为前提；他方面是希腊的，采取开放的态度。内战起，前142年，耶露撒冷王国恢复。此时情绪激荡，但以理即产生于非，而"救主"的思想亦产生于此。

埃及、波斯与希腊思想汇于巴利斯坦，灵魂不灭，福善祸谣，救主降临，东方宗教神秘思想迅速发展，守旧与开放的内战亦愈剧烈。前64年，彭培受保守党之请，率军入耶城，变为叙利亚省之一部分。前37年埃好德与罗马谈判，变为与国，大兴土木，开拓海港，如：凯萨来（Cesarée）与外通商，形成宗教、文化、经济的复兴，与克娄巴竞争。不能见容于旧派，埃好德死后（前4年），希伯来王国又分裂。思想混乱到极点，企待着救主的降临。

耶稣出身寒微，自幼即漂泊异乡，约旦河受洗后，要人"忏悔，天国将降临"。他的伦理异常简单，幸福者是受饥寒、哭泣望正义者，达到天国的直路，不是教条与仪式，而是牺牲自我的博爱，他不分种族、阶层，以慈爱克服暴力。由自己良心决定了一切的行为，恨不是他所有的。①

耶稣死后十二年，罗马已有基督教徒踪迹，自圣保罗皈依后，去希伯来人彩色，他往返的旅行，使宗教普遍化。安都②、科林、埃弗斯、亚历山大城，罗马渐有团体形成。实施基督教平等的观念，不能是帝王为神，与罗马政治思想相违，结果遭受大屠杀，64年奈宏统治时，彼得与保罗致命。

希腊与希伯来人之冲突，形成内战，罗马遣地杜斯远征，70年毁耶露撒冷。即在世时，马太与马可以希腊文著《新约》，路加又著《福音》及《使徒行传》。又三十年后，若望刊其《福音》，而三位一体思想，由是创立。此时教会已有定形，非复往昔之散漫矣。

同时，禁欲派思想发展，伦理价值很高，政治上民主思想推进，又与基督教平等观念相等，所以孛留达克说："我们不信神会因国家不同。"实质遭遇摧毁，而基督教发展上却有和谐的气氛。以柔和方

---

① "告示说，你要受伤的敌人，恨你者要善待他，害你者，你当为他祈祷……"
② 是在安都第一次有基督教徒的名称。

式，与人以安慰。安东王朝时代，一切趋于放任。180 年，基督教在亚历山大城设立学校，知识阶级深受影响。教会规章、受洗礼、圣体、守斋及祈祷渐成定则。此时学者辈出，如 Justin，Tatien，Aristide，Athénagore，Irénée de Smyrne，Théophild d'Antioche 等。此时思想上，染有悲观彩色，精神与物质的对峙，似受印度佛教的影响。印度经红海如亚历山大城，基督教成为古代宗教集大成者。

塞维尔时代，一切要集中，以故残杀基督教徒。自 217 年，政治趋于宽容，教会自行组织，解决信友所生的问题，主教变为精神的家长。时代趋于混乱，教会愈显重要，选举主教成为每个城市主要事件。主教要重视个人的良心，以慈爱让人民的生命，他不是情感的，而是理智的，不是个人的，而是社会的。

当蛮人侵入，社会渐趋混乱，武力为唯一的凭借，教会负起双重任务：他是罗马帝国居民的保护，又是蛮人的教育教者。

## 第七章
## 帝国衰落

代克礼先得四人制,公私无法兼顾,与帝国政治思想相违,结果失败而退位,君士但丁知西方基督教的潜力,利用他父亲军事的地位,母亲宗教的同情,击败马克散斯(Maxence),313年发表米兰谕,还给基督教徒信仰的自由。[①] 当军事向东推进,帝国趋于统一。325年召开尼塞宗教会议,基督教亦随之胜利了。

君士但丁将帝国变为世袭,对基督教有好感,亦不排斥外教,然时代思潮所趋,380年基督教变为国教。由是政权观念亦变,帝王不是神,而是神权的代表者。基督教政教分离的观念[②],亦埃及神权观念故,新宗教踏入一新阶段。

基督教只有一教会,虽为国教,却不与之混合。帝王成为神权与世权的联合者。各教区由人民选举主教,而官吏却由帝王任命。倘利害冲突,主教成为人民的代表,Eeclésia 便是人民集会,此帝国宗教会议,变为有力的工具。教会由民主产生主教,集主教而为贵族,由贵族以生君主。此帝国中之帝国,其权利系独立的。381年,君士但丁

---

① 米兰谕中说:"我们决定还给基督教徒们自由,为着使上帝保护他们同我们一样。"
② 耶稣说:"是凯萨的还给凯萨,是上帝的还给上帝。"

堡宗教会议，罗马主教有优越地位。教会演进成为定型，集民主、贵族与君主于一体，又以独身故，断绝世袭观念。此种政治原则，支配西方国家。罗马为政治放弃，却为宗教接受。有自己的立法权。始于318 年 Ancyze 宗教会议，神职者为特殊人物，教会法成为有效的工具。

337 年君士但丁死，帝国仍分裂为二：君斯坦治西方，君斯坦斯治东方。亚利安思想仍破坏基督教的流一。君斯坦死，353 年恢复统一，为了避免战争，355 年举雨利安为继承者，他善战，虔诚，但是自 360 年后；受希腊影响，采取宽容态度，继后对基督教敌视，禁止传播教义，363 年，死于波斯战争中。

雨利安死，君士但丁世系断决。军队举瓦朗地尼（Valentinien，363—375［年在位］）为帝。分裂统治复现，瓦朗地尼治西方，其弟瓦朗斯治东方。西方续为其子 Gratien（375—383［年在位］）及 Valentinen Ⅱ（383—392［年在位］）统治，东方以无子嗣，容拉西安（Theod ose）（379—395［年在位］）为帝，392 年，瓦朗地尼第二死，亦无子嗣，狄奥多斯兼治，帝国统一似恢复，但是 395 年狄氏死，复分为二：亚加地（Arca-dius［395—408 年在位］）据东方，阿脑利（Honoims, 395—423［年在位］）据西方，世袭成为定则，帝国永远分裂矣。

自 3 世纪后，人口减少[①]，军队无征集，利用蛮人成为普遍习惯，而地主供给壮丁，多系市井无赖，士兵素质渐不可问，纪律亦崩溃矣。为了防守，须缩短多脑与来因两河防线。蛮人如波推浪，逐渐流入帝国。376 年，西哥德人冲破多脑河，占具北巴尔干，受南方财富诱惑，侵入色雷斯。378 年，兵临君士但丁堡城下，狄奥多斯与之和谈，成为帝国的同盟，他们是特殊的集团，不受罗马法裁制，瓦朗斯又禁止与罗马人通婚，结果变为国家内的国家。帝国为安全起见，迫使地主出让三分之一土地，各省有佛朗、阿拉曼、亚兰及哥德人踪迹，罗马

---

① 估计罗马帝国居民，1 世纪时约七千万，3 世纪将至五千万。

军队失其统一，而对帝国的威袭更大。

代克礼先改革，行政阶级化，庞大组织，宛若一部机器。但是，此种阶级制度与人民脱节，人民只是纳税，官吏亦只征税，而帝王须透过此种阶层，始能与人民接近，一种形式养成，社会上又多添了一种官僚阶级，特别是税收人员。于是，高官多落于贵族，中级行政人员，渐成专职，帝国由三十多家庭统治，官衔、职位成为确定身份的条件。迨至帝国无法支持时，必然分裂成一种割据，又况军队已（落）人之手。

官僚制度是帝王权力无法执行，而教会权力凡日见扩大，具有一种动力，构成时代的主潮。尔若蒲以希腊文著教会史；拉克坦斯以拉丁文著历史哲学。两者渊博学知，重视天意。同时，教会中领出者，倡导苦修，排绝豪华与名利，凝神集志，退隐于荒野山泽之中。如 Jean chrysostome 推赞 Théhaïde 的苦修；巴西尔建修院与本都；若洛姆校刊《圣经》，倡导严肃律己的生活，走向神秘的道路。圣经亦为绝对的真理，信仰支配了思想，宗教动力愈强化，分歧愈多[①]，教会亦趋于专制。圣希来（St Hilaire）主张容忍："上帝是大众的，不需要强力来服从，亦不需要勉强崇拜。"圣奥古斯丁，受安碧洛的影响，皈依基督教，著《天国》，倡导精神价值，"天地要过去，真理却永留下的。"一切要和谐，有序位，不能混淆，不能颠倒，天爱与人爱配合，始能走向光明，德是个人的，法是公共的，德法并彰，始能自由，这些真理永存着。

---

① Manès（215—296）受波斯影响，倡二元论，善恶并存。296 年其说风行。Donat 为迦太基主教，于 311 年倡宗徒为唯一继承者，使教会分裂。亚历山大城主教 Arius（280—336）反对超性说。[411 年，Pelage 提倡反圣宠论。]

# 第八章
# 西罗马灭亡

　　罗马帝国的危机，不仅是边防，主要的由于政权的不定与经济的困难。代克礼先与君士但丁的改革，便知问题的严重。代克礼先师经济危机禁止市财政问题，国家吸收黄金，为了减少抽码，文武官员付以实物，于是政府采用自然经济，商业却用货币。政府为保留黄金，到处设立公营事业，供给需用，奥斯地亚为重要据点，如实农产物的销售，趋于停顿，而农人的购买力减低，生产衰落，经济陷入封锁状态特别是交通不进农产地带。大地主携其雄厚资本，扩张土地，城市的商业沦为衰落地步。

　　为挽救此种困难，国家采用合作政策，于是各种合作团体成立，便为官僚的，以及国家的。此封锁动向，使个人自主活动毁灭，国家保护合作，禁止转让，取得法人地位，有继承权。在乡间的严谨，以乡屯为中心，走向同样道路。要付税，须要保证生产，农人与土地结合。世世相袭，不能与土地分离，而职业工匠等亦然。自332年后，虽无法令规定，却已成为定型，垦民不能摆脱土地，不能域外人结婚，须由主人同意始能有个体活动法的平等，渐为阶级代替，而贵族制度，渐去形成，土地过去为财产，现在变为支配人的工具，主客易位，丧失自由。

社会深刻的改变影响到政治上更大。国家与人民之间，有特权阶级的存在，中产阶级，无法支持，求大地主保护，以抗官僚的压迫，中产者降未垦民，宛如奴隶。338年，君斯坦将大地主直属国家，不受普通法令制裁，结果特殊化，因为他们是"官的"，享有特权，逐渐毅力兼并，凡是有利可图者，变为己有。中产阶级自代克礼先后完全消逝。国家基础动摇，此种滥用国家权力，结果只产生了少数土地贵族。

西方经济的本质是农业的，东方市商业的。希腊人、叙利亚人、埃及人、伊利利人、犹太人握有商业与航业，亚历山大城、安度、君士但丁堡、埃夫斯仍能保持繁荣。而西方舍地中海边外，城市已趋没落，罗马便是一证例。东方仍重自然经济，不受贵族牵制，生产为封锁，小资产者仍能存在，经济的繁荣减轻了国家的统治，个人自由赖以保存。

因为东方商业的繁荣，4世纪时，西方经济危机，证据是关税提到12.5%，360年后，可以支付薪俸，不以实物，而以现金。但是此种现象不能久持，随即帝国分裂。社会势力强大，个体消逝。国家，合作社，领地实力加强，门户派系取而代之。基督教定为国教，信友于公民两观念混乱，犹太人划为法外，对非基督徒亦失掉容忍的态度。个体与普遍的观念改变，所存着只有阶层、宗派与门户，这是一种倒退。

西方到没落的地步。395年后，蛮人以压倒的势力涌来，哥德人、匈奴人、汪达尔人，相继侵入，西罗马陆上勉强应付，渐趋蛮化；海上由汪达尔人控制，罗马（被）孤立起来。瓦朗地尼第三（Valentinien Ⅲ，425—455［年在位］）时，财政收入约二百万金稣[①]，要维持三万军队，便须耗费财政的一半，到470年，意大利只留下一万二千军队了。西方失其主动，内战又起，帝王实权已不存在。475

---

① 一金稣（Son）重4.48格拉姆，值15.48金佛郎，十二稣置一匹马。

年西方总督奥莱斯脱（Oreste）与其子为帝，是为罗穆吕斯小奥古斯脱（Romulus Augustule），蛮族势力扩（大），日尔曼军事领袖奥德亚克（Odoacre）系 Hérules 王，南下入罗马，将幼帝废，取其衣冠，复征元老院同意，寄与东罗马帝查农（Zénon）："西方不需要一个特殊的帝王，一个皇帝统治两方便够了。"东帝承认统治意大利的特权。但是这不是帝国统一的恢复，而是西罗马的灭亡。

# 结　论

　　希腊罗马历史是地中海发展的历史。最初，海是一种障碍，他的活动不能与大陆及河流并论的。因为东地中海天然优越的环境，复有克利脱，埃及与腓尼斯的伴侣——有时又为敌人，希腊人竭其智能，适应环境，两次磨炼，每次扩大，每次澄清，发现了生命的可爱，次生命的渊源为"意识"。希腊哲人教人了解者为"自己"，不仅要完善的体格，而要有晶明的心灵，如几何，从复杂的图案中表现一种单纯，由奇离的结构中，反映出一种和谐，他们每个人容纳相反的力量，使意识增高，由类比相推疑，发现了人类的意识，及宇宙的意识。

　　这种成就不是突然的，他需要长久的时间，渐次的演进，个人意识的发展，限制本能，使那些人为的障碍，渐次消除，但是每次消除后，新的障碍又生。这不是规律的循环，而是空间扩大后，提出新问题与发生的新现象。如池沼扩大为海洋，面积愈大，波涛起伏的状态与雄壮。

　　希腊罗马的共同点，便在环境相同，都是海洋孕育成的。他们集合了许多不同的民族，语言与习惯，以个人为基点，以求与自然与人类配合如何和谐，如何不损基本的特质。为此，我们习惯上，称"希腊世界"，他不是一个国家；（称）"罗马帝国"，他不是一个城邦。自希腊城邦演进到罗马帝国，其间有千年之久，这并非偶然的。

最初，希腊罗马的政治是城邦的，无论是君主或民主，每个公民不受干涉，要有自由的决定。创立议会，制定法典，如何使集体中不毁灭个体，宇宙意识，人类意识与个人意识相调和。他们同受国际的影响，埃及、亚述、波斯、腓尼斯等所发生的事实，无论细巨，都发生密切关系，但是搞个体意识受到摧残毁灭时，必与之争，最后仍是胜利的。由推罗战争起，希腊即向世发展，波希战争给予一种信念。亚历山大有天人合一的思想，他是一个侵略者，他代表的实力却别具一种伟大，其分裂为必然战争时起，只好放弃了统一世界的幻梦。

罗马兴起，（地中）海为他实力的贮富所，他的命运，便看握地中海霸权的久暂。他之毁灭加太基，自文化言是一种罪恶，自国家言却是必然的。帝国扩张，向西取得高庐与西班牙，足踏欧洲大陆，城邦亦随而消逝，西塞豪与凯萨为不同的理想牺牲，而牺牲的意义却是一样的。奥古斯脱较为聪明，给安东王朝开一坦路，自由与繁荣，代表城邦的议会与代表帝国的皇帝，日日决斗，罗马帝国渐次脱离了海上，转为大陆。便是在此时资本主义（海洋发展必然的结果）达到饱和点。那些代表者也便趋向唯物了，吕克来斯与埃比鸠的产生又是必然的。

不幸得很，城邦转为帝国，一切趋于形势，个体受限制，因为社会不同了。个体是一切进步的因素，但是资本主义发展的结果是穷困，个体有饿死的危险；物质享受的思想，人寻找刺激的结果是怀疑，个体伦理衰落，此种演进，使罗马社会混乱，禁欲派的帝王，如安东、马古·奥略，他们倡忠君之道，使个人与社会协调，注意到土地与资源，随即有监察银行，矿产国有等制度发生。杜绝自由主义，后期罗马帝国所求者，不是个体的自由，而是社会的平等。

罗马为政者用意至善，欲使个人利益与社会利益平等。为此国家须采取集权制度，自塞维尔与代克礼先后，政治趋向集权。个人毁灭，得利者不是社会（社会是个体的结合），而是政府。绝对专职形成，少数官僚变为贵族，此3世纪后，西方城市产业衰落，伦理与经济破毁，暴力成为生存的唯一方式，群主割据。极权必毁，西罗马灭亡是必然的。

西方受蛮族侵入，政治经济发展又复如是，人民心理的必然的忧暗，人受任何苦痛，仍然忍受求生，形成一种飘渺的希望。此（时）基督兴起，他以爱着手，宣示一种自然的正义，此正义存于每个人心，他挽救了个人的意识，不是逻辑的而是伦理的。伦理观念并非阶级，种族，宗派所私有，他是普遍的。已故基督教结束了古代的文化，同时保存了古文化最后的部分：集体中不毁个体，实利中不忘正义。由此，我得到一个结论，希腊罗马史给予我们的教训：个体与集体不能相违，经济与文化不能脱节。

# 附录一：奥古斯托世系表

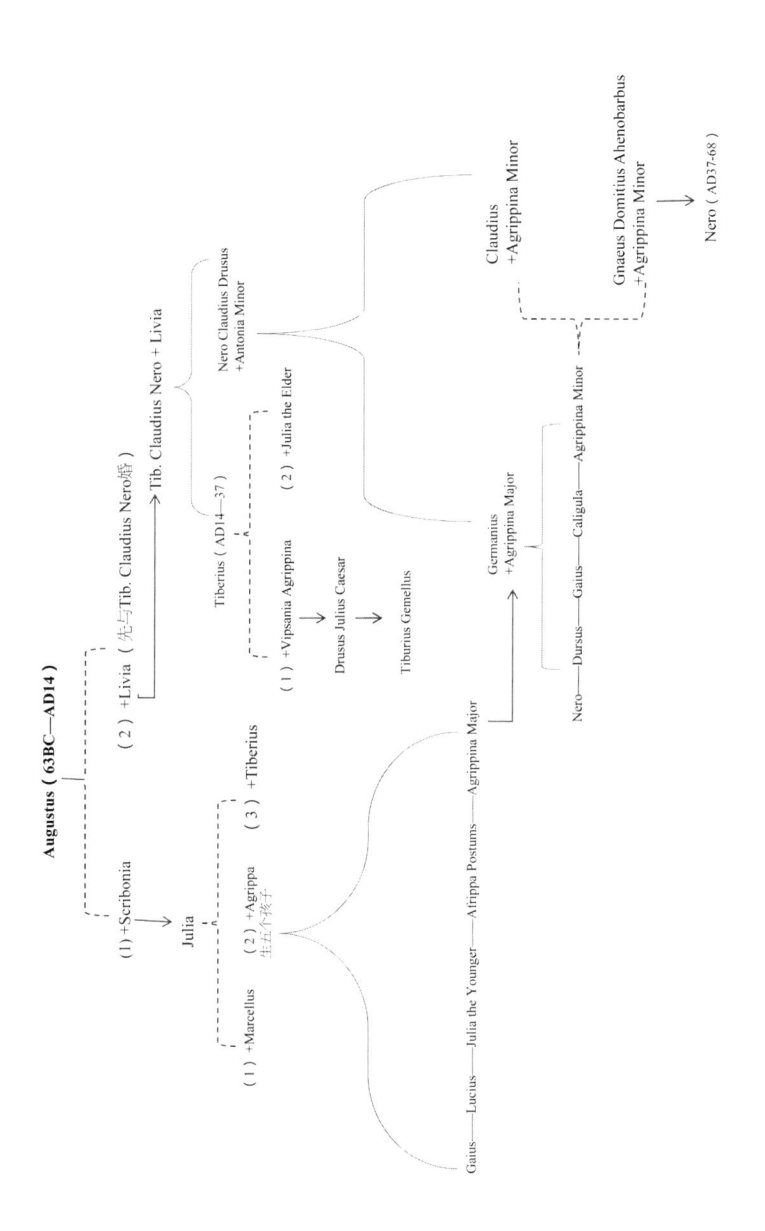

**Augustus（63BC—AD14）**

- （1）+Scribonia
  → Julia
- （2）+Livia（先与Tib. Claudius Nero婚）
  → Tib. Claudius Nero + Livia
    - Tiberius（AD14—37）
      - （1）+Vipsania Agrippina
        → Drusus Julius Caesar
          → Tiberius Gemellus
      - （2）+Julia the Elder
    - Nero Claudius Drusus +Antonia Minor
      - Claudius +Agrippina Minor
      - Germanicus +Agrippina Major
        - Nero—Drusus—Gaius—Caligula—Agrippina Minor
          - Gnaeus Domitius Ahenobarbus +Agrippina Minor
            → Nero（AD37-68）
- （3）+Tiberius

Julia
- （1）+Marcellus
- （2）+Agrippa 生五个孩子
  → Gaius—Lucius—Julia the Younger—Agrippa Postums—Agrippina Major

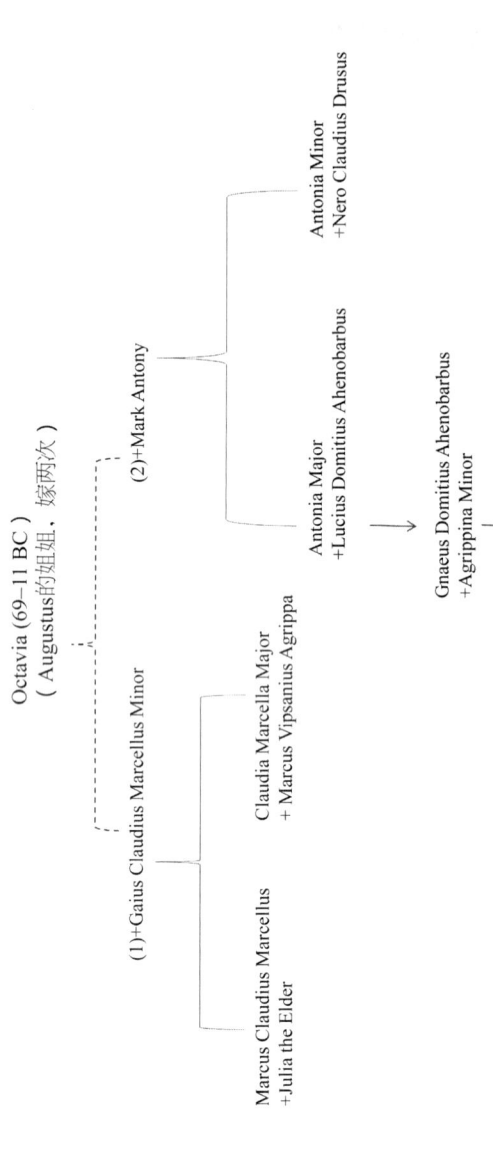

Octavia (69–11 BC)
(Augustus的姐姐，嫁两次)

(1)+Gaius Claudius Marcellus Minor

(2)+Mark Antony

- Marcus Claudius Marcellus
  +Julia the Elder
- Claudia Marcella Major
  + Marcus Vipsanius Agrippa

- Antonia Major
  +Lucius Domitius Ahenobarbus
  → Gnaeus Domitius Ahenobarbus
  +Agrippina Minor
  → Nero (AD37-68)
  +Claudia Octavia
- Antonia Minor
  +Nero Claudius Drusus

# 附录二：关于希腊罗马史主要资料

关于希腊古代史，除 Schliemann 及 A. J. Evans 在考古学上成就外，当以 Thucydide 及 Herodote 著作中求之，只是须善于理解，可得许多启示。迨至荷马时代，当取 *Iliade* 及 *Odyssée*，最好的版本以 A. Ludwich, 4 Vol. Leipzig, Teubner 1887-1907。那里面有许多史事，特别是关于社会方面的。

自公元前 8 世纪至波希战争时，［即］抒情诗，Tyrtée 关于斯巴达、Plutarque 关于 Solon 及 Thucydide 与 Herodote 短简的提示、石刻与货币亦为重要的史料。到波希战争时（前 492—前 449），我们知之较多，Herodote 有全盘的叙述，Eschyle 的《波斯人》关于 Salarmine 战争。Plutarque 关于 Thémistocle，Cornélius Népos 关于 Thémistocle，Aristide，Miltiade。

雅典全盛时期，Thucydide 有简略的叙述，后人追记者，有 Diodore de Sicile，Cornelius，Plutarque，他们论到 Aristide，Pausanias，Pericles，Cimon……希腊内战起，叙述 Pelohonesse 战争者，有 Thucydide，一直到［公元前］411 年。次为 Xénophon 的 *Helléniques* 述［公元前］411 年及之演变。Aristophane 喜剧中所影射事件，Plutarque 关于 Périclès，

Nicias，Alcibiade。

迨至斯巴达称霸时，主要资料为 Xénophon 的 *Helléniques*，*Agésilas*，关于雅典，即以 Lysias 的演说。后人记者，有 Diodore de Sicile，Cornelius Nepos，Plutarque 关于 Canon，Lysandre，Agesilas……马其顿兴起，雅典雄辩者之言论，当为主要资料，如 Isocrate，Eschine，特别是 Démosthène。次要之资料，如 Diodore de Silile，Plutrnque 关于 Phocion，Demosthene……亚历山大时代，除石刻等外，即有 Diodore de Sicile，Trogue-Pompée，Quintecurce，Plutarque，Arrien 的叙述最好。以后至灭亡（前146），即只有 Diodore，Plutarque，Cornelius Nepos，特别是 Polybe。

关于罗马古代史之资料，大率为传述，亦如其他民族一样，须加郑重。王政时代（前453—前509），即有 Cicéron: *De Re publica*, liv Ⅱ；*Tite live*, liv Ⅰ，Denys d'Halicarnasse 不精确。次要资料为 Plutarque 的 *Romulus* 及 *Numa*。Polybe 亦有短简记述，其他如 Diodore，Appien，Dion Cassius。

自前509至前264时，主要者有 *Tite live, Denys d'Halicarnasse*，（第五卷以后），Diodore，Plutarque 关于 Camille。只知大事，无法精确。如 Pyrrlus 战争［为实例］。自前264年后，资料即完全，Polybe 最好，Tite-live 对于第二次布匿战争，Plutarque 印记：*Fabius Maximus, Marcellus Caton l'Ancient, Paul Emile, Flaminius, Les Gracques, Marius, Sylla*。Saluste 关于 Jugurtha，Appien，Cornélius Népos（关于 Hannibal 及 Caton），Trogue Pompée，Diodore，Dion Cassius，Ciceron 文集中亦散见许多资料，题铭是 *Corpus Inscriptionum* Ⅰ。

自前78年至前29年，Cicero 作品，特别是通讯。Caesar 的《征高卢记》，一卷至七卷。内战记，Hirtius：征高卢，第八卷，Salluste：*Calilina*。Tite-live 的 Periochae。Velleius Paterculus；Ahhien, Dion cassius, 特别 Plutaque 中，Lucullus，Crassus，Sestorius，Pompée，Caton le Jecene，Cicéron，Cáesar，Antoine，Brutus Suétone 所论 Caesar，Augustus，以及题

名同上。

自奥古斯脱以后，到 Dicclélien 时代（284），资料较少。1 世纪主要资料，即 Tacite，Suietong，Dion Cassius。小 Pline 关于 Trajan，Josehhe 与 Senegue。2、3 两世纪，即有 Sociptores Histonriae Augustae，约自 117 年至 284 年帝王拉丁传，此时代的题名及货币较多。入 4 世纪，即有拉丁史学家 Ammien Marcellin 的历史。自 96 年到 378 年，我们现存者，即仅 353 至 378，Aurelius Victor 著《帝王本记》，至 Constautin 大帝，Eutrope 著有罗马史（至 Jovien 之死，364 年）。Brose 著历史（417 年）。Jardanes 著录德史；Grégoire de Tours 著 *Historia Francorum*。[Paul Diacre 于 8 世纪著 Lombards 史,]关于罗马灭亡时重要叙述。希腊史学 ÉoEime 著《270 至 410 年史》，约作于 450 年。Jean d'Antioche 著通史。教会方面，即有 St Ambroise，St Augustin，St Jérôme。而教会史学家，即有：Eusèbe，Socrate，Sozomène。此外有许多题名。

关于文集，有 *Bibliotheca Teubneriana*, in8, Leipzig, Teccbner; *Bibliotheca Oxoniensis*, in8, Oxford, Clarendon Press; *Collection Budé*, Paris, Societé les heelles-lettres。至于石刻与题名等，即有柏林学会所刊 *Corpus Inscriptionum Graecarum*，统称 *Inscriptiones Graecae*，XV Vol 关于罗马，即有 *Corpus Inscriptionum Latinarum*，办柏林学会所刊 XV Vol。关于 Etrusques，即有同上出版的 *Corpus Description[um]Etruscorum*, 2 Vol。

至于参考书，关于希腊方面，即有 Glotz（G）：*Histoire Grecque*, 5 vol, Paris, Presses uni.1925; Cohen（R.）：*La Grèce et l'hellénisation du monde antique*, Paris, 1934; Cavaignac（E）：Histoire de L'Autiquite', 4 vol., Paris, Fontemoing（et cie）1913-1920;Dury（V.）：Histoire des Grecs 2 vol., Paris, Hachette, 1874; The Cambridge Ancient History, Cambridge, uni. press. IV–VII；1926-1929. Bury（J.B.）：*A History of Greece to the death of Alexandre the Great*, London, Macmillan, 1913; Jouguet（P）：*L'imperialisme macédonien et l'Hellênisation de l'Orient*, Paris, Rennaissance du Livre, 1926; Barbagallo（C.）：*Le Déclin d'une civilisation on la fin de la Grèce antique*, Paris, Payof,

1927 ; Roussel（P.）:*La Grèce et l'Orient des guerres mediques à la conquête romaine*, Paris, Alcan, 1928.

关于罗马方面，即有：Mommsen（th.）:*Histoire romaine*, Trad.c. *Alexandre*, 11 vol., Paris Frank, 1863-1889. Duruy（V.）:*Histoire des Romains*, 7vol., Paris, Hachette, 1875-1885. Piganiol（A.）:*Esquisse d'histoire, romaine*, Paris Alcan, 1931. Homo（L.）:*L'Italie primitive de l'imperialisme romain.* Paris, *Renaissance du Livre*, 1925. Ferrero（G.）:*Grandeur el décadence de Rome*, VI vol., Paris, Plon, 1903-1907. Fustel de Coulanges:*La cité antique*, Paris, 1868. 李玄伯译，改名为：《希腊罗马古代社会研究》，商务印书馆，1929 年 6 月再版。*Montesquieu*，1734 年刊印 *De la Grandeur et de la décadence des romains*，书虽旧，却是开一种新风气，而 Pirenne（J.）:*Les Grands courants de l'Histoire universelle*, T. I des origines à l'lslam. 3(e) ed., Ed, de la Baconnièie, Neuchâtel, 1945，非常有见解。

《希腊罗马史稿》为作者未刊讲义，撰于 1947—1948 年。手稿外文部分经比利时新鲁汶大学陈宜君、阎安审校。

# 欧洲史要义

# 绪　论

希腊古文 Ιστορία，意为"考问"，由此引申为"探讨"。到史学发达时，保利字（Polybius）与孛留达克（Plutarcus）用此字，专指"考究事物所得的结果"，他是记事的。到罗马时代，Historia 一字，最初指"记事"而言，继后凡属于人事沿革，记过去事物，皆称为 Historia，译言"历史"。如是习用既久，拉丁文中历史一字，含义有二：一为记事的文章，一为被记的事实。巴尔奈（H. E. Barnes）释史，与此意完全符合。[1]

西方学者与历史定义，几乎人各不同。[2] 最明确者，当以拜耳（H. Beer）所言："历史为人类过去事实的研究。"[3] 人类不能脱离过去，有如形之与影，基米索（Chimisso）曾想出卖他的影子，是不可能的。再造人类过去的活动，根据确实的事实，说明互相关系，其重要自不

---

[1] "史之一字有二义，一指过去种种事业及造诣之总相而言；一指此种种活动，笔之于书，传之于口记录而言。"

[2] Robert Flint："历史是一个人类的完全生命，社会全部的演进。" Arnold："历史是社会的传记。" Freeman："历史是过去的政事，政事为现在的历史。" Bordeaux："历史是研究理性发展的科学。" Humboldt："历史为已经发生事情的记述。" Creighton："历史为记载人类动作及其思想直接影响其动作者。" *Dictionnaire de l'académie Française: sur Histoire*："历史是值得记忆事实的叙述。"

[3] Henri Beer, *La Sythése en Histoire Introduction*.

待言的。

　　历史如巨大河流，顺自然流去，他行程中，有时遇岩礁激起怒波，有时在峡谷中曲折迂回，失其固定的方向。时而枯竭，时而泛滥，但是不舍昼夜逝去，幻变中却永远不变的。治史者，以如沿河而行，须明其总动向，然后观势察变，求其转捩点，始明主力之所在。

　　历史以时间为基调，他是相对的，因而是变化的。现在是过去演进所得，而支配行为的实力，乃过去的积累，"谁向后顾，谁知实际"①，即根据实际理解"现在"，始不为幻象所蒙蔽。研究人类过去的活动，并非将过去一切再现，时过境迁，那种企图绝对不可能，一切都知，等于一切不知。我们了解过去，完全借助资料，无论是遗物与记述，大抵支离破碎，非常残缺的。治史者，只有竭其所能，改善其不利的地位，力求公正，错误与偏见自是不能避免的。"同样研究，在个别研究者手中，非特可有不同的解释与运用，并且还可得到相反的结论。"② 只有那些幻想家，始相信自己是大公无私，"偏见是无可辩论的真理"③，所以留心自己与人家的偏见，非特有益，而是必须的。

　　欧洲是亚洲的半岛，试看地图，欧亚界限，随着时代演变，非常难确定的。西方历史，最初无所谓欧洲的。它以地中海为中心，受埃及与中亚的激荡与启导，逐渐演进，构成希腊与罗马的文明。古代希腊不是欧洲的，它是亚非欧海上的综合；到罗马时代，将地中海东西演进，变为南北的发展，它是一个联邦，并不像大陆的帝国。具有它的统一。

　　罗马接受了基督教，它以此保存旧文化，同时应付新移民，利用旧有的机构，施与精神的训练。一方面教人自主，自主便是自由；他方面要人互爱，以求兼利，将古文化加以净化，形成基督教统一时代，产生13世纪文明。欧洲肇生，虽有不同的认识，大致始于9世纪是无

---

① J. Haller: *Die Epochen der Deutschen Geschichte*.
② Jacob Burckhardt: *Die Kultur der Renaissance in Italien*, Indoduction.
③ Gaetano Salvemini: *Historian and Scientist*. 周谦冲译。

疑的。因此，欧洲历史，在某种意义下，乃亚洲向西发展的结果。往昔波斯西进，腓尼斯海上开拓，亚拉伯兴起，蒙古西侵，奥托曼进至中欧，这些史事与欧洲历史重大的推动，所谓十字军，并非是宗教问题，乃欧洲形成后向亚洲的一种拒抗。惟其无所获，故顺自然趋势，向西与南推进，新大陆与新航路因此发现，而世界面目，由欧人完成，这是人类历史上重大事实。

欧洲历史是意志努力的记录，从 16 世纪后，空间扩大，对自然采取一种挑逗的态度。要用人类的智慧，说明自然的秘密，从他的约束中，将人解放出来；进一步利用有效的工具，将自然组织，为人应用。人再不能囿于教条与格言中，此科学独特发展，构成空前未有的胜利。欧洲历史由向外的发展，变为向内的斗争。西班牙造成均势，为法国忌妒，而法国的独霸，由英国与之对抗。到 18 世纪俄国崛起，土耳其衰落，欧洲局面进入革命状态中。每个国家如果没有强力，即他的国民陷于贫乏，而海外地带成为决定盛衰的条件。专家、公司、工厂，缔盟结约，对内求均势；对外求掠夺。欧洲人民族主义，生存竞争的理论，逐渐使欧洲以外的民族觉醒，而别的地方也急起直追，日本便是好的证例。"地球是人类所共有的"，荷马的话，用之今日，非常正确的。

将西方重要的演变，概括在此短简的篇幅内。著者思如登高山，俯察陵谷变迁，江河动向，绘出一个轮廓。那里面有他的好恶，也有他的曲直，这只是著者的看法，妄加一种解释，并不敢必言如此的。将此书题为"欧洲史稿"，与专史有别，倘能帮助人多了解欧洲的发展，破除误会，那更是著者意外的收获了。

# 第一编　古代西方帝国

古代历史与文化起源，多在河流地带。释之者，以交通便利，经济繁荣。事实上，并非完全如此。黄河流域、尼罗河及两河流域，土质松软，耕种者以原始工具，便可作业，因阻力较少故。

埃及历史最古，远在四千年前，已有定形，氏族组织最发达。继后，以生活实际需要，约在 3000 年前，分全国为若干区。① 因为立国基础，建于土地上，遂形成中央集权制。

埃及与美索不达米亚，同为两绿洲，沙漠与山地环绕，四周皆系游牧民族。游牧者掠取粮食，夺获财富；埃及与两河流域，须起而抵抗，大埃及与大美索不达米亚，以事实需要，于历史上出现了。

此时，西方历史的动向，即在争取叙利亚与巴勒斯坦走廊。

两河流域下游，经沙尔恭与阿姆拉比统治后，建立巴比伦帝国，与叙利亚关系至密。时印欧民族移动，中亚安定秩序破裂，希忒与喀瑞人，咸继入巴比伦；希克索斯人毁埃及岱波斯王朝。

但是，这些民族，知识较低，虽起骚动，却无确定组织与政治上的成功。

由于反应，埃及复兴，名王辈出，多脱麦斯第一，哈姆塞斯第二，争取奥伦与约旦两河走廊。埃及处境困难，叙利亚之强暴，希忒人之骄横，巴比伦之忌妒，米达尼之竞争，然埃及以和平为职志，斗知而不斗力，树立外交，卒能克服困难，创立宗主权，施以宽大的保护。

---

① "埃及国家唯一区分，其标准为土地，不是人民。区为省之细胞，大国由此而生焉"，Mayer, *Hist. Antique.* 179 段。

地中海已为克利特人开发，与埃及与西亚关系至密。亚凯人与多利安人侵入，埃及与叙利亚，因地中海之变化，失其领导作用。亚述兴起，横扫中亚与巴勒斯坦走廊，然以武力为基础，使人恐怖，其失败，自是当然的。

至纪元前 6 世纪，神权政治已树立深厚不拔之基础。代埃及与两河流域而起者为波斯；地中海流域，别树一帜，承腓尼斯传统，希腊、迦太基兴起，城邦为外形，实利为归依。罗马为后起之秀，终于克服困难，建立帝国，代替埃及和平的理想。①

---

① 埃及与罗马同为帝国，性质不同，罗马帝国有如国际联盟，各民族平等的。Caracalla 谕（公元前 213 年）："Brunes qui in orbe Romano sunt civis romani efficientur."

# 第一章
# 埃　及

埃及的孤立是表面的。他受人类发展原则的支配，与邻人有深密的关系。从埃及有史起，埃及人种并不纯粹[①]，他有古老的文化，却并不单纯，因之，研究埃及史，必须注意及亚洲的演变；亚洲与埃及的关系，犹日耳曼对罗马似的。

埃及历史与文化，其发展有定形，求其原因，实自然环境的赐予，居民特别眷恋水土，形成农业富庶的国家，此希和多德言："埃及为尼罗河的赠品。"

尼罗河出自维多利亚湖，经苏丹（Soudan），合加查尔（Bahr el Ghazal）称"白尼罗"。既至加尔札莫（Khartoum），会亚拉克（Bahr el Azrak），称"蓝尼罗"。既至开罗，东西分流，如双臂，形成三角地带，为肥沃池沼地[②]。每年六月风起，七月开始泛滥，九月二十六日水位最高。继而水退两岸冲积黑色淤泥，居民感到狂欢、生命的丰富。

---

[①] 埃及史开始，人种有四：埃及人、利比亚人（Lybia）、闪种及黑人。前二种亦称哈种（Hamites），埃及语因素亦复杂，有南非、北非、闪种的因素。

[②] Delta 的面积有 23.735 平方千米。

埃及人既久习于此种环境中，尼罗河成为有力的导师，教埃及人了解合作的重要。筑堤、建坝、收割，无一不需要互助。尼罗河成为一种向心力，将许多区域（Hesep）团结起来，建立中央集权，并非偶然的。上下埃及统一，奥洛斯居于其上，建立"神权"政治，此奥西里斯（Osiris）故事，有深切的关系①。

埃及历法与农事配合，纪元前4241年，姁星与日并丽于天②，为世界最古的历学。前此埃及史，无精确资料，不能断言，但是在曼腓斯（Menphis）一带，文化高深是可断言的。

从锡尼（Thinites）王朝开始起（前3315）至埃及为波斯灭亡（前525）止，共二十六朝代，为时甚久，变化甚少。农业为立国的基调，麦奈斯（Menes）最大光荣，系保护三角洲，不受水患。法老以锄破土，以镐凿河，以镰割穗，设五谷不丰，须废王。

基于此，帝王为人与神居间者，有绝对的意志，一方面表现恐惧；另一方面表现仪式，金字塔，象征不朽；太阳庙（Horus）逐渐增加，国王的地位增高了。

曼腓斯王朝，统治者与宗教配合，权力加强，政治渐有思想，而由于反射作用，宗教亦脱离唯物论③，死并非绝对可怕的。就武力言，埃及取守势，第五王朝（前2608—前2506），建"西门"与"南门"，有七英里半之砖墙，乃在断由沙漠入埃及之路，保护财物，不为游牧者所觊觎。前1680，希克索斯侵入，使埃及混乱。降至多脱麦斯第三（前1480—前1447）与哈麦赛斯第二（前1300—前1234），曾扩张武力至幼发拉底河边，一由希克索斯入埃及后，造成混乱，埃及国家思

---

① 尼罗化身为 Osiris 与 Isis 结婚。Isis 象征肥沃，时 Seth 与 Nephtys 亦婚，不孕，于是借 Osiris，事为其夫 Seth 知，恨而杀之。Osiris 死，其妻悲，得 Anubis 助，收其尸，为地下神，其子 Horus 象征光明，杀其父仇。

② 姁星与日同出，天文学之起点，太阳历与年历差四分之一，每一千四百六十年只出现一次，就埃及史言，姁星与日并现于曼腓斯天空者，有四：纪元前4241、纪元前2781、纪元前1321、公元140年，每次在7月19日。

③ 第六王朝金字塔刻："王之死非全死也。"法老为 Ra 之子，Ra 神地位高，每神加 Ra 名：Ra-Sebek（鳄鱼神）、Choum-Ra（牡羊神）、Amon-Ra（Thèbes 神）、Ra-Horus……

想发展；一由战术改变，利用车马，埃及可以从西亚，以建均势。

纪元前12世纪亚凯人向东欧移动后，东地中海起骤变，毁希忒帝国，埃及受威胁。哈麦塞斯第三（前1200—前1169），为埃及最后有为的法老，拒抗海上侵入，可是埃及无法保持领导地位。自是而后，埃及有四世纪，南北对峙，前945年施苏克（Sheshonk）虽暂时统一，复分裂。同时有四个法老。前722年时，亚述侵入；埃及仍在挣扎中。至沙以斯王朝，埃及动向转变，三角洲故，商业繁荣，转向希腊尼斯城邦集团，大陆脱难。波斯崛起，虽朴沙麦地克（Psammétik Ⅲ）之奋斗，终为波斯灭亡。

亚历山大兴军，解放埃及，继后又为罗马所灭，埃及成为一茎枯苇而已。

## 第二章
## 加尔地亚

与埃及历史对峙，成为民族移动舞台，系两河流域。

古代中亚与西亚历史，至为复杂，在纪元前 4000 年顷，文化已臻高度，包括伊朗、苏玛尔与闪种文化。证据是锡尼王诳（Qa）象牙柄（前 3125）刻称：闪族为"Setti"，意即"亚洲人"。

闪族散居各处，语言统一，发展却不一致。究其原因，没有天然环境，散居沙漠四周，形成一种分裂局面，此莫来脱（Moret）谓："闪族出现时已分裂。"[1]

闪种原始居沙漠地带，向外发展，于美索不达米亚，渐次转为定居。两河流域，土地肥沃，少石块，宜于耕种。闪种虽非中亚文化创造者，却为有力推动者，就古代中亚历史言，此种游牧民族侧立定居者边，构成不安与恐怖，由是城市合力拒抗，构成帝国的起因。

初居加尔地亚（Chaldea）者[2]为苏玛尔人，讲求灌溉，凿运河，常有城与城的斗争。继闪族侵入，挟新式武器，精弓矢，于纪元前 2875 年，沙尔恭占据两河流域下游，建亚加德（Agadé）王国。

---

[1] A. Moret, *From tribe to Empire*. 约在纪元前 4000 年。
[2] Chaldea 闪语谓"Shinar"，长 62 哩，阔 12 哩。城市有 11，亚拉伯边之绿洲。

沙尔恭采取中央集权制①，能拒抵外敌，唯承继者无能，古地（Gouti）南下，于前2622年，这个王国便结束了。

苏玛尔人有高度文化，痛蛮族专横，起而反抗，形成高德亚（Gaudea）时代，奠定第二次苏玛尔王国基础。吴安古（Our-Engour）集权政治，东基（Doungi）武力设施，皆足挽救一时。自前2382年后，闪族亚摩利（Amorites）人，由阿穆鲁（Amourrou）侵入，苏玛尔灭亡。两河流域顿呈分裂局面，却满布着闪族的影响。

阿姆拉比（前2123—前2081）即位，统一告成，行中央集权制，加强内部组织，开发水利，与波斯海湾相通。其法典为古代珍贵资料，社会组织，婚姻制度，税务与现金兑换，皆有确定②，与埃及、叙利亚有密切关系③。

但是，希忒民族兴起，前1925年入巴比伦，有一世纪久，两河流域下游在混乱中，至前1700年，喀瑞人南下，闪族优越地位动摇。据有迦尔地亚，唯文化低落，不能建树，终为亚述取而代之。

---

① Sargon 分国为许多州，每州有六小时距离；州长称"殿子"。
② 医生失职，罚款有等级，病人为自由人：十个 Sicles；半自由人五个；奴隶只二个。每 Sicles 合1.25金佛郎。婚姻为一夫一妻制。税征极重，每6方公尺地，纳二 Sicles。兑换比率，亚加德时代，金银比率为1∶8；乌尔时为1∶10；阿姆哈比时为1∶6。
③ Brblos 出土的花瓶，除埃及影响外，尚有两河流域影响。

# 第三章
# 希忒帝国

印欧民族起源，虽无定论，从政治、考古及人种方面言，当在俄南、聂伯河与咸海之间①，其文化特点，证诸语言学，政权握于男子，由游牧演为定居；宗教与伦理颇为发达。②

至新石器时代，印欧民族已善运用车马，交通方便，向外移动，伊朗、中亚与黑海方面，皆有踪迹。而美索不达米亚安定秩序，突起变化，巴比伦为最大牺牲者。

纪元前1925年，希忒人侵入巴比伦。

---

① 新石器时代，用车与马，文化很高，就语言学中，山毛榉、栖、枫等字传播甚广，自贝加尔湖至莱茵河皆相同。
② 家长：梵文为Dampati，希腊文为Despotes，拉丁文为Dominus。
村：梵文为Vic，波斯文为Vis，拉丁文为Vicus，希腊文为Oikos。
城：梵文为Pur，立陶宛文为Pilis，希腊文为Polis。
王：梵文为Râj, Rajan，拉丁文为Rex, Regis，凯尔脱文为Rig。
牛：梵文为Go，波斯文为Gau，亚美尼亚文为Kov，希腊文为Bous，拉丁文为Bos，爱尔兰文为bô。
羊：梵文为Ari，立陶宛文为Aris，希腊文为Ois，拉丁文为Oris，爱尔兰文为Oi，德文为Ouwi，南斯拉夫文为Ovinu。
上帝：梵文为Deva，波斯文为Daeva，立陶宛文为Děvas，高卢文为Dêvo，拉丁文为DeuS、divi，希腊文为Dios。
天神：梵文为Dyauspita，拉丁文为Jupiter，希腊文为Zeus-Dios。

纪元前1760年，喀瑞人灭巴比伦。

纪元前1680年，希克索斯由叙利亚入埃及。

中亚即陷入混乱中，政治衰弱，形成割据状态。希忒据多洛斯河最为有力；米达尼（Mitanni）王国，占据幼发拉底河上游；喀瑞人控制迦尔地亚；巴力斯坦陷入混乱中，只腓尼斯尚能独立，希克索斯人穿入埃及。

《圣经》言："汝父乃一亚摩利人，汝母乃一希忒人"[1]，即希忒活动颇早。从波加凯伊（Boghaz-Keui）出土资料研究，即其文化与中亚文化有关，采取联邦制。至前1400年，苏比洛利幼玛（Souppiliouliouma or Suppiluliuma）即位，善利用时机，向叙利亚进攻。

此时，埃及为多脱麦斯领导，国殷兵强，妒希忒实力扩张，以保护巴勒斯坦走廊。希忒帝国，至莫锐尔第一（Moursil I，前1360—前1300）时，东至西美尼亚，与亚述相接；北临黑海，有丰富产物；西至爱琴海，与克利脱通商；南至加利来，握埃及门户。

哈莫塞斯第二即位（前1300），继其父志，拒抗希忒。前1295年4月，产生加地斯（Kaclesh）大战，以哈莫塞斯特殊勇气，取得胜利。

希忒与埃及议和，建立西方均势。前1279年，签订和约，由两国神灵保证有效，刻于阿梦庙堂。

刻约内容，双方信守和平，两国帝王平等，尊重已定边疆，遇有内乱外患，互相赞助，有罪逃亡者，双方不得收容。为加强同盟，哈莫塞斯娶阿杜西（Hattousil）女为后[2]。此约为国际条约先声，影响希忒文化至大。希忒民族重现实，得埃及理想调和，有远大进步。阿杜西死（前1255），印欧民族移动——所谓海民的移动，希忒以之衰落。

前1250年，亚述进攻巴比伦，希忒不敢过问；前1169年，海民将巴比伦摧毁，建拔石（Pashe）王朝，经一百三十年之久。

荷马歌咏之推罗战争（前1193—前1184），实希忒与埃及斗争之

---

[1] 《圣经·以西结》中之谚语。
[2] 女取埃及名 Maât-Hor-néférou-Rê，意为"看太阳神之美"。

结果，亚凯人借紊乱局面，向亚洲侵略。利比亚与腓力斯坦相连，进攻埃及，希忒虽有义务拯救，实无可如何。

此时，领导中亚者为亚述。他破坏了国际的平衡。

# 第四章
# 亚述帝国

当迦尔地亚建立帝国时,亚述人占据底格里斯河,居亚叙尔,至古巴里（Assur-Couballit）时（前1350年），仍臣属巴比伦。

亚述地势优越,民悍性骄,自沙马那沙（Salmanasar I）发动攻势,形成一种武力政治,即帝王为神的仆役,有绝对意志,凡不从其意志者,须与之战,至屈服为止。地格拉伟拉沙第一（Teglat-phalasar I，前1115—前1100），两次攻巴比伦,侵亚美尼亚,赞其武功说:"我为强力之王,恶人之摧毁者……"

沙马那沙第三（前859—前824年）即位后,亚述实力甚强[1]：西亚各国,如希伯来、多马斯（Damas）、希来西亚（Cilesia），感唇亡齿寒之苦,结为同盟,拒抗亚述,形成一种均势。加尔加（Karkar）战,结局未定,便是说明。

地格拉伟拉沙第三起（前746），亚述再兴,前734年陷加沙（Gaza），城舍为墟,继向巴比伦进发,将之臣属。前722年沙尔恭即

---

[1] 亚述军队组织最完密,其种类有步兵、骑兵、攻城队、战车队、箭手,而骑兵任务,在破坏通讯、作战时威胁敌人。

位，戡定巴比伦叛乱；放埃及法老于哈非亚（Raphia），定都杜沙洛京（Dour-Sharroukin）①。

沙尔恭死（前705），塞纳基利（Sennacherib，前705—前681）继位，向西亚海边发动攻势，取腓尼斯，以未充分准备，攻三角洲而败，至亚叙巴尼巴（Assourbanipal，前669—前626）时，发动对埃及攻势，毁岱波斯，前663年，煞伊斯始停止抵抗。

亚叙巴尼巴自前648年后，为巴比伦王，声势雄壮，毁苏沙（Suse），欲树立集权政治，使侵略地带，不得自由，然亚述以开武力为基础，虐待被征服者，米太与巴比伦联合，于前625年开始攻尼尼微，十三年后，将之毁灭，先知纳罕姆言："尼尼夫之亡，成为焦土，有谁怜之。"

亚述亡，继之而起者，为第二迦尔地亚帝国，名王纳布甲尼撒（Nabuchodonosor，前604—前561）于前586年毁耶露撒冷，俘犹太人，武功赫赫，《旧约》中："吾复兴迦尔地亚人，此残酷轻率之民族，将横行于大地上；占领所有房屋。其马捷于豹；骑兵奔驰，若飞鹰之掠食。"

是时波斯兴起，由西进发，于纪元前538年，巴比伦灭亡。②

---

① Dour-Sharroukin 意为 Sargon 城，1834年，Botta 发现，城甚坚固，有城楼，高四五公尺。
② 巴比伦帝国，仅八十七年，最后一帝为 Nabonid。

# 第五章
# 波斯帝国

介乎底格里斯河与印度河之间，有伊朗高原①，气候多变化，产良马，多花卉，居民为印欧人：米太与波斯人。

伊朗历史颇早，惜难探考。纪元前10世纪时，贵族锁罗斯德（Zoroastre）改革宗教，门人追记，名《亚咪斯达》（Zend-Avesta）②，形成伦理的二元论，善者为阿姆慈（Ormuzd），健康、光明与智慧属之。恶者为阿利曼（Ahriman），使人苦痛，导人罪恶。是二者不相容，常在斗争。阿姆慈不具形式，品位至尊，取火为象征③，唐时流入中土，定名为袄教，从示从天，所以祀天也。④

波斯有繁盛河流地带，亦有不毛的草原；有凉爽绿洲，亦有枯燥的沙漠，自然永在对峙与搏斗中，形成一种矛盾，波斯即以此为宇宙定律，形成二元论的特质。

---

① 伊朗高原，面积约有 1650,000 平方里。
② 系波斯古语 Zend 写成，全书分二十一卷，写于一万二千牛皮上，由金线装钉，回教兴起，阿拉伯人至波斯毁之。
③ Herodotus 说："波斯人不建神像，寺庙与祭坛，以此等无意义，非若希腊人以神具人形也。"（*Histoire*. T. S.）
④ 袄教入中土，南北朝时已有，见《魏书室武吴太后传》。至唐时更盛，贞观五年，波斯人何禄来长安从事传教。

波斯史信而有征，较中亚诸国为晚。米太与波斯分据南北，互相对峙，于佛拉亚特（Phraorte）时（前655—前633），始告统一。佛氏为米太英主，前633年反抗亚述阵亡，其子西亚沙（Cyaxare）立（前633—前584），改变战术，建骑兵与箭手，于前612年，陷尼尼微。

此时米太与波斯相争，亚斯代若（Astyage，前584—前550），以婚姻政策，消灭内部矛盾。西流士（Cyrus，前558）立，提高波斯地位。前549年，并米太。攻吕底亚，取阿富汗、大夏、康居，继攻巴比伦，建立波斯帝国。①

西流士死后，子甘波斯（Cambyse）立（前529），承其父志，征埃及（前526），居埃及四年，波斯内乱起，前622年至叙利亚，死于途中。时，贵族大流士（Darius），发兵靖难，取帝位，创波斯最光荣之历史。

大流士绥靖米太，戡定两河流域下游，刻武功于柏伊斯团（Behistun）岩石，中有"朕连战皆捷，胜利凡十四次，降九君"。当侵印度后，渡鞑靼海峡，入巴尔干，征塞种（Scythes）②，波斯军不谙塞人游击战术，结果失败，仅取色雷斯（Thrace），于是，波斯建立强大帝国，划全国为二十州③。向西进，与希腊冲突，为希腊人挫败，此山民所接受亚洲帝国遗产，遂至停止状态。

---

① 吕底亚系纪元前546年；征阿富汗（Arachosie）、大夏（Bactriane）、康居（Sogdiane）系纪元前545—前539年，攻巴比伦为前538年。
② 据C. Huart言：Darius（前521—前486）系七贵族大家庭之一，父为Hystaspe，系Hyrcanie省长。见 *La Perse antique*, p. 60-61. N. 2.
③ 此数字系Herodotus所言，Seignobos于注中，言波斯题铭提及三十一州。

# 第二编 东地中海城邦

约在第四时代冰河时期，地中海系两个死海所构成，与大西洋并不相连，直布罗陀海峡，系一陆桥，尼罗河、红海、亚德里亚海以及希腊诸河灌汇之。地中海为蒸发海，原有河流不敷蒸发，须有大西洋及黑海调济，始能维持水位[①]。关于此，怀特（Wright）有确论[②]。

海水侵入，湮没此盆地，此为人类历史大事，当安定后，地中海人移此，文化始发。

东地中海，岛屿满布，接近西亚与埃及，便于吸收文化，而大陆希腊，山势错综，构成许多区域，海上岛屿成为交通桥梁，陆地山岳却成了一种障碍，便于流动，便于贮蓄，普遍与个别，自由与独立，形成东地中海历史动向的特性。

东地中海岛屿，以区域论，可分爱琴海与伊瑶民海两类。在爱琴海，形成天然桥梁：北部岛屿，有Thasso，Samothrace，Imbros，Lemnos，Ténédos等岛；在中部，有Skyros，Lesbos，Chios；至南部，即有Andros，Lenos，Myconos，Délos，Icaria，Samos等。至伊瑶尼海，有Argolide，Ceos，Cyros，Paros，Naxo，Amorgos，Astypalée，Kalymnos，Cos，Nissyros，Rhodes，Kythnos，Seriphos，Siphnos，Melos，Sikinos，Pholegandros，Thera，Crète。在这些岛屿中，以克利

---

① 里海汇入水量不足，日渐缩小。
② 怀特在 *The Quaternary Ice Age* 中说："地中海有二湖，其一为淡水湖，居东。泄入西方之湖，当水消海水灌入时，其景有趣。方其流入。初甚细，水道被蚀，海面高涨，其面积亦扩大。峡口若非坚石，必然溃裂，缘注入时长，溃裂为必然结果，形似空论，实根据，试取直布罗陀海峡图证之，即见有极大之谷，由地中海深处，经海峡，入大西洋沙滩，此谷即水灌入时所成也。"

脱最重要，爱琴海文化即以此而起。

希腊大陆，内山岳构成平原，有 Thessalie，Epire，Arcanie，Etolie，Malide，Phocide，Locrides，Beotie，Attisme，Eubea，Megaride，Corinthe，Argolide，Achnie，Elide，Arcadie，Laconie，Messenie 等区域。

考古学者，以纪元前 6000 年至纪元前 3000 年间，克利脱岛已有高度文化，至希腊中部与北部，便在三千五百年后了。进入铜器时代，约纪元前 20 世纪，克利脱领导东地中海。

中亚与埃及民族的移动，影响爱琴海，东地中海周缘，互相往还的关系，至为密切，通商、交战、军事协定，在纪元前 1500 年左右，已成为急切的需要。只是地中海自成一系统，以工商业为中心，形成城邦政治。

东地中海历史的演变，由克利特，进而为腓尼斯，最后集大成者为希腊，城市为社会组织中心，扩大家庭，解放个体，每个人对团体有独特的责任。

在最初发展时，语言与宗教构成团体的集合，并非由于政治。从游牧时代，忘其原始经历，仅忆及二三最近事实，创造成一种神话，表彰民族的光荣。东地中海的城邦，每个有创立者，与夫所崇拜之神，便是以此。

由于民族的移动，自然演进的结果，有三个家族合为一组，选择适当地点，易于防守者作为市场，亦为宗教与政治中心，城市以此而起。城分两部，上城为 Polis，下城为 Astu（住宅区），继后下城殷富，取 Polis 名，而守城即名"亚克波利斯"（Acropolis），希腊史开始时，多利安人有三处，伊奥尼人有四处。

# 第一章
# 克利特古史

铜器输入地中海时,克利特握有海上霸权。据伊文思(A. Evans)研究,在纪元前16世纪前,克利特向非洲、中亚及希腊大陆发展,文教与武术达到成熟的阶段。以故希和多德等语之为"海洋帝国的建立者"①。

代表克利特强盛时期,自为传述中米纳斯时代,虽为神话②,却含有史实③。希和多德所言:米纳斯死于特洛耶战前九十年,即是说,约前1370年前后。但是,从近时发现资料言,希氏所指者为朝代,并非人名。因米纳斯为克利特史长期演进的代表,为富强时期,约在前1750年,也便是为此,西方史学家,以米纳斯前,尚有亚斯代利奥(Asterios)世系。

---

① Herodotus,Thucydide,Aristote 等皆言之。
② 米纳斯为 Zeus-Asterios 与 Europa 所生,有二兄弟:Sarpedon 与 Rhadamanthys,其夫人为 Pasiphaé,象征月亮,生三子:Minotaure, Ariane, Phèdre,又有一爱人 Britomartis,仇视雅典,逐 Carie 人,取 Cyclade 诸岛,建海上帝国。雅典每年以七男七女献 Minotaure。米所居者为迷宫,系 Dédale 所建,Dédale 有一牛,与 Pasiphaé 发生关系,生 Minotaure,事发,造肉翅,飞向西西里岛,死于海中。
③ 在 Laconie, Mégaride, Corcyre, Sicile, Syria,皆有 Minoa 地名。

分析克纳索斯（Cnossos）与费斯多斯（Phaistos）的宫殿形式与城市结构，得一个结论：时间愈演进，地方色彩愈少，介乎纪元前17与前12世纪间，米纳斯即失其地方特性，普遍化是证明。

米纳斯王朝与希腊传述颇多符合处[①]。此种文化，经济与政治关系，形成希腊米塞纳（Mycene）时期。克利特为地中海人，脸长身高，举止敏捷，善航海，拥有强大武力，其霸爱琴海有一百五十年之久（前1600—前1450）。在克利特建筑物中，发现有军事防御设备。

克利特人有艺术天才，室中有壁画，室外有雕刻，竖琴与笛子为习用的图案；城市与居室设备，妇女装饰，都富有现代性。次之，克利特工商业很发达，金属工业，在纪元前2000年前，已达到精美阶段。输出商品，以油与酒为大宗。

纪元前1450年后，克利特许多建筑物毁[②]，富于幻想者，以为内战突发，克纳索斯毁灭其他城市。但是，考究毁后所建诸物，如海亚特亚达（Haghia-Triada）宫，已脱离地方色彩，受米加尔（Megare）影响，而此时米加尔为亚凯人集聚地。以故克利特之衰落，乃由于亚凯人之侵入。而米纳斯代表，须向西西里岛逃跑，克利特成为希腊大陆的附庸。

---

① 纪元前1533年？，Cécrops开发Attique；纪元前1466年，Danaos开发Argolide；纪元前1400年，Mégaride de car与Lebrex à Amyclées开发Laconie，Mégare, Locride Acarnanie；纪元前1340年，Cadmos开发Beolie；纪元前1266年？，Tantale与Pélops开发Peloponnèsse。以上所述，皆受克利特推动。

② 所毁者，有Phaistos, Tylissos, Haghia-Triada，独克纳索斯宫存。

# 第二章
# 腓尼斯

腓尼斯位于黎巴嫩与叙利亚海间，东地中海滨小国[①]。山上满植扁柏与杉木，与内地隔绝。滨海地带，曲折环抱，有良港，居民为闪种，善航海，精工艺，非常富于现实的民族。

继克利特后，腓尼斯为开发地中海者，然始终未建立帝国。每城有独立领土，由议会与国王合组之政府，每遇特殊重大事件，各城遣代表至地尔（Tyr），盖自纪元前13世纪后，地尔为腓尼斯名城矣。

最初腓尼斯城市发展者，为彼孛洛斯（Byblos），至埃及出售杉木，换取制纸草。至纪元前15世纪，西顿（Sidon）积极发展，在曼腓斯设有商店，然其重要事业，乃在推进爱琴海商务，沿小亚细亚海滨，入黑海至高加索，毋不有其足迹。[②]西顿成为富城，腓利斯坦人忌之，至纪元前13世纪，将之毁灭。

自是而后，腓尼斯入地尔时期，向西发展，横贯地中海，达到直布罗陀海峡，取麦、油、麻、银等物，建立许多城市，如乌地克

---

① Phénicie 意为"棕榈"。长一百五十里；阔二十四至三十里。
② 入爱琴海后，在 Paros 取大理石，Mélos 取硫黄，Thasos 采金矿，Cythère 取红染料，直至克利脱岛，由此北上，至黑海。

（Utique）、加地斯（Gadès），尤以加太基为最重要。亦即古代发现欧洲之始，上古史为之一变。

加太基系地尔贵族所建立者，纪元前9世纪时，地尔革命，建此殖民地，以其居地中海中心，逐渐繁荣，统治北非与西班牙，拥有强大武力，贪婪残酷，为人所痛恶。其政治实行两君制，权操于元老院①，由商贾组织，缺乏爱国思想。自纪元前6世纪后，势力庞大，在地中海称霸者有三百年，后为罗马所灭。

腓尼斯善于经商，重利远去，由亚拉伯采购金、玛瑙与香料；由印度购置象牙、珍珠与鹅毛；由亚述采办棉花、沥青、中国丝绸；由黑海贩卖马与奴隶等。他们视天星航海，沿岸而行，秘其路线，宁死不与人知。锡为最珍贵之物，古人不知采自何方，至希腊人偶然发现英海岸产锡处，腓人经营此业已数百年矣。腓人远征队，自加太基出发，循非洲岸至基尼湾（Guinea）。《汉纳（Hanno）游记》至今仍视为地理文献珍品。

腓人外出，视地方文化与实力，有种种设施。在埃及只经营贸易；其未开化者，即据险以守，设堆栈，定期交易；于较繁荣处，如塞普洛斯等地，建造房屋，宛如今之殖民地。

腓尼斯为文化传播者，精于模仿，缺少创造性，其时发生作用而影响于后人者：一为造船术，一为二十二个标音字母，分子音与母音，其功至伟。

---

① 元老院中，分两部：一为全体，共一百零四人；一为执行者，只三十人。

# 第三章
# 希腊居民之移动

希和多德言：希腊原始土著为"柏拉若"（Pelasgie）。纵使有学者否认，我们知道他不是幻想的[1]。至其由来，亦有不同的主张[2]，就希腊言，大约由陆地移至希腊，然后转向小亚细亚，其途径，由代沙利、碧瑶西亚、亚地克、亚尔告利德、亚加地，渡海，侵入亚洲[3]。

继柏拉若之后而至希腊者为"亚凯"人（Achéens）。

亚凯人[4]沿河南下，一路由东北至色雷斯、马其顿与代沙利；一路由西北至伊利利。既至希腊后，向内部移动，据守亚尔告利德与拉告尼。此皆受地理环境支配，滨海者有纳非（Nauphie）与亚西纳

---

[1] 在 Thessalie 有地名 Pelasgiotide；荷马《伊利亚德》诗中，有"神圣的 Pelasges"语；雅典因 Pelasges 建立亚克波罗；亚加以的 Ion 人，认 Pelasges 族的存在；据 Argolide 传述，以 Pelasges 居 Larissa，而 Herodotus 即以为在 Lemnos，Samothrace，Chalcidique，Propontide。

[2] 有以 Pelasges 为北方民族，来自 Illyria 与 Albania；有以来自亚洲，与 Tyrsènes（Etrusgues）有关，古人将 Tyrsènes-Pelasges 并用；有以为闪种之一。

[3] 在 Anatolia 地名语尾，有 -ssoa，-nda: Ariassos，Iassos，Sagalassos，Pedasos……Alinda，Calynda，Isionda，Oenoanda，Labranda……而希腊山河地名，有 -ssos，-ttos，-inthos，如 Ilissos，Kephissos，Parnassos，Brilettos，Hymettos，Gargettos，Ardetos，Tyrinthos，Probalinthos，Trikorinthos，Corinthos 等。在克利特，有 Tylissos，Praesos，为向亚洲移动遗迹。

[4] "Ach"在拉丁文为 Aqua，意为水。

（Asine）良港；内地即有地陵斯（Tyrinthe）与米塞纳（Mycène）丘陵，易于防守。

米塞纳为克利特文化中心，希腊所传，纪元前1266年时，拜洛朴（Pélops）至亚尔告利德，为亚洲伊洛斯（Ilos）所逐①。自13世纪后，亚凯人取得主动地位，米塞纳亦脱离克利特羁绊，形成希腊领导地位，雅典亦受其支配。

当亚凯人代克利脱后，爱琴海起重大变化。与海上居民接触，所谓"江民"变为"海民"，向小亚细亚边岸发展。来斯包斯岛已为亚凯人占据，与亚洲亚凯人②相接，造成包围推罗（Troy）形势，促成推罗战争（纪元前1193—纪元前1184）。荷马取此次战争，咏为不朽诗篇。

推罗战后的六十至八十年间，有多利安（Doriens）新民族侵入③，在伯罗奔奈半岛，逐渐摧毁亚凯人实力，经五世纪久，始能缔造成一国家。

斯巴达代表多利安人，由三家贵族统治④，对待土人，不使之太强，惧其叛乱；不使太弱，恐生产力降低。自里古格（Lycurgue）变法后，用武力保存既得土地，使政治贵族化，他给希腊生命的活力，同时也阻止希腊统一，成为一强有力的国家。

---

① Pélops 与亚洲 Achéens 关系，经 Boghaz-Keui，文献证明；亦只从 Phrygie 影响言，始能解释巨墓建造，约纪元前1250年。
② Boghaz-Keui 史料，证明纪元前14世纪，亚凯人在小亚细亚发展迅速，如 Lycie, Pamphylie, Milyas, 拥有强大海军。
③ 希腊历史发源处，一为 Epire，即称之为 Hellops，一为 Oropos 山岩，有 Graikoi 拉丁人称之为 Hellènes，多利安人，即近 Hellènes 居。
④ 三家贵族为 Agiades, Aegides, Eurypontides。继后 Aegides 移至 Thera 岛（前1074），只余两族，形成两王制。

# 第四章
# 希腊初史

希腊形似一枫叶，富于变化，居民复杂，沐于地中海和风中，养成生动与晶明品质，想象非常发达，富有诗意。好奇，敢于探讨自然与人生，一切以人为基调，追逐完美，至纪元前5世纪，其文化发展至顶点，舍中国外，没有能与之比拟的。

直至纪元前6世纪末，由于宗教与语言，形成一种城邦政治，他是集团的，并非个人主义的。每个城邦有其传述与个性，家族成为重要的因素，推罗战争的诗史，便是这种说明。

家庭扩大的结果，形成王政，有两种不同的典型：一为米诺斯式，取埃及为法，含有神性；一为多利安式，以社会组织为基础，君即为民，如亚脱来（Atrée）[1]。

帝王由家长演出[2]，然亦有例外，如个人有特殊智慧与强力，亦可取而代之[3]。自纪元前9世纪至纪元前7世纪，王权渐衰，产生贵族政

---

[1] Atrée 系 Agamemnon 与 Ménélas 之父。
[2] 希腊文中 Basileus（王）与 Anax（主），在家族与政治上通用。
[3] 据 Boghaz-Keui 发现文献中，Koiranos 意为酋长，在荷马诗中，即为"将军"与"帝王"，说明武力夺取政权，使之合理化。

治，斯巴达、雅典与科林，趋向同一路径。

当贵族统治时，经济繁荣，城市扩大，工商阶级向外扩张，建立殖民地，政治不能专有，起而改革，形成一种民主政治。唯其意义与今日所言者截然不同。自纪元前6世纪起，僭主争霸，亦如齐桓晋文，取政以力，无法之制裁。

自利古格（Lycurgues）[1]变法后，于前750年左右，斯巴达统一告成，恃其强力，向麦斯尼（Messénie）与亚加地（Arcadie）发动战争，

奠立希腊大陆实力。政治重保守，行两王制，由二十八人组成元老院，复操于五位监察官手。重纪律，视战争为常事，造成"不为人摹仿，便为人灭亡"的典型。

雅典初史，亦难信证。自纪元前11世纪始，社会阶级已形成，政治为贵族领导。至前628年，资产者与政客联合，夺取贵族政权。产生梭伦变法，取消债务，解放奴隶，按资产确定社会等级，将资产观念改变，不以土地而以现金，故能掌握雅典的动向。

然此种改革，造成一种困难，旧社会破坏，形成暴君政治，彼斯脱拉（Pisistrate）为典型代表。

雅典民主思潮扩大，前514年推翻伊彼雅斯（Hippias）[2]，经克利斯登（Clisthène）改革，走向民主道路，虽前451年废除财产限制，仍不能以人格为准，佃户、奴隶、外邦人不得参与。

希腊政治，促成两种特殊现象：一为偏狭城邦思想，缔结同盟，如雅典所领导者。一为分裂现象，希腊不能团结，内战频起，互争霸权，结果马其顿坐享渔利，而为罗马灭亡。

---

[1] Lycurgues 生于前880年，死于前804年，受 Labôtas 王命变法。

[2] Pisistrate 有二子：一为 Hippias，一为 Hipparque，革命起，前者逃至波斯，构成波希战争起因，后者为人杀死。

# 第五章
# 罗马初史

于纪元前8世纪时,希腊开拓意大利半岛南部及西西里岛,称大希腊,与罗马人接触。罗马人亦系印欧民族,似与希腊人同时侵入西方,以罗马为中心,

罗马成立时,其史已至复杂阶段,北部有伊特拉干(Etruscans)人,来自亚洲[①],居民多喜卜巫,实行集权制。中部散居着许多民族,其著者,如拉丁、沙班与沙莫尼脱(Samnites)[②],语言宗教,大略类似,以地理环境,形成山民与平原的冲突。南部受希腊支配,启发古罗马人心智,使罗马承受古地中海文化。

意大利半岛,系海陆衔接地带,罗马为中心。拉丁平原土质坚硬,为火山遗迹,潮湿、恶劣的环境。人创造了土地,而土地亦训练居民意志,一方面有自强不息的努力,刻苦奋斗;他方面有集体的合

---

① 证以罗马名词,即知伊特拉干人来自亚洲。

| 伊特拉斯 | Tule | Ceise | Marie |
| 罗马 | Tullius | Caesius | Marius |
| 小亚细亚 | Tυλοε | Κεισοε | Mαl-loε |

② 小民族甚多,如 Umbrians, Sabines, Volscians, Aeguians, Hernicans, Marsians, Latins, Samnites。

作，理解组织的重要。前753年，罗穆吕斯（Romulus）创立罗马的传述，分明是民族意识觉醒的象征。①

罗马位于地孛河畔，七山环绕，是海陆的衔接地，亦为守攻的据点。当他的历史发轫时，所谓王政时代（前753—前509），七王中罗马人居其三，沙班人居其二，伊特拉斯干人居其二．这是一种混合。拉丁为农民，沙班为山民，两者合作，构成一种强力的推动，他们与伊特拉斯干人对峙，终为罗马所统一。②罗马家族观念很强，形成一种偏狭土地观念，爱国的思想．因为环境复杂，趋向一种政治斗争，破除种族、社会等差别，构成一种组织，基于法，以规定地方与中央关系。地中海城邦政治，约在前300年，缘亚历山大与罗马，逐渐消灭，此后地中海沦为次要的地位。

古代西方活动范围，由地中海向大陆移动，罗马完成这种钜难的任务，他不是一个帝国，他是一个联邦．到纪元前5世纪，为人赞美的十二铜表法，不受宗教约束，公众场所公布，完全是希腊的精神。但是，他不允许地中海独霸的局面，他寻求海陆的均衡，至前146年，加太基毁灭，科林焚毁，便是均势建立的结果。

罗马荷负着创造欧洲的任务。

---

① 城市的生命便是民族的生命，人民从城市与神的手中始有生存的权利。
② 七王：Romulus（前753—前716），罗马人；Numa Pompilius（前715—前672），沙班人；Tullus Hostillius（前672—前640），罗马人；Ancus Martius（前640—前616），沙班人；Old Tarquieu（前616—前578），伊特拉斯干人；Servius Tullius（前578—前534），罗马人；Tarquin le Superbe（前534—前509），伊特拉斯干人。

# 第三编 西方均势建立

自纪元前 500 年时，波斯帝国与希腊集团不相并容，互争西方领导的霸权，结果波斯惨败，是乃历史奇迹。希腊从此独树一帜，综合古代西方智慧的成就，奠定文化基础。

但是希腊虽造成雅典海帝国，却不能支久，希腊内战，不能保其小亚细亚利益，波斯又恢复旧日局面，以金钱与诈术滋长希腊内乱。至亚答薛基斯第三（Artaxerces Ⅲ）时，两次向埃及进攻，至前 345 年，埃及复变为波斯的行省。

马其顿兴起，亚历山大向亚洲进发，深惧波斯强力，危及希腊安全。但是由于发展过速，文化不同，未能树立深固基础，终于昙花一现。可是均势破裂，亚西麦尼德（Achéménides）朝，由是灭亡，希腊亦成了罗马发展的对象。

罗马自前 509 年后，两种动力支配整个历史，一方面平民与贵族斗争，摧毁城邦政治，建立帝国。他方面，罗马向外扩张，统一意大利半岛，向地中海进展，毁灭加太基。波希东西的轴心，转而变为罗马加太基南北的斗争，亦即海陆寻觅调和，终于集于罗马一身。

均势为两种不同实力的平衡，罗马独具实践政治才能，缔造成古代特有的联邦，因为基督教的降生，蛮人侵入，将古代文化结束。结束也如历史课其他事件一样，他是一种新的开始，西方走入转型的阶段。

# 第一章
# 波斯与希腊斗争

波斯帝国建立后，大流士攻塞种失败，占据色雷斯，留名将麦喀巴策（Megabazus），其时吕底亚王国[①]已为波斯臣属，而希腊殖民地，深感到困难，因为爱琴海已变为波斯的内湖，伊波斯居间挑扬，企图恢复雅典的僭主政治。

希腊以语言与宗教关系，心理统一，对波斯怀有敌意，米来僭主伊斯地亚（Histiaeus）加以煽动，又加阿里斯托哥拉（Aristogoras）准备[②]，前498年，烧沙尔地（Sardes）城。为利益计，为尊严计，波斯须从事战争，是乃两种不同的意识，演进至成熟阶段，必然的结果。

波斯得腓尼斯助，供其船只，向希腊进攻，于前490年，产生马拉顿战役（Marathon）。人数悬殊，雅典独撑危局，以枪矛御箭矢，幸得米西亚德（Miltiade）领导，采取主动，袭其左右翼，波斯人不支，溃退，大流士声誉顿挫[③]。

---

[①] 纪元前8世纪，Gygès助埃及Psametik I反抗亚述，其孙Alyattes，在位七年，建吕底亚王国。Crésus立，惧波斯，与西流士战于Pteria，纪元前546年，Sardes陷落，Crésus被俘。
[②] Aristogoras为Histiaeus婿。
[③] 据希和多德所记："……人数少，又跑着作战，这是一种疯狂战术，转眼便覆没。但是希腊人很勇敢，值得纪念，在我记忆中，第一次跑着攻击，没有畏惧，大胆攻击波斯。"

前486年秋，大流士死，其子薛塞斯继位，不忘乃父遗志，细心筹备，于前480年，海陆进攻希腊。波斯声势雄壮，希腊危在旦夕。

波斯军渡鞑靼海峡，由北向南，直趋代沙利。斯巴达国王李庸尼大（Leonidas），率三百健儿，固守狄摩彼（Thermopyle）海峡，三日不得下，挫波斯攻势。波斯得希腊人① 助，获所示间道，将李军前后包围，为服存法令，斯巴达全军牺牲，感其事之雄壮，后人刻石曰："过路者，语斯巴达，吾人忠于法令，永守斯土。"②

波斯越此要隘，迫雅典城下，代米斯托克（Themistocle），智勇兼具，以其新建舰队，退守沙洛米湾，9月23日晨，希舰诱其出击，舰坚直撞，波斯舰队限于地狭，无法施展，互击沉没③。薛塞斯睹其军败，急返波斯，陆军由马岛尼斯（Mardonius）率领，屯于代沙利，相持一年，死于孛拉代（Platée），波斯残余海军，雅典追击，又败于米加洛（Mycale）。

希腊不毁于波斯之手，实历史奇迹，是乃东西争夺地中海霸权。希腊有民族意识，以故能渡此危机。约于前465年，薛塞斯被刺宫中，波斯虽不能毁灭希腊，却运用经济与外交方式，滋长希腊内乱。

前449年，波希缔结《西门（Cimon）条约》：波斯放弃报（复），取消小亚细亚统治权；军队距边界须有三日行程。雅典组织代洛斯（Delos）同盟，形成海上帝国，斯巴达忌，产生残酷内战，前后三十年。④

---

① 通波斯告以间道者，为希腊人 Ephialte。
② "Go, say to Sparta, you who come this way, that here, True to her orders, still we keep our place."
③ Eschyle 说："如落网之鱼，以桨与木板击之，压碎波斯人，有如裂布一样。是时海浪助其哀鸣，夜神现其阴暗面孔，将之隐藏。"
④ 亦称 Peloponesse 战争（前431—前403）。

## 第二章
# 拜里克来时代

波希战后，雅典主持代洛斯同盟，又得拜里克来领导，形成希腊黄金时代，教人如何致知，净化自己的理想，追逐形式与实质的和谐，以达到人的完美。

拜里克来秉政后①，环集学者与艺人，走向民主道路。但是，"雅典民主政治，具有拜氏面容"②，他有高贵的理想，"我们都是爱美者，却很质朴，不使失掉人的成分……"

约三十余年时间，雅典变为艺术城，环绕亚克波洛（Acropole），有歌剧院、巴代南（Parthenon）、亚狄娜像，善用透视法，非常调和，并不僵直。但是，拜氏理想，并不为时人了解，其政敌起而攻击③，雅典与斯巴达战起，失利，瘟疫大作，拜氏染病而卒，情至凄惨。

希腊哲学思想分歧，纪元前5世纪时，智人派流行④，重形式与修

---

① Pericles（前495—前429）为名将 Xantippe 之子，自幼受哲人 Anaxagore 教道，于纪元前461年，得 Aspasia 助，环集许多名人，如 Phidias……
② 系 Winckler 语，Thucydide 亦言："事实上，民主政治徒有其名，此乃第一公民统治也。"
③ Phidias 于雅狄娜盾上，刻 Amazon 战图，将伯氏与己像刻于上，托此攻击，指其师 Anaxagore 为无神论者，复又诽谤其妻 Aspasia。
④ 其知名者 Protagoras，专教人巧言善辩。

辞，苏格拉底教（Socrate）与之对抗，教青年致知，由怀疑出发，节制冲动，凡不经最后教严厉试验者，不能视为真知。稣氏招忌，安尼杜（Anytus）控彼"崇拜新神，败毁青年道德"，处死刑，时纪元前399年，柏拉图记于《非顿》（Phédon）中。

柏拉图（Platon，前427—前347）重伦理，较其师柔美，脱离怀疑、妒忌为缺陷，人力定天，故有理想之共和国，虽有想象，但他深信"自定乃命"。前387年，创立学院（Academia），有四十年之久，以对话方式传授真知，未婚，于喜筵中逝去。

亚里士多德（Aristote，前384—前322）则别树一帜，用逻辑方法，探讨事物真理。彼有综合天才，开科学途径，将物类列，建立有秩序知识，其态度严肃，影响至巨。中古哲学，咸以为指南，倍根爱之，树批评精神。

纪元前5世纪，希腊戏剧已至极盛时代，成为希腊生活必要者。其起因，源于宗教典礼，绕坛游行，祭酒神（Dyonisos），态度严肃。继后，表演英雄事迹，情绪紧涨，常在急变与矛盾中，构成悲剧，再现人类独特行为。喜剧含有滑稽与讽刺性，多取材日常生活，剧团、剧本与剧场①，色色皆备。演出时，有歌咏队协助，演员与观众合而为一。其时戏剧作者，名家辈出，有爱希洛（Eschyle，前525—前456），索伏克尔（Sophocle，前496—前405），埃利彼得（Euripide，前480—前406）与亚里士多芬（Aristophane，前445—前388）。②

---

① 相传Thespis首建剧场，纪元前6世纪人。
② Eschyle著《波斯人》，大流士后亚多沙（Atossa）与波斯士兵对话：
亚：波斯人，告我说：雅典在何处？
歌：我们主上所去很远的地方。
亚：为何他要去征雅典？
歌：要统治整个希腊。
亚：是否雅典准备抵抗这么强大的实力？
歌：他们军队有很好的声誉。
亚：他们有无充实的财富？
歌：他们有银矿。
亚：他们使人畏惧，是否因为有强大的箭手？
歌：不只有好的箭手，并且有精悍的战斗员。

雅典所表现的希腊文化，情感与理智均衡的发展，由形的完美以达到灵的完美，有残缺，有偏执，但是他真正从人性出发，丰富与和谐教育未来的西方。

---

亚：谁是他们的将领，谁来指挥他们？
歌：他们没有纪律，没有领袖，没有给他们发令者。
亚：那么，他们不能战胜我们。
歌：虽然人少，他们摧毁了大流士的军队。
亚：远征将士的母亲，听到这话是如何可怕呵！

## 第三章
# 马其顿：希腊向外的扩张

希腊忙于内战（前431—前404），无国家与民族思想，囿于城邦偏狭观念。雅典败后，斯巴达领导。是时，斯巴达与波斯相连，取得黑海胜利，而波斯不忘旧耻，借此分化希腊。

当西流士第三争夺政权时，斯巴达出兵相助[①]，至纪元前396年，亚希拉斯（Agésilas）率军两万，渡海，陷沙德城。是时，波斯助雅典、科林等叛乱，斯巴达海军败于克尼德（Cnide），前394年，不得已缔结《安达西达合约》（前387）：亚洲所有希腊城市，交给波斯统治，波斯又恢复昔日强盛的局面。

斯巴达统治十四年，霸权衰落，代彼斯乘机兴起，称霸十年，与雅典及斯巴达鼎足对立，给马其顿造成兴起的机会。

希腊人视马其顿为蛮族。腓里朴（Philippe，前382—前336）自代彼斯还，深知希腊的内情与弱点。前359年践祚，即思改善，组织民众；争取出海口，繁荣经济；训练军队，以征波斯为口号。逐步实现，希腊分化，虽有狄摩斯登（Démosthène）焦唇敝舌，囿于城邦观

---

[①] 斯巴达出兵一万三千人，纪元前401年，西流士战死于Cunaxa。

念，不能团结。前337年，腓里朴开会于科林，组织泛希腊同盟，准备进攻波斯，次年为人暗杀[1]，伟业留给其子亚历山大。

亚历山大继位，年仅二十，美而健，喜读荷马诗，得哲人亚里士多德训导，好奇，自信而富于理想，需要扩大的空间。承其父业，戡定希腊内乱，前334年，率步兵三万，骑兵四千五百，饷仅七十达郎（Talent），粮仅四十余日，由马其顿出发，转战十年，战战皆捷。

前334年：败波斯军于克拉尼克（Granique），陷沙德城。

前333年：向伏利若（Phrygie）进发，败波斯军于伊稣士（Issus）。继南下，取叙利亚、腓尼斯、希伯来，攻陷埃及。

前332年：建亚历山大城，成为埃及法老。

前331年：败波斯军于亚伯来（Arbele），陷巴比伦，取稣士，统一波斯。

前330年：向东进，经阿富汗、大夏至康居。

前327年：与保洛斯（Porus）战于印度河，士兵思乡，不肯再进。

前324年：返稣士，娶大流士女史达地拉（Statira）。

前323年：移跸至巴比伦，拥有"大王"尊称，发热而死。

吾人不知其漫游目的，然此三十三岁少年，足迹遍中亚，创立七十余城市，西方如亚历山大，东方如犍陀罗（Kandahar）、喀布尔（Kaboul）及撒马尔汗（Samarkand），对经济与文化，皆为有力的推动。亚历山大城变为西方文化中心，哲学与科学甚发达，其图书馆藏有四十万卷。[2]

马其顿帝国建立如是迅速，有若狂飙，其分裂为必然的。然就古

---

[1] 纪元前336年，腓里朴为Pausanias暗杀，彼为Olympias情人。
[2] 当Callimachus任馆长时，有编目与提要等工作，纪元前46年，凯萨至埃及焚毁。

代西方历史言，东西竞夺，均势破裂①，希腊帝国，有若山洪暴发，转瞬间又成割裂局面。

自希腊史言，党派斗争，内战不已，民主党与保守党不能合作，造成罗马优势，宛如马其顿兴起前的局面，仅历史重心移至意大利而已。前147年，罗马毁科林，希腊以此灭亡，然其文化长存，仍有力地支配西方。②

---

① 自波斯兴起后，向西发展，失败；而希腊向东发展，虽有亚历山大战绩，终于亦告失败。
② 拉丁诗人Horace说："希腊以艺术击败罗马。"

# 第四章
# 罗马两种动向

自罗马建立至纪元前266年，罗马史上有两种动向：在政治上，有平民与贵族的斗争；在军事上，有意大利半岛的统一。两者并行，相因而成。

元老院为罗马政治组织的特点，开欧洲议会制先河。当王政时代，国王擢选议员，贵族充任；至前510年，执政官代替国王，沿旧习任命议员，平民[①]只有表决权，没有参政权。

王政消逝后，战争扩大，平民举债从军，不堪经济压抑。前494年，相率罢业，退居圣山与贵族对峙。贵族知内战不能解决政治，遣亚克利巴（Menenius Agrippa），允其所请，设护民官，取消债务。

平民资产散失，生活困难，前486年客西雨斯（Cassius）提出土地法，结果以此丧命。平民受此刺激，趋于积极，贵族疲于应付，组织十人委员会，制十二铜表法（前450），克洛地（Claudius）任第二次十人委员会主席，袒护贵族，平民罢业，二次退圣山，克氏死于狱中。平民虽胜利，婚姻与政治仍未平等，前390年，高卢人入寇，曼

---
[①] 所谓平民，并非今之无产阶级，其资产约合二千五百元，生子女，注册。

利雨斯（M. Manlius）反抗贵族，被自达般（Tarpéienne）投下，平民继续奋斗，至李锡尼（Licinius）制法改革，十年后，平民始有任执政官与贵族通婚权。

公民权虽然扩大，举行议会，却不能立刻行施，结果为元老院掌握，自纪元前89年后，凡意大利自由民悉为罗马公民[①]，纪元后213年普及全帝国。

另一种动向，自罗马城建立后，向外发展，至王政时代，拉丁平原已告统一。共和伊始，得希腊之助，拒抗伊脱拉斯人侵入，取得亚拉西（Aracie，前506）。继后与沙班、伊奎（Eques）、服尔斯奎（Volsques）战争，观其传述，便知战事艰辛。

前405年与维伊斯（Véies）战，经十年，将之臣服。四年后，高卢人南下，前390年7月，罗马军败阿利亚（Allia）河畔，名城被劫，予以金帛，罗马人坚持信心，复能合作，终恢复其实力。

罗马解除北方威胁，转向沙莫尼脱，前后三次战争（前343—前290），罗马采取分离政策，败之于亚桂洛尼（Aquilonie）。八年后，伊彼（Epire）王皮鲁士（Pyrrhus）感唇亡齿寒，渡海征罗马，罗马累遭挫败，终取得贝文杜莫（Beneventum）胜利（前275），三年后，夺取达杜莫（Tarentum），意大利半岛统一告成。

罗马富于现实，在演进中，对内贵族让步，对外形成统一，以法组织，故每次年战争，罗马军事挫败，最后仍能取得胜利，深知集体与个体均衡的至理，以实现其所负之使命。

---

[①] 罗马公民，享有公权（选举权、任职权、行政诉讼权）与私权（财产权、婚姻权）。

# 第五章
# 罗马与迦太基

　　罗马军队有纪律，以守为攻，刻苦耐劳，纵使常常失败，却能取得最后胜利。以故自杜利雨斯起，逐步向外发展，与伊脱拉斯、沙班、高卢、沙莫尼脱、比洛斯（Pyrrhus）等战争[1]，于前266年，统一意大利半岛，罗马史转向地中海发展，遂启布匿战争。

　　迦太基[2]承袭腓尼斯余力，握地中海霸权，殆至罗马统一意大利半岛，西西里岛成为两国缓冲地，亦为两国争夺的焦点。西西里岛原为希腊与迦太基共有，当叙拉古（Syracus）与麦西纳（Messina）冲突起后，希腊已无实力，罗马出兵相助，两军相持于亚利任杜莫（Agrigentum）间，继而迦军退守利利寺（Lilyboeum）（前261）。

　　罗马海军脆弱，联络希腊，改其战术，舰端设吊桥，移陆军战术于海上，前260年，罗马获取米来（Mylae）胜利。自是而还，勇气倍增，迦太基纵有海战传统，惨败于亚迦特（Aegatian）群岛（前241）。

---

[1] 纪元前508年，与伊脱拉斯战争；纪元前405年，征维爱（Veii）；纪元前309年，高卢入寇；纪元前343至纪元前290年，与沙莫尼脱三次战争；纪元前282至纪元前275年，与彼洛斯战争。
[2] 参看第二编第二章。

战事经二十三年，迦太基摧毁其商业，割西西里岛，又赔巨款①。

罗马与迦太基相安二十二年，时迦太基政潮迭起，汉纳（Hanno）改组政府，守旧派控制，推行妥协政策。急进派亚米加（Hamilcar），于前236年，率其婿亚斯流巴（Hasdrubal）及其子汉尼巴（Hannibal）退西班牙。

汉尼巴生于前247年，军行告庙，其父令彼宣誓："永远不做罗马人的朋友。"② 既至西班牙，努力开拓，前228年亚米加逝世；前221年亚斯流巴不幸为人暗杀，汉尼巴年甫二十六，独撑大局，发动第二次布匿战争。

汉尼巴进袭罗马，取道陆路，携军五万余，象三十七头，越比利牛斯山，渡洪河（Rhône），前218年10月，抵亚尔普山麓。不顾风雪，冒险攀登。经九日至山顶，由上而下，更为困难，辟路，直趋波河流域，先后败罗马军于地桑与脱来彼（Trebia）（前218）河畔。次年，迦军渡亚平宁山，取特拉西梦（Trasimene）湖胜利。执政官瓦宏（Varro），将军八万，汉尼巴仅及其半，前216年战于加纳（Cannae），罗马几全部被歼灭。

罗马危急，改变战略，取发彼雨斯（Fabius）避重就轻之策。复遣兵至西班牙、西西里岛与非洲，断其补给，造成牵制，此种策略与汉尼巴致命打击。西皮云（Scipio）出，力主积极，反对游击战略。罗马与纽米地亚（Numidia）联合，直捣迦太基，迦太基急，召汉尼巴返回，前202年汉尼巴败于池玛（Zema）。迦太基求和，条约至苛：迦太基割西班牙与北非土地；献出战舰与战象；五十年内，赔巨款一万达纶；不得罗马同意，不能与第二个国家作战；交出汉尼巴。除最后一点外，余皆允诺。

汉尼巴遁至小亚细亚，组织军队，劝叙利亚王安都斯（Antiochus）

---

① 赔三二百达纶银，每达纶约合关银一千五百两。
② 事见 Polybius 叙述。

与之联合，恢复地中海实力，不为罗马垄断。安都斯纳群臣之告，拒其所请。汉尼巴不得已投彼地尼（Bythinie），罗马遣军围攻，汉氏睹屋被困，不愿落于罗马手中，仰药而死（前183）。

迦太基战后，国家意识觉醒，罗马监视，复受客东（Cato）偏执鼓吹①，任纽米地亚欺凌，实行劫夺迦太基商旅。前149年，迦太基不能忍，实行自卫，罗马借口破坏《池玛条约》，发兵问罪，实则罗马武力发展，不允其独立生存。

迦太基知大祸降临，无法避免，居民团结，拆屋为船，剪发为弦，西皮云·爱米里（Scipio Aemilianus）以封锁策略，断其给养，前146年城破，战六昼夜，全城大火，亚斯洛巴（Hasdrubal）殉难，罗马咒其地为不祥，宣布为行省。②

罗马恃其武力，向海外展开攻势，利用希腊内争的弱点，毁灭马其顿（前148）。两年后，保罗·爱米里（Paulus Aemilianus）复恢科林，地中海的两个城市：迦太基与科林，悉为罗马绝灭了。罗马向东进展，入古代东方区域，前129年，占领柏加曼（Pergamum），彼地尼、本都（Pontus）相继臣属。波斯所期望者，而为罗马完成。均势破裂，地中海成为罗马内湖，西方历史进入新阶段，既非古代西方帝国的蜕变，亦非地中海系统的赓续；其实质乃罗马运用组织才能，兼具两者特有，奠立西方新基础。

---

① 客东常言：Delenda est Carthago（应毁迦太基）。
② Polybiu 言：当西皮云见火烧迦太基时，心中感动，自言有一日罗马也要受同样的命运。

# 第四编　罗马帝国

布匿战争结束，罗马向外扩张，其转变剧烈，使罗马史走向新道路。其始，空间扩大，财富突增，农村经济破裂[1]，旧机构不能应付新局面，遂产生革命与军阀的斗争。两次三头政治，便是时代的产物，他不是偶然的。

凯萨的集权，与地中海城邦制的传统相违，其行也速，不能隐藏，死于非命。然政治单位扩大，旧日共和制是不能领导新帝国。奥古斯脱调和，于集权的实质上，笼罩着共和外衣，是乃西方古帝国的复活，一系相承者将及三百年。唯其不陷于专制，缘地中海传统的市民团体，地方强烈情感，尚能维持。自此种事实言：所谓罗马帝国，系握有实权的皇帝，扩大自由市政府的联盟。[2]

自纪元前 146 年至罗马帝国分裂（纪元后 395 年）止，罗马史潜伏着两种洪流：一为基督教降生，一为日耳曼民族的迁移。前者教西方人如何理解人生与宇宙，结束古代西方文化；后者造成欧洲历史的主干，开拓大陆，政治中心逐渐向北移动了。

---

[1] Varo 在《农业论》中说："农民家长弃其锄犁镰刀，逃至城市，宁在剧场中鼓掌，而不愿耕种田亩。"以故奴隶云集罗马，四十六年凯萨调查，罗马一城依赖政府救济者，有三十二万人。Olde Pline 说："罗马之亡，亡于中产阶级消灭。"

[2] A. F. Giles 说："罗马个人特权，施及一般属民，造成帝国内一般平等的水平。"

# 第一章
# 共和政治的没落

罗马向外扩张，财富人贵族手，造成严重的社会问题，即有功于国家者，"须到（处）漂泊，贫无立锥的地方"[①]。自纪元前134年，帝白里·革拉古（Tiberius Gracchus）举为护民官，图谋解决，终以此招忌，为暴徒击毙。十年后，其弟凯雨（Caius）复为护民官，继其遗志，亦被暗杀于亚望丁（Aventin）山林。此时理性沉没，所余者武力，党派利用此种机会，缔造为自己有利的局面。

前107年，马留（Marius）改组军队，普罗阶级亦加入，军队素质降低：只知领袖，不知国家与法令，野心军人视军队为私有，运用夺取政权。前102年，马留败日耳曼人，任第六次执政官，为民党领袖，与贵族对抗。元老院为自身利益计，举苏拉（Sylla）压抑民党实力。马留忿怒，前88年举兵暴动，苏拉带兵破禁入城，元老院赖以得存，酬其勋劳，任命至小亚细亚征米脱达德（Mithridate）。

苏拉既去，马留与西纳（Cinna）相结，发兵至罗马，劫杀贵族，（前87），罗马政局又一变。四年后，苏拉自亚洲返回，马留已死（前

---

① 系帝白里讲演辞，见 Plutarque。

86），西纳以六军截击，失败，贵族借苏拉之力，恢复政权，封为终身独裁。自是元老院权力加强，人民集会只是形式，取消否决权，贵族可以高枕无忧矣。前 79 年，苏拉自请退位，次年逝世，葬于演武场。

苏拉死后，元老院虽复其位，却无实力，所遗四军团，两军受元老院支配。隶于贲拜（Pompeius）与客拉苏（Crassus）；两军隶于反对党，受塞斯多利（Sertorius）及雷比达（Lepidus）指挥，四军皆非法组织，将领亦非执政官，即置国家利益不顾而循私人之所欲也。

元老院扶植军人，支持贲拜，贲拜为贵族，不善作战，却有运气，领导四次战争①，结果顺手取得。唯在政治，贲拜性格柔弱，无定见，顺环境缔造自己地位。彼以元老院起，前 70 年，与客拉苏相结，反元老院，将军至小亚细亚，大肆掠夺，满载而归，遣散军队。

前 63 年，贲拜自亚洲返，元老院予以白眼，得凯萨之助，与客拉苏联合，形成三头政治。客拉苏征帕提亚，纪元前 53 年被金液毒杀，贲拜领有罗马与西班牙，忌妒凯萨，又倾向元老院，企图唯我独尊的地位。

凯萨出自贵族，倜傥不羁，有趣味，善生活，深悉罗马政治内幕；有野心，确知每件事实发生的作用；娶民党西纳女儿，周旋于贲拜与客拉苏间，利用俩者财与力，建筑自己的事业，"没有像他更会得人心的"。

三头政治成立，凯萨被举为执政官，继为高卢总督，自前 58 年至前 50 年，戡定高卢，奠定西方历史发展前途，与亚历山大东侵相较，即知凯萨所为创造与开拓；而亚历山大仅只波斯史之复习。

凯萨征高卢，历时八载，羽毛丰满，贲拜忌其功，欲夺其权，前 49 年 1 月 7 日，凯萨渡吕彼贡河（Rubicon R.），袭取罗马，贲拜屯军西班牙，未及调回，不能对抗，败于法萨拉（Pharsale），逃往埃及，

---

① 第一次，征西班牙，纪元前 72 年俘获 Perpenna，系 Sestorius 部将。第二次，于纪元前 71 年，协助客拉苏 Spartacus 乱。第三次，靖绥地中海海盗。第四次，平 Mithridate 乱。

埃及王遣人刺死。凯萨被任为总督裁。

凯萨集权一身，为罗马至尊人物，对内政颇多建树，扩大元老院，议席增至九百；重新规定税制，免除官吏掠害；所征服人民，与罗马人平等，高卢亦可参加元老院；安定退伍军人与平民生活……

凯萨非特有军事与政治天才，且有文学修养，其《征高卢纪》，至今犹为西方儿童熟诵文书，言辞简洁。① 唯不能控制内心，言行招人忌，于前44年3月15日，为孛留杜（Brutus）所杀，死于贲拜石像之下。

凯萨死，集权政治并未衰弱，共和体制随罗马发展，亦已崩溃，后继者，如何取得城邦与帝国平衡，善于运用两种实力，此则有待于奥古斯脱。

---

① 纪元前47年，凯萨寄元老院："Veni, Vidi, Vici."

# 第二章
# 罗马帝国

凯萨死后，恢复共和，系徒然努力，民众追念凯萨，安东借机缔造实力，终为屋大维（Octave）败（前31），他所眷念的埃及女王克娄巴（Cléopâtre），事不成，次年亦自杀。

屋大维系凯萨养子，政变后由希腊归来，年甫十九岁，体弱胆怯，却有坚决的意志，复杂的头脑。方政敌去后，独拥大权，保存旧形式，却逐步实现凯萨遗志。他组织二十三个军团，分驻帝国边境。经多年内战，群众渴望和平，屋大维深解人心，竭力安内定外，造成一种信任，诚如诗人所言："信任吹散了疑云。"[1] 他不愿有帝王尊称，只取奥古斯脱（Augustus）：意为"可敬者"。

奥古斯脱统治四十五年（公元前31—公元14），树立新政治，即中央与地方的均衡。这是一个联合的帝国，元老院仍存在，开始所谓"罗马和平"（Pax Romana），亦罗马文化登峰造极的时代，味吉尔（Virgilius）、奥哈斯（Horatius）、西赛罗（W. T. Cicero）、李维（Titus-Livius）、塞纳加（Seneca）等，相继辈出，形成古典文学。帝国如日中

---

[1] 系 Horatius 诗。

天，自罗马吹向四方"拉丁风"，到处接受他的影响①，质朴、简练，处处表现拉丁文化的特征：现实的美。罗马为首都，成为大理石城市，其建筑物，悉皆表现壮严，有容量。文化随政治传播，帝国繁荣，各省享受和平。

继十二凯萨之后②，为安东王朝，贤王辈出，为罗马史上升平时代。帝王承继，非由父子相传，于名将中，选任贤能，立之为嗣，然后由元老院批准。限制武人实力，发扬法治精神。亚德良（Hadrien）规定：凡中央与地方财务，须由受训练公民充任，不是帝王仆役，而是大众公务员。帝王只是行政最高的长官，行政组织由骑士充当，效率特增。图拉真（Trajano）、奥哈里（Marcus Aurelius Antonius）为古代帝王表率。

这时罗马帝国的版图，东起幼发拉底河，西到不列颠，南起埃及，北至莱茵与多瑙两河，全境分四十八省，有便捷的交通，完善的管理，公平的法律，居民享受和平，诚如荷马所言："地球为人民所共有的。"

惟须注意者，所谓罗马帝国，非如埃及、中国与波斯之帝国，他是城邦与大陆的综合，他的基础是经济，而不是文化。就其效率言，他须借交通与行政组织始能推行；必须边防驻重军，内部始安全。在运用上是以拉丁文为工具，但是他们的思想与知识，却是受希腊支配，而希腊思想在衰弱之时，基督教很快地便取而代之。这也是为何罗马帝国始终不能跨过莱茵河，那里是日耳曼世界，纪元前9年，奥古斯脱残败；又不能跨过幼发拉底河，那里是波斯世界；图拉真深入，退却；亚德良根本放弃③的原故。

---

① 如 Seville，Tolède，Lisbonna，Lyon，Nimes，York，Caerleon 受罗马影响。
② Suétone 有十二凯萨，其名如次：1.Caesar；2.Augustus（前31—公元14）；3.Tiberius（14—37）；4.Caligula（37—41）；5.Claudius（41—54）；6.Nero（54—68）；7.Galba（68）；8.Othon（68）；9.Vitellius（68）；10.Vespasienus（69—79）；11. Titus（79—81）；12. Domitienus（81—96）。
③ 图拉真征四新区（Armenia, Mesopotamia, Assyria, Babylonia），达伊朗山地，安息惧，将边界缩至（Zagros）山内。时埃及、多瑙河乱，图拉真速返，病死于西西里岛，亚德良即位，放弃新征服四区，将边界缩至幼发拉底河。

## 第三章
# 基督教兴起

基督教兴起，系西方历史中的重大事实，他是希伯来精神的赓续，将古代文化结束；也是西方精神的教育者，与古文化配合，创立欧洲。

当闪种向两河流域移居时，亚伯拉罕（Abraham）向西退，止于约旦河，以游牧为生，居民呼之为：希伯来（Hebreux），意为外来者。不奉偶像，虔侍耶和华，自信为上帝特殊选民。

巴列斯坦为甬道，地却贫瘠，相传若瑟率其民，移居埃及东境，渐次握有政治实权。埃及人忌，加以迫害。于纪元前13世纪中叶，摩西率希伯来人，退至西奈山，受十诫，创立宗教，借此组织民众。由游牧转为定居，经历长期混乱①，终推沙罗（Saul）为王②，不能昼战，举大卫（David）组织军队，定都耶露撒冷。

继大卫之后，而为锁罗门（Solomon，前975—前935），经济繁荣，国势造极，然死后，希伯来分裂为二：北部为伊索利王国，定都撒玛利（Samaria），于纪元前722年为亚述灭亡。南部为茹德亚王国，

---

① 《圣经》中说："以色列人无王，各凭己意行事。"
② 沙罗好战，与腓力斯坦、亚摩尼人、亚马来脱人战，撒姆耳告之："汝抗上帝，去汝王职。"

以耶露撒冷为都城，受宗教影响，前587年，为纳布甲尼散灭亡，虏其民，囚于巴比伦者凡七十年。

希伯来人国亡，信守摩西律典，建树精神价值，上帝非特是义，而且是爱，教西方人了解永恒唯一的真理①。

罗马帝国繁荣，腐蚀旧日健全的伦理，道德堕落。罗马变为乞丐城，寄食者有三十万之众。洁身自好，不甘沉溺者，内心感到急迫的需要，求之宗教，罗马宗教是实利的；求之希腊思想，希腊思想导人怀疑；便是流行的禁欲派，亦只少数人理解，须有特殊的意志，非一般人所能为力的。

便在罗马统治的巴列斯坦，耶稣降生，他以浅显的语言，教人博爱，没有畛域，无分种族，贵贱贫富，一律平等。凡人都是兄弟，应当相爱，不当相恨。那些安贫、嗜义、淡泊、谦和等美德，西方古人从未言及者，耶稣光大之。他提高人的尊严及精神价值。此种新思想，与希伯来选民观念相违，结果钉于十字架上。因为罗马伦理思想转变，造成一种烦闷，十二年后，罗马已有基督教组织。②

基督教将上帝与帝王划分，不能混而为一，此与古代传统的观念相违。支配人类行为最高律为良心；既不能以祀上帝之礼，以祀帝王；亦不能参加不义战争，服务军营。这样将宗教与政治，划分为二，截然不同。此耶稣名言："是凯萨的还给凯萨，是上帝的还给上帝。"

罗马政教不分，自难容纳此种思想，加以压迫与摧残，其著者有奈宏（Nero）、多米西安（Domitienus）、图拉真、奥害利，特别是戴克利先（Diocletienus）③，将基督教友，不分男女老幼，施以极刑④。殉

---

① Deus est justitia 乃真理，Deus est Amor 乃生命。
② 基督教迅速发展原因：甲，罗马公民平等观念，取消种族界限，与新宗教人皆兄弟相合，弱者皈依。乙，希伯来一神义与希腊哲学思想，给新宗教奠立基础。而禁欲派伦理思想，与基督教"良心"至上相配合，化知识为信仰，大众易于接受。丙，彼得与保罗等宗徒，摩顶放踵，舍身就道故迫愈烈，传播愈速。
③ 迫害最烈者，系64—68、95、106、165—177、303年。
④ 鞭挞、枭首、磔死、火烧、钉十字架、斗兽场斗兽、迫行违良心……用极刑迫人改变信仰。

道者详静就义，信友倍增，此尤斯丁（Justin）所言："人家愈压迫我们，苦痛我们，我们的信友愈增。"

基督教取得政治地位，是西方历史发展必然的结果。只有铲除了那些荆棘，始能使新芽成长。龚米杜斯（Commodus）死后，帝国为武人割据，趋于分裂。君士但丁大帝（Constantin）于313年宣布米兰谕："我们决定还给基督徒们自由，为着使上帝保护他们，同保护我们一样。"324年，帝国统一，政治中心东移，次年举行尼塞（Nicea）宗教会议，定基督教为国教，从此新宗教有了法律基础，启西方历史新局面。

# 第四章
# 罗马帝国解体

罗马帝国的解体，系西方历史最重大的史事。

自192年后，武人支配政治，造成紊乱局面，在十四年间（254—268），帝王更易者有二十九人。禁卫军长（Praetorians）成了制造皇帝者。旧有的"好公民与好士兵"的精神，因内外战争，已失掉了。代之而起者，是一群无归的游民，纯粹在私利，所谓"赠礼"（Donatium）实支配政治有力的因素。①

伊利利帝王立，虽能防御边患，却不能控制时代。戴克利先四人制（Tétrachie），亦仅幻想，与实际无补，不能挽回分裂局面。君士但丁（306—337）深悉帝国的趋向；利用基督教新力，恢复统一，可是改拜占庭（Byzance）为君士但丁堡，与希腊政治、经济及文化一有力的据点；同时他也树立起君主政治，系希腊与中亚的混合，亦马其顿帝国的赓续。

罗马经济发生危机，中产阶级消灭，形成不平均，富者阡陌相连，挥金如土；贫者沦为奴隶，自君士但丁大帝后，奴隶属于土地，

---

① 因赠礼不足，Pertinax只做八十七日帝王；Didius julianus做了六十六日，并丧命。

不得移动。而税重，货币贬值，结果经济崩溃，社会活动停滞，外族侵入进来，罗马帝国解体更迅速了。罗马城渐次失掉政治重要性；地中海边岸的繁荣，已沦为次要的地位。以故帝国分裂为二：395年，狄奥多斯（Théodose）将东方赐予长子亚加地（Arcadius），以君士但丁堡为都城；西方与次子阿纳流斯（Honorius），以米兰为都城。

　　罗马帝国所以分为东西者，地中海为中心，东西长而南北短，继后，凯萨征高卢，逐渐向大陆发展，帝国实质亦转变城邦特征，走向集权途路，复因东北两面，外族侵来，虽非毁灭罗马，却造成一种不安；政治向东北移动，便于处理：米兰、特来夫（Trèves）、尼高麦地（Nicomédie）最后至君士但丁堡。是时希腊文化仍有极大的潜力，故东西分裂，实必然的。

　　西罗马残喘81年，奥多亚克废小奥古斯脱（Romulus Augustule），寄书与东罗马皇帝："一人统治两地便够了。"从此西罗马灭亡。

# 第五编 欧洲转型时代

自西罗马灭亡（476）至神圣罗马日尔曼帝国成立（962），是欧洲历史转型的时代。所谓"转型"，即是说由地中海的欧洲，转入大陆的欧洲；由希腊罗马的文化，转入基督教的文化。他们演进的程序，基于一种环境自然的要求，那便是日尔曼民侵入所造成紊乱的局面，皈依基督教造成的新意识①。

罗马帝国，从戴克里先、君士但丁以及狄奥西多等，企图建立君主专制政治，先后失败，因为城邦形虽消逝，实力犹存。千年来地中海缔造成的思想与生活方式，坚不可破；然而他特殊与实利的观念，不能见容于陆地的欧洲，日尔曼新民族，必须罗马帝国灭亡，新的欧洲始能肇生，这件巨大的事件，经历五百年的时间，并非太长的。

习惯上言此时期是"黑暗的"；这是一种形容辞，罗马文化与政治实力，始终未越过莱茵与多瑙两河，便是高卢区，虽受罗马支配，实是帝国边缘上强有力的离心力，故西方政治文化北移后，高卢成为决定欧洲动向的指标②。若以时代言，所谓"黑暗"，乃对希腊罗马古代而言，他并不是倒退，根本上莱茵河以北是一片荒地；以南是培植生机；他之粗陋，幼稚与原始自是当然的。就西方历史言，他是转型的；就现在欧洲史言，他始开始生命，虽然接受了古代丰富的遗产，

---

① 至16世纪，所谓宗教改革，是宗教复古的运动；文艺复兴是思想复古的运动。这在欧洲史发展上，不是突然的。
② 后期罗马帝国史，有人称为高卢罗马史。法国为高卢中心，故特别重要。Rowse（A. L.）："The character of the middle Age is given by the fact that the centre of gravity of civilisation had shifted away from the mediterranean，northwards to France and the Rhine."——*The Spirit of English History*

却与古代截然不同。

古罗马帝国的潜力，仍支配西方的人心；新兴的基督教，倡导普遍与独立的理论，保持人的尊严；而日尔曼民族的活力，成了大陆欧洲的主体。这三种主力冲击，弛张与平衡，以求离心与向心的均势，欧洲向着新途径发展。①

---

① 此东罗马被欧洲人视为东方历史，不予以重要的位置。

# 第一章
# 日尔曼民族的迁移

中国秦汉统一，于朔漠游牧民族不利。近黄河流域者，渐趋同化；漠北者受汉族压迫，如波推浪，匈奴逐渐西移。汉武帝进据塔里木河，匈奴步月氏之后①，向西发展，散居乌拉山与里海之间，其西为亚兰人（Alans），即纪元前65年贲拜所进击者②。

匈奴不能定居，越顿河西进，与哥德人接触，哥德人为日尔曼民族之一，向西迁移成了自然的发展。

日尔曼③民族包含不同的种族。1世纪时，其分布概况：沙利佛郎（Saliens Francs）据荷兰，利堡佛郎（Ripariens Francs）沿莱茵河直至马因（Mayence），酥埃夫（Suèves）据多瑙河，补尔恭（Burgonds）与汪达尔（Vandals）据曼因河，阿拉曼（Alamans）据亚尔萨斯对面，东哥德（Ostrogoths）据顿河与聂伯河之间，西哥德（Wisigoths）在黑海北岸，聂伯河西，盎格鲁与萨克逊沿北海，据丹麦至莱茵河滨海

---

① 月氏受汉压迫，越昆仑，入雅利安人居地，与大夏混合，形成大月氏，复南下至印度。
② 即雅利安蒙古族。
③ 日尔曼（Germany）意为森林人，亦为好战者。生活力很强，有力的开殖者。团体高于一切，善战，实权操于军事领袖手中。

地带，而龙巴多族渐向南移动。

　　日尔曼民族西侵，并非一件新事实。[①] 但是罗马趋向分裂途径，民族迁入成为严重问题。自 236 年，佛郎人突破莱茵河，虽有克洛底（Claudius）[②]与普洛比斯（Probus）[③]胜利，罗马失其主动的力量，以故亚拉利克（Alaric）为西哥德领袖，由马其顿，希腊至意大利，于 410 年，罗马沦陷。[④] 继后，阿地拉（Attila）组织匈奴，与罗马对立。由东北西侵，与埃西雨斯（Aetius）战[⑤]，并未失败。452 年入意大利。随即逝世，匈奴无人领导，同化于他族。是时汪达尔人已入据非洲，其领袖任塞利克（Genseric）由北非劫罗马（455），复进攻希腊。便在此时，东哥德领袖狄奥利克（Theodoric）有政治眼光，从东罗马境中，移向意大利，时 488 年。奥多亚克废西罗马帝，倾力建设，企图建立政权，与狄奥利克战于维宏纳（Verona），败（489），继为暗杀。东哥德遂取意大利，定都拉维纳（Ravenna），东哥德施政贤明，注意民众苦痛，企图恢复西罗马，不幸狄氏去世（526）[⑥]，三十年后，为拜占庭灭亡。

　　阿地拉侵入后，佛郎人协助罗马军队，拒抗异族。殆至 480 年，合高卢北部与东北部，建立高卢王国，罗马已无实力，鞭长莫及。次年克洛维斯即位，与基督教合作，皈依新宗教（496）[⑦]，有群众，这是个集团，并非国家[⑧]。至克洛维斯晚年（死于 511 年），佛郎实力南伸，达

---

① 纪元前 390 年，高卢人入寇罗马；纪元前 102 年，罗马执政官马留败日尔曼军。9 年，瓦洛斯（Varus）带三军出征，全军覆没。
② Claudius 败哥德人于 Nish（270）。
③ Probus 于 276 年，逐佛郎与阿拉曼于莱茵以北。
④ 亚拉利克死，Ataulf 率军退高卢，娶 Galla Placidia，如汉之和亲政策，419 年，在亚桂登（Aquitaine）建西哥德王国。
⑤ 所谓 Champs catalauniques 战争，地近法国北部 Troyes。埃西雨斯为罗马大将，受 St. Aignan 主教请。西人渲染此战，实阿地拉未败。
⑥ 参看 Avitus, Lettres 83-84。
⑦ Clovis 娶补尔恭王（Burgonds）Gondebaud 女克洛地德（Clotilde），她是基督教友。当克洛维斯战胜后，在 Reims 集体受洗礼。
⑧ 史称此时为墨罗温王朝（Merovingiens），法国国史开始，这只能说是较有组织的集团，并非一个国家。

比利牛斯山，南部渐趋罗马化；北部仍保持原有风俗习惯。经百五十年后，佛郎集团裂为二：一为纳斯脱利（Neustria），操拉丁语，为法国雏形；一为奥斯脱拉西亚（Austrasia），操日尔曼语，别成一系统。

民族移植，并非要毁灭罗马帝国，相反的，他们赞赏罗马文化与生活。393年，亚拉利克为斯地利共（Stilicon）击败，着罗马衣，不敢组织政权，他讲和，他所梦想者，只"哥德文化的罗马帝国"而已。至亚地拉来时，451年战事，并非军事失利，证据是他仍能安然撤退。既至意大利，教皇里庸（Leon）讲和，究其所求，亦无具体目的。任塞利克亦无灭亡罗马雄心，唯将欧非割断，罗马退到布匿战前的边疆，地中海成了帝国的边缘。罗马实力已去，所余者，心理的统一与历史的潜力。①

日尔曼民族的移入，为数并不多②，可是他的影响是不可估计的。第一，这种移动，搅乱了旧社会秩序；除修道院外，几无文化可言，彬彬罗马臣民，亦变为蛮人矣。③ 第二，欧洲历史向大陆移动，造成许多新国家，给基督教发展的机会，两者配合，形成今日欧洲的基础。第三，新民族侵入，造成所谓黑暗时代，却带来一种活力，新的情绪，封建与骑士制度率皆受其影响。

---

① 476年，Odoacre废西罗马幼帝小奥古斯脱，给东罗马帝王信中说："西方不需要特殊的帝王，你一人统治两方便够了。"
② 在意大利的东哥德人，五百万居民中，东哥德人仅有两万战士；西哥德人在西班牙亦不多；汪达尔人在非洲，六百万居民中，约有八万；补尔恭人在虹河流域，约有二万五千人，五千为士兵。全罗马帝国，约有五千万居民，日尔曼人不能超过一百万，便在省区，亦仅占百分之五。
③ 佛郎时代，没有作家，仅可举者为Gregoire de Tour，著有《佛郎史》（Historia Francorum）。

## 第二章
# 拜占庭帝国

罗马政治重心东移，君士但丁堡重要性突增。451年加塞东（Chalcédoine）会议，宣布"政府与元老院莅临，与古罗马享受同等特权；即在宗教也要同样热忱……"处此民族移动时代，较罗马善于防御，无论军事与政治，皆有独特的成就。他承袭希腊罗马的遗力，屹立千年，在西欧尚未形成实力后，拜占庭成了东方防守的前哨。

优斯地尼（Justinien）即位（527年），蓄有大志，对内要恢复秩序，厘订法令[①]，对外要收复土地，恢复罗马帝国统一。得狄奥多拉（Théodora）之助，使之渡过尼加（Nika）危机[②]。狄氏出自民间[③]，富于现实，深知中亚的重要，竭力同情原有的宗教，普洛告朴攻击她行为猥亵者亦正以此。

--------

[①] 优帝组织法典编纂委员会，将2—6世纪杂乱无章的条文与命令，成为四部巨著：一、《法典》，共五十卷，摘录二千余种著作。二、《令典》，共十卷，收集帝王旨谕。三、《法学导论》，一卷，以供学生学习。四、《优帝新谕》，一卷。
[②] 532年发生，系由赛马引起，优帝准备逃去，狄氏向他说："帝王，假如你要走，很好，有钱有船，海道大开，任君远去！至于我，我不走，我爱旧日格言：'皇服是最好的葬礼。'"优帝信心恢复，戡定叛乱。
[③] 狄氏生于501年，父为斗兽者，527年与优帝结婚，死于548年。

优帝信任贝利沙（Bélisaire），率军收复失地，首先攻非洲（532），毁汪达尔人实力，转向意大利半岛，536年至罗马，需时二十年，毁东哥德王国。西哥德闻风震慑，献南部地带。拜占庭西方成就，非实力过强，乃对敌太弱，其在多瑙河流域，受斯拉夫人压迫，如普洛告朴所言："从此之后，斯拉夫人逍遥在帝国境内……"

拜占庭帝国接受罗马帝国任务，本质上却是希腊的，他不能控制时代，常受中亚外力的支配，优帝一生政绩，除法典与圣索非（St. Sophia）教堂外①，失败强于成功，因为他不能把握那个重要史事：西方千年史是受波斯帝国发展支配的。

萨珊王朝兴起，得告斯洛（Chosroes Ⅰ，531—579）领导，国富军强，争夺亚美尼亚，须纳贡请和（562年），政治不能找出一条新路。宫廷斗争，如佛哥斯（Phocas）与埃哈克利（Héraclius），各有派别；宗教上玩弄抽象概念，树党对立，只有人民忠于传统，效死勿去，拒抗斯拉与匈奴侵入。拜占庭在叛乱与外敌压迫中，成了维持现状。这时候，除李唐外，西方沉入黑暗中，旧罗马无法复活，拜占庭也在转变中。

---

① 圣索非大教堂，两万工人，建筑五年（532—537），落成之日，优帝言："承天之恩，愿天接受此种作品，锁罗门，你败了！"

# 第三章
# 伊斯兰教兴起与亚拉伯帝国建立

西亚亚拉伯半岛,系孤立的高原①,有不毛的沙漠、枯燥的草原及肥沃的沙田。沿海皆山,酷热,雨量很少。海地牙(Hadjaz)产宝石,也门产咖啡与香料,故富有诱惑力与刺激性。因为这种环境,居民度游牧与商旅队的生活,到处景色相同,使人易于沉思,趋于反省,深感到人力渺小,不能改变沙漠单调的环境;感到失掉自由的可怖。介乎能与不能之间,无所选择,只有行动来决定一切。在伊斯兰教兴起先,亚拉伯人有国家的要求,并未组织成一个国家。想象力强,崇拜喀巴(Kaaba),5世纪时,高洛伊契(Koraichites)族守护,亚拉伯人相率朝拜,麦加由是形成,居民约两万。

穆罕麦德,陈宣帝太建三年(571)生于麦加,六岁丧父,家贫,寄寓孀妇喀地亚(Khadija)家,协助经商,喀氏虽长穆十五岁,终结婚,生活有着落,潜思默想,创立伊斯兰教:"世上只有一个阿拉,穆氏为最伟大的先知。"诚如史克斯(Sir. M. Sykes)说:"此新宗教非常优美,仁慈宽爱,简单明了,有沙漠间豪侠之风。"方新宗教创立,信

---

① 亚历山大曾想征亚拉伯。前此,《圣经》中言及沙巴(Sabaea)后至耶露撒冷。

者甚少，约五十二人①，时人多讥其愚妄，谋刺杀之，622年9月，穆氏逃往麦地纳，发动战争，八年后，胜利地还麦加，632年逝世②，其言行载于《可兰经》（Karan）中，为秘书查伊德（Zaid）收集。

穆氏曾言："谁要不相信上帝与其先知，便与谁战争，一直到他们屈服与臣贡为止。"基于此，将回教发展与亚拉伯征伐，混而为一，我们觉着是错误的。伊斯兰宗教，刺激亚拉伯人军事情绪，这是无疑义的。但是亚拉伯武力所及，率皆沙漠田及沃州地带，含有流动性，土地观念薄弱，从634年至661年定都多马色（Domascus），其帝国如奥古斯脱时代③，是时，波斯与拜占庭积弱，在波斯建立阿拔斯（Abbassides）王朝，承萨珊王朝余业，走向繁荣的道路。在宗教方面，于661年后，阿利（Ali）为莫维亚（Moawiah）所杀，分裂为二：一为素尼派（Sunites），一为十叶派（Shiites），两派斗争，亚拉伯在不安中。

东罗马内政紊乱，建立伊若利（Isaurien）世系，里庸取积极政策，要保持小亚细亚实力，与保加利亚联合，取西锐克（Cyzique）胜利（717），在宗教上，思与回教妥协；伊亥纳（Irène）摄政，走希腊路线，放弃亚洲，将重心退缩至地中海威尼斯肇生。拜占庭精神动向，既不能收拾西欧局面，又不能与伊斯兰竞争，但他教育斯拉夫人，构成回教向西发展的屏障。亚拉伯至西班牙（711），继向北进展，查理马太（Charles Martel）败之于波纪（Poitiers，732）。欧人特重此役，就事实言，拜占庭的勋绩④实超过万倍。

750年，报达代替多马色；阿拔斯代替奥米亚（Ommyades），帝

---

① Ali，Othman，Abou-Bekr，Oman为忠实信徒。
② 穆氏死，Abou-Bekr为教主，素尼派领袖。十叶派推阿利。
③ 634—636年，取Syria；639年，取埃及；642年，灭波斯；661年，奥米亚王朝定都多马色；711年，渡直布罗驼海峡；732年，波纪战争；750—1258年，阿拔斯王朝建立，都报达；756—1031年，Cordova成为西方亚拉伯中心。
④ 678年、717年，亚拉伯两次攻君士但丁堡，Constant Pogonat与Léon Isaurien击退，将欧洲救出，并非732年波纪战争所可及。

国东西分裂，有如罗马帝国。回教主变帝王，圣战变为劫掠。故史克斯说："睹阿拔斯帝国强富……外表虽美，内容实含死亡文化之尘埃与灰烬也。"亚拉伯帝国逐渐衰弱，二百年后，突厥曼西迁，伊斯兰更趋积极，与基督教争衡。反观欧洲，拜占庭自成系统，而西欧在混乱中。

　　亚拉伯努力所达地带，文化发达，蔚然壮观，综合希腊、希伯来与中国思想，构成科学、文学与应用。"零"的发现[①]，《天方夜谭》，造纸厂的设立[②]，皆足表现阿位伯文化动向。其文学富于幻想；其建筑，色调奇离，轻盈飘缈，哈康第二（Hakam Ⅱ）图书馆，尤为世人称道，藏有四十万卷。

---

[①] 零的发现者为 Muhammad Ibn-musa。
[②] 唐天宝十年（751年），节度使高仙芝征伐石国（即现之塔什干），与大食战于怛逻斯（Talas R., 指附近 Aulie-Ata）。所俘国人，有制纸工人，报达即设纸工厂，以故西传。

## 第四章
# 基督教教会

　　欧洲历史发展初期,在罗马沉沦时,基督教的教会决定了欧洲的大动向。这件事,系君士但丁大帝无意中奠基的。君士但丁并不认识基督教的伟大,他看教堂与寺庙并没有分别,他只利用新宗教实力,缔造自己的事业,并未估计到后果如何。

　　当外族侵入罗马后,罗马凋零。"到处是丧衣与叹气,往昔景象,不堪回首,何处是元老院,何处是民众?光荣毁弃,只余蛮人剑下叹气……"① 当此动乱转变时期,教会负起双重任务:他负起教育外族的任务,也负起被征服者保护的责任。

　　因为圣彼德死在罗马,罗马成为教会的中心②。罗马区的主教,随着政治的演变,逐渐提高地位,由神权演向世权发展,约在 3 世纪初,成立宗教会议,第一次罗马主教表现特殊地位,系沙地加(Sardica)议会(343),即是说别区主教的决议,须经罗马主教认可。因为教会必须统一,始能有积极作用。同时,教会自身系安定时局的力量。亚拉利克与亚地拉至罗马,系教皇救出的。加察东会议(451)即由罗马

---

① 系教皇克来高利第一语。
② "Thou art peter, and upon this rock I will build my church." Matt. XVI. 18.

主教主持；526年，教皇若望第一去君士但丁堡，皇帝亲迎，由于奥斯丁（Augustin）《天国》一书，帝王不与教会合作，其错当由帝王负担的。①

此时教会名人辈出②，伽山（Mont-Cassin）修院由本笃建立，成为复兴的基础。东哥德亡后，意大利虽属拜占庭，事实上完全独立，教皇成为政治的领袖。克来高利（Grégoire I, 590—604年在位）拒抗伦巴多（Lombards），遣教士至英国，不列颠皈依基督教，其实力已深不可撼了。至克来高利第二（715—731年在位），罗马已为教皇统治，构成世权起源③，他不只是教皇，而且是帝王④。

教皇与拜占庭关系，非常微妙，理论上合作，事实上背道而驰，至"神像问题"出，介乎里庸与克来高利第二间，已无法团结，关系以之断绝。此时基督教教会得佛郎王国支助，西方实力稳固，至751年，丕平（Pep in le Bref）得教皇查加利（Zacharias）同意，篡位，教会取直接行动。迨至800年，教皇给查理曼举行加冕典礼，时人认为是罗马帝国的复活⑤，实则启教会统治西方雄心。教会的任务本质转变，他成了西方政治的发动力，今后的历史动向，直接间接，都有密确的关系。

教会与加罗林王朝的结合，为欧洲史转型中最重大的事实。

---

① 圣保罗说："The powers that be are ordained of God."
② St. Ambroise, St. Jerome, St. Augustin, St. Jean Chrysostom, St. Paulin de Nôle, Innocent I, Leon I, Gregoire de Nazianse, Gregoire de Nyssa, St. Hilaire, Pelagius, Nestorius...
③ 教皇统治罗马，称 Respublica，南北八十哩；东西四十哩。
④ 此系指其地位，教皇皇冠系自 Jean XII 始。
⑤ 所谓 "Renovatio imperii Roman"。

## 第五章
# 查理曼帝国

771年，查理曼正式即位，承其父志，继续传统策略，加强与教会合作。"祭台与宝座"统治的理想，实为当时环境的产物，并非是古罗马帝国的复活。在位四十五年[1]，战争约有六十余次，究其原因，都有宗教成分。773年，征龙巴多，以教皇亚德里昂第一（Hadrien I）受困故；继征萨拉森，前后二十年，累经艰辛，不与伊斯兰并立。778年，军至宏色梧（Roncevaux），勇将罗兰牺牲，后人念其忠贞，作为诗歌[2]。……其征日尔曼，亦以宗教，危地康德（Vitikind）皈依，于804年始平息。教皇里庸第三，于800年圣诞节夜，在罗马彼得大堂，举行加冕典礼，群众鹄立旷场，欢呼："查理奥古斯脱万岁！"时人意识上以为古罗马的再现。

查理曼大帝所以重要者，并非以他是个英雄[3]，而是他所达到时代的任务。西方在极度紊乱中，无法与东罗马统一——往昔联邦式的

---

[1] 768年，Pepin将帝国分给二子：查理曼与查洛梦（Carloman）。771年，查洛梦死，帝国统一。
[2] 《罗兰之歌》（*Chanson de Roland*），系中古重要文学作品，影响甚巨。
[3] Eginhard《查理曼传》中说查理曼"身体强壮，高而宽，眼大，鼻少长，头顶很圆，有美丽的白发。……声音洪亮，精通拉丁文，虔诚，爱好知识"。查理曼死后，即刻演变成神奇人物，《罗兰之歌》中萨拉森王说："惊赞查理曼，其寿似有二百余龄，满身伤痕漫游，永远胜利，击败了多少帝王，征伐何时终！"

罗马帝国亦已解体。查理曼抓住教会与政治家的心理，与拜占庭对抗，他的措施，如最使人称赞者，监察使（Missi Dominici）及"五月会"①，与罗马传统精神不同。他是转型中有力的推动，这个帝国是新时代的开始，并非是旧时代的尾声。

查理曼帝国的本质是日尔曼的，他注重文化，设立学校②，其目的不是保存希腊罗马文物，而是要教育这大批的新主人，以"人"为本，建立人支配一切的新动向。首先他反对罗马"何地属何法"③的原则，这样始能容纳日尔曼的习惯即是说特殊化；与基督教的理论，便是说普遍化。也是为此，政治中心向北移动，莱茵河两岸成为活动的基点，定都亚克斯（Aix-La-Chapelle），而他签署文件"查理，佛郎与龙巴多王"④。

查理曼死（814）后三十年，帝国便分裂了。这说明帝国如何脆弱⑤，因为建立帝国的条件文化与经济，尚未成熟，缺乏共同的基础。基督教在日尔曼区域是表面的；经济陷入停顿，封建制度加速度的演进，新民族强烈离心的因素，结果产生《凡尔登条约》（843），帝国分裂为三：罗德（Lothaire）路易与查理，各主一方，此时，已显示新欧洲的动向，传统派如瓦拉（Wala）强烈反抗⑥，终不能阻止自然的趋向。高卢境中受拉丁熏染较深者，渐转为法兰西。莱茵右岸与斯拉夫之间，形成日尔曼集团。中部罗德所承受，拥有帝王尊号，不久便分裂，意大利成为独立区，罗林成为德法争夺地。

严格地说：查理曼帝国并不是一个帝国，那是罗马潜势力⑦，基督教理想的实施在新民族身上，创造新欧洲的起点，唯一具体的结果，便是罗马教皇的地位提高。

---

① 监察使由两人构成，一为主教，一为公爵，巡查各处。五月会，凡帝国内文武官员，宗教人物皆参加，借此与民间接触，真知实情，议会汇集，称 Capitulum，现存六十四种。

② 奥良主教说："教友子弟，必须去求学，修院不得拒绝，亦不得征收费用，完全是义务的。"

③ "Cujus regio, Ejus Lex"，以区域为准，查理曼反之，日尔曼法代替罗马法。

④ Caros, Rex Francorum et Lombardum.

⑤ 阿拔斯王朝至1060年亡，拜占庭1453亡，查理曼帝国仅四十三年。

⑥ 瓦拉为罗德参谋，反对分裂。

⑦ Florus 说："每人只管自己，忘掉大众利益，国家如墙倒，石灰剥落，一齐倒下来了……"

# 第六编　基督教统一时代

从《凡尔登条约》至十字军结束，四百二十七年间，欧洲在基督教的孕育下，逐渐确立了他的面目。这个封建制度发展的时代，个人与地方因素特重，罗马教皇积极推展精神的统一，使伦理与意识具确定的标准。这种力量异常强烈，在他的运用上，发生极度的困难，致使弱点暴露，此所以有政教冲突，有十字军，有以后的宗教改革。

这不是黑暗时代，这是地中海的遗产，基督教的动向，与新民族结合的反映，形成一种个人与社会的新概念。这是一个创造的时代，教会地位，自克来高利第七（Gregoire Ⅶ）后，取得政治领导权，形成西方中古国际联盟的盟主，柔化封建与骑士的横蛮，树立崇高的伦理，哥特式的建筑，大学成立[①]，士林哲学[②]奠基，欧罗巴始有了他的生命。

基督教对人类的观念是统一的。由宗教激起的残杀与战争，不是基督教自身的错过，而是借宗教之名，西方人追逐自己私利，便是说基督教的理想与现实，相距甚远的。由于十字军与蒙古帝国西侵，各民族接近，世界的统一性，逐渐证实，蒙古马蹄，踏破了欧人睥睨的幻梦。此时欧洲历史，各大国相继成立，国家观念——主权属于民——开始推动，普遍与个别支配欧洲历史，今日欧洲史上的种种，仍可追溯至 13 世纪。

基督教的统一不是徒然的，在新民族与旧文化融化时，由地中海演进到大陆，基督教尽了他时代上的任务，非常有益。时过境迁，他必须守其岗位，退出实际政治，于是有宗教改革。

---

① 见拙作《欧洲文化史论要》第八章。
② 士林哲学（Scholastique），即经院派，以圣多默（St. Thomas d'Aquin）集大成，著有 *Somme Théologique*。

# 第一章
# 封建社会

城邦政治解体，新民族侵入，造成长久紊乱。西方社会演进的结果，形成封建制度，"无系统意味，仅略具组织之混乱"。故各地发展不同，土地统制社会，构成"人格的依附"。

为了保证生命的安全，生活有着落，人民将土地献出，依附贵族。贵族不只是地主，而且是军事领袖，以战争为职业。因9世纪后，战术改进，骑兵居要位，有钱者始可胜任[1]，"miles"与骑士无分别，造成主臣的关系，采邑的制度，（使地位）不平等。整个社会为之一变。

封建臣属关系，创于麦罗温晚年。查理曼时，需要军力，加强关系赐予土地。上下相分，别为许多阶层[2]，于10世纪，确定采邑制度，有规定，举行公开仪式，建立法律关系，权利与义务确定了。此种采邑，臣属无自由处分权；因而，在封建社会内，有自由处分者，称"亚洛"（Alleu）。

---

[1] 一匹马等于六头牛的价值。
[2] 帝王为最上层。次为公爵、伯爵，拥有许多村庄，如纳曼公爵，可以自由征集军队。再次为子爵，有几个村庄，一队骑士。最后为骑士，有一个或半个村庄。随主人作战，到13世纪，骑士也有随从。

跪在主人前面，双手置于主人手中，自称系他的"人"（Homo），亦称系他的"忠实人"（Hommo Ligius），主人将之扶起，予以"和平的吻"，这种仪式是必须的，却是非宗教的。

但是，这个宗教极盛时代，宗教仪式随即加添，于《圣经》或圣物上，置放双手，以明忠贞，主人赐以土地，并剑、矛、棍等物，以象（征）土地转移，所转移者，非所有权，而为享受权①。

所确定义务②，必须谨守，设有改变，又须双方同意，这种动向是伦理的，并非法律的。伦理基础，系基督教发展使然，英法关系至密，纳曼为封建核心，至12世纪，两已走向统一路径。而德国方面，由于萨克逊系统，受基督教支配。时起政教冲突，地方势力形成，封建制度在日尔曼扩张，形成许多封国。

从政治言，封建制度是形成国家的过渡，没有国家，没有官吏，他是罗马政权崩溃后的结果，一种氏族与土地的结合；从社会言，所有权失去作用，与古代对土地的观念相违。这是罗马所遗的社会与日尔曼社会的混合，他是欧洲史的开始，自然演进的结果。

对此，我们不当评其优劣，他富有创造形式，时间与程度不同，欧洲却经过同样的阶段。为此，西方进入君主时代，政治演进时，经济随着发展，对欧洲史改变他的局面。

---

① 设双方有死亡，继承者须重申献礼。臣属变为世袭，非法律的，乃习惯的。
② 臣属义务：甲，兵役服务，随主人作战；乙，每年四十天劳动服役；丙，纳两种税，继承税与四种税。主人对臣属予以保护。

## 第二章
# 神圣罗马与日尔曼帝国

《凡尔登条约》后，德国意识觉醒。只是天然环境不利；无重心，承袭查理曼策略，与教会合作。此种动向，使教会树植基础，非特德人接受基督教伦理，波希米亚皈依，特别教廷政治地位提高；而且基督教统一西方思想，恢复往昔罗马帝国，几乎是每个有为的教皇必趋的动向。

结束龙巴多战事后，962 年奥东第一（Otto Ⅰ）加冕，形成"神圣罗马日尔曼帝国"，教会与日尔曼人的结合，完全是悲剧的。教会所重者军事，德人所求者向意大利的侵略[1]，理论与事实不协调，遂产生政教的冲突。

日尔曼民族非常实利。由教皇加冕，乃是帝王合法的手续，并非由教皇提出，即是说他们的关系是平等的，不是上下的。此时德国为欧洲北部的边缘，普鲁士一带尚未开发。由教会关系，向东南推进，他的政治演变，渐由萨克逊移至奥地利。[2]

---

[1] 意大利不统一，德国为实利，向南发展，所谓"抵抗极小，利益极大"。
[2] 教会与萨克逊合作，距离至远，于是帝国政治中心向东南移：Saxon, Franconia, Souabia-Autriche。

德国要在地中海有出口，吸取地中海与东方财富，威尼斯成了最富的商场，其事并非偶然的。迨至纳曼人侵入西西里岛（1038）[①]，西方局面为之一变，即教皇南北有强力，联南拒北，自为罗马教廷必取的策略，在亨利第三时任命教皇者四次，每次皆以德人充任。1059年后，教皇与纳曼人妥协，为独立而奋斗，克来高利第七（Gregoire Ⅶ）立，教皇与帝王的决斗开始了。

克吕尼（Cluny）[②]发扬基督教精神，非特恢复教皇尊严，而且拯救出欧洲。克来高利出自这个改革的修院，任教皇后，即着手进行：第一，教廷要绝对独立，不受外力压迫；第二，禁止出卖圣爵，只有教会有叙爵权；第三，各主教服从教皇，只有教皇可召开宗教会议。

际此封建时代，主教拥有武力与资产，帝王利用与教皇对立，于是教皇选举权，移入枢机主教手中，位尊势弱，不易为外力操纵。这些改革，确校正时弊，人民浸渍在基督教内，自愿俯首听从，而教会体制，由共和转为专制，在当时视为一种进步[③]，非常自然的。

亨利第四立，不愿教皇过问德国教会[④]，克来高利正式宣布：（一）无论何人任命主教，教皇将之驱逐出教。（二）神职者如受教皇外叙爵，其职无效。亨利第四召开富姆（Worms）会议，否认教皇，教皇对抗，将之驱逐出教。

此事在德反响甚大，亨利反对者借机作乱，内外被压迫，反抗即毁其政权，妥协，尚可争取时间，结果产生加纳沙（Canossa）事件（1077），帝王向教皇屈服。

费特烈大帝即位（1152）结束内部斗争[⑤]，大胆，有力，诗歌中人

---

[①] 1038年，纳曼人至西西里岛；1071年，取Palermo；1077年，罗马教廷与之结约；1097年，建Messina教堂。
[②] 910年，克吕尼修院建立，属于本笃会。
[③] 此时，教会拥有两种有力工具，一为宗教法，一为各地为教廷捐款。
[④] 不只德国不愿，即英国亦不愿，威廉侵略者说："我很愿向教廷献款，只要教皇不视为臣属的呈贡。"
[⑤] 因德国有Welf与Weiblingen冲突，Conrard与Henri le superbe争，费特烈以其母故，综合两者。

物步前人遗业，南下意大利。此时意大利为危险区，教皇国、自由市、西西里王国、东罗马、伊斯兰等各种势力，交织成一种微妙的关系。费特烈所赖者教皇，教皇有伦理与心理实力，却缺乏经济与军事，当教廷独立威胁时，即转向他方，亚历山第三，得法国之助，败费特烈于洛尼纳（Legnano）（1176），次年，结威尼斯条约。

亨利第六、奥东第四仍与教皇对抗，1211年，教皇英诺森第三（Innocent Ⅲ）举费特烈第二。英法斗争，英助奥东，法助费特烈，教皇克来高利第九，以佛罗朗斯为中心，又启政教斗争。1250年费特烈死，德国又在混乱中，神圣罗马日耳曼帝国，就他成立的意义上完结了他的生命。

教会与帝国三百年的关系中，是理想与现实的决斗，是基督教的世界观念与日尔曼封建个人主义的矛盾。帝国完结，并非国家分裂①，而是欧洲肇生后第一次自觉的运动。即是说欧洲有其共同的意识，却不能有共同的组织，无论是教会战胜帝国，或者帝国控制教会，都只是昙花一现，遭受欧洲人拒绝的。帝国以统一为案件，故在此三百年中，他能够发动十字军，却也隐伏了宗教改革，没有时间与势力能够破坏自然形成的事实。

---

① 德史学家 J. Haller 言："帝国完结，便是国家分裂。"又言："这种分裂，由诸侯强盛，帝王不能支配。"实则德国从未成一国家，亦未统一，神圣罗马日尔曼帝国，只是日尔曼割据的力，披基督教理想的外衣，建立大陆欧洲的动向。

## 第三章
# 欧洲向东发展：十字军

古代西方历史，受波斯支配，殆至西罗马灭亡，亚拉伯兴起，西欧沉入混乱状态。中世纪整个动向，缔造西方统一，求之教会，教会缺乏经济与军事实力；求之日尔曼帝国，封建势力倔强，初生欧洲，羽毛尚未丰满。以故历一百七十五年之十字军，全欧参加，是新生欧洲统一的表现，政治意味远超过宗教，他是宗教政治化后神秘的结果，非常危险的。[1]

伊斯兰东西分裂，给塞尔柱人崛起的机会，中亚脆弱，报达与莫稣儿沦陷，亚拔斯采取婚姻政策，缓和危机。多克鲁（Togroul Beg）攻亚美尼亚，拜占庭感到深的不安。1071年，塞尔柱进攻叙利亚，取耶露撒冷，马利克（Malik Shah）[2] 为一世雄杰，使西方震慄。

政教冲突，亨利第四失败后，教廷以西西里岛诺曼实力，领导西方，乌尔班第二（Urbain Ⅱ）召集宗教会议，应拜占庭之请，倡导十字军："舍开自己，背起你们的十字架，跟我来……"[3]

---

[1] 民众十字军，由彼得领导，两万五千人，能渡海峡者只三千，随即被残杀。
[2] 马利克为塞尔柱最强者，1071年为人暗杀，年仅38岁。
[3] 1095年11月27日，在克来蒙（Clermont）议会完结时所言。

欧洲有基督教共同的意识，以圣地号召，必然成功的；拜占庭与西欧利害相同，今日戒惧塞尔柱，亦犹往昔对抗亚拉伯，理当取共同步骤。但是，探究内幕，即有不可弥补破绽。西欧政教斗争，英法冲突；东西罗马宗教分裂；西西里与拜占庭争夺地中海，威尼斯受拜占庭卵翼，变为西方不安的因素。于是十字军的命运，便看拉丁与希腊能否统一，而西方自身又是否可以合作，确实受教廷支配？

十字军为欧洲向外发展，高德伏（Godefroy de Bouillon）建"耶露撒冷拉丁王国"，西方胜利。拜占庭、十字军与塞尔柱形成一种均势，维持小亚细亚局面。拜占庭徘徊于东进与西向政策，趋而中立，结果十字军与塞尔柱对抗。东西罗马疑惧，洛哲（Roger de Sicile）欲控制地中海，雷纳（Renaud）夺取塞浦鲁斯，曼纽伊（Manuel Comnes）停止协助，倾向亚洲，以抗西欧，沙拉但（Saladin）出，于1187年复取耶露撒冷。

耶露撒冷丧失，使西方团结，十字军失掉宗教的彩色，转为政治斗争与财富的劫夺。1204年毁柴拉（Zara），攻君士但丁堡，建立王国，实为欧洲暴力的出轨。两者皆为基督教统治地，这说明教皇是无法控制的。[①] 经57年，米哲尔（Michel Paleologue）恢复东罗马，实质衰弱，所得利者为塞尔柱，宗教问题，已无人过问了。

蒙古帝国兴起，使西方国际局面改变，埃尔马来克（Elmalek）深感不安，变其与基督教敌视态度，与费特烈第二签和约[②]，他要保全埃及，又要抵抗蒙古，蒙古指马西向，所向无敌，往昔东西罗马戒惧塞尔柱人者，今扩为伊斯兰与基督教合惧蒙古，欧洲遂裂为二：第一个集团为联蒙制塞，以宗教为重心，教皇伊诺敬第四、法王路易第九为代表。第二个集团为联塞制蒙，以实利为重心，费特烈第二为领导，此乃国际

---

① 威尼斯王公 Dandolo 以取柴拉为条件，始建十字军，教皇伊约敬第三逐威尼斯人出教，既取拜占庭后，大行劫掠，举 Baudouin de Flandre 为王，威尼斯取希腊，Boniface de Montferrat 取色雷斯。

② 系1229年2月18日，所谓第六次十字军。

政治演变剧烈之时,没有文化与经济为背景,三种盲力的激荡。

1251年,乌拉古(Houlagou)取报达,八十万人回教人士死难;路易第九进行第七次十字军,攻埃及,路易被俘虏。迨至第八次时,路易第九死,欧洲人士再不愿提及了。① 根本上,十字军是披着宗教衣服,一种对东方政治的活动,并不纯洁。② 十字军是新生的欧洲与世界第一次的会面,他看到老而更老的中亚、新而更新的蒙古,这使他心理上起剧烈的变化。便在路易第九死的次年,马哥孛罗出游,仕于元朝,世界由他向西方人提出,麦哲伦证明,蒙古人为欧洲布置未来的行程。至于地中海经济恢复,东方文物西传,那是副产物,虽然重要,尚须时间始见功能的。

---

① 1479年,教皇Pius Ⅱ又倡十字军,无任何反响。
② "西方基督徒心理不一:虔诚者要去致命,贪吝者去致富,商人要购置货物,贵族要封侯,英雄要战斗,好奇者去旅行。"每次动向,要以欧洲内部团结为条件,统一是不可能,结果虽八次十字军,都是徒然的。

# 第四章
# 蒙古西侵

成吉思汗组织漠北部落，发动西侵，征喀什噶尔、撒马尔干至里海，南下者至拉哈尔（Lahore），北上者与基辅大公相遇，被俘，进至黑海之滨，拜占庭大震。1227年，成吉思汗死，窝阔台继之，得南宋之助，平金，西进毁基辅，入波兰，费特烈第二（与之）战于列尼池（Liegnitz），大溃，欧洲沉入恐怖中。匈牙利遭受最惨，三年后，罗马教廷使臣柏兰嘉宾（Jean de Plans Carpini）过其地，"旅行半月，不见人烟"，基辅所留房屋，仅二百余所。

蒙古组织严密[1]，行军至确[2]，政略与战略有合理配合，"初非仅以兵多而胜也"[3]。是时，欧洲疲于十字军，教皇伊纳敬即位（1243），举行里昂宗教会议，遣使蒙古，英国史家巴黎（Mathieu Paris）推定："蒙古人也是基督教徒，系犹太人十支中之一，许久散亡而仅存者。"蒙古人改变西方局面，形成一种国际政治，即联合蒙古，东西夹击回教。

---

[1] Leon Cahum 说："不是蒙古无纪律的可怕，相反的，正因为太有组织，使人可怕，到处所经者有三字：条例，公事房，驿站。"
[2] 进攻波兰，两军需时三十日，华沙会师，未差一时。
[3] Bury 注 Gibbon 史："1241年春，蒙古军之蹂躏波兰及入据匈牙利，盖军略优长有以至之，初不仅以兵多胜也。"

柏兰嘉宾奉命出使，自里昂至和林，需时约两年七月，途路艰辛，入中亚北部，"草木凋零，枯骨暴露，群山静立，深夜可闻鬼哭"[①]。1246年，由丞相镇海领导，觐见定宗，复书译为拉丁文，既无结盟之意，亦无皈依之心，以上国自居，视罗马教皇为臣属。

柏兰未成功，却带回蒙古消息；法王路易第九，发动第七次十字军，于塞浦鲁斯遇蒙古戍将宴只吉带使臣[②]，遣郎友漠（André de Longjumeau）东行。至蒙古，定宗逝世，觐见皇后，复书傲慢，1251年无结果而还。

是时，流言颇多，如拔都子沙尔达克皈依基督教、日望神长与蒙古领袖会见。次年（1252），二次遣吕柏克（Guillaume de Rubrick）。吕氏善言辞，善观察，取道克里米，经咸海北，渡妫水，至和林。1254年1月3日觐见蒙哥。[蒙哥]对法王所提，甚为冷淡。次年5月5日，[吕柏克]返至地中海滨，向法王复命，著有旅程行纪，从此路易抛弃了联合蒙古的策略。

威尼斯孛罗一族，善经商，于布加拉（Bokara）遇蒙古使臣，[使臣]坚请孛罗兄弟去北京。忽必略即位，优遇孛罗兄弟，予以护照，充其使臣，至元六年（1269），返抵地中海滨。是时，教皇克来蒙第四崩，未能复命，归故里，尼可拉妻已死，子马哥孛罗已十五岁。

克来高利第十（Gregoire X）即位，随即付以复信，1271年携马哥孛罗东行，1275年5月抵上都，忽必略非常喜欢，尤爱马哥孛罗，以其善解人意故。至元二十九年（1292），伴送科克清公主，取道海路，至波斯，受合赞汗知遇，住九月，含泪别公主，于1295年返威尼斯，马哥孛罗已四十二岁矣。

1299年，威尼斯与日纳战，孛罗被俘，幽禁期间，向同伴吕斯地栖（Rusticien de Pisa）叙述，遂成不朽的行纪，圣伯丹（St. Bertin）

---

① 所经路：里昂，卜拉克，波希米，克拉哥唯，Astrakan，咸海，阿尔太山，和林。
② 1248年12月20日，路易第九遇波斯蒙古使臣二人：David 与 Marcus。

修士①将之收在《奇闻录》内，其影响于后世者，不可估计，哥伦布航行决心，是书为有力推动。

蒙古崛起，给亚欧两洲一种破坏，旧意识上有益的刺激。这是游牧民族需要统一的表现，是一种动力配合马与炮向旧世界的挑斗，他唤醒了潜在的力，直接受益者，一为俄罗斯，自基辅陷落（1240）至伊文第三（Ivan Ⅲ）独立（1480），此二百四十年间，俄人理解政治的重要，失去自由的可怕。一为塞尔柱，使伊斯兰教发展，十字军无结果的退出，拜占庭灭亡的命运，已决定了。

蒙古西侵确定了近代史的动向，欧洲感到深的反省。

---

① 修士名 Jean le long d'Ypres。

# 第七编　欧洲之自觉

十字军无结果的结束，说明欧洲基础的动摇。基督教统一欧洲的企图，随政治发展，渐次失败，而神圣罗马日尔曼帝国，转入哈孛斯堡（Habsbourg）手中。封建社会动摇，思想已露曙光①，启国家意识，每个国家要他相称的君主，说自己的语言。这是一种自觉，却需有二百年的时间，在混乱中挣扎，始脱离旧时代的羁绊。

14世纪的百年中，守旧者尚有强力，不肯采取温和策略，保尼法第八（Boniface Ⅷ）对教会权力加强，前所未有；路易第五（Louis Ⅴ）又想到意大利，演费特烈故事；而英法百年战争，封建势力，阻止两国正常的发展。多年战争，经济濒于危境；西亚奥托曼（Ottomans）实力，向拜占庭压迫，至15世纪，这个防御欧洲的堡垒，已摧毁了。

在不幸中，健壮的欧洲发生一种自觉，短短的三十九年中（1453—1492），欧洲已确定他的新基础。海外发展，缓和了当时欧洲的矛盾，同时也种下海外的争夺，形成国家至上，此时代表国家者不是民众，而是帝王。就精神方面言，拜脱洛克（Pétrague）提出人文主义，倍根开经验的先河，瓦拉（Valla）对宗教、政治与哲学坦率地批评。这便是说要从古今思维中，自然与社会内，用自己的意识去理解心理与物理的世界。这便是为何艺术走上写实的途径。魏克利夫（Wycliff）与胡斯（Jean Huss）所提出宗教改革，并不次于马丁·路德，只以德国环境复杂，路德更重要了。

所谓文艺复兴与宗教改革，实此两百年欧洲自觉的成果。②

---

① St. Thomas d'Aquin（1225—1274）建立士林哲学。Roger Bacon（1210—1293）倡导试验与综合。Giotto（1266—1336）擅绘画；但丁（1265—1321）著《神曲》。
② 自1270至1492年，近世欧洲轮廓由此时形成。

## 第一章
# 教会衰落

　　教会企图统一欧洲，发动十字军，渐舍本逐末，俨然为帝王。精神与道德的威严，遭受摧折。克吕尼院长外出，有骑兵卫护，奢侈之风，漫弥西欧。此方济格（St. François）①与多明我（St. Dominique）②，肩负重任，以苦行挽救颓风，与当时社会与人心，影响至大。这是一种复兴运动，对现行教会是一种批评。李可多（Ricardo）说："即在蒙古人侵来与残杀时，天主复活了多明我与方济格两修会，以巩固与传播基督的信仰。"证据是 1260 年，方济格修院总数有一千八百零八处；1277 年，多明我会共有四百一七处。

　　因为十字军与蒙古人造成的新局面，宗教仅具外形，这种改革系遁世与悲观的混合。负实责者，只求权力扩张，保尼法第八，以阴谋夺取教皇地位。复起政教斗争，所不同者，与教皇对峙者由德国移至法国了。

　　加贝王朝的政治，是稳扎稳打，腓力（Philippe le Bel）、得纳加来（G. de Nogaret）为加强王权，与保尼法冲突。1296 年，保尼法函告法王："汝静聆父言，毋以无长工不受教王支配。"法国民众支持腓

---

① 方济格生于 1182 年，死于 1226 年。有《小花集》（Fioletti）。
② 多明我生于 1170 年，死于 1221 年。

力，抗拒教会，1300年，保尼法又宣布："教会独一无二，教会为一种团体，只有一领袖，即彼得继承者……"

政教斗争剧烈，腓力举克来蒙第五（Clément Ⅴ），移跸亚维农（Avignon）（1309），教会进入暗淡时代。至1377年，克来高利十一受加脱灵（Catherine de Sienne）请，始返罗马，从此教会受政治支配，形成大分裂①，欧洲基督教，第一次分门别户。法国、西班牙、苏格兰宗亚维农教皇；意大利、德意志、英国即趋向罗马。这种分裂，不是信仰消灭，而是教会自身发生问题，走入歧途，怀疑、烦闷、麻木成为一种普遍的现象。魏克利夫与胡斯的改革，不介意出教令，以国家观点，反对意大利的独霸。

魏氏系牛津大学教授，他认为神权与世权划分。教皇不得过问国事，教士须服从国家法令。教皇制是反基督精神的，不见于《圣经》者不为真理。将《圣经》译为英文，提议没收教会财产，英王查理第二（Charles Ⅱ）倾力支持，声势甚大。亨利第四即位，复与旧派相结，改革终止，传入波希米亚。

胡斯亦为教授，承魏氏遗志，倡导改革。唯此时宗教问题，杂有种族仇恨，缘日尔曼人侵入捷克。夺取优越位置，捷克借宗教问题，咸欲脱离教会羁绊，罗马召开君士但丁宗教议会，以异教罪，焚死胡斯（1416年），战争遂起。经三十年战争，始妥协，德捷间仇恨，至今仍不能泯灭。

教会自身腐化，使人失掉信仰。宗教改革，势在必行。不是反对宗教，而是反对教会不能尽职，降低了精神生活。教会铺张，荒淫，不断的争斗，使诚实者，失掉希望的信念。中古教会缔造的成绩，必须有一次彻底澄清，始能发挥他的效用。②

---

① 教会大分裂时，罗马、亚维农、比沙三地各选教皇。
② 君士但丁宗教会议（1414—1418），其参加者，教皇若望与六百随从，三十三位枢机主教，四十七位总主教，一百四十五位主教，九十三位副主教，三十七个大学代表，约两千人；三百六十一法学博士，一百七十一位医生，一千四百个文学硕士，五千三百修士与学生；三十九位公爵，三十二位太子，一百一十四位伯爵，七十一个男爵，一千五百骑士。因会议，这个小城市增加七万二千人；可是也有七百娼妓，这是知道的，不知者尚有许多。这说明其如何铺张与荒淫。见 Ulrich de Richenthal 所记。

## 第二章
## 英法形成与百年战争

纳曼人入侵英国后（1066），与萨克逊人混合，英国史由此开始，最初无确定动向。威廉为纳曼公爵，同时又为英王，从此英法关系，日趋复杂。在封建社会中，所谓主臣关系，由婚姻所得土地，构成最难解决的问题。

法国自加贝王朝立（987），施以集权倾向。由于十字军，法国居领导地位。至腓力·奥古斯脱（Philippe Auguste）[①]时，采取分化英国政策，摧毁英国在大陆上的势力。英王日望（John Lackland）联合日尔曼与反法封建实力[②]，阻止法国统一，1214年保维（Bouvines）之战，使法国皇室与人民结而为一，树路易第九（Louis Ⅸ）光荣的基础。

路易第九，忠贞英勇，为中古奇特人物，坐于芬森（Vincennes）橡树下，与民同乐。嗜好正义，痛绝战争，1259 年《巴黎条约》，与英王亨利第三解决两国纠纷，虽胜利，将所得土地还英。[③]至腓力第

---

[①] 腓力·奥古斯脱（1180—1223）"有力，虔诚，判断很快，对有力者苛刻，分化诸侯团结……" *Historien de France*，t.Ⅹ.Ⅷ.
[②] 联合抗法者，有英王日望、奥东皇帝、佛郎得伯爵、布洛尼伯爵、荷兰等。
[③] 路易第九还英王：Limousin 与 Perigord。

四，着手经济组织，与教皇保尼法第八斗争，追求政治独立，开三级会议。

时英国演进，陷于王室与贵族矛盾。唯英国贵族，普遍而富有。社会地位并不特殊，鲜有排外性。当英国拥有大陆领土，与法国统一相违，战争不能停止，于是英人乘日望失败时，1215年提出请求，尊重人民所有权：（一）非得国民同意，不得取其财货；（二）非依法审判，不得惩罚，以尊重人民身体自由……共六十三条，史称为"大宪章"。

1337年，英法百年战争开始，对两国发展有确定的力量。法国是初生欧洲的灵魂，其文化与财富，使英人趋向。昔日纳曼争夺，今即更为扩大，英人以承继问题，自佛郎得（Flandre）与波尔多（Bordeaux）发动南北、钳形攻势，法国受此威胁，反发生一种自觉心，虽1346年克来西（Crécy）与阿任古（Azincourt）挫败。1420年特瓦（Troyes）条约①，法人仍能维持信心，加强国家观念。

贞德（Jeanne d'Arc）出，其几弱不禁寒风，不悉国事所趋，突然率军解救奥良（Orléans）（1429），使查理第七加冕，奠定法人信心。1431，英法人将之焚死，罪以女巫，但是她救出了英法两国。即法国受其激动，民众意识上起一种发酵作用，开路易十一（Louis XI）富强基础，推动欧洲大陆之发展。至于英国，自1453年后，抛弃大陆领土，转向海洋方面发展。他孤独的演进，承袭地中海传统潜力，将变为海上的帝国。

---

① 查理第六将其女加脱灵（Catherine）嫁与英王亨利第五。将由此为法王。由此约，法国变为英国之附属国。

# 第三章
# 拜占庭的灭亡

拜占庭有悠久的历史，又善运用外交技巧，先后渡过波斯、保加利亚与威尼斯[①]压迫的危机，但是十字军起，拉丁与希腊不能统一，互相猜忌，结果遭受 1204 年惨祸。西方虽统治拜占庭，没有政治与文化基础，保加利亚攻其北，希腊袭其东，米哲尔（Michel Paléologue）恢复山河（1261），可是实力削弱，面目已非，只刺激起憎恨的情绪。为此，拜占庭与罗马决斗，宁愿毁灭，不愿与西欧合作，更不愿投降。在回光返照中，东罗马帝王举棋不定，更增加了他的苦闷，当杜桑（Etienne Douchan）组织帝国[②]，须着眼中亚，拒抗巴尔干的新势力，1355 年杜桑之死，不只救出拜占庭，而且缓和了欧洲紧张局面。

奥托曼[③]西来，臣侍塞尔柱，取尼可麦地（Nicomédie），拜占庭

---

[①] 拜占庭采取以夷制夷之策，Heraclius 时，利用塞尔柱反萨珊王朝；马其顿帝王时，利用斯拉夫反保加利亚；又使日纳与威尼斯对立。
[②] 杜桑（1331—1355）取马其顿与亚尔班尼，1346 年拥有皇帝尊号，所谓"希腊与塞尔维亚皇帝"。
[③] Osman 系 Erthogroul 子，来自花剌子模，侍塞尔柱人，Orcan 取尼可麦地，又进占 Gallipoli。

遂有亲奥与拒奥①之分。亲奥者扶植新势力，踏入欧洲，拜占庭的命运已注定，土耳其人，有伊斯兰热忱，忠勇战士，非常宽容，对宗教与文化，并没有那种顽固的偏见。拜占庭人欢迎他们，因为没有欧洲人那种贪婪；威尼斯人也欢迎他们，因为没有日纳（Genoa）那种阴险。莫哈德（Mourad）立，拜占庭的命运仅只一时间问题耳。莫哈德利用西方矛盾，树建自己的海军。

1387年土耳其与塞尔彼战争，拜占庭与欧洲袖手旁观，巴牙若（Bajazet）取告索夫（Kosove）胜利，实已开"近东问题"，拜占庭无定见。悔前时错误，大声疾呼，要欧洲合力拒抗。1396年，产生尼可波利（Nicopolis）战争，巴牙若虽损失六万，却取得统治巴尔干的实权。其所以不直下君士但丁堡者，以帖木耳（Timour）故，欧洲又一次遭受蒙古威胁。骑士损失，失掉自信。

拜占庭又改变他的策略。他自定安全策略，既不肯与罗马和好，又不肯迁就土耳其。他将自己的命运，寄托在俄罗斯身上，此时俄尚为蒙古统治，迨君士但丁堡陷落（1453）后，稣菲（Sophie Paléologue）与伊文（Ivan Ⅲ）结婚，可以说拜占庭的后事，完全托付与俄罗斯了。

1453年，谟罕麦德第二（Mahomet Ⅱ），海路进袭拜占庭，需时仅五十四日，将之攻下②，大肆劫掠，文物弃地③。君士但丁（Constantin Paléologue）英勇拒抗，与城偕亡。罗马震惊，教皇尼古拉第五（Nicolas Ⅴ）、庇约第二（Pius Ⅱ）知事实严重，欲组织十字军。但是教会统治时代已过，无人响应。庇约处于孤立地位，郁郁而死，这也够凄凉了。

拜占庭灭亡，初非一国之幸与不幸，实世界剧烈转变时，政治上

---

① 拜占庭拒奥托曼者为 Jean Cantacuzène；亲奥托曼者为 Jean Paléologue，两者斗争，结果 Jean Cantacuzène 入修院。
② 四月五日至五月二十九日。
③ 柏拉图与亚里士多德十本巨著，仅售一元。（Hammer: Histoire de l'empire Ottoman. Ⅱ. 12）

重要一环，近东问题由是正式提出，使欧洲陷于混乱，幸赖匈牙利王若望（Jean Hamyade）防守，西欧仅免于难，地中海上的威尼斯亦寿终正寝，完结他海上的使命。自土耳其言，君士但丁堡陷，实为致命毒手，诚如斯凯所言："……君士但丁堡改为苏丹之都，已非旧物，市场凋零，文化远飏……而旧日之腐败如故，官僚、阉寺、特务、贿赂，奥托曼承而有之，杂于淫糜逸乐中，夺取是城，乃弃学宫而就病院也。"[1]

---

[1] Sir Mark Sykes, *The Caliph's Last Heritage*.

第四章
# 精神自觉

政教冲突。罗马教廷移至亚维农，意大利成为战争场所，形成混乱的局面。然十字军取道地中海，恢复昔年繁荣，意大利城市复兴，宛如古代希腊，光耀夺目。他能忍受寂寞与遗弃，追怀往事，造成一种复古运动，但是这种运动是夸大怀古与商人实利精神的混合，含有戏剧性的。利英池（Cola di Rienzo）为冲动者，1347年，登罗马加彼多（Capitole）神殿，如庆祝胜利，宣布为罗马领袖，以恢复古代共和制，对保尼法第八是一种报复，却遭受贵族们的打击。

但是，复古运动不可能，却加强地方的情感，自士林哲学确定理性为知识基础后，波罗尼法学运动，蒙白里（Montpellier）医学倡导，形成一种经验的个人主义，这是人文主义的本质，对古代发生一种憧憬。1396年，希腊学者克利若洛拉（Manuel Chrysoloras）来佛罗郎斯讲学，多少少年随从，以期获见曙光。

与复古运动并行者为方言的倡导，中古教会统治时，以拉丁为知识的工具，摒绝方言，教会中人不思改善，致使拉丁文退化，深受语言学者指摘。但丁具有民族意识，要用自己的话，表现深心复杂的情绪。他在《方言雄辩论》①中，说明方言可为文学的语言，最适宜表现国民性的。他的《神曲》便是证明。

这是一种民族的自觉，对封建的欧洲是强有力的离心因素。他如强了对自己的认识，要从历史上寻找自己的生命，由是产生以语言定国界，构成国家统一的动力，政治斗争的因素。魏克利夫、丁达尔（Tyndal）、路德等翻译圣经，但丁、乔叟（Chaucer）、魏隆（François Villon）文学作品，都在政治上发生作用。

复古促进一种收藏的风气，意大利争相竞夺，猎获古代的珍本。当孛洛齐利尼（Poggio Bracciolini）出席宗教会议，在圣加尔（St. Gall）修院发现开地利颜（Quintilien）全集，克吕尼得到西塞豪演讲稿，教皇尼可拉第五于巴塞尔会议发现《岱尔杜利（Tertullien）全集》，这都使好古者狂喜，增强他们的信念。对希腊作品更是不肯放松。

奥利斯拔（Aurispa）环行希腊，收罗珍本，1423年返威尼斯，带回二百三十八卷稿本，水城引为无上的光荣。15世纪，孛留尼（Leonardo Bruni）译柏拉图、亚里士多德著述，西人始识两位大师的真面目。威尼斯圣马可图书馆，藏有七百四十六种希腊珍本，佛罗郎斯自1434年后，组织柏拉图学会，白沙里庸（Bessarion）与麦地谢士（Médicis）芳名，永垂不朽。

瓦拉（Lorenzo Della Valla）于巴维亚教授修辞学，运用语言学方法，批评传统思想。得那不里王亚尔丰斯之助，抨击教会偏狭的思想，对欧洲思想运动，仍有力的推动。

复古与方言两种运动，造成重视古物与地方的情感。便是代表传统的罗马教会，亦卷入其中。尼可拉第五即位（1477），不顾环境，要将梵蒂冈变为艺术城，创立图书馆。环集学者与艺人②，到亚历山大第六，肆力铺张，竞赛豪华，在石刻上，他说："罗马因凯萨光荣，现以

---

① Dante, *De vulgari eloquentia*.
② 到教皇Sixte Ⅳ时，有天文学者Regio Montanus，史学家Sigismond dei conti，画家Cosimo Rosselli，Sandro Botticelli，Domenico Ghirlandaio，Pérugin，Melozzo da Forli。

亚历山大登到光荣的峰顶，前者是人，后者是神。"

　　这种自觉，便是文艺复兴。其由来并非偶然，而是阴暗时代苦痛的产物。一种个人主义的运动，要撤销智慧发展的障碍，是基督教统一西方丧失效力后的结果。思想与艺术有独特的发展。①

---

① 思想方面：Pétraque（1304—1374），Boccace（1313—1375）；Bessarion（1393—1472），Alde Manuce（1449—1515），Rodolphe Agricola（1442—1495），Erasme（1446—1536），Guillaume Budé（1467—1540）；艺术方面：Brunelleschi（1377—1446），Ghiberti（1378—1455），Donatello（1383—1466），Fra Angelico（1387—1455），Massacio（1402—1428），Botticelli（1447—1515），L. Di vinci（1452—1519），Michel-Ange（1475—1564），Raphaël（1483—1520），Titian（1477—1526）……

# 第五章
# 欧洲国家奠基

　　从罗马帝国分裂至十字军结束，欧洲民族移殖，基督教欲与组织。然以世界观念，地中海城邦潜力，未能形成一强固的国家。迨至 13 世纪，封建制度崩溃，欧洲开始分化，宛如中央高原，江河从此分流。1291 年，瑞士三州同盟（Schwyz，Uri，Unterwald），抗拒奥国官吏。揭自由旗帜，表现民族意识。继而斗争扩大，吕森（Luzerne）加入（1332），周近响应，形成十三州。1476 年取得莫哈（Morat）胜利，布告尼军溃败，奠定瑞士独立与自由基础，开政治的新局面。

　　拜占庭灭亡至意大利战争揭开，短短四十一年间，欧洲变化至巨，奠立欧洲三百年历史的演变，近世国家的政治与结构率皆导源于此。由于空间扩大，往日地中海世界，基督教世界观念，率皆击破，由种族团结，经济利益，代替了宗教优越与封建特殊的利益。此国家统一，成为必要的条件，"法"与"势"成为统一的原动力。以故文化较高者，国家结构愈坚固，统一的程度亦愈远。法兰西、英吉利、西班牙深受希腊罗马文化的浸渍、基督教的陶冶，故势力庞大，政治野心亦剧烈。只有意大利为例外。

　　意大利文物智慧发展，深受日尔曼摧残，迨帝国势衰后，受地中海影响，意大利造成一种繁荣，15世纪后半期有稳定的和平，但是此种和平异常脆弱，一方面罗马教廷所行政治，不能脱离；另一方面和平基础，系于复杂的外交与奇妙的阴谋，以故意大利成为各国争夺地。

法国正与意大利相反。1461年，路易十一即位，破除割据势力，与布告尼对抗，与瑞士相联，经十年奋斗，败于南锡（Nancy）。不念旧恶，慨然与英缔约，树立君主政权，推进东境安全政策，与奥争雄，历三世纪始告平息。此时，西班牙半岛，以费迪南与伊沙白（Isabelle）结婚（1469），西班牙统一，忠于旧教，赓续十字军精神，1492年，逐退亚拉伯人。（西班牙）承袭地中海传统精神，向外发展，发现新大陆，海上重心移至大西洋；又承袭基督教统一观念，希图团结欧洲，结果产生法西争夺领导的纠纷。

德国分裂，含有三百六十多单位，有七个侯选国、自由市与封建的侯国。他们没有确定制度，又有偏狭地域观念，结果反对任何中央集权。"宁愿做个有势力的公爵，不愿做个无力的帝王"[1]，国王沦为不要的地步。德国（人）是爱国的，但是却成了分离的护身符，布告尼的失败，德国极度分裂愈显露出来。便是在这苦痛，德国在奥德河与易北河间，推行移民政策，开发东北两方面，波罗德海与波兰问题从此提出，而德国的注意力，由南边移到北边。普鲁士的兴起，不是偶然的。

1438年哈斯堡拥有帝位，继承神圣罗马的理想，他推行一种世界政策，其实力却建立在机智上的婚姻政策[2]。1477年，马西米（Maximilieu）与布告尼玛结婚，取得佛郎德（Flandre）、尼德兰、孛拉班（Braban）、卢森堡、亚德瓦（Artois）、佛郎供德（Franche-comté），其子腓力与西班牙嗣女结婚，继承广大领土，造成一种独霸欧洲的野心。法奥在大陆上对峙，自是必然的。

---

[1] 此为 Frederic le sage 语。亦如席勒咏威廉退尔："为了不要君主，所以把皇帝当作君主。"

[2] "Bella gerant Alii, tu felix Austria nube, Namquae mars aliis dat tibi regna venus." 译其意："任别国陷于战争，奥地利幸运地运用婚姻；别人以战神夺取者，汝以爱神而获焉。"

15世纪末欧洲史事推进，当时虽未能解答，然今日重大问题悉已隐伏。凡宗教与民族不同者，如东欧，将有剧烈的争夺；争夺者，稳固自己利益，树植势力，以武力决定取舍胜负，是乃封建崩溃之余波，文化程度不同，国家制度尚未确使然也。以故欧洲战争特多，大陆均势为自然倾向，端赖技巧、继承问题、多瑙河航行、宗教自由，渐次支配政治，每个努力造成优越地位者，先后失败。16世纪真正获取实利者，厥为英吉利。

贞德使英国放弃大陆野心；两玫瑰战争[①]（虽使英国）蒙受损失，却使封建残力不能复燃。以孤立海中，易使内部团结，不卷入大陆风云之中。承袭地中海与纳曼人之传统，趋于实利，无形中获取平衡纠纷的特殊地位，其取舍成为胜负的决定。

---

① 两玫瑰战争（1455—1485）经三十年，为英国最残酷的内战，得杜多尔（Tudor）领导，英国国家渐次稳固。

ID# 第八编　欧洲发轫

自意大利战争（1494）至西发利（Wesphalie）条约（1648），此一世纪半时间，欧洲充满了革命。所谓文艺复兴与宗教改革，在最初只是两种不同的复古，前者要追寻希腊罗马，后者要复现原始基督教，两者却以长期基督教的训练。新航线的发现，致使由改革转化为革命，对自然与社会的认识，起了质的变化：即弱肉强食。生存竞争的思想，初不待达尔文之证[①]。欧洲与世界接触，与自身演进，已充分表现此种特征。

个体对集体反抗，每个人要有他自己的意识；在政治上，基督教统一放弃后，理想的共和国亦无法生存，每个国家要以自己利益为前提，无论哪一方面看，走向个人主义与帝国主义。正因为欧洲明白只是世界一部分，即此世界如何支配；基督教是世界宗教之一，并非唯我独尊，即此人类将有何命运。这两种可怕的问题，迫欧洲人不得不解答。以故经济成为近代支配一切的动力，以最小的力收最大的效果。实用与组织，成为欧洲新动向。获得灿烂的成绩，为人惊叹。他带来繁荣与福利，也带来革命与战争，这是西方历史演进使然，并非何人与何国的错过。

欧洲不是自然的，而是人为的。为此此编名为"欧洲发轫"。

---

① 达尔文《物种原始》刊于1859年。

# 第一章
## 法奥斗争

法王查理第八（Charles Ⅷ）进攻意大利（1494），是法国传统政治的破裂。因安汝系（Anjou），法国要继承西西里王国；又因路易十二系维斯贡地（Visconti）之甥，要统治米兰。前者与西班牙冲突，后者与奥地利冲突，以故意大利战争，实欧洲近代史的楔子。

意大利文物昌隆，光耀夺目，无政治，赖阴谋结盟，查理第八须退出米兰（1945）。路易十二即位（1498），不惜牺牲，以保意大利优势，西班牙初欲与法分治，然两雄难并，战争又起。教皇亚历山大第六，联法制西；雨力第二（Jules Ⅱ）继位（1503），又作驱逐"外人"战争，西班牙夺取优势。罗马教廷已降为意大利城邦，随局势发展，定其趋向。克来蒙第七立，反西与英法同盟，然查理第五（Charles Quint）被举为皇帝（1519），举兵直趋罗马，除威尼斯外，意大利悉为西班牙统治。意大利战争结束。法奥斗争，更趋剧烈。因查理形成一大包围圈，法国随时有被毁灭的危险。

佛郎沙第一（François Ⅰ）欲冲破此包围，意大利为西奥两地之连接线，就战略言，异常重要，但是意大利深谋狡变，动向无定，以故巴维（Pavia）一役（1525），法军惨败，签《马德里条约》，法王始获自由。

佛郎沙为本国利益计，破坏传统政策，一方面与回教稣里曼（Soliman）结约，来攻意大利（1534）；他方面与路德派联合，助以士兵与军火，制造帝国内乱，这说明政治利益优于宗教利益，与十字军时代相较，相去天渊。

土耳其海陆进攻，奥国东西受敌，意西海岸时为土海军劫掠；德境宗教革命，受法国滋助，日渐扩大，查理处境困难，不得已签《奥斯堡和约》(1555)[①]，次年查理退位，帝国分裂为二：长子腓力第二，取西班牙、意大利、荷兰等地，次子费迪南拥帝号与奥地利。神圣罗马仅只一空名！

法王亨利第二立（1547），承其父志，与奥对抗。他有现实政治才能，弃意大利而推进东北政策，提出法国"天然边界"。他注意亚尔沙斯，开法国今后动向，至今仍为强力作用。他以敏捷手腕，1559年4月，结《喀多干不列（Cateau-Cambrésis）约》，意大利仍为西班牙所有。

法奥决斗，摧毁了基督教统一的幻梦。查理第五，方其十九岁践祚时，梦想与教廷合作，建立有秩序的欧洲，法国为其自身利益，德国进行宗教战争（实质上是政治的），形成一种有意识的分裂，是足证明民族主义之强力。民族与国家混而为一，不能分割。

欧洲统一不可能，而欧洲在新世界中，实又为不可分割之单位，以宗教与文化意识相同故，如是，即欧洲均势建立，实为必然途径。法国联络土耳其与路德派，实图存中权力均衡的发展，此均势乃欧洲史中新的特征。

---

[①] 《奥斯堡和约》中，主要成就，为"主治者信仰，确定被治者信仰"（Cujus regio, Ejus religio）。

## 第二章
## 东北欧兴起

1453年，拜占庭陷落，东罗马实力移于奥托曼手。1520年，报达回教所统治主权，亦为其合并。1569年，匈牙利须让三分之二，巴尔干半岛悉入其掌握，维也纳震动。法国利用此新势力，对抗哈斯堡；而奥托曼即向西开拓，1543年，凯尔埃丁（Kheir-ed-Din）率舰队停泊杜仑（Toulon）与查理第五舰队有力打击。诚如芬来（Finlay）所言："奥托曼乃众王国共主，三洲首领，两海居神。"[①] 其于欧洲发生两种作用：一方面使欧洲感到压力，须团结抵抗；他方面，土为游牧民族，为拜占庭腐化，启欧洲人恺愉，维持此病夫。以故近东问题至今未能解决，正说明欧洲政治分裂的理由。

乌拉山西，有深厚幽闭的森林，有单纯无障碍的草原，故地理反映在历史上，一方面缺少凝集力，别方面又易接受外来的影响，其出现于历史甚晚，在9世纪时，始有基辅王国。基辅受东罗马影响，贵族统治，不能持久，而为蒙古所控制，沙来（Sarai）成钦察汗国首都。俄人以金贿可汗臣妾，竞斗阴谋，唯一系维俄人者，即宗教权

---

① 奥斯曼版图：红海、伊朗、里海、黑海、多瑙河一部，巴尔干、希腊、小亚细亚、叙利亚、巴列斯坦、埃及、北非。

力，俄国教会与莫斯科同盟，以巩固自身实力，莫斯科大公瓦西里第二（Vasil Ⅱ），利用教会力量，树立领导权，这是1453年拜占庭完结的那一年。

伊文第三立，驱逐蒙古人，1480宣告独立，扩张西境至第聂伯河，举行加冕，创立君主政治，结束了封建时代，完全取东罗马为法，配合宗教的理想。时欧洲剧变，教会分裂，俄罗斯教会独立。迨至与苏非亚（Sophia Paleologue）婚，以继承希腊自任。他反抗罗马的欧洲，反抗伊斯兰的土耳其，更反抗喇嘛的蒙古。他要建树自己的文化。伊文第四立，取沙皇尊号（1574年），征窝瓦河中部，取里海门户亚斯脱拉干（Astrakan），向外扩张。欧洲东北边，有此新国，波兰与波罗得海的问题，与巴尔干及鞑靼海峡受土支配，同样严重。1613年建罗曼纳夫朝。

俄人西进，第一个接触者为波兰王国，以维斯杜拉河为中心，横跨东欧，若雅仑（Jagellon）①王朝，矢忠罗马旧教，成欧洲东部的堤防。1572年，若雅仑世系断，波兰成了无政府共和国，却受贵族与教会剥削，无政治，无组织。然以俄人西进，土人北上，普鲁士兴起，波兰为广大平原，无险可据，结果波兰为矛盾的交点，其以后不幸的遭遇，并非偶然的。

不仅只此，波罗得海亦起变化。瑞典、挪威与丹麦联合（1397），由丹麦统治。继至1523年，古斯道夫（Gustave Vasa）发动革命，反抗丹麦，建立瑞典王国。②有一世纪半为欧洲北部的强力。是时宗教改革发生，罗马支持丹麦，瑞典变为路德派；宗教斗争变为政治竞夺，丹麦卷入潮流，于1559年，同倾向新教。至三十年战争时，古斯道夫阿多夫（Gustave Adolphe）③，超绝群伦，擢瑞典为一等强国。吕沈（Luzern）之役，损此奇人，瑞典沦为次要地位。

---

① 源于立陶宛，其统治波兰、波希米亚与匈牙利，自1386年至1572年。
② 时丹麦王Christian Ⅱ以暴力统治，激起瑞典反抗。
③ 1611年即位，维护新教，称彼为"北方奇人"。

# 第三章
# 地理发现

　　由于地理知识的进步，航海工具的改良①，葡萄牙亨利（Henri le Navigateur）设航海局（1416），经七十二年努力，地亚士（Diaz）发现"风波角"。这是冲破埃及与威尼斯封锁政策努力的结果，西班牙自不能忽视的。

　　1492年，西班牙与葡国对抗，接受哥仑布（Christophe Colomb）建议，受马哥孛罗影响，西行达到香料地带。8月3日由巴洛斯（Palos）起程，经三十三天努力，发现新大陆，地圆学者斯姆来（Wald Seemüller）将参加四次航行者亚美利加（Amerigo Vespucci）之名，赐予新地，美洲由是降生（1507）。

　　葡人继续努力，1498年伽马（Vasco di Gama）抵印度，"经过多少恐惧"，始达到香料地带，次年伽马返葡京，虽牺牲三分之二同伴，却获利六十倍，葡王授予"印度洋上将衔"。从此，香料集聚地，移至葡京，1503年，威尼斯至埃及运香料者，空船返回，缘里斯本市价，较低五倍。②

---

① 葡人改良船，如Caravelle，每小时走十公哩。
② 自1504年后，葡国经常十二艘船东航，购买香料，地中海商场停滞。1506年，Priuli写著说："近年来失掉对德国商业市场，造成威尼斯的不幸，完全系葡萄牙所致……"

阿布该克（Albuquerque）继向东推进，构成五千海里航线，1510年取卧亚，次年劫麻六甲（《明史》作满拉加），是地为我藩属，不能援助，遂亡。[1] 麻六甲为葡人东进基地，至香料地安孛纳，《明史》中说："地有香山，雨后香坠，沿流满地，居民拾取不竭。"1517年，葡人至广州。

西班牙人至巴西与中美后，英加（Incas）有文化，社会有组织。1512年，巴尔包亚（Balboa）穿达利英（Darien）土腰，证明哥仑布所发现者，纯为新大陆。忌好望角海路，麦哲伦（Fernao de Magalhaes）深信"不经葡人航线，亦可至香料地带"，因彼确知海洋统一性。1519年，偕二百三十九人，渡"太平洋"，喜其无风波，遂以"太平"为名，次年至关岛，推进，抵非列宾，以志发现，遂以西太子非列宾为名。1521年（正德十六年）4月，与土人冲突，麦氏牺牲，其船胜利号，由加纳（Sebastian del Cano）西还，仅余十八人。

旧世界观念，由新航路与新大陆的发现，逐渐动摇，许多"新事件"不能以圣经解决，圣经是信仰的宝库，并非知识的典籍，这在西方悠久基督教陶冶下，构成一种坚强的革命。

因为发现新地，产生主权问题，求罗马教皇仲裁。1493年9月26日，亚历山大第六宣布，自维德（Verde）岛向西一千一百一十里为线，东者属于葡，西者属于西，罗马教皇统治世界，这是最后的一次。从此后海权载入历史，国与国之间，海的争夺成为主要的对象。

西方人凭借武力，向海外发展，以劫掠方式，夺取财富[2]，其至东方完全侵略，平时课以重税，变时加以屠杀[3]，御史庞尚鹏论西人："喜则人而怒则兽，其素性然也。"

---

[1] 《明史》说："后佛郎机强举兵夺其地，王苏端妈末出奔，遣使告难。时世宗嗣位，敕责佛郎机，令还故土。谕暹罗诸国王以救灾恤邻之义，迄无应，满加拉竟为所灭。"

[2] 1531年，西人Pizarro取秘鲁，带回现金三百五十万磅，而现银尚不计。1545年开发Potosi银矿，大量银流入欧洲。

[3] 西班牙人到吕宋，万历三十一年（1603）屠杀华侨两万二千人；崇祯十二年（1639）又屠杀两万余人。

世界整体发现，经济起变化，由是推动知识的进步。可怖的争夺，不在狮心王理查（Richard Coeur de Lion）式的勇敢，而在可怖的知识，由人心推出，有组织，有效率，以轻微的代价，换取最大的利益。英国为最成功者，伊利沙白女皇，保障航海公司，大西洋成为商业中心，哈贵（Sir John Hawkins）以贩卖奴隶起家，在中国贩卖鸦片以经营印度，随着科学技术发展，构成一种奇异的时代。

在惊心动魄发现的时代，诗人咏葡国航海者：

> 他们驾轻舟，
> 在无把握的大海上，
> 寻找那从未走过的海路。
> 静观天上新的星星，
> 那是他们国人从未见过的。

## 第四章
## 资本主义降生

葡西两国地理的发现，欧洲经济突入革命状态，形成资本主义。

政治的发展，须以经济为前提，政府与金融家结合，构成近代化特征之一。当经济重心移至大西洋初，安维尔（Anvers）为商业中心。德国金融家经常住此。其著者有富若（Fugger）、魏尔斯（Welser）、来令若（Rehlinger）、高生普洛（Gossemprot）、伊莫夫（Imhoff），他们的组织，可与葡王对抗。

查理第五并荷兰后，魏尔斯为西班牙财政中心，1516年，查理向其借款：两万七千镑，出百分之十利息，以安维尔城担保。富若与魏尔斯成了政治上的重要人物，选举时策动者。①法国向意大利进攻，完全由里昂银行家支持。金融政治家，是最活耀者，杜其（Gaspore Ducci）为代表。

经济转变，首先产生者，为"信用贷款"。原始"信用"只是一种工具，现在他本身具有价值，金融交易成为主要的商业，与货物交易分道扬镳了。旧日商业机构已逐渐淘汰，1531年，安维尔建交易所，

---

① 直到腓力第二时，富若以经济支配西班牙政治。

门上刻着："此处为各国与各种语言交易而用。"①

16世纪经济转变别一种特色，为吸收游资，产生存款制度。1526年，获斯泰德（Ambroise Hochstetter）要囤积酒、麦与木材，运用存款方式，吸收资金。"王公们，侯爵们，贵族们，资产阶级男女，都向获斯泰德投资，收到百分之五利息。……有个时候，获斯泰德付出利息在百万佛罗郎以上。"② 教会反对这种制度，造成不义，而金融家又以此为慈善事业借以维持平民生活。

从此时起，银行为必要机构，控制大量现金。麦地谢士、斯脱落锐（Straggi）、富若、魏尔斯都成了普遍人物。富若为查理第五债权者，查理第五对十九万八千一百二十一杜加债务，不能偿还，须将皇家田庄抵押。放大款，囤积货物，如香料、铜、水银、棉花，垄断市场。这样，生活高涨、物价提高。杜莫林（du Moulin）在1524年说："从这年起，一切物价提高。那种高涨不是偶然的，而是经常的。"

物价高涨，货币论者，以抽码缺少故，各国冻结现金，交易人停滞状态。证据是16世纪初，各国改革币制，以利交易的活动。事实上，并非如此，物价高，正因现金多的原故。金融家操纵商场，1541年至1544年新大陆输入欧洲现金，有一千七百万金佛郎，这样刺激物价。1568年波丹（Jean Bodin）说："自从六十年来，物价提高十倍以上。"

由商业到投资，造成无产者的恐慌，劳资问题发生。爱尔伏（Erfurt）、乌尔姆（Ulm）、科隆（Cologne）、里昂迭次发生罢工。教会宣道，竭力指摘资本家："……他们囤积酒，任其规定价钱，还说非此价不售，他们将穷人生活，置放在困难中。"经济统制，成为国家的趋向。胡椒一项，为葡王独有的专利。在安维尔，葡王派有半官半商代表，有如领事（1499）。1510年西班牙有同样措施。③

---

① Rogers："说着各种语言，穿着杂色衣服，这是世界缩影。"
② Augsbourg 编年史学者 Saude 所言。
③ "安维尔如是繁荣，始于1503年，葡萄牙得到加利古王特许，将印度香料与药品运回，复从葡国转还于此。"见 Ludovico Guicciardini 所言。

16世纪经济革命，走向资本主义的道路，诚如亚来（Ashley）说："这是文艺复兴时的个人主义。"这种趋向，由地理发现促成，同时又推动向海外的扩展。争夺原料地，争取市场，卫护国家利益，空间扩大，使欧经济统一，加强每个国家财政，税关设立，成为国与国之间争斗工具，这促进国家的统一。人为的欧洲，更无法团结了。

# 第五章
# 宗教改革与反改革

基督教过度发展，卷入政潮，缔盟结约，渐失宗教目的。至15世纪末，已至必须改革地步。以故宗教改革并非反宗教，而欲恢复原始基督教精神，使宗教更严肃。教会不能解决民众苦痛，政治领导者利用臣民反抗教皇，而教会领袖，不能把握事实，信赖帝王与权贵，结果宗教改革必然发生，其所失者非王公卿相，而是虔诚的人民。

哈斯堡世界主义与日尔曼民族利益相违，这是日尔曼民族精神的动向，只是借代池尔（Jean Tetzel）推行赎罪券，不知名的马丁·路德[1]说出而已。当时知识阶级，如埃拉斯姆（Erasmes），在《狂之颂言》中，讥笑当时神职者，较之路德有过之无不及，只是路德所激起者，实德国人反西班牙问题耳。

罗马教廷，初不以路德重要，深为忽视，奥斯堡会议，路德以圣经为据，要教会还给民众。他不愿离开教会，有费特烈第一拥护，故在窝姆（Worms）会议中，不肯贬值，倘然说："便是如此，不能修改——愿上帝助我！"

---

[1] 1517年10月31日，在魏吞堡教堂，贴九十五条，反对赎券，如："要知以金钱赎罪，虽得教皇赦免，却得上帝憎恶。"

宗教改革，如潮怒涌，路德译《圣经》，聚集许多名士，如麦郎克顿（Melancthon），池文诨（Zwingli），胡吞（Ulrich von Hutten）等。查理第五着重意大利，忽视德国。与罗马教廷和好，态度却犹豫，及至发现他的利益时，改革实力已稳固。黑斯（Philippe de Hesse）、亚尔伯脱（Albert de Brandebourg）、萨克逊（Saxon）公国兄弟，都以民族利益为借口。猎取教会财富，创"主治者决定被治信仰"（Cujus Regio, Ejus Religio）。由是，诸侯与帝王对峙，斯马加登（Schmalkalden）成为有力的团结，德国在混乱中。德国借宗教反抗西班牙，但他自身无政治定策。1555年《奥斯堡合约》，诸侯胜利，却没有中央集权制，德国的行动，完全受外力的影响，德国仍在分裂中。

宗教改革是欧洲的，是对基督教统一欧洲的一种反抗。他不是否认耶稣的真理，他是基督教的一种复兴。教皇必须退出政治，恢复他伦理与道德的地位。宗教要国家化，每个国家以民族与语言为基础，即是说每个人，要用他的言语，直接向上帝祷告。加尔文发动改革后（1534），以严密的逻辑，阐扬圣经的真理，不重视传统，以法律与纪律，建设政教合一的理论。他在日内瓦独树一帜，与路德不同。他不愿走中古那种理论，神权支配世权，也不愿将宗教为国家俘虏，然他求于人者过苛，群众无法接受的。

法国初忠于旧教，其态度也与路易第九时不同。他以实力为皈依，并不关心罗马教会①。处此巨变中，罗马教廷必须有改革，始能复兴，故耶稣会成立（1534年）。这个团体为人类组织中最完备与有力者。服从理性与良心，发挥人类价值，扩大智慧范围，不囿于偏见，罗耀拉（Ignace de Loyola）实挽救狂潮的最有力的支柱。1545年，罗马教廷召开脱伦特（Trent）宗教会议②。改革当时的弱点，欲纳之于正

---

① 1516年，法兰沙第一与教皇里庸第十签订《波罗尼（Bologne）条约》，法国教会由法王支配，有大主教区十处，主教区八十三处，修院五百二十七所，这样巨大财富，落于帝王手中，对君主政治为有力保障。

② 脱伦特会议，因事停止两次，第一次1547—1551年，第二次1551—1562年，1563始完结。

规。是乃瓦帝冈会议（1869）前最大的宗教集会。

旧教信心恢复，与腓方第二①同盟，促进反宗教改革。是乃违犯时代趋势。外有土耳其，内有新教。致使海外事业停顿，威廉沉默者（Guillaume le Taciturne）联合十七省，树信仰自由基础，脱离西班牙，终于1609年，荷兰独立。这与反宗教改革最大打击，证明宗教不是一信仰问题，而是一政治问题。

法国宗教改革，虽亨利第三被刺（1589），仍不能解决矛盾。是时，法国国家观念至强，既不愿西班牙干涉，培植居兹（Guise）实力，以维持旧教；又憎宗教战争，不能抛弃往昔宗教途径，以故迎亨利第四，改信旧教（1593），以与西班牙对抗。

亨利第四是军人兼政治家，他握着时代动向，1598年4月13日，颁《南特谕》。这是法国史上大事，开明政策，保证信仰自由，新旧教平等，皆得参预国会，结束百年来由宗教引起的波动，是乃欧洲政治新动向。基于国家利益，不问其信仰，只以民族为前提，由是创立君主集权，权术运用，一切定于终结，公德异于私德。

罗马教廷在改革后，自不愿放弃往昔政治地位，所谴责者，纪律散失，信心动摇，并非政策错误，干预政治。但是宗教改革本质，实民族运动。英国亨利第八，自诩守护传统，突然置教会于国家之下②，瓦尔哈姆（Warham）会议，宣布英王为教会领袖，从此宗教斗争，只是国与国之间纠纷的借口，千年来企图统一欧洲的基督教，反变成分裂的因素，可是当时欧洲人，天真地期待一个查理曼或路易第九。

三十年战争（1618—1648）并非突然的，这是民族斗争，均势建立，以宗教为口实，即是说宗教的决斗，深藏着可怖的政治野心。西班牙世界主义，引起新教国家反抗，英国为代表；同时法国

---

① Philippe Ⅱ（1556—1598）在位四十二年，足迹未出西班牙，领土广大：荷、比、意大利南北两端，海外领地哈斯堡系统。
② 亨利第八（1491—1547）以婚姻问题，与教廷冲突，威尼斯大使说："英人生活与信仰完全以君主定，绝对绝从，并非由于义务，而是由于恐惧，假如领袖相信回教与犹太教，他们必然跟着去相信。"

惧西奥包围，惠安里（Richelieu）力主干预德国事件。方瓦尔斯太因（Wallenstein）压碎新教同盟，达至波罗得海，法国与瑞典结约（1631），古斯多夫（Gustave Adolphe）以惊人才智，迭奏奇功，摧翻帝王所获战绩，挽救德国的生命。但吕沈（Luzern）一役，古斯多夫死，宛若北方丧失流星，法惧西班牙再起，惠实里布置大的联盟，以破坏反宗教改革企图，不与小国为难，专心击破西奥团结。《西发利条约》缔结（1648），除宗教平等外，法国取得东北部利益，推进自然边界，德国沦为法之保护国。德国有民族意识，无民族政治，法奥争霸，以德国为斗争场所，毁其道德与知识，破其生产与经济。他的复兴，他须向后移两百年，这是路德没有想到的。

# 第九编　欧洲集权：旧制度

三十年战争，结束古老的欧洲，他摧毁了封建制度，也摧毁了基督教的企图，从此后，国家代替教会，君主代替教皇，建立所谓"典范系统"。

大陆欧洲，树立均势，法国得天独厚，承路易十一与亨利第四的传统，经惠实里势力，如众星拱卫，缔造路易十四大时代，即政教合一，以民族与文化为基调，追逐"秩序"与"光荣"。一方面完成查理曼之努力，他方面启近代政治的波动，即17世纪之欧洲，本质已变，"群众"争取政治，在英德两国境内，为势尤烈。

欧洲自觉，实古希腊罗马思想，复活于英德两民族心中，形成一种个人主义，个人主义实权利与义务的根源，英德以地理环境故，遂构成不同的发展。德国经宗教战争后，陷于绝境，瑞典与俄争夺波罗得海，奥土冲突于巴尔干，自身无中心可依，绞织于帝王与诸侯阴谋之间，普鲁士者，发奋图强，模仿法国，志虽雄壮，羽毛未丰，倘俄法未有土耳其之矛盾，即普鲁士立即变为波兰，虽有费希脱，也无法起死回生也。

不列颠即反是，他受海保护，不违传统，接受海上任务。他有独特"海"的观念，与葡、西、荷、法完全不同。后者视海为陆，必争航线与港湾，即视海为私有，属于国家的财富。英人训练海员，建造船舰，不在空间的占有，而在航行的无阻，以故他能渡过革命的危机，击退联合的舰队。法国原来平衡欧洲的任务，渐移在英人的手中。七年战争，便是英国内外合一的成熟，他以此力将应付拿破仑。

路易十四晚年，"秩序"变为"专制"，"光荣"近乎"戏剧"，要做欧洲的统治者，却抛弃裁判者的任务，集权一身，自戕其身。所以，那时贵族，教会信赖武力，不肯放弃特权，而在民族与人权思想发展时，法之布尔奔（Bourbons）、奥之哈斯堡、普之荷亨曹隆、俄之罗曼纳夫、土之奥托曼，竞相争夺，各为自己利益。结果所引起者为"革命"。革命非反对集权，乃反对此权隶于一人一家之手。旧制度由封建时代蜕变而成，倘若以法国革命，摧毁旧制度，即将蒙蔽现实。无解以后欧洲之帝国侵略也。

是时，势力成为立国至高目的。策动史事者，由宗教纠纷，演为经济争夺。富强之道，便在坚甲利兵；实用与技术，系立国必备条件。此种训练，必以民众为后盾。国王视人民为产业，人民随思想演进，起而斗争，继美国独立，法国革命的产生，实路易十四使然。

# 第一章
# 英国改革

17世纪的英国，并非保守的。将近短促的五十年间，有过两次革命，两次内战，一王处死刑，一王被逐走，政体改革，军事独裁，这些事件，在当时至为新奇，影响至巨，促成法国革命。为此，英人外形的迟滞，类似保守，实际内在实力，知有所不为，不断演进。

1603年，杜道尔（Tudors）无嗣，迎詹姆士（James Stuart）为王，这个含有滑稽性的君王，不敢正视出鞘的剑，却要树立神权政治。旧教因此欲有所为，却以"炸药事件"①，使旧教失势，至1829年始恢复。詹姆士亦不能与清教徒合作，自1620年后，集队至北美，奠立殖民地基础。

查理第一立（1625），受法国影响，趋专制途路，洛德（Land）与斯塔优德（Strafford），相依为奸。于十一年间（1629—1640），英人不堪专制，向美移居者两万人，此皆国之精英，革命必然接踵而至。

英国国会有民权宣言，非得国会同意不得支配人民财产。从1642年后，内战已起，克仑威尔率劲军，马尔顿（Marston-Moor）之捷，

---

① 1605，国会地窖中，藏有几桶炸药，当发现后，新教徒起恐怖。

奠定胜利基础，查理不明所处环境，双重人格，仍欲恢复专制，结果被判处死刑。其罪为"国家敌人"。英国宣布共和，废除专制，这是历史上大事，其早于法国革命者将近一百五十年。

1660年，迎查理第二，善于应付环境，与路易十四结约，取得财富，以度豪华生活。是时荷兰海军称霸，发动海战，英舰失利，拜碧说："方吾英舰被焚之时，国王正与贾士脱曼（Lady Castlemaine）晚膳，欢声笑语，共窘一可怜之蛾。"继而法军侵入荷兰，荷人决堤抵抗，查理第二又与荷兰，瑞典结约，以阻止法国势力的膨胀。

1685年，詹姆士第二继立，新教的英国，拥有一旧教的国王，与民相龃龉。1688年，生加来太子（Prince de Galles）①，英人绝望，不得不借荷兰实力，王婿威廉莅英，革命成功。国会代表人民的意志，政府不能与民愿相违。即国王如施行政策，须有国会同意。1689年，威廉及其妻接受国家至上原则，与臣民协定，守护信约。英国走向代议制，根绝政治与宗教纠纷，开繁荣的道路。②

自1695年后，人民授权内阁，创立新制度，是乃历史上新事件。国王临御而不统治，即政治上责任，由国会与首相负之。国会有立法与课税之权，须国王批准，方能实现。国会由党组织内阁，由王委首相，推选同僚，首相以内阁名义出席国会，内阁以首相名名之。共同进退，得国会信任。内阁可求国王解散国会，新国会不信任现内阁，内阁必须辞去，因选民意志高于一切。

英国政治进步，以人民实利为皈依，不囿于成见，不泥于新奇，所以他能改善人民生活，使工商业发展，形成"产业革命"。这是敏

---

① 詹姆士生二女，长玛丽与威廉奥伦治结婚，次安娜与乔治（丹麦）婚，至1688年6月21日，其第二夫人生一子，即加来太子，其母为旧教，英人惧，迎荷兰威廉为王。
② 重要信约：
国王未得国会同意，废止法律为非法。
未得国会同意，不得增加赋税。
和平时代，未得国会同意不得创立军队。
不得干涉国会选举议员与言论自由。

感的法国人不能望其项背的。此时英国与荷兰团结，形成欧洲强力。其文化亦迅速成熟，沙士比亚之后，继之而起者，有洛克、贝尔克莱（Berkeley）、休姆、吉朋、亚当·斯密、斯告脱，这些人创造了许多新精神，诚如在《仲夏夜之梦》中，所演的《暴风雨》。

# 第二章
# 路易十四

　　自路易十一以后，法国已走上集权与专制的道路，民族主义披着新教外衣发展时，法国有惠实里、马萨林等努力，击破哈斯堡统一欧洲野心，造成法国优势。是时，欧洲自觉，法人于艺术与知识，登峰造极，形成典范时代，成为文化的中心，无论在哪一方面，法国成为安定欧洲主要的力量，他的动向，异常重要的。

　　路易十四幼年，由于两次"弗仑德"（Fronde）内乱①，心灵起变化，即须有自主的实力，始能行其所为。弗仑德内乱，乃贵族反集权的战争，其时贵族渐感势去，要做最后挣扎，不谙时代所趋，只图私人利禄。其结果反加强集权，路易得到臣民的拥护。

　　路易内心憎恨贵族，憎恨巴黎。贵族与巴黎市民相结，将必为王权致命伤，以故1661年3月8日，他宣布"要执行他首相的任务"，使贵族变为豪华的寄生；他不惜以四千万镑，建立凡尔赛。他所追求者，为如日中天的"光荣"。② 光荣那只是强力的别名，对内，彼之命

---

① Fronde 内乱有二次，一为国会的（1649），一为贵族的（1650—1652）。
② "L'Amour de la Gloire va assurément devant tous les autres dans mon âme."（爱光荣在我灵魂中超过一切。）

令即法令，亦即国家；对外，各邦听从，如星拱卫，彼乃欧洲的统治者，有如克来高利第七，查理第五所为。路易重用科贝尔（Colbert），发展工商业，使财富增加；彼信托卢瓦（Louvois），树立军事基础①，拥有强力，建国建军，都有独特的进展，只是路易误用这种实力，造成了法国的不幸。

路易十四初即位，"到处安静如恒"，反奥企图统一，达到自然边疆，接连发动四次战争②，1681 年，取得斯托斯堡（Strasbourg）、哈地斯奔（Ratisbonne）休战（1684），为路易权利达到饱和点，那种谨慎的保固政策下，隐藏着一种可怕的侵略，使全欧恐惧。1672 年，荷兰决堤，（人们）在失望中求助海神，保障民族的独立与自由，法国的失败已注定了。

1685 年，路易十四下令撤销南特令，即法国仍以旧教为本，排除异端。新教国家视路易所为，将必摧毁信仰自由，一百五十年的奋斗成果，将必毁弃，而与法国无妥协的余地。当时法国新教徒，约五十万，此巨大臣民，将无法律保障，摈绝于国境之外。同时，土耳其威胁解除，奥斯堡联盟恢复（1686），虽是一种防卫，却已说出奥德的动向，迨至英人迎威廉为王，英荷团结，卫护海上与宗教利益。路易十四款待逃走的詹姆斯第二（1688），启英人疑惧，于是法国孤立起来，卢瓦说："陛下，如果成语是正确的，单独对全体便是你了。"终于战争又起，经十年奋斗（1688—1697），缔结《利斯维克（Ryswick）条约》。法国的实力停止了，操纵欧洲权力者移在英人手中。

1700 年，西班牙王查理第二逝世。为了帝国完整，决定由安汝公爵（Duc d'Anjou）承继。这是一件极难处理的事件，接受与拒绝同样发生战争。就法国言，设不独霸欧洲，拒绝强于接受，可是路易十四

---

① 路易十四的军备是经常的，1661 年有三十二旅步兵；1672 年，增至六十旅；1688 年，增至九十八旅；到 1701 年，增至二百五十旅，在和平时，平均有步兵十二万五千人，骑兵四万七千人。
② 甲，相续权战争（1667—1668）；乙，荷兰战争（1672—1678）；丙，与奥斯堡联盟战争（1688—1697）；丁，西班牙继承战争（1701—1714）。

向他孙儿说："第一个任务,你要做个好西班牙人。你要记得生在法国,维持两国合作,这是唯一的方法,使两国幸福,保障欧洲的和平。"

安汝公爵成为西班牙腓力第五,有一日也许法西两国合并,那欧洲的均势便毁灭了。马尔索洛(Marlborough)与尤金亲王(Prince Eugène)奋力决斗,1713年,签订《乌特来克(Utrecht)和约》,法国外形胜利,实际人财两空,法国毁了海上事业,致使人民苦痛,而真正的得利者是英国。

1715年,路易十四七十七岁,统治了七十二年。他死后,圣西蒙说人民感到"一种狂欢,感谢上帝的解放"。他最后向继承者说:"孩子,你不要像我大兴土木,也不要像我战争,努力减轻人民负担。而我不幸没有做到的。"人之将死,其言也善,假使我们问,谁是旧制度的破坏者,最正确的答复是路易十四。他有稀世的荣光,名人辈出[①],但是他的人民却是苦痛的。拉封登(La Fontaine)在《樵夫》中说:"生活有何快乐?谁能苦痛如我?妻子、儿女、军队迫我工作,我从来没有自由过……"

---

① 将相:Colbert, Louvois, Condé, Turenne, Luxembourg, Villars, Vaubarn;文人:Molière, Boileau, Racine, La Fontaine, De sevigne, Bossuet, La Bruyère, Pascal, St-Simon, Fénelon, La Roohefoucauld;艺人:Le Brun, Miquard, Girardon, Coysevox, Claude Perrault, Bruant, Mansart, Le Notre, Rigaud, Poussin, Claude Lorraine。

## 第三章
## 彼得大帝的改革

蒙古势力退出俄国后，罗曼纳夫掌握政权（1613），侵略与改革，双方并进。形成欧洲的强力，使这个"欧亚"的国家，走上欧洲的道路，有三百年之久，欧洲史事都与他有密切的关系。

亚来栖（Alexis）时代（1645—1676），俄国即向西推进，从瑞典与波兰身上，扩张实力。瑞典强，不便侵入利四尼（Livonie），但波兰有叛乱，乌克兰却为〔俄国〕取得。这是1667年事件，两年后，马特维夫（Artamon Matveyev）改革，确定欧化。

1689年，大彼得推翻其姊苏非亚，执行政权，因他结识瑞士人洛弗（Lefort）、爱哥斯人高尔敦（Gordon），深感到俄国必须欧化，对内反传统的宗教与习俗，对外，须摧毁瑞典、波兰与土耳其的障碍，使俄罗斯与欧洲强国结而为一，诚如他说"开窗政策"。由他，俄罗斯成为欧亚的桥梁。

大彼得有很好的身体，晶明的聪慧含有蛮性，有计划，有忍耐。不停止的在动中，他可以静赏曼德农夫人（Mme de Maintenon）①的美，

---

① 1717年，大彼得至巴黎，欲晋谒路易十四宠人曼德农夫人，圣西门与Mme de Louvigny皆有记述，最可靠的是曼德农自述："……他的访问很短……他曾接门帐幕看我，你想他可满足了。"见《曼德农夫人回忆录》第三卷。

（盘算）如何支配路易十四；也可在刑房中，用铁鞭击毙他的儿子。①机智、忿怒、大胆，他有蒙古人的性格，拜占庭的头脑，以故他所眷恋者，不肯放手。

彼得改革最成功处，是新式军队，其他都是外形的。外形亦很重要，对那些服从与无知的民众，只有用形式宣传。剃须、着西装、放浪的使刺激满足，道德混乱是必然的，但是没有关系，只要能从外获得土地，声威远播，那便够了。1695年，彼得攻顿河口要塞阿曹夫（Azov），土人失败，彼得加强信念，维新途路是正确的。

彼得幻梦，要建立俄国为海军国家，由是与瑞典冲突。瑞典王查理十二，年幼英勇，挫败俄军于纳尔瓦（Narva）。是时，查理不直入俄境，反捲于波兰问题内，彼得坚忍，重整军队，于1709年取得波尔达瓦（Poltava）胜利。②彼得声威远播，瑞典沦为北欧次要的国家。查理遁入土境，使土宣战，俄军失利，退还阿曹夫（1711），可是东北欧问题，俄国成为主角。

彼得改革，使俄国社会趋向极端，工业化提高实业阶级地位，在那些旧贵族群中，又增加新贵族，随着17世纪潮流，贫穷阶级与统治者相去更远，不能融洽，结果俄国的问题，基本是社会问题而不是政治问题。便是说政治受社会问题支配，所争者不是自由，而是如何维持他的生命。为此，俄国的措施，不在合法与否，而在有无效果。此果所系，乃是阶层利益的夺获，支持彼得改革是那接受欧化的服役民众，与其他人民分离，形成一种特殊阶级。这要在三百年后，始见他的作用，便是说要用欧洲人的技巧，实现拜占庭的理想，完成蒙古帝国的事业，科学、宗教与侵略混而为一，这不是新的，而是一种蛮力的复活。秘密裁判所，便是最有效的武器，在1698年彼得创立，最主

---

① 关于亚米栖之死，有许多传说，按刑房记录，1718年6月14、19、24、26日共四日审判，每次甚长，用刑很残酷。见Waliszewski所著《大彼得传》。
② 在决战时，大彼得向士兵说："时候到了，祖国的命要决定了。你们不要想是为彼得作战，不是，是为帝国！……彼得准备为祖国牺牲。"Rembrandt，俄国史。

要的牺牲者是他儿子亚米栖（Tsarévitch Alexis）。

俄罗斯兴起，就欧洲历史言，他是一种离心力。欧洲事件的发展，从此后与（俄罗斯）有深切关系。他在欧洲大陆的地位，等于英国在海上，此巴尔干问题成了欧洲的烦恼，没有人可以放弃的。

## 第四章
# 中欧局势与普鲁士兴起

从 16 世纪起,法奥斗争,谁也不能独霸欧洲。到查理第六时,为了女儿玛丽德肋撒继承问题,18 世纪引起欧洲的变化:即法国势力的衰弱,使旧制度趋于崩溃;奥托曼进展停止,普鲁士兴起,使中欧与东欧起新变化,大不列颠向海外发展,成为平衡欧洲有力的因素,同时也掠获广大的殖民地。法国大革命以前,英法战争有五次,相距时间未及百年[①],这说明欧洲旧时代已去,革命必然降临。

加朗堡(Kahlenberg)战争(1683),奥托曼武力腐化,"驱逐奥托曼"的口号,遍及中欧,终于收复匈牙利。这在欧洲史中,第一次启露出"东进政策",日尔曼与斯拉夫的争夺,已不可避免。波兰原不可一世,然以贵族不放弃利益,国王不能控制,结果走向将不能自主的途路。俄罗斯、普鲁士、东西夹击,南与奥托曼冲突,继而奥国代之,波兰为旧教,环之者为正教、新教与回教,其唯一希望系于法,以法波相结,可以制普奥,但是到法国实力衰弱时,波兰变为俎上之肉,此俄普奥瓜分波兰(1722—1795),用会议方式灭人之国,其凶残

---

① 甲,奥斯堡战争(1689—1697);乙,西班牙继承战争(1702—1713);丙,奥地利继承战争(1740—1748);丁,七年战争(1756—1763);戊,美洲独立战争(1776—1783)。

不可思议。斯拉夫专制的恐怖，使每个国家不得不考虑：用何种方式迎纳此暴力，这样维持奥托曼帝国完整，成为必要的策略。

《西发利条约》后，诸侯领导德国，路易十四推行政策，俄罗斯兴起，使普鲁士感到他的任务，放弃传[统]政策，树立统一的基础。这完全是费特烈第一（Frederic William Ⅰ）用意志创造成功的。普鲁士临波罗得海，东西受敌，在俄法压力之下，他要"废止特权"，"用自己的钱养自己的兵"，不要寄食，实行国库主义，到1740年，普鲁士已立下稳固军事的基础①，这是古斯巴达的复活，"不为人灭亡，便为人模仿"。

费特烈第二（1712—1786）继位，首即向玛丽德肋撒挑战，兵进西来锐（Silesia），须有所获始承认继承奥室权利。七年战争起，与英同盟，证明普鲁士为强国，英国在印度与加拿大获得不可估计的利益；普鲁士却成为日尔曼民族的领导，与奥国对峙，构成南北的分裂，所谓德国未统一前的二元政治。此时，俄国从东侵入，奥普不能联合，结果产生了波兰分赃式的事件，在此"可耻的事件"上，俄仍居领导地位。

普鲁士成为日尔曼民族的中心，伏尔德信札集中，保存着费特烈第二的名句"这是改变旧日政治体系的时候"，他以开明策略，获取信任，这时候，普鲁士成了大日尔曼的支持者，在民族主义上，表现一种新感觉。

经四十六年统治，普鲁士由十二万方公里扩张到二十万（平方公里），军队由八万增至十八万，他的财富、声誉、文化与英法平等。虽然拿破仑卷起狂风，普鲁士有如香草，在艺术与科学上，放出强烈的芬芳，所谓"狂飙与突进"（Sturm und Drang）。不久德意志同盟代替了神圣罗马日尔曼帝国。

---

① 到1740年，普军队由四万五千人增至八万三千人，凡生于普鲁士者都有兵役义务。

# 第五章
# 殖民地与美国独立

　　世界逐渐扩大，欧洲滨海国家，承袭古地中海传统，葡、西、荷、英、法向外发展，夺取市场，掠获财富，视为是一种专利，先后创立公司，政府委托私人经营；其著者有：荷人设立"印度公司"（1602）；英人设"北美公司"、"马沙素塞公司"（Massachusset Bay Company）、"哈得逊公司"（Hudson Bay company）；法人创立"东印度公司"（1604），"西印度公司"（1626）、"美洲群岛公司"[①]……欧洲国家向海外发展，无形中构成欧洲的扩大。

　　殖民地发展，须以国力为后盾，始能控制海上利益。是时，法国困于欧洲大陆，路易十四战争，不能维持强大舰队；继任者，多鄙视异域；而英国彼得大臣（William Pitt）[②]，知殖民地的重要，必须与工商业求一出路，集全国力量，与法国决斗，结果于1763年《巴黎条约》，法国放弃加拿大与印度。英国成为海上的霸权，这是古代腓尼

---

① 此外，尚有：St. Christopher and Barbadoes Company，Café verde Company；Guinea Company，White cape Company，Orient and Madagascar Company，Northern，Levant Company，Senegal Company.

② 系 Madras 总督 Thomas Pitt 之子。

斯、希腊、迦太基的复活。

英国繁荣，自是当然的，试举几种数字，便知当时经济变化。1700年，英国出口货物数为三十一万七千吨；到1781年增至七十一万一千吨。迨至1800，增至一百九十二万四千吨。1715年，英国进口货总值，约四百万至六百万镑；至1800年，增至四千一百八十七万七千镑。法国亦然，1716年出口货物总值为一千五百万佛郎，至1787年，增至一亿五千二百万佛郎。

七年战争便是美洲独立的原因。英国军费庞大，欲从殖民地榨取，但是，英国民族非常实利，"无代表的纳税是苛政"，于是1765年所提出之印花税，遭激烈反抗，次年3月18日宣布废止。从此，美洲人士，知团结拒抗，始能解脱英之剥夺。法国思想发展，倡导人权与自由，又忌英扩张，欲毁海上英人势力，1773年，波士顿反抗茶税，投三百四十二箱茶于海中，美洲独立战争逐起。

1776年，杰斐逊（Jefferson）领导，宣布美洲独立，"These united states are，and have the right to be，free and independent"，美洲合众国由是降生。华盛顿领导，得法国赞助[①]，终于获得自由，这是第一个海外的欧洲国家。1783年9月3日，签订《巴黎条约》，英国承认美国的独立。

但是法国大革命又加速了一步。哲人们所言的新政治，不是幻想而是一种现实。

---

① 法国在未正式参加前，由Beaumarchais主持商店，接济大炮二百门，帐四千顶，制服三万套，二百万现金，完全是政府借私人机关，从1776年便开始。

# 第十编　新欧洲：均势建立

法国革命并非突然爆发的。自三十年战争结束以后，欧洲走向君主集权，此权当属何人，论议纷纷。王受命于天，臣民服从；私人自由无保障，仅少数贵族为所欲为。如审检制，非法逮捕。教会与政治有密切关系，虽然两者本质不同，但是，"要达到攻击国家制度的目的，必先破坏为其基础的教会制度"①。这便是说，宗教改革后所发生的作用：个人主义，实为强有力的革命的推动。

基于民族的思想，以求国家统一，形成集权。此权操于人民，不受任何传统（反宗教与反君主的）外力（反帝国与反资本的）支配。于是欧洲自身产生许多问题：每个国家如何从不自由中争取自由？既得自由又如何保障？既有保障又如何去扩大，使自己的人民丰衣足食，变为地上的乐园？一切是进步的，在此过程中，弱肉强食，须有组织，始有效率。组织物的功能，使技术进步；组织人的结果，每个人须有政治的意识。两者都是实用的，结果精神为物质控制，个体为团体毁灭，从法国革命起，欧洲历史便踏上这条奇险的途路，如鹏怒飞，不知止于何方。

但是，这种动向，遭遇两种困难：欧洲有其历史遗传，他用革命剧烈方法，仅能毁其表面，不能戕其本质；次之，欧洲是世界的一部分，不能孤立，于是，欧洲的纠纷与矛盾，扩大到世界。那种海陆的对峙，政治与经济的恐怖，波及全世界。欧洲财富增加，文物进步，可是欧洲历史的动荡更为剧烈。这是新欧洲地中海与大陆寻求平衡，欧洲与世界的冲突；寻求生的均势，产生许多的革命。

---

① Tocqueville, *L'ancien Régime et la Révolution*, 1856.

# 第一章
# 法国革命

欧洲历史没有比法国革命更重要的。他的重要性不在于改变政府的形式，而在每个人意识中，因革命引起了对人生与社会种种新的认识，即是说文艺复兴后孕育成的批评精神。哲人推崇理性，《民约论》刊于 1762 年，英国政治开明、中国六部组织、美国独立，刺激起法人解放的情绪，而财政危机便成了革命的导火线。大革命前，收支不平衡已成一种惯例，美国革命，耗费法国五万万佛郎，唯一办法，即举债弥补。至 1787 年，收支相差一亿九千八百万佛郎。到革命发动时，国库存款不及五十万，甚至无法应付最急迫的需要。

一切不幸，来自特权阶级的顽固，不肯放弃权利，而要利用政府弱点，加以支配。1789 年召开三级会议，贵族与教士联合，抗拒平民。平民脱离，自行开"国民会议"与特权阶级冲突。巴黎袒护平民，国王让步，但是国王有武力可以解散。反政府渐次扩大，巴黎灾民攻巴斯地狱（Bastille），瞬息焚毁，人民舞于废墟上，路易十六俯就民意，拉法夷（La Fayette）为领袖。

自是而后，法国政府瓦解，秩序混乱，农人起，反抗地主，各地响应。8 月 4 日夜，国民会议合组委员会，草法案维持国内安宁，结束封建制度的赓续，旧制度灭亡①。立宪会议成立，十月发表《人权宣言》，开新政治，主权在民，实行制宪，1791年公布，国王宣誓遵守，依三权分立学理，中央与地方，势力悬殊，几至无政府状态。1793年，卢梭门徒建立"国民会议"，巴黎饥荒，妇女徒步至凡尔赛，迫王与后返巴黎，以期解决，王与后立刻发现被监视，形如俘虏。

法国革命虽受英国革命刺激，却与英国革命不同。法国革命乃在追求一种理想，取宗教运动形式，宪法中所列之人权，乃人人之权利。英国则反是，其所求者仅不列颠民众，并不要求普遍化。欧洲各国，恐法国革命蔓延，摧毁皇室，奥皇为法后之兄，举兵入法，法人怒创《马赛曲》，于1792年9月20日取瓦拉米（Valmy）胜利，共和成立。法王偕后欲逃，被捕，次年正月，路易十六上断头台，法后随之。战争蔓延，全欧除瑞士、丹麦与威尼斯外，无不与法国作战。

共和成立，政权落于急进者手中，海碧（Hébert）、但东（Danton）、罗贝斯彼（Robespierre）领导，入恐怖时代。巴黎成为死城，互相攻击，罗氏握实权后，恐怖达到顶点。1794年6月10日至7月27日，七星期内死一千三百七十六人。这对法国激起国际的反感。

从1795年至1813年，拿破仑统治了欧洲。

拿破仑有许多神话，聪明有决断，并且有丰富的想象，他有缺点，却具有一种特殊的"魔力"，他人不知所以地追逐他。斯但达尔（Stendhal）叙述一个女子对他的印象："拿破仑是她平生遇到的最瘦与最古怪的人，散发垂肩，视线含有种阴暗，与发不相称。他是一个有趣味者，却引起反感：在傍晚的林中，不愿碰着他的。……好说话，充满热情，脸上表现出幽暗的沉静。不像是个武人。"这是一个行动的浪漫主义者，别人要叙述，他却要生活，他有高贵的智慧，如对教育的设施，法典的创立，文艺的保护，接受革命的遗产，

---

① 旧制度特点有三：（一）国王握全权，为专制元首；（二）国民有阶级，权利不平等；（三）政府任意处理庶政。

处处有独特的成就。只是他要做"西方的天神"①，他忘掉西方强有力的民族思想，忽视了海上，英俄两国，东西夹击如现今纳粹所遭遇者。

意大利胜利后（1797），次年攻埃及，成金字塔的霸王，纳尔逊败法海军于亚布克尔（Aboukir），被围困。1799年，返法，任督理政府，制宪法，以3,011,007对1,562票通过。他成为时代人物，私愿不足，渐次为专制元首。1804年，加冕巴黎圣母大堂。[他是]天真的守旧者，以为古代复活，王政建立，只不过家族更换耳。拿氏憎英，1805年攻之，忍耐的纳尔逊毁法军于脱拉法加（Trafalgar），救出英国。次年转攻德，取耶拿胜利，神圣罗马日尔曼帝国灭亡，再过七十年德意志帝国取而代之。1812年，拿氏率十二军侵俄，内有六军系意、德、波、普人。既入莫斯科，天寒无法作战，同盟者弃法，法军溃退。英俄普奥联合抵抗，声言"非反法兰西，乃反对拿氏于法帝国外之统治"，即1793年法之民族战争，今为其对敌采用，以拒抗法国。1814年3月13日，联军陷巴黎，拿破仑退位，退居埃尔巴（Elba）岛。

拿破仑停居在岛上，筑路种树，虽说："这是退休岛，此后，我要做和平的裁判者，皇帝死了。我还算得什么？"他深心却不禁不住寂寞。他晓得法人不爱路易十八，他也明白维也纳会议对他不利。便是"在和平，正义、均势与赔款声中"，于1815年3月1日抵法境，只有七百人，两纸宣言，向法国人民说："我回来了！"3月20日到巴黎。

英俄普奥在结盟抗法："拿氏为破坏世界的公敌，同盟国要协力剿灭之。"惠灵吞任总司令，布吕希（Blücher）率军攻击，败拿氏于滑铁卢。放之圣海仑岛，于1821年5月5日逝世。移约翰逊咏查理十二诗，为拿氏墓铭：

----
① 拿氏言："欧洲应有一帝王出，各国君王为其官吏，否则永无和平之日。"

其事业在海外战争，
他有使人变色的威名，
法律由他规定，
他的遗迹在诗歌中找寻。

# 第二章
## 法国与意大利统一

欧洲国家形成，实始于拿破仑，他是旧时代的破坏者。从维也纳会议以后，梅特捏（Metternich）竭全力摧毁新思潮，他眷恋革命前的旧时代，同时他怕民族主义发展，匈牙利、德意志、波兰将各自独立。因而，俄皇亚历山大第一发动神圣同盟后，奥普赞助，借"和平"与"均势"，俄国向西南发展，侵奥托曼帝国。于是，拿破仑的梦移在克鲁姆宫，民族与宪法成了危险的思想。梅特捏自1623年，利用此同盟与潮流对抗，终1848年奥国革命，所造系统瓦解。

时代不同了，德国经过拿破仑扫荡后，由三百六十个单位，变为三十九个小国，趋向统一的道路；在奥托曼帝国内，希腊为独立斗争（1821—1829），英俄法出而干涉，保证希腊独立；比利斯不愿为荷统治，起而奋斗，由《伦敦条约》（1839）保证比利斯为永久中立国。法国自身仍在革命演进中，1830年7月革命，查理第十退位，举路易一腓列（Louis Philippe），承认主权在民，然皇党未根绝，产生二月革命，退二次共和，举路易拿破仑为总统，1852年，经上院拥护，帝国恢复，是为拿破仑第三，1870年败于普，次年建第三次共和。法国文化较为统一与悠久，经此巨变，一方面建设帝国，与欧洲列强争雄；

另一方面倡导政治思想，始于全民，树立人类政治生活的楷模，个别与集权，强力与公理形成一种矛盾。美国独立，希腊独立，比利斯独立，意大利统一，都受到法国的赞助，他是海陆欧洲的连接线，古代文化的综合。

拿破仑在意大利的行动，摧毁旧日组织；民族思想，日益扩张。从那分裂的局面，由西班牙、奥地利教皇统治下，力谋解放，构成统一交点者，为西北部彼耶沙丁王室。

由于罗马教廷普遍的思想，由于地中海城邦市府的遗传，意大利交织在欧洲问题内，成为强力角逐场所，变成了一个牺牲，这种错误不完全是意大利人低能与堕落，而是历史遗传使然，政治失掉积极作用。

从拿破仑失败后，意大利民众发生政治运动，初尚无统一目标，只觉着意大利不能忍受奥国割裂，须反抗。马志尼与沙丁王信，请其领导发动反奥国的运动。马志尼年仅二十六岁，组成"少年意大利"，这是浪漫主义时代，热情，有理想，狂烈地追逐人类幸福的梦。他的影响很大："爱你们的故乡，上帝赐予你们的土地……"教皇庇护约第九（Pius IX）即位，政治开明，赞助群众所趋，于是奥国在梅特捏反动下，发兵攻伏拉哈（Ferrara）。沙丁王请教皇协助，加里波得自意南出兵，加富尔主编 *Il Risorgimento*，成为最有力的宣传，教皇不许奥人经其地，那不里动乱，1848年两西西里王国，发动反革命，结果退位。北意大利响应，米兰被围攻，奥国卷土重来，独立运动失败。究其原因，乃在意大利内部不能合作，亦建立中心，而将实力分散，但是意大利统一，又近一步，因沙丁王室拒抗奥室，成为意大利革命者逋逃地，也成为爱国者寄托的梦。

加富尔是一个现实的政治家，他拥护沙丁王室，推进意大利统一。当时流行的口号是："独立、统一沙丁王室"。他争取欧洲的同情，特别是法国，因为法国是革命的发祥地，而又是奥皇室仇视者。他知道拿破仑第三的同情意大利统一运动，1858年，加富尔秘密会见法王，得到法王军队赞助，沙丁王朝取得马进答与索非利纳（Solferino）胜利。奥国退出伦巴多以外。1860年，加里波得率1067人，取西西里岛，继至那不里，以埃曼纽（Victor Emmanuel）名义统治、方准备进攻教皇国，加富尔谨慎，阻其进行。1861年3月17日沙丁王更为意大利国王，除罗马与威尼斯外，意大利统一告成。加富尔深知罗马重要，临死时（1861）说："没有罗马，意大利统一［是］不坚固的。"

1866年，普奥战争起，意大利助普，取得威尼斯，又得力于拿破仑第三的援助，固奥国不肯直接与意，而拿破仑转与。当教廷感到独立受威胁，法国驻兵，加里波得欲以武力取得，碍于法国，不能如愿。1870年，普法战争起，法撤兵，意大利武力进攻，教皇庇约第九不与妥协，自视为暴力俘虏，支配欧洲的教廷，从此停止，迨至1929年，拉脱朗（Latran）条约立，瓦帝冈教廷始恢复。

意大利统一是时代的产物。他的内部尚未健全起来，政治不能与人民配合。他的统一是外形的。罗马不是一天造成的，国家的统一也如是。

## 第三章
## 德意志统一

拿破仑是民族主义的支持者，耶拿战役，德国放弃旧路，开创民族的自觉，这是路德宗教改革后的产果。只交付普鲁士执行而已。哲人费希脱时四十三岁（1807），大声疾呼："我所言者，唯德意志人而已，不问其为何种何类何党之人……"又三年，吕登应歌德之聘，至耶拿大学讲德国史："我的精神与心灵最大部分放在德国废墟之下，只有把一件事放在人民与祖国身上。"一群大学生，感于时（势）所趋，名人辈出[①]，终于获得滑铁卢胜利。

新局势创造了德国，1815年德意志同盟代替了神圣罗马帝国，但是两者性质不同：支持德意志同盟的神髓是民族主义，其方法是经济的；而神圣罗马帝国，却含有基督教世界观念，其方法是伦理的。因此，德国历史所趋，首在寻找他的"祖国"，何处是德意志？凡是说德语的地方便是他的边界，这样要在散漫与矛盾中，德意志民众要创造他的国家。

经济统一为政治统一的前驱，普鲁士领导，创设关税同盟，这与

---

① 如 Klopstock, Kant, Goethe, Schelling, Stein, Hardenberg, Niebur, Eichhorn, Blüchev, Scharnhorst, Gneisenau, Clausewitz, Fichette。

德意志无特殊关系，因为每个会员国不损他的主权，期满可以宣告废止，决议不经本国同意，不生拘束力，但是因为欧洲在强力演变中，经济扩大范围，自成为政治统一的因素，至1834年，除汉堡、不来门、吕拜克外，余皆加入关税同盟。这时候，德国虽在分裂中，却走上统一的道路，一方面交通与工商业建设，争夺经济独立；他方面树立官吏阶级，不受政潮影响，这种局面，演进（至）1848年，梅特涅下野，俾斯麦开始他的工作。

普鲁士重整武力，含有几分蛮性，形成军国主义，以一邦降伏他邦，完全为了民族的利益。民族不是生物的，而是心理与政治的，他处在流动的环境中，东西夹击，普鲁士要用人力，创造成固定的力量，这不只是统一的方法，而是一种生活。[①] 为此，俾斯麦与自由主义为敌，他着手便看到：第一要有军事的胜利，始能于群邦中取得信威；第二要防止俄奥与俄法协定成功，处在孤立的地位。

1861年威廉为普王，着手改编军队，自四万增至七万，后备军役为四年，有事立即召集四十万人，自己养此庞大数目，不举外债。1864年至1870年，连获普丹、普奥与普法三次胜利，拿破仑第三为俘虏，1871年威廉在凡尔赛为日耳曼皇帝，路易十四所取之亚尔沙斯、罗林两省，今复为德国取回，从此，德国为世界强国，他的问题不只是欧洲的，而且是世界的。

只是德国统一，并无基础，俾斯麦以其英智，以武力为后盾，创立国家，自使人戒惧，法国念念不忘，两年后（1872）法国发行五十亿公债，应者超过十四倍。俾斯麦惧，欲以外交维护得到的利益与地位。1888年，威廉第二即位，欲独揽大权，两年后使铁血首相退职，德国承袭工业发展，向外开拓，追逐一种幻觉，产生1914年战争。德国的历史又起一次巨变。

---

① N.Henderson："具着高度发展牧人本能的德国人，到他穿了制服，步伐整齐向前进，成队齐声唱歌，那是十分幸福的。"

## 第四章
# 奥托曼与欧洲

欧洲意识觉醒后，均势运动成为主潮，法学者格老秀斯（Hugo Grotius）刊行"战争与和平法律"（*De jure Belli et Pacis*，1625），主张国与国之关系，亦犹人与人之关系，处理国际问题者，悉准是以行，后之学者视此为国际公法滥觞。唯土耳其在欧发展，以民族、宗教与文化问题故，欧人采取一种敌视，不与国际公法的保护。

巴尔干问题，始于1699年，匈牙利独立，奥国东进；俄取亚曹夫，启南下野心，黑海成为争夺目标，托宗教与民族口号，以求利益增长，于是有大斯拉夫与大日尔曼的冲突；到1763年，英法冲突告终，英取印度，于是奥托曼帝国问题，变得更为复杂。英人不愿俄人南下，正犹普奥拒绝俄人西进，当法在大陆孤立时，即联俄拒抗；于此中复杂关系中，求均势安定，可能时夺取一点实利，或加增自己的影响。

奥托曼政治与军事腐化后，俄罗斯野心勃勃，借保护宗教（亦犹今日借政治思想），使土耳其变为波兰第二。法国革命起，民族问题成为政治上实际问题，到拿破仑事业完结后，土耳其必然瓦解，以其自身无实力，必借外力维持，生存于列强矛盾之间，他已失掉自主，以故塞尔维亚与希腊相继独立。

从 1854 年至 1918 年，因奥托曼欧洲而发生严重问题者有四次：第一位克里米战争，俄皇尼古拉推行大斯拉夫主义，视土为"垂死"病夫，南下进攻，英法联合沙丁王室，保存土耳其，卫护地中海利益，1856 年签《巴黎条约》，黑海变为中立，多瑙河自由航行，英法奥保障领土之完整。

次之，俄未能出黑海，壮志未酬，不能默受。为援助波黑（Bosinia-Herzegovina）二省，拒抗杂税，产生俄土战争（1875—1878）。由英之反对，马其顿归土；保加利亚自治；奥匈帝国代管波黑二省；蒙德内哥洛、塞尔比亚与罗马尼亚独立，这种处理，没有顾及民意，使欧洲近东问题更加复杂。

再次，1908 年，土耳其革命起，马其顿问题产生，德国在巴尔干影响突增，斯拉夫主义与日耳曼主义决斗。塞尔维亚向俄，反奥，对波黑二省受奥匈统治，深为不满，至保加利亚独立，战争几起，俄在远东失败，深感武力不足，认此为一种侮辱。少年土耳其兴起，压迫马其顿，巴尔干缔结同盟，思解放马其顿，1912 年 9 月击土军胜利，俄又扩张实力，与奥匈帝国一打击，1913 年 8 月《保加洛斯（Bucarest）条约》，只说明奥托曼帝国崩溃。由于外交平衡的牵引，协商与同盟，假技巧维持，偶一失调，必然变为全面的波动，此第一次世界大战，从塞尔维亚发动也。

最后，经四年大战，奥匈瓦解，巴尔干局面依旧，奥托曼只保存君士坦丁堡了。土在凯木尔领导下复兴，图谋独立自主，俄即自身起革命，暂放弃了旧日政策，但是这块欧亚桥梁，海陆衔接地带，自然环境，历史遗传，又不能建树强力，奥托曼退出欧洲后，苏联必取而代之。但是北部日耳曼冲突，南部与英吉利冲突，法国以时势演变，决其取与。土耳其仍然有支配近东的力量，那便看他自身如何了。

## 第五章
## 产业革命与机械

欧洲自觉,实欧人思维的成果,放弃了未来,重视现在,将自然当作研究的对象,运用纯理的方法,构成了革命,数学成为一切知识的基础。人再不是神的俘役,也不是自然的俘虏,他采取一种挑逗的态度,将那些"神秘"、"超人"、"无穷"、"奇幻"等概念,加以一种解释,施以一种组织,每个人都要他的意识,要支配宇宙与人生。这不是反宗教或者世界变为天堂,这是人类愚昧与贫乏,生存推动所创的途路。便是在宗教改革狂热的时候,我们看到多少人致力于抽象的数理工作,产生了科学,到科学与工业结合,运用在实际中,机械逐渐应运而生,在自然科学发展时,应用科学亦随之进展,单就英国言,在18世纪末,已有纺纱机、织布机、汽机、制金压薄机、压榨机、制纸机。产业革命生于英国,并非偶然的。

史蒂文森(Stephenson,1803—1859)创立第一个火车头(1814),伏尔顿(Fulton,1765—1815)装置汽船在胡德森河(Hudson R.)航行(1807),空间缩小,昔之需要十八小时者,今则一小时可达。[①] 到

---

① 拿破仑自 Vilna 至巴黎长一千四百公哩,需三百二十小时,今四十八小时已足。

伏尔达（Volta）、法拉德（Faraday，1791—1857）创立电学，电报（1835）、海底电报（1852）、电话（1876）、无线电（1893），人类思想，迅速传播，一地发生事件，当日便传至全球。1897年，蓝来（Prof. Langley）发明飞行机，1910年已可越亚尔普斯山，1927年飞渡太平洋，十年后越过北极，人类控制空间，达到快速专精地步，劳力与时间节省许多。

人类不能分割，世界不能分割，为着繁荣，世界建立许多重要的工程，如稣夷士运河（1869）、巴拿马运河（1881—1914）、圣高达隧道（1882）、圣伯伦隧道（1906）、西伯利亚铁路（1891—1901）等，都使思想与物质有迅速的交流。他影响到人类生活，非常巨大。

生产机械化，使工厂集中，各部门分工，以期达到巨大的产量，工人问题，劳资纠纷，生产与分配，逐渐成为急切的问题，资本主义演进至高度，社会主义步法国革命后尘，图谋改善劳动者地位，1867年马克斯《资本论》出，确定劳动者的信念，将人也如物一样组织起来，划出鸿沟，发动无情的斗争，产生1917年俄国革命。

论至产业革命，威尔斯说："机械革命，为人类经验中新事物，方其进行，初未知后日社会、政治、经济与工业之结果……"一切要组织，要经济，走向进化的大路——达尔文《物种原始》刊于1859年。生存竞争，物竞天择，学理上虽有破绽，西方人的心理上仍然受他支配。

这种辉煌的成就，陷人类于苦闷的地步，人统治自然，同时也脱离自然，人与自然脱离所遭受的苦痛，远超过鱼脱离水一样。那绝对不是人类的毁灭，那是一个新时代的降临，旧路已完了，须有正确的目标，踏上新的途程。

# 结　论

　　德奥意三国同盟，英法俄三国协商，外形上维持一种均衡，实质上经济与军事的竞赛，随时有战争的可能。1914年8月，发动第一次世界大战，德国在急切与恐惧之下，利用技术与军事的优越，他要独霸欧洲，走上百年前拿破仑的道路，结果失败，1919年，缔结《凡尔赛条约》。

　　《凡尔赛条约》是休战，并没有赢得和平，便是说领导和会的英法，只企图惩罚德国及其盟邦，要求再倒退到19世纪帝国的繁荣内。国际联盟虽成立，那只是英法等强国保证分赃的机构，亦无实力执行他的任务，虽然他只有十九年的寿命，签订四千五百六十八种条约，（但最终，）和平毁弃，形成第二次世界大战。

　　国际联盟的产生是现实的，世界进而为一，联合保证和平，亦犹百年前拿破仑所遗残局，维也纳会议后所产生的神圣同盟是一样的。只是时代不同了，19世纪的民族主义，必然产生资本主义，而20世纪的国际主义，其结果必演进到社会主义。事实上亦如此演进，1917年俄国革命，由列宁领导成功，由史达林发动五年建设（1928—1932）；生产、工业、文化与教育都吸收人类知识最后的成就。1922年，墨索里尼创立法西斯，以集体的福利为皈依；到1933年，希脱拉在德国取得政权，建立纳粹政治。俄意德三者虽不同，其反资本主义，却是一样的。

在战后巨变中，土耳其意识觉醒，1922年宣布谟罕麦德第六退位，凯木耳领导，新土耳其降生，他夹在俄英德强力间，采取独立自主策略，终能免于浩劫，土耳其的复兴，实欧洲和平的保证。

西欧剧烈的矛盾，反映到远东，致使日本特殊有利的发展，中国受世界潮流激动，1927年统一告成，使日本侵略政策遭受戒惧。1931年，便发动"九一八"事件。列强囿于19世纪实利观念，不与中国支助，轴心萌芽在列强沃土上成长。1937年，卢沟桥（事变）便宣示新时代的降生。中国始终信托国际联盟，因为中国信赖世界整体，结果赢得1945年联合国的胜利，世界整体以之加强，而人类历史又向前迈一步。

历史把"希望"留给我们，现在散播未来的种子，因为历史是一种"赓续"，任何人都受过去潜力的支配；更因为生活是一种"合作"，任何国家，特别是世界倾向一体的今日，绝对不能孤立。没有人能够挽回过去，未来的演变交集在如何避免人类的分割，欧洲历史，其特点不是自然的发展，而是欧人意志的努力，其科学的成就，生活的改进，都有辉煌的成就。空间已不能规范文化的不同，日本近五十年的史事，有类希腊的斯巴达；而美利坚虽为后起之秀，却是一个经济的独裁者——英吉利的扩大。

罗马帝国分裂后，西方政治中心转移，由南向北，止于莱茵河。迨至神圣罗马帝国成立（962），欧洲肇生，配合基督教普遍思想，受亚拉伯与蒙古推动，意识觉醒，在内求均势，在外求冲脱自然障碍，其所赖者，不是自然的财富，而是人类智慧的组织，以故对内求平等（政治的与宗教的），对外求掠获（经济的与军事的），以故随自然地理的趋势，开拓美洲与非洲，而地中海经济与文化的重心，自然的移到大西洋了。

德国与苏联，从欧洲史发展言，属于大陆系统，他们的合作在未来是异常重要的。既有"时间"与"空间",任何人力要统治世界是绝对不可能的,现在德国崩溃,苏联独力支撑,就欧洲历史言,有类普法战争后的局面。在两大实力冲击中,寻求合作,我们所处的环境特别困难,亦特别重要。谁能安定他的人民,使之康乐,即谁在未来中可以生存,未来的努力,乃在破除政治、文化、经济种种成见,那有待于优秀者为国家与人类共同的努力。

《欧洲史稿》为作者未刊讲义,撰于1948年。手稿外文部分经比利时鲁汶大学陈宜君、阎安审校。

# 世界古代史参考资料

# 原始社会

# 第一 绪 说

根据科学家的估计，人类最初的历史到现在约有一百多万年，这是够长的了。相形之下，阶级社会的历史却是很短的，最长也超不过四五千年。关于原始时代的历史，过去没有正确的解释，大都是一些臆测。到了19世纪后半期，由于达尔文的《物种起源》（1859）、摩尔根的《古代社会》（1877），特别是恩格斯的《劳动在从猿到人转变过程中的作用》（1896）和《家庭、私有制和国家的起源》（1884）等名著相继出版，提出了这门科学的基本规律。从此原始社会的研究得到新的发展，而成为历史科学重要的组成部分。

首先，原始社会的研究须借助于考古学。荒远古代生活的原始人，虽然早已绝迹，可是地下仍然保存着他们活动的遗物，如使用的石器与骨器、居住的遗址和埋葬的坟墓。考古学者按照出土的情况，推断他们生活的年代及活动的情形。其次，原始社会的研究须借助于人种学。在不少的地区，如澳洲、非洲和美洲仍存在着若干落后的部落。观察他们的生活状况，研究他们的社会制度，可以得到许多资料，说明原始社会的实况。在古代文化较发达的国家中，他们的语言文字至今仍保存着某些原始的残迹，反映在许多传说、神话及文学创作中。

这些都是研究原始社会重要的资料。

19世纪开始了原始社会的科学研究工作。丹麦考古学者汤姆逊于1836年，根据工具所用的主要原料，将原始社会分为石器、铜器及铁器三个时代。继后法国考古学者摩尔提埃，于1869年分旧石器时代为初、中、晚三期，奠定了考古学分期的基础。无疑地这种划分法有一定的科学性，只是太简单了。将古代社会的发展概括为仅是工具的改进，很难正确地说明社会发展的实质。

摩尔根在《古代社会》中提出别一种划分法。将原始社会，他划分为"蒙昧"与"野蛮"两个时期，各时期又分为低级、中级、高级三个阶段，并在每阶段上列举出物质与精神发展的特点。恩格斯研究原始社会便是采用了这种划分的方法。

列宁对原始社会的分期有了进一步的发展。他划分原始社会为"原始群"与"原始公社"两个时期。原始公社就是氏族公社。按照生产力的发展，氏族公社又划分为两个阶段，即母权制氏族公社时期与父权制氏族公社时期。

恩格斯说："有了人，我们就开始了历史。"[1] 人类历史最初发展时期，其特点在于结束了人类本身在生物学方面的发展。由于人与自然不断地斗争，依靠集体的力量，有组织地共同劳动，共同分配。这时候，生产力极为低下，没有阶级与剥削，"每个人以社会一员的资格，同其他社会成员协力，结成一定的生产关系，从事生产活动，以解决人类物质生活问题"。[2] 随着生产力的不断发展，物质生活不断地改进，由低级趋向高级，由简单趋向复杂，原始公社逐步解体，出现了阶级社会。

---

[1] 恩格斯：《自然辩证法》，1959年，第16页。
[2] 《毛泽东选集》第1卷，1951年，第281页。

## 第二　原始群

19 世纪末，关于人类形成的过程始得到科学的说明。达尔文在《物种起源》的结论中说，须从生物界研究人类的起源。1871 年，他著《人类起源》时又说，人是东半球猿类的后裔。考古学者不断发现人类的化石，证实了达尔文的认识是正确的。

人是由猿进化的。1954 年，在云南开远地区发现了森林古猿的牙齿。森林古猿的发展，有的发展为人，有的成为现代的类人猿。亚洲东南部、非洲及欧洲南部都是森林古猿活动的范围。非洲的南方古猿是从猿到人的一个中间环节。

达尔文说明从猿到人是生物的进化，却没有说明古猿怎样转变为人。关于这一重要问题，恩格斯提出科学的解释，"劳动创造了人类本身"[1]。最初古猿的前后肢是无区别的。继后在长期的岁月中，由于劳动引起前后肢的分工，后肢荷负全身，逐渐直立行走，前肢变得灵活，形成双手。所以，"手不但是劳动的器官，它还是劳动的产物"[2]。

随着不断的劳动与前肢的发展，猿类不发达的喉管，缓慢地得到

---

[1] 恩格斯：《自然辩证法》，1959 年，第 137 页。
[2] 同上书，第 138 页。

改造，逐渐发出清晰的音节，形成了语言。所以，语言是从劳动当中并和劳动一起产生出来的。由于劳动的推动作用，猿的脑髓与其他感觉器官也随着发展起来。这样，人离开动物愈来愈远，能力变得愈来愈强，不只是利用自然，更重要的是支配自然。人类劳动是"从制造工具开始的"，工具是划分人和动物的标志，也是征服自然界的开始。

1964年11月，我国公布蓝田猿人的发现，经我国科学工作者的研究，认为蓝田猿人比北京猿人原始。就世界范围来说，它代表目前世界上已经发现的最早的一种猿人类型，早于爪哇直立猿人的。

1891—1892年间，荷兰殖民主义者在爪哇所发掘的猿人，大致与北京猿人相当。这些猿人化石属于低级阶段的猿人，较南方古猿发达，已能直立行走，制造和使用粗糙的工具。根据这些特征，蓝田猿人等是最原始的人类。人类的形成是在特殊的条件下发生的。这是"有机世界史中唯一无二的不会重演的事件"[1]。原始人类的生存受到强大的自然压迫，曾进行过艰苦与剧烈的斗争。他们的生活是十分困难的，并不美妙，如浪漫派诗人所幻想的。

1927—1937年间，在北京西南的周口店，发现中国猿人的头骨，火的残迹，有手工痕迹的燧石，这便是距今四五十万年前的北京人，它是最早利用天然火种的。猿人能掌握火是控制自然力量的提高。从此可以熟食、取暖以及御防野兽，对人类生活是十分有益的。

最初人类的生活是集体的。在自然前面，人类的力量却又是十分薄弱的。吃的是树果与槐根，居住在树上，过着群居的生活。人类最初的社会，列宁称之为"原始群"[2]。原始群的社会没有分工，没有压迫，也没有婚姻，而是一种杂交。猿人制造扁桃形的石斧，发挥了有力的作用。猿人过着群的生活，但是在最初群与群之间彼此是孤立的。

由于劳动的需要，语言与思维得到发展。语言和思维是现实生活的反映，两者同时发生，有着密切的联系的。

---

[1] 柯斯文：《原始文化史纲》，1955年，第15页。
[2] 列宁于1913年12月给高尔基信。

猿人经过漫长的岁月，距今十万年左右，人类体质得到新的发展，尼安德特人便是这一时代的代表。尼人分布的最广，亚洲、欧洲与非洲都发现过尼人的化石。尼人体质有许多特点，额低，眉骨粗大，颏部不突出，脑容量接近现代人，身体粗矮，却很有力。

　　尼人是生活在旧石器时代的中期，即考古学上所称的"穆斯特"时期。与此相适应的文化，在我国有河套与丁村文化。在丁村的遗址中，发现许多鹿和象的骨骼。他们以采集与狩猎为职务，不断的改进工具，如穿刺的石锥，刮削的石刀，已能制造极简陋的衣服。因为冰河来到的时候，尼人长期住在洞穴内，开始了定居生活，游荡的群开始形成固定的集团，尼人的生活起了重要的变化。

　　到旧石器时代晚期冰河退去后，出现了真人。真人是尼人的后裔。考古学者发现凡有尼人遗迹的地区，其地质年代较近的地层都有真人的遗迹。真人分布的很广，在欧洲有1868年发现的克罗马农人，在中国有1934年发现的山顶洞人。他们身体高大，脑容量已达到1400立方厘米。

　　人类散处在不同的地区，受自然与历史因素的影响，其外形有可遗传的特征，缓慢地形成了种族。但是，人类的起源却是共同的祖先。按照区域的不同，真人时代出现了三种类型，即黑人、欧洲人与蒙古人。这种不同仅只是皮肤的颜色、头发的形状。至于生理与心理的活动、智力的作用却是完全一样的。种族的不同不是自始发生的，资产阶级的人种差别说是反科学的。

　　原始群有了相对稳定的生活，居住在木棚与窑洞内。石制工具的加工，骨制与木制的工具向复合式方面过渡，表现出物质文化的提高。人工取火亦是旧石器晚期的特点。恩格斯说："摩擦生火第一次使人支配了一种自然力，从而把人从动物界分离出来。"[①]

　　由于生产水平的逐渐提高，生活比较稳定后，原始群开始解体，

---

① 恩格斯：《反杜林论》，1956年，第117页。

血缘成为纽带，形成了氏族制度。原始群解体的过程是缓慢的。由于生产的发展，原始群分裂为两个"半边"，随着建立起新的婚姻秩序。便是说同半边的人不能结婚，这种婚姻被称之为族外婚，与氏族形成有直接的关系。族外婚就是不同群的群婚，由此婚姻不再是生物的传种，而是社会的制度了。几个互通婚姻氏族组成部落，几个部落的联合又发展成联盟，集体的力量更强大起来。这时候，氏族成员共同生活，按性别与年龄实行分工，男子偏重狩猎，妇女与儿童偏重采集，女子的社会地位逐渐变得重要了。

在原始群的阶段中，人类是没有宗教观念的。到尼人时期有了葬地，尸体涂染红色，初步有了宗教观念，反映出超自然的力量。在原始群解体的时候，氏族制度形成，同时也产生了图腾制。图腾为阿尔衮琴语，即氏族成员与某种物体有亲属的关系。

# 第三
# 母系氏族社会

原始群解体后，母系氏族社会形成。儿童只知其母，不知其父，即儿童是按照母系计算的。母系氏族社会，尽管发展有不平衡，却是普遍存在的。

新石器时代不断地改进工具，生产有显著的提高。石器的磨光与钻孔，钻子与斧头的制造，生产技术有显著的革新。这时候武器从工具中逐步分离出来。

弓箭的发明是人类征服自然的飞跃，狩猎经济得到很大的发展。弓箭比标枪完备，既灵活而有力。标枪可投掷三十公尺，弓箭射程却超过它三倍。优秀的射手每分钟可射二十发箭，这对于猎获鸟兽是非常便利的。

陶器制造的发展含有重要的意义。原始的陶器是黏土压制深窝，在火上烧成的。螺卷法的制造也是很古老的。将黏土揉成长条，螺旋盘起来，内外挤压，在火上烧成陶器。陶器大量的制造，不只解决液体贮存、烹调食物，更重要的是适应定居生活的需要，促进了男女的分工。

母系氏族社会的经济特点在于：采集经济向原始农业过渡，狩猎经济也向原始畜牧业过渡。这种发展使经济得到繁荣，改变了社会的面貌。

原始农业起源于采集经济，妇女是农业的发明者。她们观察块根野生植物，经过选择种植，予以松土、灌溉及除草，这样就产生锄耕农业。通常男子从事狩猎，遇到整理土地与播种工作，亦与妇女共同进行劳动。农作物主要有大麦、小麦、黍、稻、谷、豆等。为了防止减少产量开始实行轮种制，即在同一地段种植不同的农作物。

畜牧业是从狩猎发展起来的。围圈式的狩猎给驯养动物创造了条件，被围圈的动物得到繁殖的机会。围圈式是有困难的，却是很重要的，因为这是活的肉食的储藏。驯养动物是十分艰巨的工作，选种与配种需要丰富的经验。可驯养的动物有十四万种之多，而所能驯养的仅只四十七种，这真是微不足道的。关于古代驯养家畜问题，至今仍未得到解决。仅知狗的驯养是最早的，可以协助狩猎与运输。其次为山羊与猪。到湖上居住的时期，驯养的牛也出现了。最后驯养的是马，很可能起源于亚洲。

农业与畜牧业的发展，促进知识领域的扩大。由于农业的需要，人们注意到时节的变化。在畜牧业方面，牧人也注意到地理与气候的情形，这就发生了计数与记事的必要。知识与经验的累积，增强了斗争的能力。

母系氏族社会，妇女掌握经济实权，有很高的威信。母系氏族组织实行民主制，虽有许多家庭，但是成员们集体生产，共同消费，氏族成员是平等的。母系氏族有时很庞大，有三百多成员。妇女权力很大，假使男子懒惰，随时有被驱逐的危险。

这时候，偶婚制代替了群婚制，却不是很稳固的。妇女主动选择自己的丈夫，配偶"望门而居"，各自住在母系氏族中。由于生产的需要，男子"从妇而居"，迁至妻的家中，家庭逐步巩固起来。偶婚制保存了族外婚的习惯，却又有群婚制的残余。偶婚制经常是姑表婚。印第安人的两千婚姻中，有1799件是姑表婚姻。母系的氏族成员须参加会议和复仇，这既是权利，却又是义务。

随着生产力的提高，每个母系氏族都有或多或少的财产累积。这种情况的发展，开始了经济的个体化。母系氏族社会逐渐为父系氏族社会代替了。

# 第四
# 父系氏族社会

母系氏族社会向父系氏族社会的过渡系人类历史上的大事，它反映出经济起了深刻的变化。在生产中，男女地位转换，男子掌握经济的实权，父权制由此而建立起来了。

犁的运用提高农作物的产量，代替了锄耕，这是男子参加农业生产最重要的成就。犁的产生的年代是很难确定的。有的考古学者以为犁的使用是在青铜时期，可能这是指带铧的犁。最初的犁是木制的，以驴与牛来牵引。由此土地得到深耕，提高了产量。

同样，畜牧事业的发展促进父权制的建立，形成了游牧部落。在草原地带，畜牧事业得到发展，游牧部落拥有大畜群。繁殖迅速，得到大量的肉、乳酪与皮毛。牧人部落的出现标志着第一次大分工。畜群是属于氏族公有的。随着父权制的发展，畜群往往变为族长的私有，在畜牧部落中最先发生了私有财产，恩格斯称这种变化为"家族革命"。

金属的使用是父权制建立的重要因素。原始时代，金石不分，所以易洛魁人称铜为"红石"。公元前5000年时，亚洲出现了铜的提炼，没有起很大的作用，铜质软，熔点又高，须在1050—1330度之间，因而这时候仍是铜石并用。公元前4000年代，埃及与中亚出现了青铜。青铜为铜与锡的合金，熔点在千度内，既坚而又易炼铸，对生产起了推动的作用。

最初使用的铁是来自陨石，古苏美尔人称铁为"天降之火"。公元前1300年时，始有矿石提炼的铁，熔点很高，最高达到1530度。到风箱发明后，炼铁产量始得到提高。冶铁地区很广，工具与武器有迅速的改进。铁犁出现后，农业生产有显著的提高，促成了第二次大分工，手工业脱离了农业。

手工业的专职化提高了铁工、陶工与织工的生产，引起等价交换，免除往日的偶然性。由此发生了一系列的新事物，价值与货币，度量衡的规定，集市的贸易，经营货物交换的职业商人。

当父权制建立的时候，婚姻亦起了变化。男子掌握经济实权后，女子从夫而居，偶婚制演进为一夫一妻制。子女不再属母系氏族，而留在自己家中。这样经过很长的时间，父系大家族也就出现了。

父系家族是一个经济集团，主要是以土地为基础，包括三四辈的成员。家族首长是以民主原则选出来的，通常选举正直与勇敢的男子。但是，这样家族到一定的阶段，很难维持整体，势必分裂为几个家族。他们虽然分开，因为有血缘关系，仍有某种共同的经济，如土地仍为集体所有。宗族便是在这种情况下出现的。每个宗族是一个自治体，也是一个军事单位。它的外形特征是"姓"。

父系氏族社会的发展，形成财产的私有。财产私有并非如资产阶级所说是天赋的。由于奴隶与铁的使用，生产力有所发展，产品有所剩余；又由于家长地位特殊，随着家族的分裂占据土地，私有制逐步出现了。因而私有制扩大了剩余产品，反过来剩余产品又巩固了私有制。财产不断地分化，介乎新老家族、大小家族之间，产生了公开或隐蔽的财产斗争。其结果，财富逐渐积聚在少数家族的手中。

部落有会议，通过会议解决部落的重大问题。部落首长有特殊的权力，统率氏族成员，实行军事民主制。可以发动联盟，进行掠夺性的战争。尽管如此,军事首长的个人权力还受部落会议的限制,没有达到国家元首的地位。但是,随着这种情况的发展,父系氏族社会发生变化,经济利益占主要的地位,血缘关系逐渐次要了。便是说氏族地区的完整性难以维持,不同宗族的村落出现,这种新社会就是农村公社。农村公社的特点便是社会向阶级社会过渡,土地向私有制过渡。土地、牧场与森林归集体所有;房屋、牲畜与器具为个体所有。积而久之,阶级社会形成了。

为了巩固统治阶级的利益,统治者创造了国家机构。旧部落变为国家,氏族首长变为国王。国家与旧氏族组织不同,居民以地域划分,公共权力凌驾于全体成员之上。国家成为阶级专政的机构,原始公社不复存在了。

# 埃及古代史

# 第一章
# 前　言

　　埃及是世界上一个古老的国家，到现在已经有五千多年的历史了。随着历史发展的客观规律，经过复杂与深刻的变革，于1952年埃及人民从英帝国主义者手中解放出来，建立起一个崭新的国家，在国际事务中起着重要作用。

　　埃及位置在非洲的东北部，受沙漠与海洋的包围，在远古时期对外的联系是困难的，却不是隔绝的。尼罗河出自中非与埃塞俄比亚，由南向北奔流，长达六千五百余公里。自卡尔杜姆起，蓝白尼罗河相会合，行经不到五十公里宽的河谷地带，两岸土地肥沃，物产且十分丰富的。尼罗河到开罗附近，如扇展开，形成著名的三角洲，其面积有两万三千七百多平方公里。

　　埃及的气候是干燥的，天气炎热，雨量缺少。由于尼罗河季节性的泛滥，淤积成肥沃的土地，于农业是十分有利的。埃及虽然可耕的土地不多，每年却能得到丰富的收获，其原因在于埃及劳动人民，经常投入防洪、排水与灌溉的战斗，始取得丰收，并不像希罗多德所说"埃及是尼罗河的礼物"那样轻松的。

　　关于埃及古代居民的问题，争论虽多，主要是由河谷地带的居民与东非及北非的居民形成的。考古学者在涅伽达发现的头骨法雍发现的谷物,说明与东非居民有深切的关系,又根据古肥胖女神的画像,其形态含有北非哈种的因素。最古的埃及象形文字所涉及的,多是当地的动植物,很少是外来的。所以,埃及古代的居民是当地的,外来说是没有根据的。

在尼罗河两岸辽阔沼泽的周近,埃及古代居民过着原始公社生活,以渔猎为业。继后公社出现进行小规模的水利工程,培植大麦、小麦与亚麻。1953年,开罗附近发现的遗址,有芦苇茅屋,储粮仓库,这证明农业生活很早便开始了。

公社促进了农业生产的发展。在实践的过程中,小型的水利建设远不能适应生产的需要,由此产生了公社的联合,其实质也就是部落联盟。在公社联盟的过程中,氏族制度逐步解体,出现了阶级社会,亦即"州"的形成。州的任务,最初是卫护水利灌溉。所以,埃及古象形文中,州为"土地加河渠"。

大约在4000年代,埃及形成四十二个州,其中二十二个在上埃及,其余的二十个在三角洲。每州有自己的图腾,如鹰、蛇、羚羊等。氏族首长为州的统治者,兼任宗教与军事的职务,掌握州的实权。继后,随着社会的发展,各州之间经常发生冲突,胜利者劫走居民、牲畜与粮食,互相兼并,出现更强大的州,向着统一方向进行。这时候,上埃及以尼赫布特为中心,以鹰为图腾、芦苇为国徽,国王戴白冠。下埃及以布陀为中心,统一较早一点,以蛇为图腾、蜜蜂为国徽,国王戴红冠。埃及南北分治,常在争夺埃及的领导权。

# 第二章
# 由埃及统一至希克索斯人的入侵

公元前3200年时,传述中美尼斯以提尼斯城为中心,由南向北进发,征服了三角洲,建立起统一的王国,其过程是相当模糊的。希拉孔波里斯石刻,绘着"蝎王"戴白冠,征服埃及北部的胜利。埃及统一后,相传于三角洲的南端,美尼斯建设孟斐斯新城,亦称"白城",起丰政治与军事重要的作用。这些事实说明埃及的统一是长期的,第一二王朝的历史,如《巴勒摩石刻》所说,含有浓厚的神话因素。

从美尼斯统一埃及起,到公元前525年波斯人侵略埃及止,总共经历了二十六个王朝。除过最初的两个王朝外,通常划分埃及古代史为:古王国时期,由第三王朝至第十王朝;中王国时期,由第十一至第十七王朝;新王国时期,由第十八至第二十六王朝。现在,将古王国与中王国两个时代的主要事迹叙述如次。

## 第一节 古王国时期的社会经济

在农村公社逐步解体的基础上,埃及统一形成,出现了奴隶社会。随之人的关系也便改变了，有奴隶主统治阶级，有奴隶（包括广大的自由人）被统治阶级，由此产生了不断的阶级斗争。

"法老"，埃及国王的别称，为奴隶主统治阶级的代表，拥有政治、法律、宗教、军事最高的权力，由官吏与僧侣协助，形成强大的专制国家。

公社解体后，其组织形式依然起着重要的作用。被法老奴役的劳动人民，仍旧组织在公社内，起着奴隶制国家基层作用。通过公社这个机构，向人民征收租税，抽调徭役，进行大规模的工程，人民的负担是十分沉重的。国内劳力不足，即向外用兵。古王国时期不断地向纽比亚、利比亚及西奈半岛进行侵略，捕获战俘，以供奴隶主阶层使用。所以这时期的经济特点，主要是满足奴隶主的需要，法老、官吏与寺庙的财产不断增长，加强他们的实力。

古王国时期政府权力增强后，重视水利工程，扩大耕地面积，进行灌溉。《巴勒摩石刻》有尼罗河水位的记录。第六王朝大臣涅海布在墓志中，提到在南北埃及进行的开渠工作。农具亦有改进，采用金属镰刀，装置乌木的耕犁，新创造的木耙。蔬菜种类繁多，有莴苣、黄瓜与萝卜；果木中有橄榄、椰枣与葡萄等。农民通过公社使用土地，土地是属于国王的，每年向国家交纳五分之一的实物。

埃及统一后，手工业得到发展，使用大量奴隶劳动，有很高的水平。金字塔的建筑与墓中的壁画表明：手工业的种类有冶金、造船、纺织与石工，所用的工具，有钻、斧、锯、锤、切削器等。工人技术已到精湛的地步。

在奴隶制发展的过程中，农业与手工业产品不断增长，商业出现，经售多余的产品。最初采取物物交换形式，如以谷物换取装饰品。继后，经济范围扩大，与海外发生贸易关系《巴勒摩石刻》提到，在第三王朝时，从毕布勒"得到满载杉木的船四十艘"。杉木是造船最好的原料。

## 第二节　古王国时期的专制政治及金字塔的建造

第三王朝法老约塞确定孟斐斯为首都，专制政治逐步强化起来，奴役埃及的人民。法老是氏族的首领，又是最高神的体现者，代表着奴隶主统治集团的利益，拥有绝对的权力。但是，法老权力的执行，却受首相与僧侣的限制。

首相管理国家的大事，是行政的首长，也是最高的法官，常由法老的亲近担任。首相管理下设有粮食部、金银部、军事部、工程部、祭祀部等，每部有大批的书记。

宗教是外界力量在人们脑中虚幻的反映，采取了非人间的形式。法老是奥西里斯等最高神体现者，利用广大僧侣，成为专制统治的基础。僧侣是世袭的，有广大的土地，成为政治上重要的力量，第五王朝的创立者乌塞卡夫，便是黑利欧波里斯赖神庙的高级僧侣。

地方政府的行政组织，仿照中央分设各部门，保存着公社的传统。州长是由法老任命的，为中央征收赋税，供给兵力与劳力。州长是地方实力的统治者。

从第三王朝起，埃及实力增长，不断向西奈半岛发展，掠取铜矿；又向南进攻，越过第一瀑布，从纽比亚掠取俘虏与牲畜。各地的财富聚集在政府的手中，给建筑金字塔创造了条件。

金字塔是坟墓。在萨卡拉地区，首相伊姆赫捷普为约塞建造六层的坟墓，开始了金字塔巨型的建筑。到第四王朝时，在孟斐斯与开罗之间，建立胡孚、哈夫拉、孟考拉三位的金字塔及狮身人面石象。其间尤以胡孚金字塔最为壮观，胡孚塔修建三十年，经常有十万人劳动。塔高一百四十六公尺，边长二百三十公尺，绕塔一周有一公里，系二百三十万块石头所筑成。附近的狮身人面石象，有二十公尺高，七公尺长，象征着法老的威严。这一群陵墓，巍然静立在沉默的荒原上，睥睨一切，其目的在镇压劳动人民。

第四王朝修筑金字塔，耗费巨大的人力与物力，形成严重的社会问题，激起全国人民的反抗，孟斐斯曾发生暴动，据传述，人民将法老尸体从金字塔内抛掷出来。黑利欧波里斯高级僧侣，利用人民暴动的新形势，与地方实力结合建立起新政权。第五与第六王朝便是反对中央集权，形成地方割据的。那些地方贵族们，为了缓和群众反抗的情绪，虚伪地表示与群众友好，如贵族涅哈布墓铭说："我经常送给贫民与饥民衣服、粮食与酒，他们爱护我。"这是虚伪的，奴隶主怎么会爱护被剥削的对象呢？

从第六王朝以后，各地独立，废除中央纪年，以州的纪年来代替。关于这时期的资料缺乏，大约在公元前2200年，古王国便结束了。

## 第三节　中王国的统一与农民大暴动

经过长期的混乱，公元前2100年末，底比斯的统治者孟吐霍提普，利用中层奴隶主新兴力量，发展农业，又团结各州的实力，向埃及北部进攻，取得胜利，建立起第十一王朝。到孟吐霍提普第三时（前2070），已有"桑杜伊"的称号，意为"统一南北两地"，中王国从此开始了。

埃及虽然统一，中央与地方经常处于对立的状态。各州既不重视中央派去的代表与监督，又保存司法、税务与武装的独立，因而地方执行中央的命令是有条件的。但是，法老团结中层奴隶主，任命为官吏，称之为"信任者"，这对于州长是一种打击。此外，中央规定：不得以州长名义建立寺庙；州长死后，如女子继承，必须经法老批准，这便限制了州长的权力。

中央政权稳定后，十二王朝以经济建设为主，如阿美涅黑姆特第三（前1849—前1801），征用许多劳力，在孟斐斯西南洼地处，修建堤坝，成为著名的美丽多湖，有两千五百多公顷土地受到灌溉。为了与国外贸易，他一方面向南深入，越过第三瀑布；他方面开凿运河，连接红海与地中海，成为苏伊士运河的前身。

中王国的阶级斗争是十分尖锐的。奴隶主阶级残酷剥削劳动人民。农民受中央与地方双重的剥削，生活极为悲惨，挨打不准喊痛。卡呼恩是中王国新建的城市，城东为官吏与僧侣住宅区，宫邸豪华；而城西贫民街坊，都是密集的茅屋，几乎不是人所居住的。这种剧烈的阶级矛盾，激起埃及人民大暴动，《伊浦味陈词》是高级官吏所写的，反映出这些起义的情况。

大约在第十三王朝晚期，埃及发生城市贫民和奴隶的大暴动，宫殿被抢劫，皇宫居住者被赶到街头，贵族们靠乞讨过活，租税册被抢走，赶走国王，杀死官吏，占据国家机关，富人恐惧失望，穷人欢欣鼓舞，过去买不起草鞋的人，现在拥有巨大的财富；过去以"头"计算的奴隶，现在穿着华丽的衣服，强迫奴隶主们来服务，这是一次真正的革命，既很广泛，而又是持久的。

## 第四节 希克索斯人的侵入

公元前1700年前后，中亚游牧部族向外移动。希克索斯人[①]乘中王国的衰乱，沿着苏伊士土腰，侵入埃及，占领阿发里斯城，其王阿波比遣使至底比斯，要求埃及屈服，废止对阿蒙神的崇拜。

希克索斯人有较强的军队，兵种已复杂，有战车与骑兵，武器亦进步，有青铜刀剑及复合式的弓。他们以阿发里斯为都城，建立起第十五、十六及十七王朝，亦称史称"牧羊王朝"。埃及本土实力微弱，退守底比斯，成为外族的附庸。希克索斯人统治埃及有一百多年，输入马及新式武器，在强盛时控制了全埃及。

公元前16世纪初，底比斯国王卡摩斯，团结爱国力量，揪起反

---

① 希克索斯字源为：Hega-khast，意为"沙漠王"或"外国王"。埃及字 shasu，意为"牧羊者"，以音意兼近，故称希克索斯的统治为"牧羊王朝"。

外族的运动，可是不久便去世了。其弟雅赫摩斯（前1584—前1559）继其遗志，与希克索斯人多次战斗，最后攻陷阿发里斯城，建立起第十八王朝。从公元前1570年起，希克索斯人退回巴勒斯坦，可能与当地居民混合了。

# 第三章
# 由新王国时期的复兴到古埃及王国的覆灭

## 第一节　新王国集权的建立与向外扩张

雅赫摩斯反外族斗争胜利后，开始新王国时期，历时有四百年之久，经历了第十八、第十九与第二十，共三个王朝；古埃及奴隶社会有进一步的发展。

雅赫摩斯统一埃及的过程中，着重军队建设、设常备军，分驻各地，国家担负军队全部的给养。改进战斗武器，建立战车队，增强军队实力。从此，中央集权制不断地加强，地方分裂受到严重的打击。

在另一方面，埃及统一后，着重经济建设，设置官吏，管理农业与水利。农业技术有改进，使用长柄犁、松土耙，有的地区实行轮作制，农业生产有显著的提高。在手工业方面，阿蒙庙壁画反映作坊种类繁多，采用立式织布机，纺织技术有显著的改进。埃及经济繁荣，扩大爱琴海与红海的贸易。

新王国的经济繁荣是与向外侵略分不开的。从吐特摩斯第一起到吐特摩斯第三，埃及向纽比亚进攻，越过第三瀑布，又向西亚侵略，经巴勒斯坦、米丹尼，深入两河流域北部，至"倒流"地带，看到积雪的山顶。由于吐特摩斯第三与阿蒙庙密切的关系①，新王国对外的掠夺，转入僧侣集团的手中。阿蒙庙僧侣充任首相，掌握政权，与武人相对抗，削弱了法老的统治，潜伏着严重的政治危机，反对阿蒙庙僧侣的专横。

## 第二节　阿蒙霍特普第四的宗教改革

新王国强盛的时候，人民的生活并未改善，农民和奴隶是一样的。统治阶级本身并不协调，新兴的军事贵族，拥护法老与地方实力相对抗，特别是阿蒙庙的僧侣。

当阿蒙霍特普第四（前1424—前1388年）即位后，看到阿蒙庙僧侣的专横，倡导宗教改革，以"阿吞"代替阿蒙。他解释阿吞是真理，不是埃及所独有的，借此羁縻叙利亚地区的国家，同时也违犯了埃及古老的传统。

阿蒙霍特普自认为是阿吞的象征，改名为"埃赫那吞"，意为"阿吞之光"。又于今埃尔·阿玛尔纳，在万山环抱之中，建立"埃赫塔吞"新都，意为"阿吞视界"。1887年在此发现的资料，证实这是反传统实力的革新时代。壁画反映现实生活，法老不是神，而是人。他手抓吃肉，毫无拘束地与儿童游戏。

阿蒙霍特普的晚年，由于没有人民的支持，逐渐孤立了。公元前1388年于国内骚动中逝世，其九岁的继承者吐坦哈蒙，被迫与僧侣妥协，还都底比斯。十年后，吐坦哈蒙②去世，霍伦赫布掌握军事实力，与阿蒙僧侣结合，建立起十九王朝。

---

① 公元前1525年，吐特摩斯第三与其后哈特谢普苏共治埃及。四年后，哈特谢普思独掌政权，迫其夫在阿蒙庙为僧。公元前1503年，哈特谢普苏失踪，吐特摩斯第三复位，因而与阿蒙庙有特殊的关系。

② 1922年，在底比斯发现吐坦哈蒙坟墓，内有许多有价值的物品与画像。

## 第三节 新王国的解体

霍伦赫布的政权，实质上是僧侣统治的恢复。拉美西斯第二（前1317—前1251年）为最后法老中的最强者，亦无法脱离阿蒙僧侣的控制。多年来，埃及对外的侵略战争，耗尽人民的血汗，而所掠获的财富，又多为寺庙所占有。《哈利斯纸草》说到底比斯阿蒙庙占有全埃及十分之一的土地，四十二万头牲畜，六万八千五百奴隶；经营纽比亚的金矿，其财富超过埃及的国王。

当拉美西斯第二掌政权后，为了巩固西亚的属土，不得不与赫梯进行长期的斗争。赫梯为叙利亚北部军事奴隶主强国，其王姆瓦达里组织强大的联盟与埃及对抗。公元前1312年，埃及与赫梯战于卡迭什，拉美西斯第二几乎全军覆灭，此后十六年的斗争中，勉强维持奥伦特河上的优势。公元前1296年，埃及与赫梯签订和约，共十九条文，刻于阿蒙庙的墙上。1906年，在波伽兹科易发现赫梯的原文。拉美西斯第二六十六年的统治，进行了多次掠夺战争，受实惠者是僧侣阶层。他完成了阿蒙庙柱厅的工程。

公元前12世纪，埃及的局势是十分困难的。《哈利斯纸草》反映出埃及人民的困难，国内陷入分裂状态；国外叙利亚等掀起反埃及的活动，地中海居民与利比亚人联合，连续向三角洲进攻，埃及仅保持摇摇欲坠的局面。公元前1085年，阿蒙僧侣赫里霍尔宣布为王，开始了神王时代，亦即埃及南北分治。南埃及阶级斗争十分尖锐，经常出现罢工与抢粮等事件。公元前8世纪，那巴塔成为一个独立的国家。

当新王国强盛时，由于军队缺乏，雇用利比亚人为主要的武力，因而利比亚的贵族，逐步掌握军事与政治实权。公元前941年，利比亚谢松克即位于布巴斯底，建立第二十二王朝，统治北埃及。人民穷困，岁月是在与困难斗争中度过的。

公元前8世纪末，波克霍里斯即位，感于社会问题的严重，利息超过百分之百，进行反贵族与反特权的运动。他主张取消债务，禁止贩卖奴隶，利息不得超过百分之三十三。这些改革，虽得到人民的拥护，却没有组织，反促进贵族与僧侣的团结。敌人利用纽比亚沙巴卡（前716—前701年）的实力，进行反改革的活动。沙巴卡北上，攻陷孟斐斯城，捕获波克霍里斯而将之焚死，埃及在外形上暂告统一，建立起第二十五王朝。

但是，埃及局势并未缓和，内部依旧分裂，镇压人民；外部亚述兴起，威胁埃及的独立。公元前671年，塔哈尔卡继位后，联合推罗抵抗亚述的侵略，结果联军失败，孟斐斯被亚述占领，塔哈尔卡只好退回那巴塔。便在这年，亚述利用三角洲赛斯城王公维持北方的局面，埃及成为亚述附属的地区。

### 第四节　赛斯王朝

亚述依靠赛斯贵族尼科的统治是不稳定的。尼科死后，其子普萨默提克继位，得到北埃及人民的支持，于公元前655年发动反亚述的战争，占领了底比斯，建立起赛斯王朝。亦即第二十六王朝。

赛斯王朝统治了一百二十余年，埃及并未统一，仅维持北方局部的政权。在海上，埃及受希腊城邦的侵略。希腊的雇佣兵与出口商人，不断侵入埃及，建立起诺克拉底斯新城。到尼科第二（前609—前595年）时，希腊的扩张达到顶点。尼科为了对抗，雇用腓尼基海员，率领舰队环绕非洲航行，曾到赤道的南边。又开凿运河，沟通红海与地中海，因劳力死亡过多，被迫停止下来，并未发生积极的作用。

在陆上的情形即更困难了。新巴比伦兴起，其王尼布甲尼撒向亚述进攻，威胁埃及。埃及为自身利益着想，被迫与亚述联合，抗拒新巴比伦。公元前605年，亚述失败后，西亚滨海地带完全为新巴比伦掌握，埃及受到严重的威胁。公元前586年以后，波斯帝国兴起，向两河流域进攻，埃及得到喘息的机会。但是，波斯帝国的巨影笼罩着埃及，赛斯王朝处于新的困境之中。

公元前568年，赛斯国王阿玛西斯，为了抵抗波斯，与吕底亚、巴比伦、斯巴达结为联盟，貌似强大，实质未起作用，吕底亚与巴比伦先后为波斯征服了。公元前525年，波斯国王冈比斯进攻埃及，击败普萨默提克第三征服埃及，划为波斯第六省。从此，埃及长期丧失独立，结束古代的历史。

## 第五节　埃及古代文化

一、文字。远在氏族解体的时候，埃及陶器上已出现图画形的文字，称为"象形字"，有七百多个，通常用在石刻上。僧侣所用的，形体简化，便于纸草上速写，称为"僧侣体"，其基本字母有二十四个。

埃及文字是有历史意义的。中王国时期，毕布勒利用埃及字母，创造了二十四个字母。通过腓尼基商人，向叙利亚与希腊等地传播，成为日后欧洲各民族的文字。

埃及古人用纸草书写，芦管为笔，烟渣与菜汁调和为墨，成为埃及古文化传播最好的工具。

二、文学。埃及民间口头文学产生得最早，却没有保存下来。金字塔与寺庙的石壁，刻有颂歌，继后发展为宗教文学。奴隶主阶级表彰他们的战绩，如《卡迭什战役叙事诗》，赞扬拉美西斯第二的英勇。又如《伊浦味陈词》表现出统治阶级的恐怖与仇恨。

游记占埃及古文学重要的地位，产生了不少的优秀作品。如《西努海特冒险故事》，事迹离奇，文字生动，记述西努海特如何逃往北叙利亚，晚年思念家乡，回到埃及，"再一次睡在床上"。《失望者与其灵魂的对话》表现出怀疑的精神。失望者蔑视雄伟的坟墓、豪华的葬仪，他觉着死是不可的化身。

埃及到处建立神庙，僧侣成为左右政治的实力派，他们创造复活理论，视阿比多斯的奥西里斯神，有复活的职能。奥西里斯管理死后的一切，只要得到他的保护，人永远是幸福的。所以古埃及人十分重视坟墓、葬礼与死人书，这都是奴隶主阶级镇压人民的反映。

# 古代两河流域南部的历史

# 第一章
# 两河流域最初的国家

两河流域，即底格里斯河与幼发拉底河构成的平原。这两条河发源于梵湖附近的山区。每年山地冰雪融解后，向南倾泻，形成了两河的定期泛滥。底格里斯河，沿扎格罗斯向南奔流，水势湍急，有一千八百多公里长；幼发拉底河初向西流，阻于多鲁斯山，转向东，复转南下，有二千六百多公里长，与底格里斯河平行入海。两河流域南部为冲积地，几千年的演变，真是沧海桑田，现在两河于古尔纳会合，在沙特·埃尔·阿拉伯注入波斯海湾，古今海岸的距离，约有二百多公里。

两河流域东部，沿着扎格罗斯山区，与伊朗高原相毗邻。南部为波斯海湾，很早发生海上贸易。西部与阿拉伯沙漠地区相接，受游牧部族包围。西北部经过山区，与东地中海相连，北部为山岳地带。因此，两河流域常受游牧部族的侵扰，居民经常处于戒备状态之中。

两河流域气候变化剧烈，八月炎热，植物枯焦。冬短，北部遍地皆雪，南部温暖，巴格达地区即少雪了。经常为西北风所困扰，九月始转南风降雨；土地沃肥，宜于发展农业。

直到现在，两河流域南部，很少发现石器时代的遗物，到新石器时代的晚期，始有着彩色的陶器。所以对远古时期的居民的情况是很难说清楚的。有关古代居民的问题，比较信而可征的是苏美尔人与闪族人。苏美尔人体格健壮，可能起源于吉尔吉斯草原，有似蒙古人的类型。闪族人自叙利亚移入，居亚克得附近，孟斐斯石刻称他们是"沙上居民"。

## 第一节　苏美尔时期

两河流域最初移入的居民是苏美尔人，过着游牧的生活，以弓矢猎获鸟兽。当他们生活安定后，住在茅屋与窑洞内，逐渐形成村落。大约在公元前4000年，两河流域南部有了简单的农业，居民种植大麦与小麦，畜养牛和驴，形成了最初的公社。土地属于公社的，社员从事有组织的劳动，有时与邻社战斗。公社首长，亦即氏族领袖，兼任僧侣职务，有很高的权力，称之为"巴达西"，实质上起国王的作用。

公元前3000年后，两河流域南部出现二十多个城邦，进入青铜时代。这说明氏族社会的解体，开始出现了阶级社会，奴隶制得到发展。各城邦有自己的土地，利用奴隶劳动。男奴称为"乌鲁"，女奴称为"吉姆"，生产有显著的提高。每个城邦是一个国家，其国王，亦即氏族首长，是世袭的，不是选举的。

公元前2600年，两河流域南部富强的乌尔建立起第一王朝。于王室陵墓出土的《军旗》，织绘着战争的胜利，证实了这个城邦是强大的。

苏美尔人建立的乌尔城邦是繁荣的，经济发展，财富集中。奴隶主们自称为"大人"，而一般自由民为"小人"了。为了提高农业产量，乌尔大力修建水渠，进行灌溉。大麦产量达到种子的三十六倍。手工业亦很发达，制造精美的铜器，《拉尔沙铭文》提到乌尔铸像十九尊。苏美尔人称经济管理者为"鲁班德"，大商人为"塔木加"，经常与外地进行贸易，如从高加索取铜，埃兰取金，伊朗取白玉。

公元前2500年初，乌尔城邦的领导地位被拉加什夺去了。拉加什是两河流域南部强大的城邦，有三万多居民。公元前2470年代，安那吐姆利用新兴的奴隶主，征服乌尔，统一南部两河流域，《鹫鸟石刻》证实了这次事变的真实性。

拉加什建立起奴隶主贵族政权，不断侵占土地，与温玛争夺水利，经常发生战争。其次，人民负担很重[①]，利息高，激起强烈的阶级斗争，反对贵族与僧侣的压迫。公元前2400年时，乌鲁卡吉纳利用新形势，以武力夺取政权，进行改革。

乌鲁卡吉纳的改革，得到广大群众的拥护。首先，裁减重装部队三分之二；减轻社员的负担，使配给品增加一倍。其次，规定物品价格，繁荣市场，促进贸易。特别是颁布新法令，解放债务奴隶，不使"强者欺凌孤儿与寡妇"。

由于没有坚强的组织，乌鲁卡吉纳的改革遭受到国内外反动者的破坏。温玛国王路加尔·沙吉西组织联盟，向拉加什发动战争，在乌鲁卡吉纳统治的第七年，即公元前2370年，拉加什被征服了，将都城移至乌鲁克。路加尔·沙吉西采取扩张政策，向两河流域北部侵略，不断与闪族发生冲突，经二十余年，乌鲁克为亚克得所征服。

## 第二节　亚克得时代

长久以来，闪族侵入两河流域的下游，以亚克得为活动的中心。苏美尔的资料中，不断地提到闪族的官吏与工人，这说明在政治与经济上，闪族人起着重要的作用。

当苏美尔政治上发生变化时，萨尔贡（前2369—前2314）利用闪族武力，乘机夺取政权，好像没有费特殊力量，建立起亚克得王国。

萨尔贡自称是"挑水夫与种果者"，拥有五千多名常备队伍。他利用这种实力，南下征服拉加什与乌尔两城，征服了全苏美尔地区，自

---

[①] 埋葬一个死者，须交纳麦酒七瓶，面包四百二十块，谷一百二十卡，还有衣服、床与羊羔等。

夸"洗剑"波斯海湾。于北返途中，轻取温玛与苏沙两城，得到石料与木料的资源。军队经过休整后，萨尔贡向"扁柏与银山"地带远征，即今之黎巴嫩与多鲁斯山区。这种征伐，目的在榨取贡赋予掠夺奴隶，其政权是不巩固的。当里姆什（前2313—前2305年）继位后，苏美尔地方统治者，为了独立，经常发生暴动，反抗闪族的统治。其后继者，如玛尼什吐苏、纳兰新等经常在战斗中，并未改善混乱的局面。

公元前2228年，库底人来自扎格罗斯山区，侵入南部两河流域，劫掠许多城市，居民受到严重的损失。苏美尔古歌说："居民担负重税，河渠与水沟荒废。"这种混乱情况经历了百余年，两河流域下游受到严重的破坏。

拉加什的领导者古德亚，团结苏美尔人宣布独立，脱离亚克得的统治，并展开与库底人的斗争。古德亚做了许多努力，如改善对奴隶的待遇，其成效是并不显著的。到乌尔第三王朝时，两河流域南部始恢复了正常的秩序。

## 第三节　乌尔第三王朝

乌尔第三王朝经历了百余年，其创立者为乌尔纳姆，自称为"苏美尔与亚克得国王"，增强军事与经济实力，政权掌握在少数奴隶主手中，实行中央集权制。

乌尔第三王朝重视农业、兴建水利，不断扩大国王与寺庙的农庄。许多公社成员，由于债务过重，沦陷到奴隶地位。经过舒尔吉（前2100—前2042年）长期的统治，这种情况更得到发展，土地房屋可以买卖，法律保护奴隶主权益，私有制得到进一步的巩固。一个农庄管理者可有十五公顷土地。在劳动力方面，十个城内王室与寺庙占有两万一千多名奴隶，这说明国家经济集中在少数奴隶主的手中。

舒尔吉维持强大的武力，九次向外远征，进攻伊兰·扎格罗斯山区、叙利亚等地。由于乌尔第三王朝的扩张，与西北部亚摩利人发生冲突，积而久之，亚摩利人威胁乌尔王朝的独立。

乌尔第三王朝的不断征伐，劳动强度过大，由此丧失了许多劳动力。奴隶死亡率很高，《经济报告》指出：在五个月内，于四十四个男奴隶中死了十四个。在一年内，于一百七十名女奴隶中死亡了五十多名，这是一方面。在另一方面，亚摩利人不断地扩张，既有强大的军队，又有闪族人的支持，到伊比新统治时期，亚摩利人未用特殊力量，占领亚克得城。在公元前 2007 年，乌尔第三王朝被征服了。

当亚摩利人胜利后，在政治上的措施是十分谨慎的，采取柔化政策，避免激起居民的反感。两河流域南部建立起两个国家，北部为伊新，南部为拉尔沙。这两个国家为苏美尔与亚克得的继承者，继承乌尔王国的传统，统治百年。公元前 1894 年，巴比伦宣布独立，随即兼并伊新，而这时候拉尔沙亦为埃兰征服了。

# 第二章
# 古巴比伦王国

## 第一节　古巴比伦王国的建立及其社会

巴比伦横跨在幼发拉底河上，控制着海陆交通的要道，在经济与政治上占有重要的地位。公元前1894年，亚摩利人苏未阿布于此建立起新的国家，即古巴比伦王国。

巴比伦为奴隶社会，其成员有三种阶层。上层名阿维林，系贵族与僧侣；中层名穆什金努，系职员与商人，脱离生产劳动；下层名沙伯，系一般劳动者，其地位与隶奴没有什么分别。

巴比伦承袭古老的传统，以农业为经济基础，土地占首要的地位。土地是"国家的生命"，国王是最高所有者。土地私有制是存在的，却并不发达，有十公顷以上者，全国是没有几家的。这种情况的出现不是偶然的。巴比伦浩大的水利工程，需要有强大的劳动力，这不是小私有者所能胜任的。其次，公社仍有强大的力量，社员常受氏族首长的剥削，丧失土地成为雇佣劳动者。土地集聚在少数奴隶主的手中，征收重租，粮食征三分之一，果木征三分之二。有时因有利可图，租到土地后，分为小块，转租给第三者耕种。这样，劳动者受双重的剥削，生活是十分困难的。

巴比伦王国繁荣的时候，手工业得到发展，有陶业、冶金、皮革、成衣及石工等，设立工场与店铺。手工业者的待遇很低，靠技术维持家庭生活，生活是十分困难的。

商业亦很发达，国王与寺庙设立商店与货栈，经营粮食、毛织物与金属等行业。塔木卡掌握实权，同时亦兼营高利贷事业。

在巴比伦奴隶制发展的过程中，有的奴隶是战争的俘虏，过着牲畜般的生活。奴隶买卖是没有限制的。有的因社员丧失土地，只有借债维持生活。利息很高，通常谷物为三分之一，银息为五分之一，不能偿还者，即沦陷为债奴，服役三年。

巴比伦社会保存着强固的家长制，一切财产由父亲支配，称为"父的产业"。长子权大，弟妹常受虐待。妇女受压迫，但可掌握自己的财产，与人订立契约。婚后不生育者，男子可娶妾，妾的地位很低，可是所生的子女是自由的。

## 第二节　汉谟拉比的统治及其法典

汉谟拉比（前1792—前1750年）即位后，利用亚摩利人有利的地位，掌握公社与寺庙的领导权，在军事与政治上展开一系列的活动。首先，汉谟拉比联合埃兰征服伊新与乌鲁克，稳定了巴比伦南部。其次，汉谟拉比转向北方，与玛里王国结盟，脱离亚述的统治，增强了巴比伦的实力，同时也引起埃什努那与拉尔沙的不安。汉谟拉比的扩张是十分稳重的，公元前1762年，始征服了埃什努那，次年又将拉尔沙灭亡了。巴比伦的不断扩张，引起玛里的疑惧。两国关系逐渐发生矛盾，公元前1759年，汉谟拉比攻玛里，城陷，沦为废墟。随着北上，征服亚述，强大的巴比伦王国便建立起来。

汉谟拉比长期的统治，建立起中央集权政治，国王有最高的权力。在行政上，汉谟拉比根据民族与历史的情况，采取南北分治政策。

在北部，国王任命代理人，称"苏卡卢"，专管行政、军事、财政及税务。南部由地方官治理，称"西尼丁纳木"，直接对国王负责，以示对地方的尊重。汉谟拉比关心水利，设置河渠官专管水利工程，农业得到有效的提高。

汉谟拉比吸取《苏美尔法典》有用的部分，结合巴比伦当时的情况，制订新的法典，反映出当时社会的真实情况。这部法典是用巴比伦语写的，刻在玄武岩石柱上，柱端有浮雕，刻着汉谟拉比立在太阳神的前面。于1901年，在苏沙城被发现这部重要的文献，现藏在巴黎博物馆中。

汉谟拉比称这部法典是"公正"的，实质上是保护奴隶主的利益，对贵族、僧侣与商人是有利的。法典内容，分序言、正文与结语三部分，共四十六栏，二百八十二条。现存的法典，有五栏已毁，除残缺者外，尚有二百五十七条，涉及刑事、亲属、财产、继承与债务等，这部法典是奴隶时代重要文献之一。

## 第三节　巴比伦的衰落与加喜特的统治

汉谟拉比晚年，察觉外族随时有入侵的可能，威胁国家的安全，他建立屯兵制守卫边疆。从此后，在很长的时间内，抗拒外敌成为主要的任务。

公元前1600年，赫梯人侵入巴比伦境内，大肆劫掠，居民受到严重的损失。国王沙莫苏·地塔那（前1625—前1595年）面对国内的困难，真是束手无策。公元前1595年，赫梯人撤退后的局面，喀西特人夺取巴比伦的政权，建立起新的王国。

喀西特人居于扎格罗斯山区，过着半农业与半游牧的生活。从公元前1741年甘达斯初次建立王国起，经常劫掠两河流域下游。现在喀西特人得到尼普尔僧侣的支持，变成巴比伦的统治者。

当喀西特人取得政权后，国王拥有最高的权力，征收公社土地，分赐给有功的贵族与僧侣，并将赐赠土地命令，刻在界石上，称之为"库土路"，免除交纳贡赋。贵族与寺庙土地，由此得到迅速的发展，最多者有二百公顷，这是前所未有的。

长久以来，喀西特的统治使财产分化，加剧了贫富悬殊，隐伏着社会危机，阶级斗争是十分尖锐的。公元前1345年，两河流域中部，掀起农民大暴动，杀死国王加拉哈达什，情况如此剧烈，巴比伦成为恐怖的城市。

为了保护奴隶主阶级利益，贵族与僧侣联合，向亚述求援，镇压国内起义的人民。亚述乘机入侵，屠杀起义人民，恢复了王室的统治，同时亚述肆行无忌，公元前13世纪中叶，亚述曾一度占领巴比伦。因而喀西特的处境变得更困难了。

公元前1176年，埃兰侵入苏美尔地区，劫走许多财富，《汉谟拉比法典》便是这次移至苏沙的。公元前1165年，伊新贵族发动政变，推翻喀西特的统治，闪族建立起新政权，古代巴比伦王国也便从此结束了。

# 第三章
# 新巴比伦王国

## 第一节　新巴比伦的建立及其社会

公元前12世纪晚期，伊新推翻喀西特的统治后，控制了滨海地带，在漫长的时间中，建立起新巴比伦王国，亦即闪族系统的迦勒底王国。

新巴比伦的兴起是依靠奴隶主贵族与僧侣支持的。闪族的统治者，长期与亚述进行斗争，团结兴新的奴隶主，重视经济建设，奴隶制有进一步的发展。

沿袭古老的传统，新巴比伦的土地是国王所有的。但是土地私有制十分发达，奖励农业，深耕细作，大量种植谷物与果园。巴比伦成为国际贸易的中心，亚述、波斯、埃及等大商人，经营各种贸易，出现了少数有名的商家，如巴比伦的埃吉贝，尼布尔的穆拉苏[①]，在政治上也是十分有地位的。高利贷占重要的地位，国家的河渠亦私有化，高利贷者经营出租河渠，向居民勒索很高的利息。剥削奴隶的方式变

---

[①] 穆拉苏家族，经营十二个矿坑，十三所房屋，三个建筑区；有奴隶九十六人。

得复杂了；有的奴隶主，如果奴隶每年交出规定的金额，允许他经营自己的土地或手工业，这种做法称为"曼达图"。有的奴隶主派遣奴隶学习技艺，学成后给予资本，独立工作，每年交纳规定的金额。这种做法，实质上是变相的高利贷，奴隶的处境是十分困难的。

奴隶的处境困难，从两方面得到说明。首先是债奴服役的期限，原初为三年，现在延长为十年了。其次，奴隶反抗压迫，经常逃亡。所以出卖奴隶者，要保证"不骚动与服从"后，始能进行交易。这说明阶级斗争是严重的。

## 第二节　新巴比伦王国的强盛与衰落

闪族建立新巴比伦王国后，长久以来，常受亚述的控制，处于半独立的状态。公元前626年，当亚述国王阿萨尔巴尼帕死后，其驻巴比伦军长那波波拉沙，系迦勒底人，乘机独立，取得新王国的政权。由此更进一步与米提联合，向亚述进攻。公元前605年，在卡尔赫米什，亚述战败后，随即灭亡，同时奠定新巴比伦向西亚扩张的基础。

当亚述灭亡后，尼布甲尼撒（前604—前562年）向西亚扩张，与埃及发生剧烈的冲突。尼科第二联合希伯来王国，雇佣希腊军队，企图巩固埃及的地位。公元前597年，尼布甲尼撒劫掠耶露撒冷，希伯来一度能屈服。埃及即时组织力量，由海上占领西顿，军事上得到成功，迫使巴比伦退出耶露撒冷。公元前586年，尼布甲尼撒再度进攻，焚毁耶露撒冷，俘走许多犹太人。为了从海上击溃埃及，巴比伦进攻腓尼基，推罗顽强抵抗十三年。埃及暂时受到屈服，可是新巴比伦也难持久的，这种战争招致人民强烈的憎恨。

尼布甲尼撒执政时，劫掠许多财富，大兴土木。在两河流域平原，修建防御米提的长城。巴比伦城增设三道城墙，墙上装置三百多箭楼，围以护城河，增强防御工事。城内修建豪华的宫殿、富丽的寺庙、耸高的塔、悬空花苑、巴比伦成为古代世界的名城。

尼布甲尼撒死后，巴比伦的局势是很不稳定的。六年间更换了三个国王。公元前555年，那波尼德即位，国内形势更为严峻，国外波斯兴起，征服米提与吕底亚后，形成围困巴比伦的局面。公元前539年，居鲁士进攻巴比伦，那波尼德仓促抵抗，节节败退，困守孤城。次年秋天，居鲁士攻陷巴比伦，废那波尼德，新巴比伦王国便灭亡了。

## 第三节　古代巴比伦的文化

一、文字。巴比伦最初的文字是一种图画。在实践的过程中，图画发展为符号，形成楔形文字。楔形文是简化的文字，书吏用木笔在湿泥版上刻写，烧干，坚硬如石，非常笨重，却能保持很久。

詹姆特·那斯尔发现的泥板，有四百六十三个文字。有的符号标音，有的标意；有的符号既代表一字，有独立完整的概念，又代表音的符号，仅只是发音，所以楔形文是十分复杂的。但是，楔形文产生了重要的作用，亚克得、埃兰、巴比伦、亚述、赫梯及波斯等，受这种文字的影响，创造了自己的文字。腓尼基创造最初的字母，亦受到楔形文的影响的。

二、文学。古代巴比伦的文学很多是远古的传述。如《洪水故事》，叙述乌特纳比什提制造方舟，满载动物与植物在洪水中漂流。迨至洪水退后，放出所载动植物，大地开始恢复了生命。《旧约》的诺亚方舟，便是根据这个传述写成的。

《吉加美什诗史》是人民口头创作，是一部杰出的作品。诗史叙述乌鲁克国王吉加美什，得到恩都奇的帮助，为国家除去祸害，刻在十二块泥版上。当恩都奇死后，吉加美什感到十分沉痛，不断地在田野狂奔。他不清楚生死问题，为何神不死而人却要死呢？吉加美什要寻找乌特纳比什提解决这个问题。经过许多许多困难，他找到了，问题却没有得到解决，失望地回来。诗史敢于大胆怀疑，与神坚决斗争。他要求精神的解放，同时也批判了宗教的专横。诗史的结局不是表现精神的妥协，而是认识上有局限性的。

《主人与奴隶的对话》反映奴隶主尽情地享受，感到失望，觉着一切是空的。奴隶讥笑他"既不能上天，又不能填满大地"。当奴隶主要杀他时，他说"我死后，你也仅能活三天"，充分表现出反抗的精神。

三、科学。古代巴比伦的僧侣，从观察天象中，分出恒星与行星的不同，确定黄道，给五个行星专门名称，即金、木、水、火、土五星，并观察到这五星是在太阳轨道的附近。

由于对天文的知识和实际需要，巴比伦产生了太阳历法，确定一年为三百五十四日，每年为十二月，每昼夜为十二时。为了符合地球公转差数，设置闰月。在汉谟拉比时代，置闰是由国家规定的。

从实际需要出发，巴比伦的数学亦很发达，采用六十进法。公元前二千年代，巴比伦已知四则法、开方、测量面积，在古代土地区分图上，附有地区新算法。在代数上，能解含有三个未知数方程式。

巴比伦的医学分外科、内科与眼科。医生观察症状，在治疗书上，经常提到"两眼发黑"、"昏迷倒下"、"太阳血管"等病。有时也施行手术，说巴比伦没有医生是不对的，但是居民却迷信巫术与占星。

四、宗教。古代两河流域崇拜各种自然力，在城邦发展的时候，自然力的神变为城市的保护神，如乌尔的月神新，拉尔沙的日神夏马斯，特别是巴比伦的马尔杜克，随着政治的发展，成为诸神中的最高者。两河流域的神与政治紧密结合的，当两城发生战争，人们以为两城主神在决斗；两城发生联盟，其主神亦建立亲属关系。国王是神的代表，神庙是活动的中心。

神庙为方形高塔，顶上观察天象，建立起占星术。巴比伦以为天是一部大书，由星星写成的。每个人的行动与天星有着联系，僧侣掌握星辰的知识，权力很大，可预卜吉凶。因而产生了占卜符咒，欺骗群众。

# 古代两河流域西北部的历史

# 第一章
# 赫梯与叙利亚

## 第一节　赫梯的形成及其社会

赫梯位于小亚细亚哈里斯河流域，东南两方面为高山环绕，系两河流域北部、黑海与地中海交通的要道。这块地区宜于畜牧，境内有丰富的银铁矿产，农业是不很发达的。

公元前 2000 年以前，赫梯人[①]为高加索北部草原游牧部族之一，继后南下入小亚细亚，定居于哈里斯河畔，逐渐与当地居民相混合，其过程是缓慢的。赫梯的语言是复杂的，字形依部首而变化，从这一点说是与印欧语相近的。

当赫梯人定居后，氏族社会解体，出现部落联盟，在库萨尔地区建立起国家，其王阿尼塔征服涅萨与哈图什。国王是奴隶主的领袖，也是军事的首领，掌握着全国的财富，农村公社是国家的基础。赫梯农村公社有强固的氏族特点，土地是世袭的，每个家庭必须担负国家公共劳役，称之为"鲁采"。同时农民必须担负军事义务，称之为"萨

---

[①]　埃及称银为 khat，有谓赫梯名称即由此而得。

含",可以有军人份地。随着军事掠夺的扩大,奴隶制的发展,土地是可以转让与买卖的。

赫梯是军事奴隶主的国家,经常发动战争,掠获财富与奴隶。赫梯形容国家的繁荣是"人畜皆增,俘虏生活好,没有死亡"。每次战争结束后,贵族与武士可分到奴隶。有时国王也可赐给下属[①]。奴隶所受的待遇是十分苛刻的,《赫梯法典》规定:"假如奴隶反抗自己的主人,则奴隶应被投入水中。"因此,阶级斗争是十分尖锐的,奴隶经常起来暴动,赫梯文献中说:"王子的奴隶暴动起来,破毁宫室,背叛主人,发生了流血事件。"

## 第二节　赫梯的强盛与衰亡

公元前1640年以后,赫梯向外扩张,哈图喜尔移都城至哈图什。到穆尔西里时代,强化贵族政权,于公元前1595年,举兵劫掠巴比伦,抢劫了许多财物与俘虏。《以西结》谤语,有"汝父乃一亚摩利人,汝母乃一赫梯人",说出巴比伦人对赫梯的憎恨。

由于赫梯社会的发展,国家原有的统治机构不能适应现实的需要,公元前1535年,铁列平即位后,即着手进行改革。首先军事民主制的全体会议,参加者限于贵族、军队中的首长及国王的卫队,便是说由民意机构变为国家的统治机构。其次建立国王世袭制,由嫡长子继承。如无嫡男,依次由庶子或嫡长女婿递补。最后,为了巩固王权,禁止血亲复仇,不经贵族会议的同意,国王无权处决一个兄弟姊妹,铁列平的改革完成了赫梯国家形成的过程。

赫梯依靠部族贵族与富商,组织军队,进行军事的掠夺。从苏比鲁力乌玛(前1400—前1360)统治起,即向米达尼、叙利亚与腓尼基进行掠夺战争,扶植亲赫梯的政权,夺取军事要地阿来普。倘使实力

---

[①] 阿努曼达第二赐给一妇人的奴隶:有厨夫二人,鞋匠一人,成衣匠二人,马夫一人,制造武器者五人。

不足，赫梯即用挑拨手段，掀起内战，如赫梯支持西顿与推罗进行斗争。到穆尔西里第二（前1345—前1320年）时，与埃及直接发生冲突，随时有战争的可能。而这种冲突是奴隶主的争夺，对叙利亚是一次残酷的灾难。

公元前1312年，法老拉美西斯第二，率领四个军团，北上征赫梯。赫梯国王穆瓦达里（前1320—前1307年）纠集同盟军队，战车二千五百辆，藏于卡迭什。埃及北上大军，突然陷入赫梯包围，发生遭遇战争，埃及仅免于全军覆没，并非如埃及铭刻中所说："取得奇迹般的胜利。"赫梯虽然阻止埃及北上，保存了叙利亚，可是它的胜利并不是巩固的，北部常受伽兹齐亚人的威胁。公元前1296年，哈图喜尔第三（前1307—前1272年）时，被迫与埃及妥协，签订友好条约。双方放弃敌对行动，缔结同盟，互相支援，共同对付敌人。

赫梯为军事奴隶主国家，依靠掠夺来维持。每次战争完结后，内部奴隶暴动，外部被征服者反抗，赫梯处于动荡之中。哈图喜尔第三死后，其后继者如杜达里亚、阿努曼达等，波加兹凯伊的文献已不提他们的事实了。亚凯亚人从海上袭击赫梯与埃及后，赫梯开始崩溃，分裂为许多小公国，已不起作用了。

赫梯文化是一般的。建筑多用石材，质朴而雄壮，给克利特与斯巴达一定的影响。《赫梯法典》系公元前14世纪的作品，有二百多条文，多着重经济方面，对奴隶主是十分有利的。赫梯受巴比伦影响很深，在强盛时期所用的文字便是仿自巴比伦的楔形文。

## 第三节 古代叙利亚的简史

介乎黎巴嫩与幼发拉底河间，叙利亚是肥沃的地区，在政治与经济上，自古与两河流域有密切的联系。由叙利亚南下，沿着约但河，与埃及同阿拉伯半岛相连，系亚非交通的枢纽。叙利亚地形复杂，资源丰富，畜牧、农业很发达，有许多商业繁荣的城市。

古代叙利亚的居民为闪族与胡里特人。公元前 2000 年代，叙利亚氏族社会解体，形成阶级社会，使用骆驼为交通工具。当埃及击退喜克索斯人后，侵入叙利亚，勒索居民，不断引起叙利亚人的反抗，给埃及严重的打击。

公元前 14 世纪，赫梯兴起后与埃及争夺叙利亚。赫梯利用叙利亚反埃及的情绪，联络首领阿细鲁，排挤埃及的实力，赫梯得到成功。由此与埃及展开长期的斗争。到公元前 1296 年签订和约后，埃及与赫梯对叙利亚的争夺始停止下来。乘此时机，叙利亚商业得到复兴。北部以卡尔赫米什为中心，将腓尼基字母，传入亚述与波斯。南部以多马色为根据地，向埃及与阿拉伯进行贸易。叙利亚成为西亚的经济领导者。

亚述帝国兴起后，不断向西扩张，侵入奥伦特河流域，于公元前 732 年占领多马色，叙利亚又受到外族的统治。便是亚述灭亡后，叙利亚仍长期丧失独立，而为外族所奴役。

# 第二章
# 亚述与乌拉尔图

## 第一节 亚述的形成及其社会

亚述在两河流域的北部，系山区与河谷地带，宜于发展畜牧与农业。东北部扎格罗斯山区，草木丛茂，有利于畜牧与狩猎。在底格里斯河谷，冰雪解冻后的泛滥，可以施行灌溉，种植小麦与葡萄。

公元前 2000 年代，胡里特人侵入亚述，建立起公社，随后与当地居民混合，在亚述城形成了亚述王国，最早的国王为奥什比亚，其名为胡里特人悉用的。亚述城在底格里斯河西岸，距巴比伦有三百多公里，为古代西亚贸易的中心。

当巴比伦崛起的时候，亚述在经济与文化上是落后的。亚述社会强烈地反映出氏族制的特征，农村公社的领袖，称"伊沙孔"，实质上是家长，掌握着最高的统治权。亚述人利用优越的地位，与赫梯人、高加索人、伊朗人等进行贸易，并在这些地区设立金属、木材、高利贷商业机构，逐步形成亚述的殖民地。这些外出的商人，一方面与亚述统治者保持着联系，他方面与当地奴隶主合作，进行残酷的剥削[①]与

---

① 亚述高利贷利息很高，有时到百分之一百六十。不能偿还者，即沦为债奴。

镇压。亚述强大的军事力量便是在氏族制的基础上，依靠殖民地的支持所形成的。

公元前 14 世纪初，亚述向外扩张，控制伊朗与叙利亚。到沙尔马那沙（前 1290—前 1260 年）统治时，亚述执行侵略政策，击败乌拉尔图联盟，拆散赫梯与米丹尼的联合，一度占领了卡尔赫米什重要城市。

但是，亚述征服的地区住着不同的部族，内部是极不统一。因而亚述的历史时而统一，时而分裂，变化无常的。强盛时，气焰万丈，不可一世；衰落时，土崩瓦解，支离破碎。貌似强大，实质是虚弱的。从公元前 13 世纪到公元前 10 世纪，由于海民在滨海地区的骚扰，亚拉米亚游牧部族的劫掠，亚述一跌不振而衰落了。

## 第二节　亚述帝国的扩张及其衰落

公元前 9 世纪初，埃及、赫梯、巴比伦相继衰落，亚拉米亚人定居在两河流域西北部，亚述又得到掠夺的机会。沙尔马那沙第三（前 859—前 824 年）统治三十五年，便进行了三十二次掠夺战争，尼尼微成为政治与经济的中心。

依靠侵略战争，亚述形成了新的统治集团，贵族、军人、僧侣为主要部分。国王拥有最高的权力。随着不断的掠夺战争，公社成员负债过重，许多到了破产境地，这便促成土地私有制的发展。为了保证兵源，亚述采取屯兵制，移民到边境，国家予以土地，不得转让，屯田者须承担兵役义务。

当亚述征服一个国家后，随着移走居民，变为奴隶。奴隶数目的增大，贵族与寺庙拥有千百名，便是极普通的小奴隶主亦可有二十名。奴隶是农业与手工业的劳动者，也是公路与建筑的主力。公元前 7 世纪，由于军事与商业的需要，亚述成为公路网的中心。公路干线，用石铺成，有坚固的桥梁，路旁有井，设专人保护。这种筑路技术给波斯与罗马很深的影响。

公元前 8 世纪时，底格拉特菲拉沙第三（前 746—前 727 年）统治时期，亚述已成为一个军事奴隶主帝国。首先建立常备军，推行募兵制，包括许多兵种，有战车队、骑兵、重装与轻装步兵、攻城队与辎重队。军队的编制，武器与服装统一起来。在被征服地区，建立联军组织，受亚述军官指挥。亚述军队有最强的战斗力量，战术灵活，经常发动突击与夜袭，正面与侧面相配合。底格拉特非拉沙运用这种实力，于公元前 732 年，侵入叙利亚，占领多马色。三年后，又占领巴比伦。亚述开始了军事奴隶主帝国侵略时期，也是反亚述斗争激烈的时期。

亚述的统治有不同的类型：对两河流域地区，保存传统形式。国王任命亲信治理城市，如巴比伦与尼布尔，有的免征赋税，有的享有某种特权。在新征服地区，国王任命地方长官统治，保存原有习惯，如西顿与推罗，只交纳规定的贡赋。在反抗亚述侵略的地区，如叙利亚与以色列，以恐怖进行统治，移其居民，建立殖民地。亚述以暴力维持其政权，因而反亚述统治的暴动不断发生。

公元前 722 年，沙尔贡第二即位后，标志着军事奴隶主的强化。在侵略地区，如攻陷撒玛利亚后，萨尔贡移走两万居民；侵入乌拉尔图后，他又掠走两万居民。塞纳海里布（前 705—前 681 年）执政时，征服犹太王国，继续向埃及进攻。便在此时，迦勒底人暴动，巴比伦形势严重，亚述放弃埃及，安定内部，于公元前 689 年，巴比伦局势暂时稳定下来。也是在这一年，亚述稳都至尼尼微。

亚述与埃及的矛盾是尖锐的。埃及联合推罗，试图推翻亚述在西亚的实力，阿萨哈东（前 681—前 669 年）安定巴比伦后，迅速向埃及进军，于公元前 671 年，占领孟斐斯，埃及丧失独立。亚述版图之大是史无前例的，历史上埃及与两河流域第一次同处在一个国家的疆界里。

亚述建立起庞大的帝国，却没有稳固的基础。阿萨尔巴尼帕（前 669—前 626 年）执行恐怖政策，各族人民的反抗十分剧烈。公元前

655年，普萨默提克利用亚述的困难，宣布独立。公元前647年，亚述镇压了巴比伦的叛乱，却并没有稳定下来。

公元前626年，米底与巴比伦联合，向亚述进攻，节节胜利。公元前612年，联军攻陷尼尼微，亚述从此便灭亡了。纳海姆说："尼尼微之亡，有谁怜之！"

亚述的文化与巴比伦是分不开的。如《亚述法典》是从《汉谟拉比法典》改编的。亚述建筑表现出壮丽，墙上刻着战功、国王浮雕，门口有张翼公牛，这从卡拉赫、尼尼微，特别是1843年发现的都尔·沙鲁金遗址中反映出来。阿萨尔巴尼帕图书馆，藏有天文、医学、文学与科学等著作，亚述自身没有什么创造的。

## 第三节 乌拉尔图

乌拉尔图即今之外高加索，系山区，富有铜铁矿产，多森林，畜牧业很发达，养马与骆驼。在梵湖附近，土地肥沃，多种黍麦。

公元前13世纪，亚述铭刻首次提到乌拉尔图，长期处于氏族时代，有八个部族，结成一种联盟。这种联盟主要是抗拒亚述的侵略。

公元前9世纪，乌拉尔图氏族解体，出现了阶级社会，萨尔图尔建立国家，以吐什帕为都城，接受属地的贡赋，拥有大量的土地。当其孙明努亚（前810—前781年）继位后，由于两河流域西北部的变化，着手经济与军事建设，开凿河渠，发展农业；修筑堡垒，以资防守。公元前8世纪中叶萨尔图尔第二（前760—前730年）统治时，乌拉尔图已成为亚述北部的强国，击退亚述的侵略。这是军事奴隶主统治的国家，与赫梯同亚述一样，不断征服邻近的部落，掠获大批的奴隶、财物与牲畜。奴隶所受的压迫与亚述又是一样的。

公元前8世纪的后半期，乌拉尔图北部的游牧部族南移，受到严重的威胁。亚述帝国向西亚扩张，与埃及争夺巴勒斯坦，必须安定后方。公元前714年，沙尔贡出兵征乌拉尔图，败其王鲁士，亚述石刻高傲地说："当乌拉尔图国王知道军队已失败，心中为恐怖所激动，有如一只飞逃鹰隼追逐的小鸟！"经过这次毁灭性的破坏后，乌拉尔图一蹶不振，延续到公元前 6 世纪初年。以后的情况，至今尚未见有更多的说明。

# 古代腓尼基、巴勒斯坦与爱琴海区域

# 第一章
# 腓尼基

### 第一节　腓尼基的城邦

　　腓尼基背山面海，形成南北长而东西狭的地带。黎巴嫩山三面环绕，向西直趋海滨，遍山满植扁柏、杉树与月桂。滨海地区，宜于灌溉，多种橄榄与葡萄。海岸线曲折，有很多良好的港湾，出现了乌加利特、毕布勒、西顿、推罗等著名的城邦，是最早发展航海事业的国家。

　　腓尼基人是闪族的一部分。最初以捕鱼为业，过着氏族社会生活。公元前2000年前后，农业发展，氏族制度逐步解体，形成许多城邦，乌加利特便是最早的①。乌加利特是商业城邦，其国王代表大奴隶主阶级利益，拥有强大的权力。当赫梯与埃及斗争时，乌加利特受赫梯的压力，反对埃及，其作用已不突出了。

　　公元前15世纪时，腓尼基各城邦向海上发展，西顿居强盛的地位。这个城邦深入地中海东部各岛屿，采购各种货物，特别是西达尔岛上的螺，制造珍贵的紫红染料。又深入黑海，直至高加索。西顿商

---

① 1929年，于拉斯·沙姆拉发现的铭刻中，已提到孟斐斯与克里特。

人在孟斐斯设立商店，与巴勒斯坦斐利斯人发生冲突，长期在战争中。当海民向西亚侵略时，除推罗损失较轻外，腓尼基其他城市受到严重破坏，西顿因而衰落。

公元前 13 世纪以后，推罗为腓尼基重要的城邦。从东地中海航行，向西发展，经西西里岛、北非，一直到直布罗陀海峡。公元前 1000 年左右，推罗环行了整个地中海，于西班牙建立迦迪斯，于摩洛哥建立起利克索斯。并向大西洋推进，到英格兰采购锡矿，推罗获取重大的暴利。希拉姆（前 969—前 936 年）统治时，得到富商的支持，扩大推罗城，集许多岛屿修建新城，有三万五千多居民。公元前 814 年，在今突尼斯境内，建立迦太基。这个城很快发展为商业国家，实力强大，与罗马争夺地中海上的霸权。公元前 7 世纪，西亚局势变化，希腊自地中海兴起，腓尼基丧失了政治与经济地位。

## 第二节　腓尼基的社会与文化

原始公社解体以后，腓尼基出现大奴隶主的城邦，贵族与富商就是这个政权的支柱。每个城邦的居民交纳重税，服兵役与劳役，实质上与奴隶没有很多的分别的。每家贵族与商人有大批的奴隶、担负沉重的劳动，特别是用奴隶划船，入深海采螺以制染料。在这些城邦国家中，奴隶是货物，可以如青铜一样出卖，也可做遗产给继承人。为此，腓尼基的阶级斗争是十分尖锐的。从仅有的叙述中，如毕布勒国王拉巴狄致信埃及国王埃赫那吞，叙述农民与手工业者的暴动。又如史学家犹斯丁叙述推罗大暴动，奴隶与贫民结合，杀尽奴隶主，占有他们的妻子，选举仅有的自由民斯特拉顿为国王。这点资料，真是吉光片羽，说明阶级斗争的剧烈是十分珍贵的。

腓尼基是商业与航海的国家，各城邦有自己的"殖民地"，实质上是侨民地，仅推罗一城就有三百多处。腓尼基原料缺乏，各城邦的商人对海上的航线，原料产地，贸易情况都是相互保密不肯告人的。毕布勒占领塞浦路斯岛后，独占铜矿的开采。推罗占据西西里岛与北非，独占这些地区的资源。他们采购原料，进行加工，向外输出葡萄酒、橄榄油、玻璃器皿，紫红染料，换取东方的香料与宝石。他们在孟斐斯设立商店与堆栈。在边远地区，选择军事与贸易地点，定期交易。大奴隶主商人谋取暴利，《以西结》中说："商人较国王更富。"

腓尼基商人贩卖奴隶，有的在发生战争时，尾随军队，收购俘虏，运到市场出售。有的在海上劫夺，商人就是海盗。《荷马诗》说：

> 要我同他（腓尼基人）乘一艘渔船，
> 向利比亚远处航行，
> 借口同我经商共分利润，
> 实际将我如货物出卖给人。

这说明奴隶主榨取方法多种多样及如何抢劫横财的。

腓尼基的城邦制给希腊树立了榜样，希腊以后的发展有所循守。在文化上，给古代西方起了积极的作用。当巴比伦文字传入叙利亚后，从实践中得到简化，形成二十九个字母。这从拉斯·沙姆拉发掘的资料证实了。在希克索斯人侵略埃及后，埃及象形文字起了变化，出现二十四个子音符号。公元前13世纪，腓尼基商业发展，在巴比伦与埃及文字简化的基础上，创造出二十二个简便的字母，对文化交流起了重要的作用，首先受实惠的是希腊与罗马。

腓尼基造船术最发达。黎巴嫩山的杉木，系造船最好的原料，毕布勒所造的船，以帆航行，既稳而又能载重，适于远程航海。希罗多德说："行驶最好的船是腓尼基人供给的。"公元前7世纪时，腓尼基受埃及委托，甘伦率领六十只船，由红海出发，入南海，经三年的时间，环绕非洲，经直布罗陀海峡回埃及。当向南航行时，观察出中午太阳在北部，这证实已到赤道的南边。

*417*

# 第二章
# 巴勒斯坦

巴勒斯坦是两河流域与埃及之间的走廊。约但河发源于黎巴嫩山，经伽利略湖，注入死海，形成一条狭长地带。河之西为滨海区域，多小河，宜于灌溉，发展农业。河之东，土地贫瘠，宜于畜牧，生活是比较困难的。

公元前2000年前后，迦南人居住在巴勒斯坦的北部。迦南人是闪族的一部分，过着畜牧与农业生活。埃及常提到输入的无花果与橄榄。在伯善发现的古物中，陶器、铜剑与纺织物说明迦南人的手工业是进步的。

当希克索斯人入侵埃及时，希伯来人侵入巴勒斯坦，与迦南人进行了长期的斗争，迦南人趋于衰落。"希伯来"，意为外来的，他们初来时，过着畜牧生活，有确定的牧场，保存着氏族制度。继后学习农事，盖杰尔的历书中，有亚麻收割月、大麦收割月等，说明希伯来农业的发展。

希伯来比较可靠的历史，始于《梅林普达铭文》，在公元前1230年左右。那时候，希伯来人尚未形成一个国家。当公元前12世纪时，腓利斯人由海上进据滨海城市，希伯来人顽强地反抗，长期进行了斗争。在斗争实践的过程中，由于现实的需要，希伯来形成了联盟，传述中举撒姆耳为盟长，代表贵族们的利益。在这样情形下，扫罗（前1044—前1029年）依靠贵族与僧侣，建立起以色列王国，继续与腓利斯人战争。

扫罗死后，大卫（前1029—前974年）合并以色列；建立起犹太王国，定都于耶露撒冷。大卫依靠氏族首长与武士，发动与腓利斯人的战争，取得迦斯的胜利。锁罗门（前973—前936年）继承王位后，对内施加高压政策，压迫以色列。对外与推罗联盟，修建埃西云伽伯港，出红海，与阿拉伯及南非贸易，获取厚利。他征收重税，兴建宫殿与寺庙，以眩豪华，激起人民强烈的反抗。多少人将田地与葡萄园抵押借钱，交纳赋税。《阿摩斯》说："为了银子卖了义人，为了一双鞋卖了穷人，他们见穷人头上蒙的灰也垂涎。"由此可见希伯来的阶级斗争是十分严重的。

当公元前941年，谢松克即位于下埃及，与叙利亚联合，谋向海上发展，与希伯来竞争。以色列反锁罗门的领袖若罗波安逃往埃及，受到埃及的欢迎。锁罗门死后，于公元前928年，若罗波安得埃及之助，返回巴勒斯坦，洗劫耶露散冷，以色列得到独立，埃及又一次占领犹太王国。

以色列虽取得独立，定都撒玛利亚，却并不巩固的，叙利亚不断的蚕食，摩押部族的西侵，使以色列动荡不安。当亚述兴起后，于公元前722年，向巴勒斯坦进军，攻陷撒玛利亚，劫走两万七千居民，从此以色列便灭亡了。

当亚述衰落的时候，公元前622年，犹太王国乘机兴起，约西亚着手改革，凡满六年的债奴，须恢复自由，并予以一定的财产。但是，这些措施并没有起多大的作用。

公元前597年，新巴比伦与埃及争夺巴勒斯坦，尼布甲尼撒占领耶露撒冷，劫掠许多财物。继后于公元前586年，再度进军，灭犹太王国，俘走犹太居民，囚于巴比伦者有七十多年。

希伯来的文化是一般的。资产阶级称颂它的一神教，实质上有它产生的根源。希伯来最初的宗教是自然界神秘力量的反映。雷电风火等现象，赋以一种超自然的力量。当希伯来历史发展的过程中，与埃及、巴比伦等相接触，大商业奴隶主们又赋予其社会属性。积而久之，综合自然属性与社会属性，反映在万能的"耶和华"身上，而这个神又只是抽象人的反映。耶和华一词是犹太人囚于巴比伦后，突出使用的，那些预言家绝望的呼声，正是大奴隶主们在困难中的要求，依旧是统治阶级的。《旧约》是古迦南人的遗产，有神话与传说，有诗史与法典，其间受巴比伦与埃及影响很深的。《旧约》中有许多文学作品，富于哲理的散文，对欧洲文学与艺术发生极深刻的影响。

# 第三章
# 爱琴海区域

## 第一节　爱琴海区域的自然环境

　　爱琴海区域，即古代的希腊，它的面积是狭小的，却又是很复杂的。它包括小亚细亚西部的沿岸，爱琴海各岛屿及巴尔干半岛的南部，其面积约有六万四千多平方公里。

　　爱琴海是多岛的地区，形成希腊半岛与小亚细亚间的足踏石，海岸曲折，相距又近，利于航海的发展，既有防风的良港，又有陆地在望，不会迷失方向的。

　　爱琴海东北部，通过赫勒斯滂海峡入黑海，古称攸克幸，意为"友谊"。在爱琴海中，群岛林立，宛若浮出海面的山峰，北起色雷斯，经勒摩诺斯、列斯堡斯南下，靠近希腊有西克拉底群岛，形如项圈，以提洛斯岛为中心。靠近小亚细亚边岸，有斯波拉德群岛，自萨摩斯岛起一直至罗得斯。由此向西至克里特与西特拉，形成一个大合拢。其间以克里特与攸卑亚岛面积最大。希腊西部岛屿较少，伊达加与科西拉较为著名。由此经过爱奥尼亚海至西西里及意大利半岛南部，在经济与文化上与爱琴海区域联合，故有"大希腊"的名称。

希腊半岛形似一张枫叶伸入紫罗兰色的海内，全境多山，构成许多区域。北部有宾都斯山、分成伊庇鲁斯、帖撒利亚与马其顿。中部有巴那撒斯山，厄达山横贯东部，形成八个地区，其中以彼阿提亚与亚狄加为最大。南部为伯罗奔尼撒半岛，有七个区域，中有代吉特山，山顶积雪，拉哥尼亚在其东，麦塞尼亚在其西。从东北部，经科林斯土腰与亚狄加相连。大陆希腊，每地与海相接，海水连接起来，凝结成一个整体，统一而又分散，最适宜于初期历史发展的。

爱琴海气候温和，欧里庇得斯说："冬不甚冷，夏不甚热。"在二十年内，雅典很难遇着一次结冰。希腊雨量不大，缺水，在订盟约时，有"勿断联盟公社的流水"，临别时，经常以"一路平安，沿途有水"表示祝愿。希腊面积不大，土地贫瘠，种植大麦与豆类，产量不高，须从黑海运购粮食。很多地区种葡萄与橄榄，峡谷地带又多橡、松、桂等树。爱琴海各岛屿，矿产很富，金银铜铁都有，陶土与大理石极知名，给工商业发展创造了有利的条件。

爱琴海最古的居民为"皮拉司吉人"，从小亚细亚移殖过来的。这从希罗多德的著述，帖沙利的地名，雅典的传述证实这种说法①。再从地名学上，如小亚细亚地名的语尾与希腊许多地名的语尾是相同的，这也可作为旁证。因为这种地名的语尾 -ssos、-ada，既不是希腊的，也不是闪族的，而是小亚细亚的②。

## 第二节　克里特时期

由于舍利曼在特洛耶与迈锡尼的发掘、伊文斯在克里特的考古工作，对爱琴海古代的历史，我们有了新的认识。所发掘的资料中，证

---

① 希罗多德的《历史》卷一中说："皮拉司吉人是讲着异邦话的。"帖沙利有地名为："皮拉司吉奥底德。"雅典因为皮拉司吉，建筑了亚克波罗。
② 小亚细亚与希腊地名语尾相同，如小亚细亚：Iassos, Ariassos, Aeinda。希腊：Leissos, Parnassos, Tyrinrkos。还有许多地名语尾相同。

实了爱琴海的古代史，于公元前 3000 年代已开始了。

爱琴海区域的历史是以西克拉底群岛与克里特开始的。在新石器时期，麦罗斯岛上的居民已有进步的生活，巨大的住宅、集体的墓葬、黑曜石所制的石刀，说明他们的经济繁荣，爱琴海已进入氏族解体的阶段。公元前 3000 年后的克里特，伊文思分为早期、中期与晚期反映得更为明白。

克里特是爱琴海中的大岛，东西长约二百五十公里，南北最宽处有六十公里，有肥沃的土地与良好的港湾。克里特早期的历史，普遍使用铜器，手工业有发展，公元前 2200 年前后，与埃及已有接触，器皿与印章所刻文字系象形文，可能是受埃及影响的。

公元前 2000 年时候，克里特的原始公社解体，出现最早的奴隶制国家，克诺萨斯为主要城市，是爱琴海对外贸易的中心。从考古发掘的遗物中，青铜的冶炼、薄壳的陶器、长柄剑，色彩鲜明，绘有生动的图案。公元前 1750 年前后，米诺斯实力扩大，统治雅典，形成条塞的传述①。米诺斯修建壮丽的王宫，三层楼房，宴会宾客的大厅，石砌的密室，绘着秀丽的壁画。克诺萨斯宫，即著名的"双斧迷宫"，为杰出的工程师狄达罗斯②所建，象征着克里特的强盛与繁荣。

克里特中期，奴隶制得到发展，有专管贸易、粮食、庆典与军事的官吏，建立起希腊人所称的"海洋帝国"。手工业十分精巧，彩金器具、纺织与陶瓷、葡萄酒、橄榄油是著名的输出品。克里特经营锡的贸易，获利至厚，埃及与赫梯有克里特的商品与物品。由于实际的需要，象形文字逐渐简化为线形文。线形文乙，经文特里斯等努力，现已找到阅读的方法。克里特的强盛有一百五十年，向外经常掠夺有如海盗，向内征收重税，奴役社员。从发掘的资料中，居民与奴隶主的

---

① 克里特强迫雅典每年送七男七女，使怪物吞食。条塞为雅典王太子，去克里特岛，得亚丽亚纳公主的帮助，杀死怪物，胜利而还。
② 狄达罗斯系克里特杰出的建筑师，遭米诺斯的嫉妒，传述制造一鸟，驾之而飞向西西里岛。以飞得过高，接近太阳，胶溶坠海而死。

生活是相距很远的。不仅只此，在米诺斯时期的晚期，克里特岛上的城市，如费斯多斯与底利索斯等，被暴动人民焚毁或占领，反抗贵族残暴的统治，阶级斗争是十分严重的，给奴隶主政权致命的打击。

但是，促成克里特衰落的主要原因，是游牧部族亚卡亚的入侵。亚卡亚人从巴尔干半岛进入希腊后，深入伯罗奔尼撒半岛，自公元前1600年起，克里特开始丧失大陆上的统治地位。亚卡亚人不断向海上发展，占领克里特岛。从公元前15世纪后半期起，克里特岛上的建筑，如凯拉多斯河畔的宫殿，伊索普达的坟墓，补修的王宫，统系美加拉的风格，即亚卡亚人的建筑方式。米诺斯王朝的政权，遭受许多困难，勉强维持到公元前1180年。克里特由伊多麦奈统治，参加特洛耶战争，变为亚卡亚人的属地了。

## 第三节　迈锡尼时期

公元前2000年时，游牧部族亚卡亚人①从巴尔干北部向南移动，沿河而行，和平地移入希腊的中部与南部，而以迈锡尼为居留的中心。当亚卡亚人定居后，征服原有的居民，与克里特人发生密切的关系。他们学会制造青铜工具与武器，由锄耕转为犁耕，于公元前1400年前后，学会了航海技术。这些都促使亚卡亚人的氏族社会解体，形成迈锡尼王国，与克里特一样是君主统治的。也便是在这时候，亚卡亚人开始征服克里特。

1874年在迈锡尼地下的发掘和1939年在派洛斯发现的泥板来看，亚卡亚人起了很大的变化，经济与文化取得突出的成就。雄厚的堡垒、壮丽的狮门、二十公尺厚石墙、矿坑式的墓葬、阿特鲁斯的陵墓，这一切说明亚卡亚的奴隶制得到很快的发展。派洛斯铭刻，指出四人中即有一人为奴隶；特洛耶战争的领导者阿加梅农，拥有巨大的财富，居于特殊的地位。根据赫梯的资料，在卡迭什战争后，亚卡亚人与希

---

① 亚卡亚的语根为"Ack"，意为"水"，指游牧部族沿江河而移入的。

腊其他民族联合，从海上向埃及与西亚海岸进攻，即所谓"海民的入侵"。此时，迈锡尼实力雄厚，克里特与雅典为其附庸。公元前12世纪初，亚卡亚人占领列斯堡斯岛，形成对特洛耶城的包围，引发了十年的战争，其目的是争夺赫勒斯滂海峡的财富。

但是，在特洛耶战后半个世纪，多利安人侵入希腊，征服迈锡尼，逐步扩大，奴役亚卡亚人，迈锡尼便这样灭亡，开始了古代的希腊。

# 古代的印度

古代的印度大致包括印度河流域与恒河流域，亦即现在的印度与巴基斯坦两国的领土，从古至今，没有统一名称的。印度一名始于波斯人，继后西传至希腊与罗马，便袭用波斯人的称谓。至于我国，汉时称之为"身毒"，魏晋时称之为"天竺"，唐时始称为"印度"。印度《往世书》中，有"婆罗多"著名的国王，为了纪念他，印度人自称为"婆罗多国"。

印度是亚洲的一个半岛。北以喜马拉雅山为屏障，南部伸入印度洋内，东界孟加拉海湾，西临阿拉伯海，周围岛屿较少，在古代与外界接触比较困难，只靠西北部的峡谷与亚洲大陆上的国家联系起来。

印度中部为德干高原，有山区，有丛林，也有草原，气候是干燥的。德干高原向东倾斜，河流多注入孟加拉海湾。南部为锡兰岛，古称僧伽罗国。西北部为印度河流域，即旁遮普，雨水缺少，依靠河水泛滥及人工灌溉，有利于农业的发展。恒河流域，土沃肥润，雨量充足，农业发达。西南季候风是决定印度气候的主要因素，在北部向东雨量大，南部相反向东雨最小。印度物产丰富，有许多奇花异草，名禽珍兽，动植物的种类是繁多的。

印度古代的居民，从考古学者的证实，是达罗毗荼人，现在移居到印度的南部了。自公元前2000年后，雅利安人、伊朗人、希腊人、月氏人、突厥人相继入侵，印度古代的历史和原初的居民，必然受到强烈的影响，从而发生了深刻的变化。

# 第一
## 印度河流域初期的文化

公元前3000年前后，印度河流域已有高度的文化。经1922年遗址的发掘，证实达罗毗荼人是哈拉巴文化的创造者，有力地驳斥了雅利安人创造印度历史的谬论。

公元前2000年以前，达罗毗荼人过着氏族生活，其会议称之为"沙米提"，所选举的首长称"拉德查"。哈拉巴为活动的中心。这时候农业上栽种大麦与小麦，用石制造的犁头；工业有陶器与纺织，用石制十进的砝码，说明经济有一定的繁荣。这时候城市兴起，自亚姆利到哈拉巴，特别是摩亨若·达罗的遗址，市容规模宏大，其建筑技术是很高的。

摩亨若·达罗的遗址占地二百五十多公顷。街道整齐，房屋由东向西，从南向北，并行排列，最宽处有十公尺左右。宫殿与堡垒占市区中心，系用石与砖建造的。城内有地下水道，供水设备；又有市场、商店、作坊、浴室等建筑，充分反映出人民生活的状况。考古学者掘出许多石制、象牙与黏土的印章，共有396个象形符号，至今尚未认识出来。

公元前2000年后，印度河流域反映出贫富不同，已进入奴隶时代。这从考古学中，我们看出有华丽的宫邸与简陋的茅屋，有精致的饰品与粗笨的工具。那些巨大的仓库、奇离的印章，都映出阶级分化，贫富不同了。

# 第二
# 雅利安人的入侵

　　雅利安人过着游牧生活，保存着母权制的残余，他们的命名是根据母亲的。在公元前两千年，雅利安人从伊朗出发，越过兴都库什山，侵入印度河流域，与达罗毗荼人发生强烈的冲突。《梨俱吠陀》中说："必须应付敌人一百个有柱子的堡垒。"这说明雅利安人征服达罗荼毗人是不容易的。

　　"雅利安"一辞，不是种族的名称，而是指社会的地位，含有"高贵的"意义。雅利安人侵入印度河流域后，接受达罗毗荼人农业上的知识，放弃了原初的畜牧业。农业发展很快：《梨俱吠陀》提到用六匹牲畜耕地；《摩奴法典》提到以井水灌溉；雅利安人称领袖为"瞿波提"，意为"牝牛的领有者"，亦即"耕地的获得者"。冶金业发展很早，称铁为"暗青色的铜"。

　　雅利安人入侵后，形成掠获当地居民的军事集团，掌握分配公社产品，居于统治地位。家长制强大，长子有权独继父业，没有子嗣的人是最不幸的。《沙恭达罗》中国王说："没有子嗣真可怕啊！"印度的奴隶社会便在家长制的掩护下发展起来。

　　当雅利安人入侵后，印度居民被迫南迁，其留住原地者沦为奴隶，或接近奴隶阶层。原有的氏族机构，雅利安人用之镇压人民，因而产生了种姓制度。在一定的地区内，具有共同宗教与职业者，称之为同"瓦尔纳"。"瓦尔纳"意为"颜色"与"品质"，即世所习称的种姓制度。

按照《摩奴法典》规定，种姓制度有四种，即婆罗门，包括僧侣与有知识者。刹帝利指武士再次为吠舍，包括农民、牧民工匠与商人。最后为首陀罗，指穷人与外来者。婆罗门与刹帝利为奴隶主，吠舍不断分化，但是三者都为"再生人"，首陀罗为奴隶，永远"生人"，长期为统治者服务的。

## 第三
# 恒河流域的发展与佛教兴起

公元前 1000 年前后，恒河流域出现了许多小公国，经常发生剧烈的争夺，形成十六个国家，其间侨萨罗与摩揭陀为最强者。侨萨罗以舍卫城为首都（即今之萨瓦提），在伽姆苏统治时，占领了伽尸公国。摩揭陀以王舍城为首都（即今比哈尔），系恒河流域最强的国家。于频毗沙罗（前 519—前 491 年）统治时，征服了东部鸯伽王国。继后于伽拉索伽统治时，建立华氏城，即今之帕特那，为古代恒河岸边最壮丽的城市。

雅利安人为了巩固他们的政权，利用种姓制度，通过宗教，镇压被征服的人民。婆罗门居首要地位，称国王为神人，僧侣为重要者。所征服的居民变为奴隶，其价格仅比马贵四分之一，比牛贵两倍半。他们创造出婆罗门教，以为苦痛与穷困是不存在的，而真实存在是梵天。梵天为极乐世界，人在肉体毁灭后，灵魂始能解放，与梵天结合。这种理论是反动的，人民的穷困与苦痛，不是来自奴隶主的剥削，而是来自劳动人民自身。

瓦尔达玛那（约前 528—前 468 年）创立耆那教。他综合民间传统信仰，反对婆罗门，否认《吠陀》为圣书，却维护奴隶主阶级利益，主张逆来顺受。耆那意为"战胜情欲者",他主张苦行学道,禁止杀生,相信轮回业报,起了麻痹阶级斗争的作用。

释迦牟尼(前623—前543年)创立佛教,他观察现实,劝人解悟四谛,奉行中道。解脱欲望的执,排除无常的幻,以入凝神的境界,这就是涅槃。只要禁欲,不论是哪种种姓,都可为僧,妇女亦可为尼,佛法是平等的。他说法时用大众语言,促进佛理的传播。他反对婆罗门的压迫,破除种姓的界限,这是进步的。但他主张忍受一切,麻痹斗志,这又是极端有害的。他所活动的地区,系婆罗门压迫最深的地区,佛教的创立是与民族运动有关系的。摩揭陀尊崇佛法,在阿阇世时,佛教举行第一次集会。

公元前6至公元前4世纪,私人土地占有制发展了。在公社之外,有奴隶劳动的庄园。三种高级种姓者开始着棉织品的衣裳,公元前8世纪发现棉花的。奴隶的数量不断地增加,自由社员处境困难,除交付贡物外,还负担沉重的徭役,其处境与奴隶是相等的。

公元前365年,当伽拉索伽死后,摩揭陀国势衰弱,经常发生暴动,建立起"九难陀"统治时期。传述难陀是英雄人物,系首陀罗妇女所生。由于资料特别缺乏,正说明这时期的阶级斗争是剧烈的。

# 第四

# 孔雀王朝的建立

公元前327年，亚历山大从康居与大夏南下，侵入印度河流域。在卡拉河谷地区，进行了多次战斗，保洛斯英勇抵抗，虽然失败，却是十分光荣的。印度河其他地区，顽强抵抗西方的侵略者，桑哥拉城一直至夷为平地。亚历山大想越过沙漠，侵略摩揭陀国，随后终止了，其终止的主要原因，在于气候的不适与印度人民的顽强抵抗，阿里安叙述印度的战术，远超过其他部族。公元前325年，希腊被迫向波斯方面撤退了。

旃陀罗笈多（前321—前297年）系难陀的后裔，出身微贱的。他受哲人考提里亚之助，图谋起义未成功，避难至旁遮普，联络山地领袖，反抗希腊的专横，取得统治地位。继后率军南下，入恒河流域，建立起孔雀王朝，统治了一百三十多年，定都于华氏城。

公元前305年，塞琉古进攻印度，惨遭失败，两国以兴都库什山为界，并派麦伽斯蒂尼为使臣，埃及亦遣使住华氏城。当宾头沙罗（前297—前272年）统治时，实力强大，越过德干高原，除羯陵伽国外，都受孔雀王朝统治，一直到买索尔。

考提里亚著有《政事论》，反映孔雀王朝的情况，这是奴隶主专制的国家，吠舍种姓沦陷为奴隶，借修堤筑路来维持生活的。政府设有秘密组织，监视官吏行动。中央官吏管理城市，地方官吏管理农村，他们拥有庞大的机构，仅高级官吏有三十二种之多！

孔雀王朝的经济是繁荣的。农业上兴建水利，种植棉花与亚麻；《政事论》提到中国的丝织物，阿拉伯的马。商质塔为象牙工会所雕刻，那西克石窟由纺织行会来维持，这都说明孔雀王朝的经济是繁荣的。

第五

# 阿育王的统治与印度的分裂

　　阿育王（前272—前232）即位前任坦义始罗与邬阇衍那的总督，取得丰富的经验。当他掌握印度政权后，安定国内，于公元前261年发动羯陵伽战争，俘获十五万人，建立起印度历史上的大国。

　　阿育王充满了矛盾，一方面侵略羯陵伽，屠杀无数居民；他方面又崇信佛教，于公元前253年召开第三次结集，编纂经、律、论三藏经典。他曾派遣公主桑伽蜜多罗，带菩提树，经海上至锡兰，佛教得到传播。他兴建许多塔和寺庙，有很高的艺术价值。阿育王重要的诏诰，刻之金石者有三十多种。从文告中看出摩揭陀与恒河流域，由中央直辖管理。羯陵伽、阿槃底等处由附王管理。阿育王时代是繁荣的，却是不巩固的。

　　印度为奴隶社会，梵文称奴隶为"达萨"，《政事论》提到有十四种之多。奴隶大多数用于家庭作业，特别是女奴，其所处的地位是十分悲惨的。《摩奴法典》称国王为大地的主人，所有的土地是属于国王的，其剥削方式却是通过农村公社的。公社有固定土地，围以篱笆，通常供给国家六分之一的收获，遇有困难，担负特殊任务。

　　阿育王死后，羯陵伽、安达罗先后独立；西北部犍陀罗亦脱离统治，大夏国王狄米特里占领旁遮普与信德区。公元前 184 年，孔雀王朝最后的国王为部将普西亚蜜多罗杀死后，建立起巽伽王朝（前 184—前 72）。

巽伽王朝的统治者反对佛教，拥护婆罗门教，形成一种地方割据，没有起特殊的作用。公元前 72 年，巽伽为堪瓦王朝所替代，国势日衰，勉强维持了四十多年。印度西北部出现新的局面，贵霜帝国成为中亚强大的实力。

第六
# 印度文化简述

　　古代印度的文化是丰富多彩的。公元前 3000 年纪，旁遮普已出现图画形的文字。迨至雅利安人入侵后，公元前 6 世纪，印度已有了铭刻，而波尔尼著的《八牵书》为梵文文法的典范。

　　印度文学有突出的成就。《吠陀》经除迷信部分外，有许多传说是有历史与文学意义的。《摩诃婆罗多》与《拉马那》是两部巨型诗集长期形成，表现出人民高度的智慧。迦梨陀婆是《沙恭达罗》的作者，著作丰富，推进印度文学的发展。

　　孔雀王朝的艺术是庄严的，形式优美，有熟练的技巧，如商质塔的雕刻、阿育王的石柱、伽耶附近的石窟。但是最值纪念的是医学与数学上的成就，起很大的作用。

　　印度最初的医学是和巫术相联系的。《吠陀经》中保存了解剖知识。从病理学与治疗术中，可看到黄疸病、关节病与头痛等。印度多用草药治疗，《寿命吠陀》举了七百六十多种草药。印度医学分内科、外科与眼科。恰罗迦是著名的医生，著有《苏列虚多医录》，有很高的科学价值，为后人所推重。

　　印度在数学上的贡献也是巨大的。公元前 3 世纪时，印度已有数目字，继后发展为现代所用的 1、2、3……8、9 等数字。中世纪时，阿拉伯航海家将其传入欧洲，而西方人不恰当地称之为阿拉伯字母。公元前 2 世纪，印度发明了数字位，解决了进位问题，将孤立的数字结合起来。也是在这时，创造了代表"无"的数字"0"，解决了补位问题，数学得到进一步发展。在几何学上，印度人很早知道直角三角形三边的关系。

# 古代的伊朗
## ——古代米提与波斯简史

# 第一
# 伊朗的自然环境

　　伊朗是中亚干燥的高原，四周环山，中部为大荒原，许多河流从峡谷流出，在细砂流碛中消失了。扎格洛斯山沿着伊朗西南边境，与两河流域形成天然分界线。北部埃尔布尔斯山耸立，面对里海南岸，构成狭长而肥沃地带，向东伸延，与咸海盆地相连接。南界波斯海湾，夏热雨少，《魏书》说"地多沙碛，引水灌溉"，很早便利用坎儿井。风向很规则，居民很早创造风车。伊朗物产丰富，枣和马都是很著名的。

　　古代伊朗居民是来自东北部的。北部为米提人，南部为波斯人，他们同操印欧语言，过着游牧生活。公元前837年，为了颂扬沙尔马那沙第三的武功，亚述石刻镌有米提与波斯的名字，这是历史上最早的文献，米提成为亚述奴隶与牲畜掠获地。

# 第二

# 米提的建国

古代米提人驾着马车，带着猎犬，侵入伊朗高原，过着游牧生活。他们有粗浅的冶金知识，制造极简陋的用具。公元前1000年代，由于生产技术的改进，逐步定居下来，形成农村公社，而阶级社会开始出现了。《阿味斯达经》称畜牧富豪为"畜群富有者"；称播种者为"善人"，驱除害虫者为"正直人"。农业很发达，到处有坎儿井，契尔门·雅布水渠长达二百多公里。尽管如此繁荣，米提是亚述侵略的对象。太人，宣布自己为巴比伦的国王。为了结欢巴比伦人，不使有外来感觉，完全尊重当地的习惯。

公元前529年，里海附近游牧民族暴动，反抗波斯的侵略，居鲁士北上远征，遭受到惨重的失败，而在阵中身亡了。

居鲁士长子冈比斯（前529—前523年年在位）继位后，波斯各地发生暴动，反抗奴隶主的统治。冈比西斯用四年的时间始镇压下来，但是并没有解决。他利用柏杜因人的骆驼，发动侵略埃及的战争，穿过沙漠地带，占领喀沙，于公元前525年，波斯军队入埃及，攻陷孟斐斯，俘获法老普萨默提克，宣布埃及为波斯的一个行省。冈比斯在埃及的活动，除北非得到局部的成功外，其他在努比亚、撒哈拉等地区都是失败的。当冈比斯在埃及活动的时候，听到波斯政变的消息，于公元前522年，急忙回国，行经叙利亚坠马而死了。

第三
# 古马达暴动与大流士即位

居鲁士创立的政权，经常遭受米提人的反对，冈比斯远征埃及，久离国土，给米提术士古马达创造了暴动的机会。

长久以来，米提贵族图谋推翻阿奇麦尼德族的统治。乘波斯王室争夺政权的机会，术士古马达伪称冈比斯之弟斯麦底斯，掌握波斯政权，进行改革，一方面废除兵役制度，他方面免除三年赋税，这些措施得到广大群众的拥护，这种改革是含有社会意义的。

古马达的暴动是严重的。波斯六家贵族，拥护青年军长大流士，镇压古马达的暴动，于公元前521年取得胜利。大流士废除古马达的命令，恢复兵役制，将其胜利刻在贝伊斯顿的石崖上，长达四百行，成为古波斯史重要资料。铭文中说："与叛者决战，连战连胜，凡十，九战，降九君。"当古马达被残杀后，希罗多德说："除波斯本国人外，亚洲全体人民齐声惋惜。"这说明古马达暴动的意义了。

大流士承袭居鲁士所建的帝国，代表着奴隶主阶级的利益，是极不巩固的军事联合体，缺少统一的经济基础。他经过七年的战斗，安定内部，着手进行改革，建立起中央统一政权，成为西方的强国。

波斯划全国为二十三省，每省设置三个高级官员，职权独立，互相监督，推进各省的工作。首先是省长，掌握政权，审判案件，一切以国王名义施行。其次为总督，掌握军权，维持地方治安。再次为皇家秘书，亦称国王的耳目，直接向国王反映各种情况，权力最大。

国王掌握军权，感于实际的需要，大流士建立常备军，由波斯与米提人充任。设禁卫军一万名，武器与服装整齐，系战斗的主力。卫士一千名，由贵族担任，保卫国王的安全。战事发动后，按需要分配兵种与数量，召集军区与地方部队，国王为最高指挥者。

在经济方面，波斯奖励农业、手工业与商业，修建由苏撒至沙尔底斯的大路。按着地区的不同，波斯征收税赋亦有分别。从米提与巴比伦征收实物，从埃及与小亚细亚即为现金。每年有巨大的税收，除实物外，有入库现金一万五千达朗特。采用吕底亚方法，大流士铸统一金币，重 8.4 克，有箭手射击图案。地方只铸银币，重 5.6 克，非常便于贸易的。大流士的改革，加强波斯奴隶主的统治，反映了强烈的氏族残余，成为贵族的专政，其基础是极不巩固的。

第四

# 波斯帝国的扩张与灭亡

为了解除西徐亚人的威胁，公元前513年，大流士侵入多瑙河流域，发动征服西徐亚的战争。西徐亚领袖丹吉尔斯，采用游击战术，挫败入侵的波斯人。波斯于败退之余，占领了色雷斯与马其顿，给希腊严重的威胁。

波斯的扩张政策与希腊的民族政策是相矛盾的。从公元前500年起，有半个世纪之久，波斯与希腊发生战争，经公元前490年马拉松战争，雅典以极少兵力，挫败强大的波斯，大流士于四年后在烦闷中逝世了。泽尔士继位，继续执行西进政策，于公元前480年，发生沙洛米斯战争，希腊取得辉煌的胜利。公元前449年，两国签订和约，波斯承认希腊各邦的独立。从此，波斯一蹶不振了。

当伯罗奔尼撒战争时，波斯国王大流士二世，为了恢复小亚细亚的统治，给斯巴达军事与经济的援助。雅典反对斯巴达，为了削弱波斯的援助，鼓动埃及与腓尼基的暴动，波斯受到严重的损失。

马其顿兴起后，改变希腊原有的局势，使波斯遭受严重的困难。公元前334年，亚历山大发动侵略战争，向埃及与波斯进攻。波斯国王大流士第三，虽然积极准备，节节抵抗，终于公元前330年，经柯克麦拉最后一战，波斯实力被击破，马其顿占领波斯，而大流士第三北上牺牲，波斯帝国由此覆灭了。但是，波斯的灭亡，不等于马其顿的成功，因为它们同是没有统一的经济基础，又同是反人民的。这便是为什么马其顿越往东发展，所遭受的抵抗越顽强，而所遇的困难越严重。阿奇麦尼德王朝结束了，波斯在另一种意义下是常存的。

# 第五
## 波斯文化略述

波斯受两河流域影响很深，遵守亚述建筑形式，苏沙与柏舍波里的发掘的遗址，反映出用大理石建筑，柱形轻巧，彩色显明，已不像亚述建筑的笨重了。但是，波斯文化反映出实用性，他建筑道路树立了榜样，以解决商业与军事的需要。从苏沙至沙尔底斯，全长两千四百公里，沿路有一百一十站，每站有旅店，"信使在路上跑得比仙鹤还要快"，给罗马路政起了模范的作用。

波斯文化最为人称述的是波斯宗教，其发展是与生产有联系的。当波斯居民知识未开化时，敬重山神与水神，崇拜马和牛。继后与外界接触较多，国王为精神贵族，认为光是日月的精华，火便成象征。到大流士统治期间，形成曹赫斯特传述，创立祆教，其理论载入《阿味斯达经》中，包括《格塔篇》与《稚胥资篇》，共二十一卷。南北朝时，祆教传入中国，得到暂时的传播。

祆教为二元论，宇宙间受善神奥尔姆池与恶神阿里曼相统治。善神是天地人的创造者，是生命，纯洁与真理的象征。恶神是黑暗、疾病与残缺的代表，与善神为敌，经常发动斗争，亦即真与假、善与恶、明与暗等的斗争，最后胜利者为善神。在中亚一带，火祆教影响很大，成为伦理基础。

# 古代希腊

# 第一章
# 希腊城邦制的发生与发展

## 第一节　荷马时代的希腊

公元前 12 世纪至前 8 世纪左右，即希腊重新出现文字的时候，希腊史上称之为"荷马时代"。相传这时候有一位盲诗人荷马，将世代口传的民间故事，用文字记载下来，形成了西方古代伟大的诗篇。

荷马史诗叙述特洛耶战争，约发生在公元前 1193 至公元前 1184 年，是有历史意义的。第一篇名《伊利亚特》，反映迈锡尼文化末期的事情，希腊联盟攻击这个"多金多铜"的特洛耶国家，争夺由爱琴海通向黑海的海峡。希脂英雄亚奇尔虽然英勇战斗，却不能以力屈服，采用奥德赛的木马计策，特洛耶人失掉警惕，而为希腊人所征服。

第二篇诗为《奥德赛》，叙述于战争完结后在海上冒险的生活。奥德赛离开裴亚基田园，装作乞丐，回到伊达卡建立起新的秩序。两篇诗各二十四章，每章长短不等。公元前 6 世纪，庇斯特拉特首次编为定本。

荷马时代反映出希腊氏族社会的解体，日常的风俗习惯。在这时期，奴隶制带有家庭性质，数目不多，体力劳动仍受到尊重，如纳西卡亚，身为公主，却偕女奴到河边洗衣，受到奥德赛的赞扬。多数居民还是自由的，氏族首长可乘车作战，拥有份地，但是，这种"私有制"仍受到限制，不能随心所欲去处理。到荷马时代晚期，由于铁的使用[①]，财富的累积，在农村公社内，贫富的区分逐渐显著起来。《奥德赛》中，反映出乞丐数目的增加，说明自由民生活的恶化，而在贵族家庭中，却拥有大批的厨夫、马夫与女奴。随着希腊阶级的形成，生产水平有显著的提高，农业、畜牧业与手工业是相当发达的。公元前8世纪，随着阶级分化的过程，也就加速了国家机构的形成。

## 第二节　多利亚人的侵入

公元前13世纪，多利亚人自伊利里亚向南移动，伸入帖沙利地区。当特洛耶战争完结后的八十年代，迈锡尼损失惨重，多利亚人侵入伯罗奔尼撒半岛，入拉哥尼平原，征服了土著居民，建立起斯巴达，这是经过长久岁月的。斯巴达是由五个村子组成的。

拉哥尼平原是肥沃的，居民经营农业，每年有丰富的收获。当多利亚人侵入后，征服土著居民，束缚在土地上，供给斯巴达人使用。这些土著，即希洛特人。他们没有自由，每七户固定在一份地上[②]，完全和奴隶一样。他们人数较多，经常联合起义，反对斯巴达人，而斯巴达人采取高压手段，镇压希洛特人。希洛特人没有任何财产，他本身及一切是属于公社的。加之，当时生产力低下，产量不高，劳动者的生活是十分困难的，因而希洛特人经常起来暴动。

多利亚人继亚卡亚人之后，经四百多年的时间，在希腊本土及各岛屿安定下来，其经济基础与社会关系发生了深刻的变化。首先生产技术的改进，促使农业与手工业发生变化。在农业上采用铁犁，讲求选种，开发水利，使农业田园化。手工业方面，开奥斯岛的炼铁，雅

---

① 《伊利亚特》提到铁有二十三次。《奥德赛》提到铁有二十五次。
② 每份地约有十至十五公顷。

典的陶器，米利都的纺织，造舰业的发展，使经济得到繁荣。城市不是往昔战斗的堡垒，而是工商业集聚的地区，出现了新兴的奴隶主，城区扩大，雅典、米利都与科林城市，人口稠密，贫富区分也十分显明的。公元前7世纪起，随着货币经济的发展，高利贷事业扩大，加剧了阶级矛盾。埃西奥德的《老鹰与夜莺》中说：

谁和有力者较量，那是不智的，赢不了他，只有悲哀上更加耻辱。

有力者就是有钱者的别名。从此以血缘为基础的公社组织破坏了。其过程是合并公社而成为独立的城邦。城邦不完全是城市，它也包括农村。城邦是狭小的，科林为当时最大者，其面积仅只有八百八十平方公里。

## 第三节 希腊移民的发展与僭主政治的建立

由于社会的发展，阶级压迫的增强，从公元前8世纪起，希腊居民不能在本土居住，被迫移居到海外，寻找居住的场所。移居者，不仅是被压迫的劳动群众，而且还有被排挤的新兴贵族，这说明阶级斗争是剧烈的。

从公元前7世纪起，希腊人向西部发展，在意大利南部和西西里岛，优卑亚人建立起那不列斯；科林人建立起叙拉古；佛西斯人到高卢南岸，建立起马赛，由此采购西班牙锡矿；斯巴达人到意大利南部，建立起达伦顿。随着向北非发展，在三角洲主要建立起诺克拉底城，其意义不只繁荣贸易，更主要的是保证了粮食的供应。

当希腊人向西扩张时，他们并没有放松东北部的开拓。科林人经色雷斯，达到多瑙河畔；米利都人建立塞斯托斯；美加拉人建立拜占庭，由此控制入黑海的海峡。希腊开发黑海，兴建许多著名城市，如奥尔比亚、法那哥里亚等，从而与斯基泰人和萨尔马特人发生密切的关系。

希腊建立起许多城邦，它们是独立的，引起了经济与文化的变革，加剧了阶级斗争，而使贵族丧失氏族的地位，出现了僭主政治。

僭主可能是贵族出身，形似君主，却自认为平民的代表，同情革命的。在政治地位上，僭主以法律为武器，掌握军政大权，反对富人与贵族，却义不敢正视阶级斗争，所以他是很难持久的。但是在氏族解体的过程中，僭主政治起了一定的积极作用。公元前7世纪，无论在希腊本土，如科林与美加拉等，无论在新建城市，如西西里岛，各城邦都经过僭主政治，反抗贵族，对生产是有利的。但是必须指出，平民仍是奴隶主，奴隶为主要劳动者，却不能过问政治，从这方面说，阶级斗争依然是尖锐的。僭主政治是奴隶制国家形成的过渡形式，有进步的一面，同时也有阴暗的一面。

## 第四节　斯巴达的形成

当多利亚人侵入伯罗奔尼撒半岛后，有三个主要部族居于统治地位。公元前1074年，埃基德部族移走后，斯巴达的统治者即由阿基亚德与欧利奔底德两族治理，这可能就是两王制的由来。

斯巴达人征服土著居民后，建立起贵族统治，有深厚的氏族残余。斯巴达人分居民为三等，自居贵族奴隶主的地位，享有特权。其次为庇利阿克，意为"邻居"，经营工商业，有部分的政治权利，战时须服劳役。第三为希洛特人，他们是奴隶，生活最苦，如"负最重担的驴子"。希洛特人多次暴动，反抗斯巴达的统治。而斯巴达人经常杀害有嫌疑的希洛特人。

斯巴达残酷的统治，从李古格的变法中反映出来。李古格为传述人物，约生于公元前880年，卒于公元前804年，受命纂制法典，即实行贵族政治，土地是国家的，要以武力来保护。他的言辞是简洁的，斯巴达却按照这种精神执行的，而也是最反动的。斯巴达最高权力机构为元老院，由两王与二十八位委员组成。委员为六十岁以上的贵族，须经人民大会选出，任期终身。人民大会限于斯巴达人，在公元前6世纪后，便成为形式了。斯巴达真正实权，掌握在监察官之手，由五人组成，处理国家一切重大事件。

在斯巴达，初生的婴儿须受国家检验，不健壮者，即从悬崖投掷深渊。儿童自七岁起，开始受国家严格的军事教育，设置许多困难，忍受饥寒，沉默寡言，训练青年的性格，绝对服从贵族奴隶主的利益。青年随成年人学习，参加十五人的聚餐会，自二十至六十岁为军人，随时准备战斗，统一服装，统一武器，三十岁始允许结婚。讥笑那些"不幸的懦夫"，要他们保卫奴隶主们的利益。

斯巴达人要求财产平等，严格禁止贸易，不使发生财产不平均的现象，他们使用沉重的铁铸的货币，储蓄也便困难了。斯巴达的统治者是不爱好和平的，从公元前735年起，发动侵略美塞尼亚的三次战争，斯巴达曾称霸一时，奠定伯罗奔尼撒同盟的基础，却不能消除危机，奴隶暴动经常威胁着斯巴达。但是，在帖撒利等较为落后地区，斯巴达式的统治却起了很大的作用。

## 第五节　雅典的形成

雅典是亚狄加半岛的城邦，有便于航海的港口与海湾，很早与米利都有关系。米利都是小亚细亚边岸的城市，古希腊唯物哲学的发源地，当她受波斯统治衰落后，雅典承受了光荣的传统，成为希腊本土先进的城邦。

雅典发展得较早，所走的道路与斯巴达有所不同。亚狄加最初有四个部族，条塞反抗克利特暴力的统治，将分散的公社团结在雅典的周围，分居民为贵族、农民与工匠。贵族们累积了大量的财富，形成了阶级社会，其他居民因债务关系，逐渐受到奴役。这便是说雅典的奴隶制是由内部分化而产生的。最初，雅典的政权是贵族的，督理官任期完毕后，转入国家最高会议元老院，即是说一种监察机构。广大的农民，为了免除债务的奴役，须将六分之五的生产交给大土地所有者，否则，便被卖为奴隶了。公元前7世纪的后半期，雅典产生了基隆的暴动，反对贵族的专横；德拉柯制法，保护私有制，禁止贵族专横，可是问题并未得到解决。

公元前594年，梭伦被选为督理官。他虽是贵族出身，却和人民群众站在一起，利用他广博的见识，埃及晚期防止奴役农民的经验，他坚决实行改革，废除债务。凡土地上竖有债碑者，根据梭伦命令，一律都取消，债务同时也废除了。禁止以剥削手段把自由人变为奴隶，在改革前沦为奴隶者，国家以公款赎回。所以，梭伦诗中说："她以前是奴婢，而今是自由人了。"这种改革保证雅典人都是自由人，至于外籍人仍旧处于奴隶地位。

在实行改革中，梭伦制定宪法，按照财产的多寡，把所有的居民分为四等，财产越多的享受政治权利越大。为了使大土地占有制迅速瓦解，梭伦允许个人有遗嘱自由，土地可以转让与分割。采用优卑亚的币制，使原有者贬值百分之二十七，保护工商业。他奖励技术改革，反对浪费，要青年必须学会一种手艺。在政治上，他将雅典成年男子组成最高权力的民众大会；又从四个旧部落中选出四百人，经常拟订法案，提交民众会议讨论，这就严重地打击氏族贵族，不以出身来规定人的身份。

梭伦改革，打击氏族贵族，不使雅典人成为奴隶，这是进步的，却没有解决群众的问题，被迫离开雅典，政权一度为庇斯特拉特僭主所掌握。庇斯特拉特没收政敌土地，分给农民并予以贷款，编订荷马诗，组织悲剧竞赛大会。他奖励工商业，修建舰队向黑海发展，征收十分之一所得税，农民负担过重，不久，庇斯特拉特便死去了。雅典得斯巴达之助，又为贵族所掌握，从此又掀起进一步的改革。

公元前509年，克里斯提尼取得政权，着手改革，完成梭伦遗留的工作。他打乱氏族区域，重新划分，把雅典分为十区，每区包括不相毗连的内地、城区、海岸三部分，这便彻底打破旧四部落的界限，肃清氏族贵族的残余。新选区由村社组成，全雅典有一百多村社，社籍代替了族籍，从此建立起民主奴隶制的共和国，所有国家事务都由人民直接来决定。自然，这时候奴隶是不包括在人民内的。

  为了巩固改革的成果，不使野心家篡夺政权，克里斯提尼创立贝壳制。在民众会议上，与会者可在泥贝壳上写有独裁嫌疑者的名字，经过投票后，如果某人有嫌疑，即驱逐某人离开雅典国境，十年内不得重返故里。这种措施只是防微杜渐，无损于个人声誉的。这样改革后，雅典的物质与文化得到新的繁荣，民主的奴隶制国家由此巩固起来。

# 第二章
# 希腊奴隶社会的繁荣及危机

## 第一节　皮斯与希腊的战争

公元前5世纪时,希腊发生过两次较大的战争;第一次是波斯与希腊战争;第二次是伯罗奔尼撒战争。

当公元前6世纪末,波斯已成为庞大的帝国,它利用腓尼基的海军,不断向爱琴海发展,既影响各城邦的贸易,又威胁各城邦的安全,这对希腊人是不能忍受的。

公元前5世纪初年,波斯多次镇压小亚细亚城邦、企图摧毁希腊的僭主政治。米利都带头反抗波斯,终于公元前494年,波斯利用腓尼基与埃及舰队取得胜利,而将米利都烧毁了。更进一步,波斯要征服新兴的雅典。

雅典的政治革新和经济蓬勃地发展,成为希腊的领导者,对波斯怀着极深的仇恨。波斯帝王大流士,以雅典协助米利都,要予以惩罚,举兵进攻亚狄加。公元前490年雅典采取主动,动员奴隶参加军队,首先攻击,败敌人于马拉松平原。

波斯失败后引起国内的混乱,埃及与巴比伦相继发生暴动。公元前486年，大流士忧闷去世后，其子薛西斯继位，继续执行侵略希腊的政策。雅典深知波斯必然要报复，民主派德米斯托克扩充海军，建造一百艘三层桨座战舰，应付事变。公元前480年，薛西斯率领海陆大军向希腊进攻，陆军通过温泉关时，受斯巴达国王李奥尼达殊死的抵抗；海军入萨拉米海湾，暴发激烈的海战，雅典舰队获取光荣的胜利。薛西斯见舰队失败后，怕遭遇截击，留一军团在希腊，而将主力撤退至小亚细亚。次年，所留驻希腊的军队在布拉底被联军击溃，而残余海军又毁在米卡尔海角。在西西里岛，协助波斯的迦太基，同样为叙拉古击败了。

希腊胜利后，斯巴达没有海外利益，退出联盟。雅典进一步掌握希腊的领导权，派舰队占领海峡，控制黑海；纠合爱琴海及小亚细亚各城邦，于公元前477年组成提洛斯同盟。大者出战舰，小者给纳款，盟邦平等，为数约有二百余城邦，相继加入，受雅典指挥，实质已成雅典的附庸。纳克斯要求退盟时，雅典视为"变节"，竟予以无情的镇压。公元前454年，未得会员国同意，移提洛斯金库于雅典，据为己有，激起希腊各城邦的戒惧。

公元前449年，雅典强大，内部却有不断的斗争。派富豪卡里阿斯至波斯首都苏沙，订立和约，波斯承认小亚细亚希腊各邦的独立，放弃西进政策，争夺爱琴海的霸权，由此而结束了波斯与希腊的战争。

## 第二节　雅典奴隶制的繁荣

波斯与希腊战争后，希腊奴隶制得到繁荣，奴隶是"最好的财产"和"最完善的工具"，可以自由买卖的，沙摩斯岛就是最有名的奴隶市场。奴隶是活的工具，用于作坊、采矿与划船，奴隶主获得丰厚的利润。剥削奴隶的方式很多，除通常自己使用外，还有出租奴隶，如尼西亚斯家有千奴，转租给矿山劳动。这些奴隶在矿坑劳累，"疲惫不堪，大批地死亡、倒毙"。雅典为最繁荣的城邦，约有奴隶四十万。

恩格斯论到雅典也说："每个成年的男性公民，至少有十八个奴隶。"①

这样对奴隶残酷的压迫，希腊的阶级斗争是异常尖锐的。公元前5世纪，希腊发生多次奴隶起义，其间规模最大而又确切所知者，一为阿尔果斯奴隶大暴动，于公元前494，占据太林斯城堡，奴隶主经十年的战斗，始取得胜利。一为希洛特人的大暴动，于公元前464年，不堪斯巴达人的压迫，乘地震机会，发起第三次美塞尼亚战争，斯巴达极为恐慌，甚至向雅典求援。

雅典胜利后，国内不断发生党派斗争。公元前470年，民主派失势，由于西蒙作战有功，贵族派掌握政权，激起平民的不满，却又无可如何。迨至西蒙援助斯巴达失败后，公元前461年，逐放西蒙，雅典政治为民主派埃非亚尔特所掌握，他说："穷人是国家的主人。"他得到伯里克利（前499—前429）的帮助，加强公民会议，提出"不法申诉"法案，彻底粉碎贵族的实力。但是，贵族怀恨在心，不久将埃非亚尔特暗杀了。民主派在伯里克利领导下继续斗争，把雅典民主政治推向较高的阶段。在伯里克利统治时期，扩大民主政策，各阶层公民有充分政治权利，公职有津贴，贫穷者也可担任。雅典成年公民都可参加公民会议，讨论议案，可是奴隶，外籍人与妇女不得参预。这种民主是为奴隶主服务、仅在奴隶主阶级内部的调整，其实质依旧是对奴隶残酷的专政。

雅典的实力日益扩大，公元前445年，虽与斯巴达签订三十年的和约，却不能解决与科林的矛盾。科林是斯巴达的同盟者，必然导致与雅典的冲突。公元前444年，为了巩固海上的实力，伯里克利组织黑海远征队，沿岸城邦落入雅典之手。次年，雅典又到意大利南部，建立杜利伊城，武装移民，既解决农民的穷困，又有常驻军以防不测的叛乱。

雅典无厌地剥削，大量使用奴隶，致使农民与手工业者陷入破产

---

① 恩格斯：《家庭、私有制和国家的起源》，人民出版社1955年版，第114页。

的境地，引起同盟者的不满，沙摩斯的起义就是这样促成的。为了解决公民的生活问题，伯里克利修建许多公共建筑物，成为奴隶时代不可逾越的典范。雅典住着许多哲人、艺术家、建筑师与科学家，雅典成了人文荟萃的中心；但是，雅典潜伏着严重的危机，很快便发生了伯罗奔尼撒战争。

## 第三节 伯罗奔尼撒战争与希腊城邦的危机

雅典的发展与其称霸希腊的野心，激起斯巴达的反对。斯巴达为伯罗奔尼撒半岛的盟主，抱有统治整个希腊的野心，害怕雅典的强大。它同雅典的战争，也就是两个城邦争夺霸权的战争。其次，斯巴达是一个落后的国家，支持各城邦的贵族和反动势力，反对雅典的民主。这两个城邦霸权的争夺，实质上也就是贵族制与民主制的争夺，尽管它们同是属于奴隶主阶级的。最后科林是商业繁荣的城邦，常为雅典的劲敌，当它加入伯罗奔尼撒同盟，势必增加雅典与斯巴达的矛盾。伯罗奔尼撒战争始于公元前431年，结束于公元前404年，双方损失惨重，而希腊各城邦的繁荣也便消沉下去了。

雅典自己认为陆上不及斯巴达，不防守亚狄加，而把所有的军力置于海上，攻击斯巴达的后方。当战争发动后，斯巴达侵入亚狄加田野，雅典不加抵抗，任其蹂躏。结果亚狄加变成一片荒野，大批农民逃至城内避难，人民受到巨大的损失。在战争期间，难民都集中在雅典城内，引起鼠疫流行，人们情绪低落，思想混乱，虽然雅典在海上取得胜利，但挡不住瘟疫到处蔓延，于公元前429年，伯里克利也死于鼠疫了。在战争的过程中，双方各找对方的弱点，斗争更尖锐与复杂化了。斯巴达境内有大量的希洛特人，非常不稳定。雅典占领派罗斯城后，抓住这个弱点，在希洛特人中间，大肆宣传，被压迫的希洛特人集体逃至雅典方面。

斯巴达感到困难，为了打击雅典，从陆地深入爱琴海北岸，在安菲波里与雅典主战派克里昂决战,于公元前422年,双方战斗激烈,主将阵亡,导致雅典海上同盟的瓦解。次年,双方感到战争的困难,缔结尼西亚斯和约,为期五十年,双方恢复战前的状态。

和约实质上是停战协定,为期不久,双方战争又爆发了。为了断绝斯巴达粮食的来源,雅典接受阿尔西比亚德的意见,远征西西里岛的叙拉古城。雅典组织战舰一百三十四艘,进击叙拉古,在紧要关头,而雅典划船的奴隶却逃跑了,这对雅典是一个毁灭性的打击。同时,斯巴达派军队援助叙拉古,内外夹击,雅典全军覆没,生还者仅几十而已。

不仅只此,斯巴达又派军侵入亚狄加,占领狄西里亚城,开始有计划地破坏附近地区,这时候,雅典陷入半围困状态,两万多奴隶乘机投奔斯巴达,许多工场完全停顿了。雅典经济日趋衰落,盟邦也相继脱离了。公元前411年,雅典发生政变,内部极不稳定。斯巴达依靠波斯建立强大的海军,公元前405年,败雅典舰队于羊河,从此商业与粮运路线都断绝,雅典的威力遭受到严重的打击。次年,斯巴达占领雅典,缔结和约,规定雅典必须撤除城防,解散提洛斯同盟,仅保留十二艘战舰,承认斯巴达在希腊的领导权。

伯罗奔尼撒战争,使整个希腊民穷财尽,农民受害最深,阶级斗争十分尖锐的。伯罗奔尼撒战争以后,斯巴达财产分化迅速发展起来,财产平均制的原则彻底被破坏了。公元前400年埃比达德斯颁布法令,财产与土地可以自由赠送与转让,领有份地的九千公民,而今只留下一千五百人了。财产分化,希腊社会上出现两种特殊情况。首先,由于经济困难,推行雇兵制,吸收无产者参加,改重装部队为轻装盾兵。军队如商品,指挥将领可与各城邦及外国签订合同,进行战斗。其次,投机事业在发展,希腊是粮食不足的国家,居民依靠输入粮食维持生活,而奴隶主们乘机垄断谷物,谋取横财。李西亚斯说:"在和平时期,使我们处于被围困的状态……"这正是垄断粮食者造成的困难。这样,希腊各地掀起反贵族的斗争。公元前399年,斯巴达人基纳顿组织不满分子掀起反贵族的暴动;公元前392年,科林发生殴打贵族的事件；其他地方，如公元前370年，阿尔斯棒击事件，反贵族层出不穷，而阶级斗争是十分尖锐的。

公元前4世纪的前半期，雅典与斯巴达日渐衰弱，底比斯沿着雅典所走的道路，反对贵族制，并逐渐兴盛起来。公元前379年，底比斯民主派掌握政权，农民受到鼓舞，组织强有力的军队，在伊巴米南达领导下，两次击败斯巴达的军队，从此斯巴达的强盛就一去不复返了。但是，底比斯的强盛不会比斯巴达更长的，它是一个经济落后的小城邦，公元前362年，在曼德那会战时，底比斯失败，结束了它短促的历史生命。

当底比斯强盛时，雅典有组织第二次海上同盟的机会，有七十多城市与岛屿加盟，维持了二十三年的霸权（前378—前355）。雅典吸取以往的教训，各盟邦平等，互不干涉内政。但是，雅典利用底比斯的衰弱，对盟邦强加掠索，于公元前357年发生同盟战争，其结果于两年后，同盟瓦解，雅典失去领导地位，给马其顿创造了兴起的机会。城邦由此而衰落。

# 第三章
# 马其顿的形成与希腊的崩溃

## 第一节 马其顿的兴起

马其顿是希腊北部山区地带，有丰富的矿产与森林，并有较广的平原，居民多为农民与牧人，经济发展是缓慢的。公元前6世纪末，马其顿受到波斯的统治，贵族掌握政权，进行统一。当波斯与希腊战争后，马其顿与希腊接触较多，农村公社渐为贵族所掌握，农民成为军队的基础，同时开发般若山的金矿。到阿奇拉时（前419—前399），移都城至培拉，设立墟市，修建道路，竭力吸收希腊的文化，幼里庇底斯是官中的贵宾，写一本悲剧献给好客的主人。

当腓力第二统治时（前359—前336），马其顿已成一个强大的国家，保护农民，抑制氏族领袖，建立起强大的常备军。按经济情况编制，贵族为骑兵，农民富者为重装部队，贫者为轻装部队。有严格的训练，扩大方阵，建立起密集队。同时积累财富，实行金银并用的双金制，与希腊及波斯进行贸易。

腓力在幼年时，留心希腊情况，追随底比斯的活动。自公元前357年起至公元前348年之间，马其顿争取出海口，占领了色雷斯滨海的城市。公元前352年，马其顿干预希腊人的事务，击败伏西斯人。雅典对马其顿的野心引起不同的反映。伊索格拉底（前436—前338）代表大奴隶主的利益，接受马其顿的统治；德模斯梯尼（前384—前322）代表工商界利益，竭力反对马其顿。两派斗争激烈，一直至公元前338年，马其顿击败希腊军队，取得喀洛尼亚胜利后，始暂时平静下来。

马其顿胜利了。公元前337年，在科林召开泛希腊同盟大会，只有斯巴达没有参加，确定马其顿与各城邦关系，做出有利于奴隶主阶级利益的决定。在这次会议上，腓力提出远征波斯的计划，借此掠夺东方的财富，缓和各城邦垂死的危机。但是，公元前336年，腓力突然为人暗杀了。腓力的死，激起反马其顿的怒潮，其子亚历山大（前356—前323）迅速组织军队，扑灭色雷斯暴动后，南下希腊，粉碎反马其顿的运动。在公元前335年，于科林召开第二次会议，继其父志，决定向波斯进军。

## 第二节 亚历山大东侵及其帝国的分裂

亚历山大即位时年仅二十岁。虽受哲人亚里士多德（前384—前322）的教育，却没有改变他暴躁的性格，他向东方的侵略代表了希腊奴隶主阶级的利益。

公元前334年春，亚历山大由培拉出发，率步兵三万，骑兵五千，渡海峡，向波斯进军。波斯内有危机，仓促应战，于克拉尼克（前334）与伊苏斯（前333）相继挫败。继后，马其顿长驱南下，占推罗（前332）。入埃及，结欢埃及僧侣，成为埃及法老，建立亚历山大城。公元前331年春，马其顿侵略军队，离开埃及，取道巴勒斯坦，至高加美拉地区，击败波斯大军。巴比伦、苏沙相继沦陷。公元前330年，亚历山大进占柏舍波里城，把辉煌宫殿，付之一炬，劫掠十七万达朗特的财富。继后，亚历山大北上，追踪波斯帝王大流士第三，而大流士为部将残杀了。马其顿合并波斯,亚历山大成为波斯的统治者,由此结束波斯阿奇麦尼德王朝。

亚历山大稳定波斯后,即向中亚细亚进军,经巴克特里亚,一直至大宛。但是马其顿到处遭遇人民的抵抗,斯皮泰蒙是反侵略英雄,使马其顿多次受到惨重的损失。公元前327年,马其顿军队南下,入印度河流域,保洛斯虽然失败,却英勇抵抗侵略的军队。由于居民抵抗,军队思乡,行军困难[1],加之暴雨、酷热及疾病,亚历山大不得不撤退。公元前325年回到巴比伦,除建立了据守的城堡外,其他是无所得的。

约有十年的时间,亚历山大建立起庞大的帝国,但是这个帝国没有统一的经济基础,仅只一个军事联合体年。依靠上层奴隶主,自居亚、非、欧三洲的统治者,却不得不沿袭旧的统治机构,起用降臣,鼓励士卒与当地女子通婚,但作用并不显著。公元前323年,亚历山大患恶性疟疾去世了,活了三十二岁。

亚历山大死后,马其顿将领各据一方,展开剧烈的斗争,公元前301年,在伊普苏斯战役后,安提柯失败,而帝国从此便分裂了。在不太长的时期内,形成三个国家,托勒密统治埃及,安提柯统治马其顿和希腊,塞琉西统治伊朗、两河流域及西亚,称塞琉古王国。

### 第三节 希腊的灭亡

亚历山大死后,随即发生以雅典为首的反马其顿运动,产生拉米亚战争(前322),而雅典失败了。继后雅典又联合斯巴达与埃及,又发动反马其顿战争(前266—前263),雅典又失败了。这时,希腊处在马其顿统治下,内部仍是旧城邦,多数农民到破产境地。各个小国

---

[1] 克莱·达尔克(Clei Tarchus)说:"马其顿人生还者很少,活着的都感到绝望。马蹄因长途损磨了,武器因多次使用不锐利了。"

结成同盟，以维护现存的制度，埃陀利亚同盟与亚卡亚同盟便是这样形成的。前者在希腊的西北部，后者在伯罗奔尼撒西北部，两者同是反动的堡垒。

斯巴达一向是落后的，现在却变成民主运动的中心。由于公社农民的破产，斯巴达破毁财产平均制度，少数奴隶主发财致富，增长了群众不满的情绪。统治者鉴于破产人数增多，波及军队基础，影响国家前途，试行改革，安定农民情绪，借以阻止农民破产的继续发展，好维持他们的统治。

国王亚基斯第四（前245—前241）坚决执行改革，废除债务，免除沦为奴隶的危险；禁止出卖土地，阻止财产不平均的发展；扩大公民权，增强军队实力。这些改革遭受贵族的反对，终于失败而亚基斯牺牲了。几年以后，新王克里昂米尼（前235—前221）继位，继续执行亚基斯的改革，采用暴力手段，举行政变，废除土地私有制，没收富人财产分给贫民。将公民权给外籍人，增强军队的实力。这种改革引起各地的民主运动，同时也激起奴隶主们的恐惧。亚卡亚同盟与马其顿联合进攻斯巴达，最后斯巴达失败，克里昂米尼逃往埃及而被杀害了。

这两次民主改革失败后，斯巴达的社会问题日益严重。公元前207前，纳比斯采用暴力，发动政变，不只依靠自由公民，而且还依靠奴隶。他重新分配土地给农民和奴隶，驱逐富人，建立起强大的佣兵，组织直接生产者到法定社团内，这便撼摇腐朽的奴隶制度，其所以不能及时过渡到封建制，由于奴隶制的罗马兴起，常时干预希腊的内政。公元前192年，纳比斯检阅军队时却为人暗杀了。

罗马支持希腊贵族，掀起反马其顿的活动。公元前168年，罗马战胜马其顿后，随即并入罗马版图。雅典与斯巴达已不起作用，科林象征没落的希腊，社会危机重重，却是反罗马的。公元前146年，罗马击溃亚卡亚同盟，毁科林，从此希腊受罗马监督，完全失掉独立了。

## 第四节 古代希腊的文化

一、哲学。希腊古代的文化是丰富多彩的，对西方起着极重要的影响。公元前716世纪，希腊各城邦发展时，各种学派的哲学已形成，特别是米利都和以弗所。米利都的泰利斯，公元前7世纪末的人，首创朴素的唯物论，认为万物源于水，经常在动，否认神为万物的创造者。

以弗所的赫拉克利图（前530—前470）系杰出的唯物论者，列宁语为"辩证法奠基人"，他主张"一切皆流，一切皆变"，一切在不断地生生死死。到德模克利特（前460—前370）时，希腊唯物主义有进一步发展，他主张物质是原子构成的，原子是不可再分的粒子，常在运动，运动就是原子的本质。

公元前5世纪诡辩派兴起，普罗塔哥拉（前481—前411）为典型，他主张"人是万物的尺度"，一切可以因人而异的。当时与唯物主义相对立的有苏格拉底（前469—前399），注重精神价值，要人认识自己。其次为柏拉图（前427—前347），著有《理想国》，极端反民主的。其弟子亚里士多德（前384—前322），知识渊博，摇摆于唯心与唯物之间，创立形式逻辑，在思想史上起着重大的作用。

二、文学。当氏族社会解体，城邦制形成的时候，荷马的《伊利亚特》与《奥德赛》反映了时代精神，表现出自发的现实主义。公元前8世纪，诗人埃西奥德著《田功农时》，表现农民所受的迫害。在城邦形成的过程中，有的诗人作雄壮的进行曲，有的诗人歌颂爱情。班达尔（前521—前441）以抒情诗见称，成为希腊古诗的典范。在散文方面，有希罗多德（前484—前425）的《历史》，保存许多资料，杜西底德（前460—前395）著有《伯罗奔尼撒战争》，探讨史事发生的规律。德模斯梯尼为雄辩者，煽动雅典人反抗马其顿。

公元前5世纪时，戏剧占主导地位，这同雅典民主生活分不开的。埃斯奇勒（前525—前456）著《波斯人》和《钉链中普罗麦德》，充满了反抗的精神。索伏克利斯（前496—前406）著《埃底普王》，赞扬人的伟大，却又受命运的支配。在希腊戏剧中，幼里庇底斯占有卓越的地位，更为现实，敢于批评，如："听人说天上有神，不！不！神是没有的！"亚里斯多芬（前446—前385）是伟大的喜剧家，著有《骑士》、《蜂》、《云》等剧本，常使人深思与大笑，与民间事件紧结合在一起。

三、艺术。希腊奴隶制形成的时候，艺术有高度的发展，建筑、雕刻、绘画取得很大的成就。建筑上最突出的是斐斯顿的海神庙，朴素而庄严，反映出团结的精神。伯里克利时代，雅典卫城的建筑群，系古代艺术最高的典范。菲地亚斯为杰出艺人，在他指导下，伊克地纳斯建成雅典娜神庙，三角楣与腰线饰以杰出的雕刻。

当雅典全盛时，雕刻艺术发展很快，米伦的《掷铁饼者》表现出动的美，使人觉着铁饼要从手中飞出去。菲地亚斯雕刻的《雅典娜》，宁静而壮丽，腰线与三角楣的雕刻表现出爱国的行动。波里克米托斯，天才横溢，精确观察人体结构，雕刻成《荷枪者》。

公元前5世纪中叶，波里纳特在卫城的门上，绘伯罗奔尼撒战争的壁画。稍后一点，蔡若斯绘葡萄，形象逼真，人说有鸟飞来要啄走。古代希腊艺术有卓越的成就，成为奴隶时代不可逾越的典范。

四、科学。古代希腊的科学经常与哲学混合在一起的。泰利斯是哲人，也是日蚀的推算者；毕达哥拉斯确定数的概念，却又将数运用到唯心的哲学中。公元前4世纪后，哲学与科学逐渐分离，欧克里为数学界的领袖，著有《几何原理》，至今引为典范。阿基米德（前287—前212）系力学的奠基者，创制杠杆理论，圆周与直径比率。亚里斯达克（约前320—前250）提出地球绕日运行。基希纳为希巴尔人，推算出一年的时间，与今天只差七分三十秒。埃拉多斯西尼（前275—前195）著《地理》三卷，计算地球面积，接近实际。又研究海潮，主张由西班牙向西走可至印度。在奴隶时代，希腊的科学成就是辉煌的。

# 公元前后的中亚细亚、印度与埃及

# 第一章
## 古代中亚细亚与印度

中亚细亚的疆域是辽阔的,东起天山,西至里海,北起咸海,南至兴都库什山,构成向西倾斜的一块盆地。在这块盆地上,山岳占四分之一,多沙漠,而以卡拉·库姆为最大。这里气候干旱,河流稀少,较为著名的有锡尔河、阿姆河、杰拉扶桑河与德詹河。这些河流,有的注入湖泊,有的在沙漠中消失了。但是,从远古起,居民就利用这些河谷,修建水利工程,发展农业。

中亚最初的居民可能是土著,过着狩猎、畜牧与农业生活。土库曼所发现的遗物,说明远古居民早已能制造工具了。公元前2000年前后,操印欧语的游牧部落,由西伯利亚向中亚移动,其间主要有粟特人与巴克特里亚人。居于帕米尔高原的为塞种人,以后他们受月氏人的推动,向中亚南部发展,建立起塞斯坦与罽宾。与塞种人相邻为马萨革特人,居于里海之东,坚决反抗马其顿的侵略,随后分裂为阿兰与奄蔡人。我国西北部的乌孙与月氏人,亦即史籍中所称的赤狄,与中亚各部落有深切的关系。

## 第一节　巴克特里亚

巴克特里亚人为塞种之一，居于阿姆河上游，即阿富汗的北部与帕米尔的山区。他们逐水草转移，过着游牧生活。继后开始学习耕种，逐渐定居下来。巴克特里亚人有自己的话言，属于伊朗系统，《史记》说："自大宛以西至安息国，虽颇异言，然大同俗，相知言。"这是很正确的。他们很勇敢，戴尖顶毡帽，穿紧裤，持自制的弓、短剑与特种斧头。

公元前8世纪，巴克特里亚已有繁荣的城市，巴尔克①是最美丽的，系中亚的名城，证实建立在公元前708年前的。当波斯帝国兴起后，一度向东方扩张，于公元前545至前539年间，居鲁士占领巴克特里亚，并宣布为波斯的一个省，列在省区表中第十七名。公元前330年，马其顿征服波斯后，为了抵抗希腊的侵略，巴克特里亚总督贝索斯宣布独立。这种正义的行动，得到东北部游牧部族的支持，爱国的波斯人也投到贝索斯的这边，声势浩大，亚历山大侵略者必须重新考虑他的部署。

公元前330年的秋天，亚历山大越过兴都库什山，由南向北进攻贝索斯。贝索斯处境困难，向北撤退，遇有机会，予敌人严重的打击，取得重大的胜利。继后马其顿采取分化政策，贝索斯为叛徒出卖而牺牲了。

粟特贵族斯皮达门继续斗争，多次挫败希腊人，收复玛拉干达，即今之撒马尔罕。亚历山大知地方武力强大，不得不采用武力与羁縻政策，收买游牧部族部分领袖，对抗斯皮达门，也在多次取得胜利后而被杀害了。从此，亚历山大用两年多时间，勉强统治这块地区，而这种统治是极不巩固的。

公元前323年，亚历山大死后，经过部将们的混战，马其顿帝国瓦解了。塞琉古统治东方，成为巴克特里亚的主人，经常遭受当地居

---

① 巴尔克，我国古籍中译为缚底野。唐代段成式在《酉阳杂俎》中说到缚底野城是"古波斯王乌瑟多习之所筑也。"乌瑟多习为波斯帝王大流士之父，曾任巴克特里亚省长，他不是巴尔克城的创立者，却是这座名城的重修与扩建者。

民的反抗。公元前 3 世纪中叶，巴克特里亚总督狄奥多杜斯，利用塞琉古与帕提亚的矛盾，他以希腊人的身份，联合当地贵族，发动政变，进行独立运动，得到成功，但是很不巩固的。既是奴隶主贵族的统治，又是外族的领导，巴克特里亚的政治常在动荡之中。公元前 3 世纪末年，攸提得姆利用粟特人的支持，夺取巴克特里亚的政权，击退塞琉古的入侵，缔结和约，塞琉古放弃侵略的企图。公元前 189 年，攸提得姆去世后，其子德麦特里继位，向南发展，侵入印度河流域，又向西扩张，占领伊朗的东部。当其向外侵略时，其部将攸克拉提德宣布独立。约于公元前 175 年，巴克特里亚便分裂成两个国家了。好景不长，二十年后，巴克特里亚陷入混乱局面，分裂成许多小国。巴克特里亚即《史记》中所说的大夏，论到大夏时，《史记》指出"无大王长，往往城邑置小长"，这证实于公元前 2 世纪中叶，巴克特里亚王国结束了。根据斯脱拉波记述，推翻希腊人统治者是北部游牧部族的塞种人，其中包括原有的粟特人，也包括吐火罗人。

## 第二节　贵霜王国

当马其顿侵入巴克特里亚后，经过长期的战争，农田与水利遭受到严重的破坏，许多居民逃入山区，又过着游牧生活，从事反抗外来的侵略。

公元前 2 世纪中叶，巴克特里亚分裂为两个国家。张骞到中亚时，大夏正处于分裂状态，已没有统一的政府了。《汉书》与《后汉书》都提到五翎侯分裂的情况，而贵霜翎侯为其中的最强者，居于特殊的地位[①]。

---

① 论说贵霜的资料不多，最主要的是范晔的《西域传》，他说："初月氏为匈奴所灭，遂迁于大夏，分其国为休密、双靡、贵霜、肸顿、高附凡五翎侯。后百余岁，贵霜翎侯丘就却攻灭四翎侯，自立为王，国号贵霜。侵安息，取高附地，又灭濮达、罽宾，悉有其国。丘就却年八十余死。子阎膏珍代为王，覆灭天竺，置将一人监领之。月氏自此之后，最为富盛。诸国称之皆曰贵霜，汉本其故号，言大月氏云。"

迦腻色迦一世是贵霜王国的创立者。其即位时间大约于公元前58年，统治了二十八年。他的继承者胡韦斯迦统治了四十年，大夏依旧继续分裂，佛教开始传入中国。《魏略》说："汉哀帝元寿元年，博士弟子景卢受大月氏王使伊存口受浮屠经。"按元寿元年为公元前2年，大月氏王为贵霜王胡韦斯迦。此后三十年中韦苏特婆统治时期，贵霜王国仍处于停滞状态，货币流通不很广泛，仅在印度河流域发现过。

公元40年代，丘就却着手进行统一，贵霜国势日渐强大，兼并其他翖侯的领土。借安息内部有事，丘就却夺取高附及与之相近的罽宾。丘就却死后，其子阎膏珍继位，统治了有三十多年，扫清希腊的残余力量，向印度进兵，一直至摩头罗。《后汉书》说到印度分裂状况："虽各小异，而俱以身毒为名，其时皆属月氏。"这时候贵霜疆域辽阔，北起花刺子模，南至恒河流域，成为中亚的大国。

阎膏珍死后，贵霜知名统治者为迦腻色迦二世，其统治时间约为公元125至150年间，迦腻色迦崇尚佛教，举行第四次结集大会。贵霜王国表面上是繁荣的，实质上是却是极不巩固的。贵霜王国常受游牧部族的威胁，迦腻色迦晚年说："他臣服了东西南三方面，只有北方不能安定下来。"

贵霜奴隶制经济有所发展。引水灌溉，人民修整河渠，农业很发达，产量很高，葡萄成为著名的产品。畜牧业很有进展，除家畜外，真是奇珍异畜，无所不有。从"阿姆河宝库"的什物中，贵霜的纺织、铸造与陶业有很高的技术，手工业很精巧。但是最值得注意的是商业，巴克特里亚为亚洲大陆的中心，各国货物集聚与分散的地区，从中国到罗马有名的丝路，便经过中亚与波斯。当张骞到大夏已看到蜀布与邛竹杖，并说其人善贾市。考古学者所发现大量的贵霜货币，便是商业繁荣最好的说明。贵霜经济繁荣的情形，从我国古籍中也得到证实。当宋云经过贵霜都城富楼沙时说："川原沃壤，城郭端直，居民殷多，林泉茂盛。"由此可想见当年的盛况了。

但是，我们不能美化过去。贵霜内部的阶级斗争是剧烈的，奴隶主的剥削是残酷的。迦腻色迦是大奴隶主的代表，据传述，人民不堪压迫，揭竿起义将迦腻色迦扼死了。不论这种传述真实程度如何，迦腻色迦死后，贵霜王国陷入分裂状态，而以后的历史，只有零散的记述了。

公元229年（太和三年），《魏书》说："大月氏王波调遣使奉献，以调为亲魏大月氏王。"按波调即韦苏特婆二世，印度河流域发现他的货币，证实了他是贵霜的统治者。也是在这时候，阿德希（226—242年）建立起萨珊王朝，波斯成为中亚的强力，侵入贵霜王国。公元293年，柏古里石刻证明贵霜是独立国家，仅占领喀布尔地区，小得多了。到356年，波斯柏舍波里石刻，有"塞琉古·喀布尔的最高裁判者"，说明喀布尔已非贵霜所有了。

5世纪初，嚈哒西史称"白匈奴"，自东北侵入，贵霜受到严重的掠夺，《魏书》说到贵霜，"其王寄多罗勇武，遂兴师越大山，南侵北天竺。健陀罗以北五国尽役属之，世祖时，其国人商贩京师"。这说明在世祖时（424—451），贵霜国王寄多罗受嚈哒的压迫，南下入健陀罗区域，形成一种偏安局面。继后465年，嚈哒举兵南下，贵霜也便结束了。520年（正光元年），宋云经健陀罗，指出这个国家"为嚈哒所灭，遂立敕懃为王，治国以来，已经二世"，所谓二世的时间，大致在470年前后了。由此，贵霜王国的灭亡是在5世纪的后半期。

在贵霜统治时期，从阿姆河流域至旁遮普，遗留下许多有价值的雕刻，习惯上称此为健陀罗艺术。健陀罗艺术是贵霜人民智慧的表现，它既受到印度的影响，也受到波斯与希腊的影响，绝对不能像西方有些学者主张仅只是受希腊影响的。

## 第三节　安息王国史

当亚历山大死后，庞大的马其顿帝国随着分裂了，在波斯帝国的基础上建立起塞琉西亚王国。帕提亚人为马萨革特的联盟者，当他们侵入伊朗后，建立起帕提亚省，仍保持着游牧的习尚。他们经常与统治者对立，反抗暴力的统治。

公元前3世纪时，帕提亚领袖安息反抗塞琉西亚王国的统治，宣布独立，建立起帕提亚王国，亦即我国史籍中所称的"安息"。到公元前2世纪中叶，密特里达德改革军制，建立骑兵，巩固东方边境，安息王国逐步强大起来。这时候，密特里达德向西部扩张，抗拒塞琉西亚王国，进据两河流域，移都至百牢门；又过百年，奥洛德统治时，更向西扩张，移都至底格里斯河上的克泰西封。从此与向东方侵略的罗马展开强烈的斗争。

公元前53年，罗马政变后，任命喀拉苏为叙利亚总督，抢劫东方的财富。罗马劫掠行动，遭受安息强烈的抵抗。当喀拉苏战败后，安息断其首，作为剧中道具，以泄对罗马的仇恨。由此，安息继续向西推进，攻陷安都，形成与罗马对峙的局面。罗马帝国几经惨败后，奥古斯都改变武力政策，利用金钱与女色，笼络安息的统治者，以图挑拨内部的斗争与腐蚀安息的领导。但是，安息发现这种阴谋后，继续展开斗争，亚美尼亚成为斗争的交点，罗马又遭受新的挫折。罗马利用安息内部的矛盾，多次反攻失败，于公元123年与安息缔结和约，保持底格里斯河以西地区，但是这个和平是不稳定的。

安息与罗马争夺西亚有两世纪之久，其过程互有消张，为了奴隶主们的利益，涂炭劳苦人民。当阿尔达班第五执政时，虽然击败罗马的进攻，却不能挽救安息的覆亡。公元226年阿德希发动政变，攻陷克泰西封，而安息王朝从此终了，建立起萨珊王朝。

安息的社会仍是奴隶制，保存着深厚氏族的残余。有如阿奇麦尼德时期，奴隶来源，有的是当地居民，因穷困与债务沦为奴隶，称"般达克"，供家庭使用；有的是战争俘虏，称"安沙赫利克"，可以如货物来处理。安息奴隶制未得到充分发展，仍有原始公社解体的残余，人民依附贵族，含有宗法关系的因素。为此地方权力强大，经常与中央对抗，这同他的社会情况分不开的。

安息大部分土地是属于国王的，掌握在贵族与寺庙的手中，形成大奴隶主。所余的土地由公社掌握，分配给农户，以便耕种及修建灌溉工程。农民的生活是惨痛的，承受了土地，不敢荒芜，长期依附在土地上，形成不可分割的一部分。

安息商业发达，《汉书》说其"商贾车船行旁国"，与印度、中国、罗马进行贸易。安息是亚洲贸易的中心，常受外部的影响，经济虽有繁荣，却是不稳定的。

安息有自己的语言，安息语后称碧尔维语，成为中世纪波斯的语言。崇尚袄教，妇女蒙有面纱，男女界限极严。

## 第四节　3世纪至6世纪的伊朗

公元224年，阿德希得到伊朗贵族与袄教僧侣的帮助，反抗安息，两年后建立起萨珊王朝，占领了克泰西封。阿德希实行中央集权制，继承安息的传统政策，坚决反抗罗马的侵略。当沙普尔第一统治时（241—272），波斯占领安都，俘获罗马皇帝瓦来里安及大军，并用以建造大堤，这说明波斯与罗马的斗争是异常剧烈的。

在内政方面，萨珊王朝与安息有所不同，着重中央集权制。主管财经的大臣，军队将领及袄教僧侣都是帝王的助手，过着豪华的生活。由于阶级分化，层层的剥削，许多自由农民的生活，处于极度困难中，引起被压迫人民抗议。在萨珊王朝统治初，波斯发生了摩尼教的运动，实质上是农民起义。

摩尼于215年生于两河流域。长大后，综合当时所存在的宗教，创造光明与黑暗斗争的二元论，通过不杀生、不荤酒、禁欲简朴的生活，对统治者的奢侈是一种批评，对他们的豪华是一种抗议。摩尼反对国家的压迫，揭露社会的不平，他的学说迅速发展，沙普尔敬服其理论，曾追随十年，随后转向旧有的袄教了。萨珊迫害摩尼，摩尼去国，当沙普尔死后，273年年摩尼返国，袄教神职者憎其理论，将摩尼逮捕，处以极刑。其门徒受压迫，须逃往外国，摩尼教在国外发展，一部分传至埃及与西班牙，另一部分经中亚传入中国。

公元4世纪初，萨珊王朝经济有特殊的繁荣，掌握中国丝绸贸易，取高度的利润。罗马既不吸取往日的教训，又念念不忘东方，于363年罗马帝王雨利安侵入波斯，结果死在标枪之下。若维安临时被士兵举为帝王，即刻缔结和约，撤退军队。此后不久，罗马帝国便分裂了！

嚈哒兴起后，侵入贵霜王国，波斯受到威胁。萨珊名将查米尔给嚈哒压力，迫使谈判，释放波斯的俘虏。但是，当时萨珊内部更为严重，阶级斗争异常尖锐，许多奴隶放弃工作，反抗奴隶主们。5世纪初，长期灾荒，瘟疫流行，人民遭受各种灾祸，加速马兹达克的运动。

马兹达克生于呼罗珊，他看到被压迫者的苦痛、贵族与僧侣的专横，他主张废除私有制，因为私有制是人民灾祸的根源。原始公社是美好时代，必须重建公社所有制，人在经济与政治上也就平等了。马兹达克的理论吸引广大人民，甚至也吸引了国王喀瓦特本人。这不是由于国王的进步，而是借这种新力量削弱贵族的专横。到反动势力巩固后，转而又迫害马兹达克运动。

事实正是如此。马兹达克运动以宗教形式出现，始于488年。伊朗北部势力较强，占领贵族土地，捣毁富室财产，重建农业公社，得到广大人民的拥护。这是新时代，虽然带有复古的彩色，实质是反抗奴隶制的。马兹达克是摩尼的继续者，给奴隶制最后破毁，从此波斯转入封建时代。

居思络（513—579）鉴于马兹达克势力强大，采取高压政策，于528年底开始残杀马兹达克教徒，实质上是波斯劳动人民。被杀害者大约有几千人，马兹达克也便牺牲了。在大屠杀后，居思络实行税制改革，清查耕地，确定一年两次征收，在军事上，建立铁甲骑兵与正规步兵，加强中央集权制。波斯由奴隶制过渡到隶农制，这就是封建制的形成。

另一方面，中国丝绸输出，无论是经陆路与海路，完全由波斯垄断。拜占庭不放弃商业利益，它避开波斯，由也门获取中国丝绸。当突厥兴起后，康居利用突厥实力，迫使波斯放弃丝业的垄断，波斯拒绝。突厥转而与拜占庭勾结，怂恿拜占庭攻击波斯，遂产生二十年战争（571—590），双方损失是惨重的。此后波斯内部混乱，最后的波斯帝王为伊兹加德（632—651在位）。其时阿拉伯进攻波斯，于638年陷克泰西封。642年又战于尼哈温，波斯失败。伊兹加德欲求康居援助，而木鹿省长马哈，于651年，将他暗杀了。随着波斯古史也便这样结束了。

## 第五节 笈多王朝

当贵霜王国衰落时，于公元4世纪，旃陀罗笈多一世（320—330）与梨车族联姻，"继承了以前为他妻子的亲属所握有的权力"，建立起笈多王朝。从此两个小王国得到合并，占据了整个摩揭陀与孟加拉的一部分。继后，其子沙摩陀罗·笈多即位（330—380），力求印度政治的统一，征服恒河上游与中印度小国。由于这种威力，许多部落"支付各种捐税，服从他的命令"。笈多王朝威信逐渐提高，贵霜与锡兰可能成为同盟者。

旃陀罗笈多二世（380—413）时，笈多王朝到极盛时代，高僧法显便是在这时候到印度的。笈多王朝实行中央集权制，下设省与县，行政单位是村，村长有实权，受县与省官吏的领导。法显说"王之侍卫左右，皆有供禄"。国王是世袭的，官吏是国王任命的，高级者多为皇族的亲王，文武职官是没有分别的。

在笈多时代，奴隶制已不适应社会的需要，封建因素逐渐增加，如封建的依附与土地集中。国王将土地赠送给高级官吏与寺院，作为食邑，食邑具有永久世袭性质。国王赐赠田宅、园圃、民户、牛犊，"并书铁券，王王相传，无敢废者"，这是《佛国记》中所提到的。铁券载明封地的四至及其他有关事项。但是，这是封建发展萌芽时期，法显说："唯耕王地者，乃输地利；欲去便去，欲住便住。"种地者尚未附着在地上，只交纳赋税而已。

笈多王朝经济是繁荣的，有乘坐百人的大船，定期远程航行，海陆两方面与中国已有接触。冶金术很发达，可以树立七米多高的铁柱，至今未生锈。在农业上已实行轮作制，出现较大规模的灌溉工程。

公元5世纪中叶，印度开始受嚈哒进攻，笈多王朝疲于奔命。西印度各部落相继脱离，成为独立的小国家。塞建陀笈多（455—467）死后，笈多王朝仅维持摩揭陀一小部分，成为偏安局面，到6世纪便完全结束了。再过百年，玄奘到印度，封建制度已成为主导的生产关系。

# 第二章
# 西亚与埃及

## 第一节　塞琉西亚

在亚历山大死后，经过部将们互相争夺，公元前312年，塞琉古建立起新的王朝，称塞琉西亚，承袭了马其顿帝国最大的部分，包括部分小亚细亚，叙利亚，巴勒斯坦，两河流域，伊朗与巴克特里亚等地。这个新国家貌似强大，却是十分复杂与软弱的。每个地区有自己传统历史，风俗习惯，而最重要的，不能减轻劳动者的负担，经常激起暴动。

当塞琉古即位（前312—前280）后着手进行改革，划全国为七十二个省区，有谓至多二十五个，统一货币，统一历法，这些措施，因为经济上没有统一的基础，起的作用也便微不足道了。

为了巩固东方的地位，塞琉古举兵侵印度，旃陀罗笈多王朝强盛，抗拒塞琉西亚，结果双方谈判五十年之久，放弃旧日马其顿所占地带，换取五百头战象。由于反希腊人的活动，约于公元前250年，大夏总督狄奥多杜斯独立，脱离塞琉西亚。安提古第二（前261—前246）虽进军镇压，因为大夏与帕提亚联合抵抗，塞琉西亚遭受严重的打击。到安提古第三时（前223—前187），为了控制商道，约于公元前210年，向东方进攻，欲臣属大夏，反为大夏所击退，放弃侵略的企图。

在西方，从公元前226年起，长期进行叙利亚战争，前后经历五次，与埃及争夺东地中海地区。第四次（前221—前217），塞琉西亚失败，埃及占有叙利大部滨海地区。第五次，塞琉古利用埃及内部动荡，报复前次的失败，深入爱琴海，公元前190年，罗马正向东发展，击败塞琉西亚。从此塞琉西亚衰落了。

西亚经过长期战争，罗马虎视眈眈，塞琉西亚无论是政治上或经济上都陷入困境，居民负重，忍受苛捐杂税，高利贷剥削。公元前168年，耶露撒冷掀起马卡比父子领导的暴动，经过将近四十年的斗争，巴勒斯坦宣告独立。罗马支持反塞琉西亚的活动。安提古第七（前138—前127）做复国的尝试，在与安息战争中，全军覆没，而自己也牺牲了。塞琉西亚疆土日蹙，处于瘫痪状态。公元前64年，罗马举兵侵入西亚，庞培未用很大的力量，便塞琉西亚征服了。对居民来说，塞琉西亚代替波斯，而今罗马又代替塞琉西亚，不管更换多少统治者，他们都是受奴隶主剥削的。

此时，小亚细亚地区尚有许多小国，帕加曼即其一。公元前301年，伊普索斯战后，这个小国属于李西马克统治。公元前284年分裂出来，独立自主有一百五十余年。阿塔罗斯统治时（前241—前197），利用国际有利局势，脱离塞琉西亚的统治。但是他又采取亲罗马政策，保持苟延残喘的局面。到阿塔罗斯第三统治时（前138—前133），完全依靠罗马，竟留遗嘱，将国家由罗马统治了。帕加曼是小国，在古代文化史上，由于所产的羊皮纸非常有名，便以帕加曼名羊皮纸了。此外，帕加曼图书馆藏有珍本二十多万部，成为古文化的中心，其收藏之富仅次于埃及亚历山大博物馆。

## 第二节　普多勒米时期的埃及

亚历山大死后，经过部将们的斗争，公元前305年，普多勒米正式即位，在埃及建立起新的王朝，一直到被罗马灭亡（前30）。普多勒米取得政权后，埃及成为海上的强国，保存了旧有的政治机构，笼络埃及贵族与僧侣，强化奴隶主的剥削。国王是最高的统治者，他的命令是神圣的，臣民必须服从。埃及的政治、神权与武力相结合，不允许有所怀疑的。财政大臣有特殊的地位，除财务外，掌管一切行政职务。

埃及土地是国家所有的。私有制是存在的，但是执行起来，却受国王限制，即是说国家干预一切活动。埃及的居民基本是王室的佃农，通过公社，政府管理他们的劳动，没有选择的自由，更没有退出公社的权利。埃及有多少土地是很难说清楚的，但是在一种文献中，于一千二百三十公顷中，王室占有七百公顷土地，余者为官吏与寺庙所占有了。士兵的份地，质量低劣，面积亦小，不能与贵族相比拟。劳动人民生活很困难。公元前2世纪，埃及中部和尼罗河流域，除起义者外，许多农民避免苛捐杂税，抛弃家园，逃亡于荒漠，这种抵抗是发生了很好效果的。

在手工业与商业方面，埃及有很高的水平。造船业很发达，有的可容数千人[①]。对外贸易很发达，到处有兑换所，输出织物、纸草、玻璃、粮食等物品，输入多为奢侈品，如中国的丝绸与印度的象牙。对于工业与商业，国家采取专制制度，如榨油业为国家垄断，不准私人经营，价格亦由政府规定，其他日用重要商品，国家亦垄断专制，每年榨取到一万五千达朗特。这是很重的剥削。

普多勒米是埃及传统的保护者，希腊的影响是微不足道的。将近

---

① 普多勒米第二下令造一艘40桨战舰，长85.4米，宽11.59米，船头高14.64米。全船可容数千人。

三世纪统治的时间，除纳克拉底斯与普多勒米两城外，埃及没有城邦式的城市。亚历山大城是新建的，也是古代最知名的，那是政治中心，埃及的首都，也是文化中心，云集各地的诗人与学者，其图书馆藏书有七十万卷，学术得到发展。亚历山大城有豪华的建筑、宽阔的街道、博物馆、体育馆等，港口建有著名的灯塔，吸收了各族人民的优秀传统。这是埃及人民的美德，愿与外族友好的。

在对外政策上，普多勒米向外扩张，向地中海及叙利亚发展。这种政策引起塞琉西亚的抵抗，发生了多次战争。埃及有时取得成功，如公元前217年拉斐亚胜利，普多勒米第四（前221—前203）却付出重大的代价。

不仅只此，埃及人受外族与阶级双重剥削，不断逃亡，根据发雍一个乡的资料，由于农民逃亡，国王土地收入在五十年内减少一半。另一方面，埃及人民不断反抗，在普多勒米第六（前181—前145）时，于公元前165至前164年间，亚历山大城发生大暴动，领导者为帕托萨拉庇索，形势严峻，埃及人群起进攻。在亚历山大城失败后，在上埃及继续反抗，大批农民参加。虽然暂时镇压下去，普多勒米的统治却削弱了。公元前80年，底比斯爆发起义，坚持三年之久，最后起义人民与历史名城，同归于尽，而普多勒米的统治已濒于崩溃的地步了。

由于税捐繁重，高利贷加深剥削，人民不断起义，普多勒米的统治到灭亡的境地了。在困难情况下，普多勒米王朝依靠贵族，军人与僧侣，维持摇摇欲坠的政权。到克娄巴（前51—前30年在位）时，因罗马侵略，又因争夺王位，埃及实力削弱，罗马轻而易举地夺取了埃及。亚克兴战争后，克娄巴不肯投降而自杀了，埃及沦陷为罗马帝国的一个行省。

# 古代罗马

# 第一章
# 古代意大利与罗马的形成

## 第一节　意大利的自然环境与居民

意大利半岛伸入地中海内，三面环海，海岸线长有六千七百公里。东临亚得里亚海，少良港；西濒第勒尼安海，较远处有沙丁与科西嘉两岛；南部的港湾，多为希腊人所占据。因此，意大利古代航海事业是发展较晚的。意大利的北部为阿尔卑斯山，有如"牢固的围墙"，借山谷与欧洲大陆相连。

意大利半岛约有三十万方公里，亚平宁山像一根脊柱，由北向南，形成许多丘陵地带。较大的河流，北部为波河，可以航行；中部为台伯尔河，近海处兴起罗马城。这个半岛气候温和，土地肥沃，很早成为农业国家，种植谷物、葡萄与橄榄。

意大利的居民是古老的，这从利古利亚的洞穴，"特拉马拉"、"维兰诺瓦"文化得到证明[①]。公元前9世纪末，伊特拉里亚人由北方移入，在意大利文化形成中起着重要的作用。由于各民族移动的原因，

---

[①] "特拉马拉"，意为肥沃的土地，大约在公元前3000年，于波河流域发生的。"维兰诺瓦"系波罗尼亚城附近的地名，是意大利最初制铁的地方。这里所发现的古物与多瑙河流域的相似。

意大利至少有十二种独立语言。这说明意大利古代的居民是复杂的。

## 第二节 伊特拉里亚优势时期

拉丁姆平原位于意大利半岛的西岸，系火山遗址，土质坚硬，宜于畜牧与农业。居民为拉丁人，治泽排水，顽强地与自然做斗争。他们于山岩或地形优良的地区，建造成简陋的城市，据传述有三十多个，而阿尔巴·隆加为重要城市，系宗教联盟所在地。

拉丁姆的北部，距台伯尔河入海二十公里处，有分散的七座小山。山上草木丛茂，山下又多池沼。拉丁人与萨宾人各据山头，开发这块地区。架木桥于台伯尔河上，这是运盐的大路，逐渐形成交易场所。这块场所初名维里亚，继后改名为罗马。

拉丁人占据巴拉丁山，萨宾人占奎利纳山。随着形势的发展，于公元前8世纪，拉丁人与萨宾人建立两个公社，进一步组成"七山"联盟，于是产生了罗穆路斯与达西雨斯共治罗马的传述，成为后日两个执政官的起源。罗马学者瓦宏以公元前754年为建城的年代，是没有足够的理由的。传述中的七王，除后三者为历史人物外[①]，其他大都是不可置信的。

当原始公社解体，生产力发展的过程中，拉丁姆南部沿海地带，满布着希腊移民城市，如那不勒斯、达林敦等，接触到希腊各城邦的文化。在拉工姆的北部（今天的托斯坎纳省），住着伊特拉里亚人，他们在各部族中起着主导作用。伊特拉里亚人来自吕底亚[②]，工商业发展，远在公元前7至公元前6世纪间，建立起十二个城市，如爱维、塔奎尼等。他们已经进入阶级社会，称贵族领袖为"卢加蒙"，拥有最

---

① 传说中的七王及其在位时间分别为：1. 罗穆路斯（前754—前716）；2. 纽玛（前715—前672）；3. 杜路斯（前672—前640）；4. 安古斯（前640—前616）；5. 老达克文（前616—前578）；6. 塞尔维·图里阿（前578—前534）；7. 达克文二世（前534—前510）。

② 希罗多德《历史》提到是从小亚细亚来的，见一卷九四节。1885年，在勒摩诺斯岛发现的墓志与伊特拉里亚文字相近，加强了罗马从小亚细亚移入的论证。

高的权力。城市联盟的领袖，享有无上的尊荣，着绛衣朱履，有十二扈从随行。其宗教麻痹广大的群众，僧侣用符咒、鸟飞、兽藏，借以占卜人的吉凶祸福。

公元前 7 世纪，伊特拉里亚人建立起强大的国家，统治了拉丁姆平原，罗马就是这个行省的都城，其名称的由来，出于伊特拉里亚的[①]。所谓王政时代，实质上是伊特拉里亚人掌握政权，统治了有一百多年。最后的三个国王都是历史性的人物。老达克文，罗马传述称他是"卢加蒙"；其继承者塞尔维·图里阿，根据 1857 年发现的壁画，他是伊特拉里亚人，推翻达克文的勇士马斯达尔纳。达克文第二为伊特拉里亚最后统治者，他以暴力迫害人民，不堪负担苛捐劳役，大约在公元前 500 年前后，将他逐走了。

传述中所谓"塞尔维·图里阿"的改革是伊特拉里亚人统治时，不同措施的综合。在氏族社会解体过程中，每五年举行居民财产登记，按五种财产"级别"划分，占二十犹格（五公顷）土地者为第一级，以此为准，有四分之三者为第二级，二分之一者为第三级，四分之一者为第四级，最后八分之一者为第五级。居民没有土地者只按"人头"来计算。城市与郊区划为四部分，按财产与地区分配兵役与劳役，没有土地者充任非战斗性工作。全数为一百九十三个百人团，亦即罗马军队的两个军团。恩格斯对此改革说："这样，在罗马也是尚在所谓王政废止以前，以个人血统关系为基础的古代社会制度便被破坏了，代之而创立了一个新的，以地区划分及财产差别为基础的真正的国家制度。"[②]

## 第三节 平民与贵族的斗争

当罗马氏族解体的时候，据传说有三十个古里亚，形成古里亚会议，由国王召集，表决重大的事实，无氏族的平民是不准参加的。每

---

① 罗马（Ruma）原出于伊特拉里亚，与 Ruma 氏族有关。
② 恩格斯：《家庭、私有制和国家的起源》，人民出版社 1954 年版，第 125 页。

个古里亚有十个氏族，总共有三百个氏族。这样整齐划一，似有人为的因素，主要适应军事的需要。氏族首长夺取公有的土地与财富，氏族中的贫困者沦陷到被保护的地位，通称为"食客"。食客与平民不同，食客可用氏族的名字，死后可葬在祖坟；而平民处在公社之外，他们是被征服的居民或自外移来的，既没有氏族组织，又没有集体经济，因而不能参加军队，与贵族是完全分开的。

公元前5世纪初年，罗马奴隶还不多，只承担些家庭工作。所谓罗马人民，实质上为氏族的贵族，他们所压迫的不是奴隶，而是平民。平民既没有政治上的保证，因为穷困，随时有沦为债务奴隶的危险。在王政推倒后，罗马十几个贵族家族，如发比阿、发勒略、克劳狄等，力图保持他们原有的地位，占有新获得的公有土地。平民中的富有者，如李锡尼等，竭力要求政治上的平等，担任高级官吏，与贵族通婚。平民中的中下层乐于支持这种要求，展开剧烈的斗争。据传说在公元前494年，城市平民起来斗争，退居圣山，建立新城与贵族对抗。贵族知道形势严重，被迫妥协，设立两个保民官，有否决权，保护平民的利益，反对贵族的专横。

制订法律是平民与贵族斗争的另一种形式。公元前452年成立十人委员会，经过斗争，由五个平民与五个贵族所组成，阿·克劳狄任主任委员。公元前450年，制订《十二铜表法》，原文没有传到今天，除了罗马法学家引用的个别条文。这个法典是古老的，将习惯法加以系统化，守着"以眼还眼"的原则。公元前445年，加奴里优斯为保民官，对《十二铜表法》提出修正，取消与贵族通婚的限制。次年，开始选举具有执政官权力的军事保民官，通常为六个，仍未获得元老院议员的资格。元老院是贵族权力机关，实质上是很保守的。公元前443年起，平民斗争的结果，参加监察官，掌握户籍调查，评定财产，编制元老名单，有权撤销不合格者，权力是非常广泛的。也是在这个时候，为了处理国家特殊局势，罗马可设立独裁官，集权一身，权力无限，但半年必须交卸职权。

由于罗马发生动乱，保民官李锡尼与塞斯杜斯要求改革，于公元前376年提出法案。第一，罗马公民以平等身份使用公地；第二，减轻债务人的负担，所付息金由母金中扣除，余者在三年内还清；第三，恢复两执政官的选举，其中一人应由平民担任。这些法案，经过十年多的斗争，平民始取得胜利。公元前326年，罗马通过重要的法律，禁止使罗马公民负债者沦为奴隶，这项法律与梭伦的改革相似。从此罗马奴隶来源，主要是俘虏，是外籍人，而不是罗马公民。由此罗马氏族制度受到摧毁，平民与贵族的差别也几乎消失了。

## 第四节　意大利半岛的统一

当伊特拉里亚人被驱逐后，罗马须集聚力量进行残酷的战争，从公元前447年起延续到前366年，征服了伊特拉里亚人。公元前4世纪初年，高卢人越过阿尔卑斯山南下，深入罗马境内，取得辉煌胜利。不得已，罗马予高卢人重金，使之撤退，随后罗马编造了许多传说，粉饰自己的惨败。

在内部斗争的同时，罗马侵略邻邦，创立了最完备的军队。公元前354年，罗马与萨姆尼特缔结同盟。到公元前343年，坎巴尼亚反抗萨姆尼特的侵略，请罗马援助，罗马虽感左右为难，为了自己的利益，便发动与萨姆尼特的战争。战争前后经过三次（前343—前341年，前328—前304年，前298—前290年），最后由执政官邓达杜斯指挥，取得决定性的胜利。

由于罗马自意大利中部兴起，侵占了坎巴尼亚，逐渐威胁希腊的殖民地，与达林顿发生剧烈的冲突。达林顿鉴于所处的困境，请伊底鲁斯援助，庇洛斯国王，于公元前280年率两万重兵，配二十只象，到意大利南部击败罗马军队。次年，第二次会战发生，罗马失败，但是庇洛斯也坦白承认："要再来一次这样胜利。那我就没有军队了！"

庇洛斯得意忘形，渡海征西西里岛。他在西西里停留三年，没有什么成就，而罗马与迦太基联合，积极准备，于公元前275年，庇洛斯再返意大利时，罗马人在贝尼温杜姆严阵以待，彻底击败庇洛斯。庇洛斯没有军队，没有钱，不得不逃回希腊。三年后，他死在阿尔哥斯巷战中。罗马自陆地，迦太基自海上，双方合力包围达林顿及庇洛斯的残部，于公元前272年，他们全部投降罗马，结束了意大利半岛的征服，开始了地中海强大的帝国。

## 第五节　罗马与迦太基的斗争

公元前3世纪，罗马人已征服了意大利半岛，北起卢比康河，南至麦西纳海峡。但是，罗马人采取谨慎的态度，建立一种"同盟"关系，即在战争时提供一定数量的军队，在内政上仍保持一定的自主。罗马人力图在海上扩张，争夺市场与奴隶。这时候希腊奴隶制开始瓦解，斯巴达不断发生民主运动，而迦太基在地中海西部与北非，拥有广大的殖民地，成了罗马海上扩张的障碍。迦太基为腓尼基的殖民地，罗马人称腓尼基为"布匿"，所以与迦太基的战争，亦称布匿战争，前后经历三次，罗马建立起西方的世界霸权。

由于西西里岛麦西纳问题，公元前264年开始了第一次布匿战争，罗马经过两年战争的经验，认识到没有足够的海军是不能与迦太基作战的。罗马决心建造一百二十艘战舰，船头装置吊桥，上有扣钩，与敌人接近时，扣在船上，如在陆地战斗。这样于公元前260年，罗马取得海上的胜利。战事在海陆进行，双方互有胜负，公元前241年，罗马击败迦太基舰队后，第一次布匿战争结束了，罗马占据了西西里岛。

迦太基认识到罗马的危险，准备与罗马作战，公元前237年，哈米尔卡率大量军队至西班牙，建立政治与军事根据地。当公元前221年，其子汉尼拔掌握军权后，发动第二次布匿战争（前218—前201）。他率领迦太基精锐部队（步兵五万，骑兵九千，象三十七头），由西班牙北上，经高卢，越过阿尔卑斯山，到达意大利北部，先后击败罗马军队于梯契约河与脱拉西曼湖畔。公元前216年发生了著名的坎尼大战，迦太基以少一倍兵力，善于围攻消灭了罗马的大军。

汉尼拔虽然取得很多胜利，但是最后的胜利还是属于罗马的。汉尼拔估计意大利各族人民起义，可是内部矛盾尚未到爆发的程度；相反的，迦太基奴隶占有制比罗马更高，矛盾更深，罗马避开汉尼拔常胜的队伍，进攻西班牙，不断取得胜利。公元前205年，西皮阿被举为执政官，次年率军渡海征迦太基。迦太基看到危机，命汉尼拔撤退，于公元前202年，发生剧烈的池玛战争，迦太基失败了，汉尼拔逃往小亚细亚。从此，罗马成为地中海的强国。

不久以后，迦太基重新恢复起来，已不是罗马的对手。但是，在商业上却是罗马的危险。加图决心消灭迦太基，在任何场合下，他结尾总说："此外，要消灭迦太基！"公元前149年，罗马发动第三次布匿战争。在这次战争中，迦太基人英勇捍卫自己的独立。罗马围困迦太基三年，迫于饥饿，罗马攻陷这所名城，而将他毁灭了，大多数迦太基人变为奴隶，这是一次最残酷与最不义的战争。

# 第二章
# 罗马的扩张及其共和制的颠覆

## 第一节　公元前 2 世纪的罗马

第二次布匿战争以后，罗马成为西方世界的强国，很顺利的征服了希腊和其他国家。当罗马与迦太基第二次战争时，公元前 215 年，马其顿国王非里朴与汉尼拔缔结同盟，抗拒罗马。罗马利用埃多利亚同盟牵制马其顿。公元前 205 年，双方结约讲和。

当池玛战争结束后，汉尼拔至小亚细亚，策动反罗马的活动。罗马知马其顿的不可靠，发生第二次战争。于公元前 197 年利用希腊，击败马其顿，宣布希腊独立。罗马有一定的策略，他们不只使希腊人忠于罗马，更重要的是使希腊人与叙利亚对立起来。

塞琉西亚国王安提奥古，既不放心埃及，又欲染指希腊，与罗马处于对立的地位。罗马支持希腊的贵族派，反对希腊的民主派，最后使希腊从属于自己。公元前 195 年，汉尼拔依靠安提奥古，罗马借口直趋小亚细亚，于公元前 189 年，西皮阿击败安提奥古的军队，成为西亚举足轻重的政治力量。

非里朴去世后（前 179），其子珀尔苏斯继位，又掀起反罗马的活动，结果产生了第三次罗马与马其顿的战争，罗马取得胜利（前169），马其顿从此灭亡了，成为罗马的一个行省。

经过一百三十多年的扩张，罗马已不是一个城邦，而是地中海奴隶制的强国，奴隶制得到空前的发展，却隐伏着严重的危机，迦太基与希腊是望尘莫及的。每次战争结束后，奴隶商人获得大量的奴隶，德洛斯为有名的奴隶市场，每天出售奴隶几千名。因为奴隶数量的增加，大量使用奴隶劳动，供过于求，奴隶价格低落了，因而有"像沙丁人那样的便宜"的谚语。罗马人是公民，不准因债务而沦为奴隶，这是平民斗争的结果。但是在罗马征服的地区或殖民地，其居民不完全是罗马的公民，而成为罗马的奴隶。

公元前2世纪，由于赔款、掠获、赋税，罗马变成金融集中的国家、实行包税制。这是一种投机事业，承包者预付大宗现款，居民受到残酷的剥削，利息高到百分之四十八。农民地位恶化，常年战争，负债过重，破产者流入城市变为食客或乞丐了。这时候，罗马的实权掌握在贵族与骑士的手中。公元前218年，克洛底优斯法案，禁止元老院议员经商，骑士阶层稳固地掌握金融，形成社会上强大的力量①。罗马社会的阶级斗争是尖锐的，矛盾重重。罗马有奴隶主与奴隶的矛盾，有罗马人与被征服者的矛盾，又有罗马人与意大利人的矛盾，以及贵族与骑士内部的矛盾。骑士于此时已成统治集团的成员，仅次于元老院的议员了。罗马社会是非常不安的，奴隶起义已成不可避免的事实。

## 第二节　西西里岛两次起义

公元前137年，西西里岛的叙利亚人，不堪生活的苦困，举埃纽斯为领袖，在海纳城掀起大暴动，杀死大奴隶主达摩底勒。同时在岛的西部，克来温起来响应，组织奴隶与埃纽斯会合，挫败罗马的军队。

---

① 李留达克论客拉苏说："财富的较多部分是从火焰与战争中捞来的，他利用社会灾难，作为大利润的累积手段。"

起义者成立"新叙利亚王国",保护农民。罗马看到形势严重,增派大军镇压,克来温在战斗中阵亡,埃纽斯被俘,随后死于狱中。公元前132年,西西里岛第一次奴隶起义被镇压下去了,但是他的影响却是巨大的。

西西里岛的奴隶起义,加剧了贝加曼的社会危机。国王阿达路斯是亲罗马的,公元前133年,他死时留有遗嘱,将王国传及罗马。这种荒谬的措施,激起阿里士多尼库斯的反抗,他举起反罗马的大旗,建立起太阳国,在这个国度里人都是平等的。公元前130年,罗马为了巩固自己的地位,集聚所有的力量,向贝加曼进军,击败起义的军队,将阿里士多尼库斯处死了。

西西里岛奴隶起义的条件依然存在的。公元前104年发生了第二次起义,也是在两个地区爆发,领导中部起义的是叙利亚人萨维斯,奴隶出身,马上聚集到两万多人;领导西部起义的为雅典尼,小亚细亚出身的奴隶,不久便达到一万多人。两相会合,举萨维斯为王,雅典尼为总指挥,以特里奥卡为都城,经常挫败罗马大军。公元前102年,萨维斯去世,雅典尼独当大局,罗马派大军镇压,雅典尼阵亡后,起义大军始被扑灭。罗马将一千名奴隶运到罗马,要他们做斗兽场的角斗士。他们不愿为罗马人开心而自杀了,这是奴隶起义史上壮丽的一页。

这次西西里岛的起义,影响本都人反罗马的统治,本都是小亚细亚的小国,却做出有声有色的事件。国王米特拉达德利用起义人民,占据小亚细亚,根据他的命令,杀死罗马人有八万多人。他解放奴隶,废除债务,依靠起义的奴隶与贫民,与罗马对抗。公元前85年夏天,苏拉远征东方,始缔结了和约,本都被迫退还所占的土地,战争并未结果,意大利仍有许多严重问题,需要解决。

## 第三节　意大利的农民运动与军事独裁的建立

奴隶主沉重的剥削，使意大利的农民负债过重，濒于破产。即使有法律规定，罗马人不能因债多而沦为奴隶，农民迫切要求土地，借以解决生活问题。农民因债务不能服兵役，军队日渐减少，有些贵族明白土地问题的严重性。

公元前133年，提伯里·格拉古被选为保民官后，提出土地法案。即公田所有者，不得超过五百犹格，所余土地须交还国家，以每份三十犹格分给农民，不得转卖。贵族仇恨他的改革，乘选举保民官时，进行大屠杀，将提伯里与三百多同伴杀害了。

改革过了十年，公元前123年，其弟盖约·格拉古被选为保民官，继续执行土地改革。由于格拉古兄弟的各种措施，意大利有八万多人得到土地。盖约提出谷物律，使粮价低于市价；又提出裁判律，为骑士阶层夺取裁判权；他希望得到意大利人民的支持，试图赋予罗马的同盟者以公民权。由此盖约引起罗马人的不满，贵族乘机镇压，屠杀三千多人，盖约为了不落在敌人的手中，命令奴隶将他打死了。

盖约死后，份地允许出卖，许多农民破产，变为流氓无产者，依靠富人的施舍。没有罗马公民权的农民，发动"同盟战争"，于公元前90年开始，经历两年，有马略与苏拉等的胜利，终于赋予意大利人罗马公民权，加速了罗马化的过程。

在奴隶暴动与农民问题严重的时候，罗马贵族与骑士的矛盾尖锐起来。当北非朱古达起义时，马略以普通身份，骁勇善战，提升为执政官。继后，他参加对森布里与条顿的战争，也参加过同盟战争，由于实际需要，将征兵制改为募兵制，扩大军队的来源。为了巩固自己的地位，他与贵族的女儿结婚。马略第六次被举为执政官，充当骑士的代表，成为特殊人物，遭受贵族的忌恨。于是贵族举苏拉为代表，借以对抗。苏拉出身贵族，受过好的教育。当同盟战争结束后，本都问题发生，贵族与骑士各欲派遣自己的代表，因而苏拉与马略发生冲突。起初，元老院任命苏拉远征，由于骑士的反对，改由马略统帅。苏拉拒绝服从命令，率军占领罗马城。在武力压迫下，苏拉又重新被任命远征，向东方出发了。在此期间，马略宣布奴隶为自由人，组织奴隶占领罗马，第七次被任为执政官。随后马略便去世，西纳掌握罗马政权者有三年，民党又重新抬头了。

公元前83年春，苏拉从东方回到罗马，建立起独裁政权，实质上罗马已变成一个君主国家。表面上罗马仍维持着共和制度。元老院误认苏拉的独裁是暂时的，利用他镇压国内的人民。苏拉与贵族关系很深，公元前79年，苏拉宣布交卸独裁政权，退出政治舞台，一年后他也就死了，得到贵族的推崇。

## 第四节　斯巴达克起义

苏拉死后不久，罗马国内外形势变得紧张了。小亚细亚与西班牙相继发生暴动，但是，国内斯巴达克的起义，声势浩大，震撼罗马，从公元前74年到公元前71年，延续了三年之久。

斯巴达克是色雷斯人，在加普亚当角斗士，不堪压迫，他联络高卢人起义。他真做到登山一呼，群山皆应，在短期间，斯巴达克便集聚了七万多人，击溃克洛底斯的围攻。斯巴达克率领大军北上，由于意见分歧，只好又退返南方。斯巴达克又谋渡海到西西里岛，海盗欺骗他，没有实现运输的诺言。起义军队不能团结，高卢人与日尔曼人分裂出去，意大利人没有消灭奴隶制度的企图，只想夺回失去的土地。罗马乘这种机会，竭尽全力，派庞培与路库路斯，率领大军，协助客拉苏镇压起义者，进行多次战斗，在公元前71年春斯巴达克在战斗中牺牲了。罗马人折磨被俘的奴隶，钉死在加普亚大路上有六千多名。起义被镇压了，但是历史意义却非常重大的。

很多史料说明，斯巴达克是精明的领袖，人格高尚，到处保护人民。因而奴隶主们恐惧万分，被迫改变他们剥削的办法，将土地租给破产者，使农民依附于大奴隶主。这是佃农的由来，佃农便是隶农是封建制度的萌芽。

## 第五节　共和政治的颠覆

经过斯巴达克的起义，罗马奴隶主们，力图恢复像苏拉那样铁的统治，但是一时很难做到。因为罗马政权操在客拉苏与庞培的手内，他们有矛盾，互相仇视的。他们都是贵族，又都是苏拉的将领。

这时候，朱理亚·凯萨声誉渐高，成为罗马的活动家。他虽然是贵族出身，因他姑父马略的关系，将自己扮成民主制度的拥护者。公元前66年，庞培被任出征小亚细亚，取得胜利，而米特拉达德全家服毒自杀了。这时候罗马形势动荡，要求废除债务，发生加底利纳的密谋。虽然元老院平定密谋，却怀念强有力的政权。

公元前60年，凯萨从西班牙返回罗马后，看到形势的需要，利用元老院对庞培强硬政策，结合庞培与客拉苏、凯萨形成三人的密盟，瓜分罗马政权。庞培势力最强，留居罗马；客拉苏出任侵略亚洲，不久在与安息人作战中被消灭了。凯萨被任命征服高卢。从公元前58年秋天起，凯萨向高卢扩张，在七年中，经过多少次征伐，镇压多少次起义，如对高卢民族英雄维桑多利克，终于将高卢并入罗马版图，同时增强了凯萨的政治地位。因此，对庞培来说，凯萨变成严重的威胁。公元前49年，凯萨返回意大利与庞培发生战争。这次斗争实质上是马略与苏拉斗争的继续，议员们支持庞培，骑士们支持凯萨，斗争的结果，庞培失败了，他逃往埃及并在那里被杀了。

凯萨是苏拉后第二次建立起独裁政权。在他心目中，共和早已倾覆了。从他致元老院的信中，不自觉间，骄情溢于言辞[①]。公元前47年

---

[①] 凯萨致元老院信中，相传只有三字，其意为："我回来，我看到，我胜利。"按原文为：Veni, Vidi, Vici.

秋，凯萨返罗马，被任十年独裁。随后消灭庞培的党羽，向北非与西班牙进行战斗，取得胜利。公元前45年，又被任命为"终身独裁"。他建立行省制，制订税则，改革历法，罗马逐步走上帝国的道路。但是，凯萨太露骨了，他估计自己过高，估计元老院势力不足，结果于公元前44年，凯萨被一部分议员暗杀了，从此共和政治也便覆灭了。

# 第三章
# 罗马帝国

## 第一节　罗马建立君主专政

　　凯萨死后，政权又落在武人的手中。公元前43年，实力派安东尼、雷比达与凯萨养子屋大维，结为第二次三人政治。事实上仍是武人的割据，安东尼取东方，雷比达取北非，屋大维取西方，意大利为三者共管的地方。

　　塞克斯都·庞培利用他父亲过去的影响和奴隶的支持，发动起义，声势浩大，不论塞克斯都的目的如何，奴隶是主要参加者，可以说是西西里岛的"第三次起义"。屋大维采取镇压方式，公元前36年出动大军，击败起义者，塞克斯都逃往东方而为人暗杀了。罗马的奴隶主视屋大维为救星。同时，也便加深了与安东尼的矛盾。

　　经过公元前31年亚克兴的海战，安东尼失败，逃往埃及而自杀。公元前30年，罗马政权全部掌握在屋大维的手中。屋大维以隐蔽的方式，建立起帝政，采用"奥古斯都"衔，意为"神圣的"，成为罗马的第一人。他处事非常谨慎，表面上尊重罗马法律，采用怀柔政策。

　　奥古斯都执政时期，罗马帝国兼并了埃及、小亚细亚、北非若干地区，这是没有重大意义的，因为这些地区早已在他的势力范围内。罗马帝国，在凯萨征服高卢后，又出兵征服日尔曼地区，却遭受严重的挫败。罗马国家是由城邦演变成的。在当时人力与物力条件下，罗马已达到极限而再不能扩张了。奥古斯都统治了四十三年，采取防守政策，维持奴隶制，竭力保存原有的领土与威信。关于继承问题，从罗马传统来说是不存在的；但是在骨子里，奥古斯都却十分重视。公元13年，确定底柏里优斯为继承者，系李维亚第一次结婚所生之子。从此开始元老院与皇帝之间的斗争。

从奥古斯都及其继承者，骑士等级的概念改变了。骑士们变为帝国的官吏，而元老院的议员却依旧是罗马的贵族。皇帝是大地主，其领地分布在各省，采用隶农制，这是较为先进的生产方式。为了扩大皇帝的社会基础，皇帝依靠的各省贵族，同样也采用了隶农制。但是，议员们却抓住旧传统，沿袭旧的生产方式，保持优势，不愿与各省贵族分享政权。因而，从底柏里优斯继承起，皇帝经常杀害议员，而议员发动阴谋对付皇帝，事实上加利古拉与克洛底优斯是为阴谋害死的。

在尼禄执政期间（54—68），元老院与皇帝之间的斗争更加尖锐了。尼禄采取高压政策，处死许多议员，哲人辛尼加也是牺牲者之一。经过多年残酷的剥削，流氓无产者充满街头。公元64年夏天，罗马发生大火。大火后，有人捏造以为是尼禄下令放火的，事实却好说明群众对政府的不满。为了事态不致扩大，政府安定人心，说大火是异教徒放的，借此处死很多异教徒。公元66年，巴勒斯坦犹太人起义，反抗罗马的统治。罗马派韦斯巴芗远征，占领耶露撒冷。在此期间，各省暴动，尼禄无力应付而自杀了，这是在公元68年。

尼禄死后，野心家企图篡夺政权，开始武装斗争。东方贵族与军队举韦斯巴芗为皇帝，开始了所谓弗拉维王朝。

韦斯巴芗即位后（69），留其子梯度继续镇压犹太人。他整顿军队，紧缩开支；依靠地方贵族，拟订元老院议员名单；坚决与保守派做斗争。他确定帝王的法令与元老院批准是同样的。在其子梯度继位的那年（79），维苏夫火山爆发，造成巨大灾害。81年，其弟多米西安即位后，继续与罗马贵族斗争，斗争很剧烈，而为贵族暗杀了。弗拉维王朝于96年也便结束了。

继弗拉维王朝而起者，史称安敦王朝，统治了将近一个世纪。罗马奴隶社会，表面上繁荣，实质上却隐伏着危机，大地产制，即隶农制得到发展。奈尔瓦高龄，起用西班牙人图拉真，以其战功卓著，作为养子，继承了罗马的元首。图拉真统治期间（98—117），侵略达西亚（今之罗马尼亚），将拉丁语传过去。又去侵略两河流域，遭受安息人的抵抗，被迫停止了侵略。到哈德良即位（117—138）后，罗马与安息缔结和约，退出两河流域。这时候，官僚制有所发展，继续与贵族斗争，帝王的意志就是法令。

公元2世纪中叶起，罗马发生变化，各省人民起义，埃及就是证例。北方民族移动，威胁帝国的安全。各地城市繁荣，罗马城已不是西方的中心。这些事实，意味着帝国处在崩溃的前夕。到2世纪的后半期，马可·奥里略为罗马皇帝（161—180），系杰出的人物。但是，帝国矛盾重重，日尔曼人突破边境，侵入意大利北部，形势十分严重。罗马不敢正面抗拒，须自达西亚袭击日尔曼人背后，始暂时解除威胁。公元180年，其子康莫都斯继位，更无能为力，192年安敦王朝也便结束了。

在此期间，我国称罗马为大秦，《后汉书》论到时，称其王"常欲通使于汉，而安息欲以汉缯䌽与之交市，故遮阂不得自达。至桓帝延熹九年，大秦王安敦遣使自日南徼外，献象牙、犀角、玳瑁，始乃一通焉。其所表贡，并无珍异，疑传者过焉"。按延熹九年为公元166年，由海路到中国的。

## 第二节 罗马帝国初期的经济

从奥古斯都统治后，生产技术上有改进，如水磨、滑车、割谷器等的使用。工作程序亦较前精细，冶金、陶瓷、玻璃、呢绒都有所发展。但是，在生产方面，仍是使用奴隶来带动。各省经济发展较快，埃及、希腊、西班牙、高卢等地，工商业蓬勃发展，扩大了帝国对外的贸易。

但是，罗马的奴隶主仍然抱着旧观点，剥削奴隶，而柯鲁美拉在《论农务》中指出：奴隶对劳动不感兴趣，农业日趋凋敝了。在罗马帝国扩张到极限的时候，战争俘虏日渐减少，奴隶来源缺少，再用奴隶劳动是不可能的。罗马帝国成立几十年间，大地产制发展很快，奴隶生产已是不可能的。在破产农民增多，奴隶获得份地的情况下，隶农制逐渐占据优势，给封建制度提供了前提。

罗马帝国初期，隶农制是一种过渡的形式。隶农还是自由的佃农。到罗马帝国灭亡时，他们被束缚在土地上，尽管在法律上与奴隶不同，却没有权利可言了。

这时候，在隶农制发展的基础上，罗马帝国各省的经济高涨起来。贸易发展很快，商业城市繁荣，连罗马最痛恨的迦太基也开始复兴了。各省的繁荣远超过罗马，但是这种繁荣，仍属于自然经济范畴。因此，经济的高涨，并不能导致国家的统一，相反地却反促成帝国趋于分裂。公元2世纪时，隶农已成为主要劳动力，较奴隶制有改善，却比封建农民生活苦痛。实行隶农制的地主们，也希望脱离帝国的统治。罗马帝国的分裂与灭亡是必然的。

## 第三节 罗马的文化

公元前5世纪中叶，罗马的《十二铜表法》是奴隶主利益的辩护书。保护私有制，在资产阶级社会里起的作用是很大的。

在文学方面，无论是喜剧与悲剧，都是模仿希腊。公元前后，散文与诗比较有独特的发展。西塞罗的演说，铿锵有力；凯萨的《征高卢记》，文字简洁。奥古斯都时代，维吉尔（前70—前19年）作《埃奈伊特》，成为拉丁文学中重要的作品。抒情诗人奥哈斯（前65—公元8年），系被解放奴隶的儿子，作《颂歌》，充满了风韵。奥维德（前43—公元17）著《变形记》，文辞秀丽，叙述许多神话，成为优秀的作品。

在史学方面，李维（前59—公元17）著《罗马史》现存三十五卷，赞扬古老的传统。1世纪末，塔西陀（约55—120）著《日尔曼史》，正确地叙述了日尔曼人的风俗。又著《编年》与《历史》，分别记述了奥古斯都与弗拉维王朝，反映出史学的才能。孛留达克（46—120）著《传记集》，喜述奇闻逸事，形成心理的描写。

在哲学方面，罗马深受希腊的影响，西塞罗为代表之一。哲学界的突出者为卢克来斯（前99—前55），他著有《自然事物》六卷，反映出朴素的唯物思想，重视劳动工具。辛尼加（前5—公元65），崇尚智慧，要人保持精神的安定。在社会暗淡的时候，皇帝马克·奥里略著《沉思集》，要人克制欲望，做一个道德高尚的人。

罗马人是讲求实用的，所以罗马成为强国后，竭力表彰他的实力，以服务于统治。在建筑上，先后建立政议场、凯旋门、神庙等。韦巴斯的竞技场可容五万人；梯度的凯旋门，刻着铭文与浮雕；图拉真的纪功柱，表现出当年战争的情形。帝国繁荣时期，在建筑上表现出豪华的风气。

在科学方面，伽图（前234—前149）著《农业志》；瓦罗（前116—前27）的《农业论》，综合了各种技术与经验。天文学很平常，凯萨的改革是受埃及影响的。老普里尼（23—79）著有《自然史》，包括各种自然科学知识，是古代科学的总汇。总的说，罗马文化实践性多，模仿性较强，创造方面是远逊于希腊的。

509

# 第四章
# 罗马帝国的分裂与西罗马的灭亡

## 第一节 罗马帝国的危机

由于隶农制的发展，实质上是封建制的关系，罗马贵族力量愈来愈软弱，帝国依靠的支柱愈来愈狭窄了。当安敦王朝结束后，边防将领与近卫军长成为政治上的中心人物，视"赠礼"的厚薄，左右政局。在混乱中，伊里利亚军团举塞维鲁为元首，建立起塞维鲁王朝。公元213年，其子加拉加拉在位时，宣布著名的法令：凡住在罗马帝国境内的居民都是罗马的公民。这个法令反映出一个事实，从此各省居民与罗马人没有差别，这是多年来斗争的结果。也反映出各省不重视中央政权，中央政权显著地削弱了。

塞维鲁王朝结束后，公元235年，没有稳定的力量。从公元235年到268年三十三年中，罗马换了二十三个帝王，"蛮族"左右局势，军队决定一切。在帝国境内，兵变、阴谋、瘟疫、劫掠，终日惶惶不安，同百年以前完全不同了。在最严重的时候，各地总督，各省省长都称帝称王，在同一时期达到三十个皇帝。

公元284年，戴克里先即位后，着手改革，以挽救帝国的危机。

首先实行征兵制，每个大地产者，必须组织一部分农民服兵役，其结果不是增强帝国，而是增强了大地产者的实力。其次改革税制，将成年男子与土地相结合，按"人头"纳税。五年调查一次，税收增加，农民却让土地满生荒草。第三种改革，将帝国以意大利为界，分为东西两部分，实行四人制。即两个"奥古斯都"，两个"凯萨"，有主有次，分而统治，西部服从于东部，在理论上帝国仍是统一的。

戴克里先为东方奥古斯都，住尼可麦地，任命一个凯萨协从治理。西方奥古斯都为马克西米安，住意大利北部米兰，另任凯萨住高卢。为了稳定局面，共同进退，兼加亲属关系。但是戴克里先的改革，实质上是反动的。他竭力巩固奴隶制，阻碍封建生产关系的发展，其结果必然要失败的。事实正如此，306年的战争中，君士坦丁取得胜利，被宣布为皇帝。

## 第二节　各地农民的暴动

由于统治者残酷的压迫、不断的战争与饥荒，在塞维鲁王朝后，非洲掀起奴隶与农民的大暴动。大地主们利用这种不安的形势，反抗罗马的统治。公元238年后，经过多次战斗，始残酷地镇压下去，可是问题并没有解决。这时，埃及三角洲发生暴动，农民逃到芦苇丛中，组织部队，袭击行政中心同罗马军队。对埃及来说，罗马的苛捐杂税是苛刻的，实物税在五十种以上，货币税有四百五十多种。罗马对埃及的掠夺是繁重的，每年仅谷物的掠获，就有二千万麦斗。

3世纪70年代，高卢发生著名的巴高达运动。巴高达意为"战士"，农民、隶农、奴隶结为联盟，推举埃里安纳与阿曼德为领袖，反抗罗马的统治。暴动者声势浩大，"农夫变为步兵，牧人变成骑士"，富人只有躲在大城市内。经一个世纪，罗马费很大力量始将这次起义镇压下去。同样，西西里岛也发生暴动。

在罗马帝国混乱的局面中，奴隶与农民欢迎外族入侵，摆脱富豪与官吏的压迫。山区农民带阿拉曼尼人，通过阿尔卑斯山小路到意大利，解放许多奴隶。便是在罗马本土，暴发了铸币工人起义，经过剧烈的战斗，皇家七千多士兵被打死，这说明起义规模是很大的。

3世纪罗马的阶级斗争是十分尖锐的，帝国统治顽固地守着奴隶制，实质上帝国已在瓦解之中。

## 第三节 基督教的兴起与君士坦丁的改革

公元前后，巴勒斯坦经常发生奴隶暴动和人民起义反抗罗马的统治者，根据1952年于奎兰寺院[①]发现的文献，说明巴勒斯坦有秘密活动的教派，感于亡国的苦痛，反抗奴隶主统治阶级，实行财产公有，对基督教起源是有影响的。

传说耶稣是被压迫者的保护人，宣说人人平等而被钉死在十字架上。事实上，耶稣是不存在的。这个传述是神学家菲伦所创造，他将希腊哲学与秘密教派结合起来，在被压迫人中间广泛的流传。当尼禄统治时，罗马发生大火，在他镇压的群众中已有基督教徒。基督教徒是罗马社会的下层人民，主要是奴隶。他们于绝望中，将自身的解放置放在未来。他们相信人是平等的，禁止有财产不平均的现象。他们痛恨富人，说富人入天堂比"骆驼穿针孔"还难。这种思想遭受二百多年的迫害。在奴隶时代的晚期，基督教的生命力是强大的，在反对罗马统治上，起了进步的作用。

基督教在群众中广泛地传播，到君士坦丁统治时期，不采取镇压，而采取利用的态度。313年，君士坦丁给予基督教徒信仰自由，

---

① 1947年、1952年在死海边奎兰寺院（Qumnran）发现经卷。经研究：公元68年，罗马人镇压暴动而毁奎兰院，这是秘密教派活动地点。埃斯纳（Essene）派实行财产公有，反抗统治的宗教，对基督教兴起有影响。见《光明日报·史学》284号，1964年5月6日。

发还没收的财产，基督教变成帝国的精神支柱。到 325 年，在君士坦丁政策的影响下，召开宗教会议，排斥阿里安派，统一教义，从此开始了中古的精神活动。

君士坦丁统一罗马帝国后，修建拜占庭，移来希腊罗马艺术作品，成为西方美丽的城市。330 年举行落成典礼，赐名为君士坦丁堡。形势险要，抗拒外敌，维持了十一个世纪的首都。公元 332 年，君士坦丁颁布禁止隶农脱离土地的法令，完成了奴役隶农的过程，从而农村封锁起来。罗马自由人向外族那里逃跑。因为"蛮族"的奴隶有自由，而罗马自由民却变成农奴了。

## 第四节　罗马帝国的分裂及西罗马的灭亡

在奴隶制消灭的过程中，罗马帝国的上层建筑逐渐崩溃，庞大帝国的统一是维持不住的。君士坦丁死后，他的继承者不能掌握社会的趋势，帝国越来越分崩离析了。公元 364 年，帝国又分裂为两部：瓦楞提尼治西方；着其弟瓦楞斯治东方。东方形势严重，匈奴人与哥德人结为联盟，自里海草原向西移动，侵入多瑙河下游，住在罗马帝国境内，形成一种独立的局面，真成了国家中的国家。这种局面是不能持久的，378 年，西哥德人起义，反抗罗马，得到奴隶的响应。在安德里亚堡附近，发生大规模的战斗，罗马帝国遭受到惨败，而罗马皇帝瓦楞斯阵亡了。继之而起者为狄奥多西，仅维持局面，帝国时时刻刻在动摇中。395 年，狄奥多西死后，帝国永远分裂了，长子阿伽底治东方，次子阿诺里治西方，在那时候，世袭成为不变的制度。

由于农民暴动，西哥德人侵入西罗马，其领袖阿拉里克解放好几万奴隶。410 年，西哥德人进攻罗马城，奴隶开门迎纳，名城受到劫掠，实际上西罗马帝国灭亡了。但是在形式上，西罗马延续到 476 年。在这年，日尔曼领袖奥多亚克南下到罗马，废幼帝奥古斯都勒，取其衣冠，并得元老院同意，写信给拜占庭帝王查农说："西方不需要一个特殊帝王，你一人统治两方可以了。"这不是帝国统一的恢复，这是西罗马帝国的寿终正寝。这是一件好事情，西方由奴隶社会进入封建社会，展开了新的历史。

# 古代中国与各国的接触

在世界上古史中，中国的历史是悠久的。自从周秦的时候起，中国已是一个封建大国，这在世界史史是绝无仅有的。中国的经济与文化有高度的发展，其成就是十分光辉灿烂的。

原始社会逐步解体后，于公元前21世纪，中国已进入阶级社会，成为世界古文明中心之一。到公元前17世纪，殷商奴隶制有一步的发展，文化很高，其主要的成就可概括为下列几点：

（一）殷商疆域扩大，逐渐稳定，经济有所发展，农业占重要的地位。在农业中，除稻谷之外，突出经营蚕桑，随后传授各国。

（二）冶炼业有所发展，青铜器有很高的质量，技术精湛，形式优美，充分说明长期累积经验，劳动人民的创造智慧。青铜事业的经营，远在夏代前早已开始了。

（三）反映思想意识形态的甲骨文字，其结构已达到复杂的阶段，有指示、会意与形声，系长期演进的结果，与结绳记事不知相距有多远了。

（四）由于农业发展的需要，很早观察自然，了解节季的变化，配合年月以置闰；逐渐形成完善的历法。长久以来，我们习惯所称的"夏历"，可能便是夏代使用的历法。

中国劳动人民的这些成就，不断地丰富了中国社会，在社会实践的过程中，又不断地提高了物质与文化，对世界做出突出的贡献。公元前5世纪前，中国已确立封建制度，经济有所发展，文化十分繁荣，出现了群星辈出，百家争鸣的春秋战国。在古代，这样经济文化高度发展的国家，随着时代的演进，必然与世界各国发生接触，相互影响，起着重要的作用。

中国位置在亚洲的东部，由于自然条件与历史的发展，似与朝鲜接触最早的。《山海经》是一部古地理书籍，已明确提到"东海之内，北海之隅，有国名曰朝鲜"①。到西汉时，高句丽在学习方面，讲授中国经史，扩大知识范围。

朝鲜是中国与日本接触的中介，《汉书·地理志》中说："乐浪海中有倭人，分为百余国"，百余国的含意，当然不是指有阶级的国家，而是指有许多部族。公元57年，日本遣使来中国，光武帝予以印绶。18世纪于九州北部，已发现当年的金印，上刻"汉倭奴国王"。

由于越南北部与中国相连，很早互相发生关系，互相影响是很自然的。越南清化出土的青铜器，其形体与制作有类秦汉的遗物。东汉晚年，日南人士燮曾来洛阳游学，学成归国后，出任交趾太守，对中越文化交流上起了很好的作用。

关于西南海上的交通，从《史记》的记述中，由云南出发，经缅甸北部，然后到印度，这条路似乎开辟很早的。证据是公元前128年，张骞在大月氏看到蜀布与邛竹杖，问其由来，始知来自身毒。身毒在大月氏南数千里，由此张骞断定中国西南有路至身毒而通西方。一世纪末，缅甸国王掸由调，遣使至中国。又于永宁元年，派代表团，"献乐及幻人"②。对中国来说，缅甸是南海交通的中介，十分可宝贵的。缅甸与西方发生关系较早，我国学者早已察觉，并说"掸国西南通大秦"③。

中国与中亚细亚的接触，始于秦汉时期，取道陆路，沙碛重重，真是关山万里，交通十分困难的。前此虽有《穆天子传》与《逸周书》的记述，事多奇离，语多恍惚，很不容易落实的。

上古之时，我国西北地带多游牧部族，逐水草而居，经常转移，很难有稳定与持久的生活。中国货物的西传，取道陆路者，多经流动

---

① 《山海经》第十八。
② 《后汉书·西南夷传》。
③ 《后汉书·西南夷传》。

商人，大夏为中国货物的集中地。所以托勒米说："马其顿商人从大夏贩运丝国的绢缯。"丝国为西人对中国的名称。

由于中国与西方接触的途径不同，西方对中国的名称亦异。古代西方与中国由陆路接触者，多称中国为"赛洛斯"，其含意有二，一为蚕吐之丝，一为产丝之国。由海路与中国接触者，多称中国为"秦地"，如梵语中称桃为"秦地持来"，梨为"秦地王子"。古代印度的桃梨，是由中国输入的。

公元前138年，张骞受武帝之命，出使西域，克服各种困难，经匈奴、大宛，与大月氏相联络。事虽未成，却带回许多有关中亚的知识，其壮举语之为"凿空"是一点也不过分的。自张骞返国后，继之而出使者，多携带缯帛，大夏成为丝绢集聚地，因而横贯中亚的交通大道，西方人称之为"丝路"。这条路即使有时间断，商人多能克服困难，绕道行走的。

公元1世纪末，班超任西域都护，扩大对中亚的知识，各地奇珍异物，多输入我国，如葡萄、苜蓿、琉璃等。又使甘英出使大秦，至波斯海湾而为安息船人所阻，不得成行。大秦一名，系指罗马本部。很可能译自Daksina，意为"西方"，译音而兼取义的。

《魏略》言及大秦，以其地"有水道通益州永昌，故永昌出异物"。永昌为今云南保山县，这说明中国与西方的接触是很早的，但是罗马对中国的知识却是十分渺茫的。在公元前后，罗马学识渊博者普利尼，他对丝的知识是模糊的，以为丝是树上长出的。海上交通发展后，罗马政府直接派遣使者，于桓帝延熹九年，即公元166年，"大秦王安敦遣使自日南徼外，献象牙、犀角、玳瑁，始乃一通焉"[①]。大秦王安敦即马可·奥理略·安敦，其部将加西雨斯，于公元165年破安息都城，遣使以通中国是十分可能的。西方学者多臆断为商人代表，这种认识是没有根据的。桓帝之时，没有借此粉饰

---

① 《后汉书·西域传》。

的必要，而此后大秦，仍继续派遣使者，如晋太康五年十二月，"大秦国各遣使来献"①。这说明海上交通的频繁，大秦派遣使节不是一次的。

关于海上交通情况，事实虽然晚一点，却也能说明问题。锡兰为海上各地货物集聚，犹大夏在陆地上一样的。义熙六年，即公元410年，高僧法显到锡兰，在无畏山"玉象边，见商人以晋地一白绢扇供养"②。法显见绢扇而思乡，记述此事，也说明借绢扇以献佛，珍视由中国运来的物品。

两汉之间，由于中国西北部民族的移动，使中亚形势发生剧烈的变化，也推动其他民族的移动，促使各民族迁徙，西罗马的崩溃。又《汉书·西域传》中说："大月氏西君大夏，而塞王南君罽宾。"这种变化建立起贵霸王国。

贵霸王国是强大的，统一大夏，征服割据的翎侯，对文化交流上起了积极的作用。汉哀帝元寿元年，公元前2年，"博士弟子景卢受大月氏王使伊存口受浮屠经"③，这是佛教传入中土最早的记述。此后中西关系扩大，安息王子安世高，于2世纪末来华，翻译佛经，被誉为"群释之首"。

文化交流是相互的，由近及远，此后的接触更加密切了。事实也正是如此。7世纪初，拜占庭政府秘书西蒙加达，博闻强志，他说到中国情况，"中国有大河分为两部，互相争夺，终归于统一"。这是指南北朝分裂时期，最后为隋唐统一了，其知识的来源，很可能是突厥供给的。在封建时期，中国与各国接触进入新阶段，对西方的接触，阿拉伯起着重要的作用。

《世界古代史参考资料》为作者未刊讲义，撰于1963—1964年。

---

① 《晋书·帝纪三》。
② 法显：《佛国记》。
③ 《三国志·魏书三十》。